杨飞翔 著

# 融资之道

## 公司融资路径与法律风险控制

第二版

法律出版社 | LAW PRESS
北京

**图书在版编目(CIP)数据**

融资之道：公司融资路径与法律风险控制 / 杨飞翔著. -- 2 版. -- 北京：法律出版社，2022
ISBN 978-7-5197-6794-5

Ⅰ. ①融… Ⅱ. ①杨… Ⅲ. ①公司-融资-公司法-研究-中国 Ⅳ. ①D922.291.914

中国版本图书馆 CIP 数据核字（2022）第 093481 号

**融资之道**
——公司融资路径与法律风险控制(第二版)
**RONGZI ZHIDAO**
—GONGSI RONGZI LUJING YU FALU FENGXIAN KONGZHI
(DI-ER BAN)

杨飞翔 著

策划编辑 似 玉
责任编辑 似 玉
装帧设计 汪奇峰

**出版发行** 法律出版社
**编辑统筹** 法律应用出版分社
**责任校对** 朱海波
**责任印制** 刘晓伟
**经　　销** 新华书店

**开本** 710 毫米×1000 毫米 1/16
**印张** 27.75 **字数** 501 千
**版本** 2022 年 8 月第 2 版
**印次** 2022 年 8 月第 1 次印刷
**印刷** 保定市中画美凯印刷有限公司

地址:北京市丰台区莲花池西里 7 号(100073)
网址:www.lawpress.com.cn
投稿邮箱:info@lawpress.com.cn
举报盗版邮箱:jbwq@lawpress.com.cn

销售电话:010-83938349
客服电话:010-83938350
咨询电话:010-63939796



**书号**:ISBN 978-7-5197-6794-5
**定价**:108.00 元

凡购买本社图书,如有印装错误,我社负责退换。电话:010-83938349

# 再 版 序

本书于 2016 年 4 月 1 日首次出版，自该书出版以来的这几年里，公司融资的实践可以说是“一半海水、一半火焰”。

企业家有天生的融资冲动，加大杠杆可能为股东回报率带来乘数效应，企业不断做大做强也是企业家事业心的最好表现。过度乐观的情绪、对宏观经济政策的误读、企业管理中的代理成本问题都会加剧公司的无序融资。如果把企业发展比喻成舟，那么融资就可以比喻成水，两者关系完美印证了古语“水能载舟，亦能覆舟”。在融资发展和风险控制这个天平的两端，风险控制的砝码需要开始逐渐增加。风驰电掣的快速驾驶虽然可以一路超车，但风控砝码不足，一旦翻车就会形成惨烈车祸现场。过去几年来若干大型企业的风险事件牵涉面广，已经对部分地方经济形成巨大影响。融资如此重要，我们必须从更广阔的公司治理角度来理解，把风险控制作为融资的基本事项纳入决策考虑因素。

自本书首次出版以来，涉及企业融资和资本市场的许多法律法规进行了大幅的修改或调整。尤其是《中华人民共和国民法典》及其相关司法解释的颁布、《中华人民共和国证券法》的修订，给整个企业融资市场带了巨大的变革。证券欺诈的特别代表人诉讼、IPO（首次公开募股）全面注册制、北交所开业等制度施行，也使得法律人不得不迭代自己的法律知识、以免被这飞速发展的时代所抛弃。

截止本书再版之时，和融资有关的法律和实践仍在快速变动和自我进化之中，本书内容难免还有很多滞后或疏漏之处，请各位读者不吝指正。

# 序　言

近年来,资本市场的动荡起伏,牵动了无数人的神经。鉴于宏观经济层面的发展趋势,资本市场上的一举一动,都成为各方关注的重点。笼统地说,资本市场主要回答两个问题:钱从哪里来、钱到哪里去。要回答这两个问题,无论如何也绕不开"公司融资"这个关键词。

公司融资是金融与法律交叉领域的高频词汇。曾有人调侃说,公司实际控制人只需要做三件事:用人、融资和喝茶。虽为戏言,却也在一定程度上体现了融资对于公司发展的意义。资金犹如公司发展的血液,无论公司的组织结构如何,也无论公司处于何种发展阶段,对于资金都有着一种持续的需求与渴望。产生这种渴望的理由多种多样:可能是为了解决燃眉之急,也可能是雄心勃勃地要整合行业,或者是要寻找退出路径、增加企业安全边际等,个中缘由,不一而足。蹊跷的是,无论是"量化宽松"抑或是"稳健的货币政策略偏宽松",市场上的资金量还是比较充裕的。但实体经济"融资难""融资贵"的困境尚未得到根本扭转。换言之,就公司融资而言,存在着"供方"与"需方"信息的不对称问题。产生这种不对称的原因很多,有制度性、结构性的体制因素,也有市场运行的机制因素,更与具体融资主体的经营状况密切相关。市场经济的魅力之一恰恰在于,出现信息不对称,肯定也会产生打破这种不对称的动力与力量。近年来,各式各样令人眼花缭乱的金融创新,就是对此最好的注脚。然而,在我们仔细观察后发现,创新的融资渠道并没有一劳永逸地解决好这种信息不对称的问题。部分创新甚至使企业的融资链条拉长,进一步推高了融资成本,更有甚者,公司及其股东本身可能也走向不复之地。面对市场上各种各样的融资提供方或潜在的融资提供方,企业家如何获得最适合自己的融资?有人借力融资后,企业获得跨越式发展,煮酒、品茗,笑谈未来;也有人借力融资后,企业失控,通过报警才得以参加公司年会,泪洒会场;甚至还有人借力融资后,身陷囹圄,还在当地留下千百个因融资而受伤的家庭。

说得学术一些,公司融资是多种变量拘束下的选择结果。它不仅取决于效率逻辑(融资及代理成本的最小化),而且还取决于制度因素。它是一个国家法律框架(公司法、证券法及金融市场其他监管法律)内的市场参与主体(所有者、经营管理者、员工等)之间的博弈和互动之过程。由于股权结构、债权文化差异和制度变迁的路径依赖,全球并不存在普适性的融资范式可供一体遵循。学者们出于研究的需要,的确创造出了种种理想化的融资范式,但各国企业融资范式仍然像一盒未打开的巧克力般样态纷繁。

举例而言,在股权融资中,股利政策是一项重要的内容。所谓股利政策,是指公司(特别是上市公司)是否发放股利、发放何种股利、发放多少股利、在多个会计年度里如何分配股利发放等公司制度安排。股利政策的设定,既反映制度因素,又体现为效率逻辑。就其制度因素而言,股利政策在一定程度上受制于各国法律的强行性规定;就其效率逻辑而论,由于公司参与方是自身最佳利益的判断者,因而股利政策基本上属于公司内部治理的范畴,许多国家甚至把股利政策的决定权完全交给公司董事会,因为他们认为,股利政策在本质上属于商业判断(business judgment)的范畴。公司永远需要股利政策,但是没有永远的股利政策。几十年来,公司财务学者一直致力于探索理想的股利政策模式。但遗憾的是,对于股利政策安排是否会影响公司的市场价值,各方见解并不一致,迄今亦没有找到一个合理的理论予以解释,理论框架和经验材料之间也经常无法调和,甚至时常发生断裂,更遑论寻找到一个"放之四海而皆准"的股利政策模式了。这种现象,在金融经济学文献中被称为"股利之谜"。我国许多上市公司曾经长期不分配股利,以至于立法者与监管部门纷纷出手,前者规定了异议股东的股份回购请求权(公司连续5年不向股东分配利润,而公司该5年连续盈利的,异议股东可以请求公司回购股份),后者干脆直接规定上市公司在满足一定条件下必须分红。

法国政治家Georges Clemenceau曾说过,战争是如此重要,以至于我们不能仅把他们留给军人去决定。同样,在资本市场这个"战场"上,公司融资是如此重要,以至于我们不能单从资金融通(金融)的角度去看待问题,我们必须要站在公司法规范的角度,从更广阔的公司治理和风险控制的角度来思考与对待公司融资问题。

就公司治理而言,现代公司通常存在着内部与外部两种冲突:前者是股东与股东之间以及股东和管理者之间的冲突;后者是指债权人和股东之间的冲突。就公司内部治理结构而言,不同的融资模式影响了公司的产权配置,进而影响公司治理,并对公司风险控制产生重大影响。公司治理具有强烈的合同属性,是有关公司控制权和剩余索取权分配的制度安排。公司融资问题除了是一个融资合同,通过合同来约定融资各方的权利义务外，其本质是资金背后产权主体相互依存、相互作用、共同构成的某种制衡机制的配置问题。公司融资可以有多种分类，如内源融资和外源融资，直接融资和间接融资等，而从公司治理与风险控制的角度来看，公司融资又可分成债务融资与权益融资两类。债务融资与权益融资本质上具有不同的企业所有权的配置特征，融资结构决定公司利益相关者对公司不同的治理机制。前述两种冲突常常发生重叠，相互产生制约效应。股东是公司的所有者，拥有企业的剩余索取权和剩余控制权，但在企业资不抵债、无法偿还债务时，债权人相对于股东则可优先取得对企业资产的分配。公司不同的融资安排选择就是公司不同治理机制的选择，融资决策就是通过确定企业最合适的融资结构，形成有效的制衡机制，进而约束代理人的行为。一般人会觉得只有权益融资才会影响到公司治理，实际上债务融资也会对公司治理产生影响。债务融资影响着股东的剩余分配权，债务融资中的利息支出将作为成本列支。在一些重要的债务融资合同中，债权人会对企业的一些行为予以约束，而在实践中，无论是权益融资还是债务融资，公司控股股东或实际控制人都有可能承担某种形式的责任。

如果说前面提到的公司治理冲突还只是关涉公司自身发展及各利益相关方权益的保障的话，事实上公司融资还存在着更为严重的刑事风险控制问题。近年来，因非法集资而身陷囹圄的企业家不在少数，但非法集资绝非唯一悬在企业家头上的达摩克利斯之剑，欺诈发行、诈骗等红线也同样让企业家们战战兢兢。面对纷繁复杂的融资，企业家们该如何选择？公司融资是一个动态的过程，不同的行为必然导致不同的结果，形成不同的融资结构，进而产生不同的融资风险。除了好的融资结构安排外，公司还应有适当的风险转移与风险对冲的安排，这离不开企业家以及以其为核心的专业化团队的共同努力。

一般的融资理论存在一个前提，即公司实际控制人熟知各种融资手段，实际控制人在公司融资过程中的主要任务则是根据公司的内部各种信息，选择适宜的融资方式。然而，众多案例表明，大多数公司的实际控制人在获得各种融资方式、种类、来源等信息方面存在着严重不足，“知识缺口”先于“金融缺口”而存在，并进一步恶化了“金融缺口”。如果不解决“知识缺口”的问题，实际控制人只能在有限的几种融资手段中选择，这样的融资结构极有可能是低效率、高成本、高风险的，并且这样的融资结构会在公司后续融资过程中进一步传递错误的信息，不利于公司的再融资。鉴于此，建议无论是专业人士还是公司的管理层，都要适当掌握公司融资的一些框架性知识。

本书作者杨飞翔是我的博士生,作为一名有着10余年法律实务经验的专业人士,他在华东政法大学攻读博士,以及在美国西北大学完成硕士学位期间,始终对公司融资这一实践难点、热点问题保持持续而细致的关注和思考。他关注着公司法实践中的融资问题,思考的却不仅仅是如何使公司拿到资金的问题。能够摆脱金融实践的思维局限,进而站在以法律风险管控为核心的公司治理角度来剖析公司融资问题,体现出他不仅有着对公司法律实践的敏锐见识,也展示出其作为一名经济法博士生的专业素养与理论功底。

本书的特点在于:从公司融资的一般理论着手,通过分析在金融抑制大环境下的公司融资路径,分析不同融资路径下的风险控制,对公司融资中的风险,特别是实际控制人的风险及其防范措施进行框架性介绍。详言之,本书分别对债务性融资、权益融资、融资新发展等给予详尽的介绍。从每一种融资方式的基础理论研究、融资特征及优劣势、所涉相关的法律规范,到业务实践中的具体操作模式、条件与流程介绍,对真实、典型、热点案例的深入解析,以及潜在风险的全方位应对举措等。对于公司融资中隐形却不可忽视的政商关系,本书也并未刻意回避。最后,本书对企业财务危机的法律处置进行介绍,内容包括公司财务危机爆发时企业实际控制人如何抉择,公司如何自救,如何获得政府救助,两种常见的处置方式(保壳型与弃壳型)选择,以及在群体性事件下公司债务的处置等。就此而言,本书提供了全景式的公司融资路线图,并辅以各种案例、法规和数据,便于读者对公司融资的理解。

最后,我愿意借这个小序提及的是,飞翔博士多年来捐资助学,扶助学子成长。学生在勉力前行之余,引述冰心的诗句来表达内心的感激:“爱在左,情在右,在生命的两旁,随时播种,随时开花,将这一径长途点缀得花香弥漫,使得穿花拂叶的行人,踏着荆棘,不觉痛苦,有泪可挥,不觉悲凉。”

这又是怎样的一番融资行为——它基于金钱,但又高于金钱;它融出的是情怀,融入的是敬重……

是为序。

**罗培新**

**2016年3月于上海**

# 目　　录

# 第一章

# 公司融资一般理论

## 第一节　金融压抑下的公司融资

和企业家交流的时候，如果问到企业发展中遇到的困难是什么，绝大多数企业家的回答中均包含“融资困难”这一项。如果还有时间细聊，可能会有人感叹，企业家辛苦一年所挣利润的数额尚不够支付给银行的贷款利息金额。无法融资的企业因渴求融资而苦苦挣扎，融资过多的企业却为利息支付的沉重负担而同样苦苦挣扎。两个苦苦挣扎都与公司融资有关，融资结构与融资事务安排不当，轻则导致企业难以发展，重则导致企业家身陷囹圄，在企业难以发展与身陷囹圄两极之间，还有若干种困局形态，包括企业陷入重大损失困境、实际控制人黯然出局等情况。公司融资是一个极为复杂的问题，涉及法律、金融等多个专业领域，融资绝不是如何把外部资金引入公司就结束的简单问题。融资结构的安排、融资方案的设计不仅对于出资方有重大利益关系而且对于融资方亦可能在机会的身旁酣睡着重大商业风险，这个酣睡的怪物随时可能醒来，吞噬企业家的一切。融资问题中的法律问题应当引起企业实际控制人的特别注意，并需要事先有宏观的法律结构设计，实操上有微观的细节关注。

### 一、我国金融市场的融资概况

有意思的是，无论企业的组织结构如何，也无论企业的发展阶段如何，大多数企业家对资金有一种长期渴望。企业家对于资金渴望的理由可能各种各样,诸如多元化、扩大生产,等等。但大多数企业家有充分利用资源、尽可能以最低成本获取融资的内在冲动。近几年来货币供应充足,2021 年 6 月末,广义货币(M2)余额 231.78 万亿元,同比增长 8.6%,增速比上月末高 0.3 个百分点,比上年同期低 2.5 个百分点;狭义货币(M1)余额 63.75 万亿元,同比增长 5.5%,增速分别比上月末和上年同期低 0.6 个和 1 个百分点;流通中货币(M0)余额 8.43 万亿元,同比增长 6.2%。上半年净投放现金 32 亿元。6 月末,本外币贷款余额 191.62 万亿元,同比增长 11.9%。

## 二、企业融资难问题及其体现

单从这些数据上看,我们拥有高额的广义货币,贷款余额也很高,似乎企业的融资应该比较容易,但高额的广义货币与高额的贷款余额并不意味着各种类型的企业都可以顺利地获得贷款。长期身处企业法律服务的第一线,我们经常感受到企业融资时的无奈。美国经济学家罗纳德·麦金农(R. I. Mckinnon)与爱德华·肖(E. S. Show)在 20 世纪 70 年代创立的金融压抑理论,对于我们国家的金融现状仍然具有较强的现实意义。① 目前我们国家的融资结构中,中央企业以及垄断企业金融资源的获取非常容易,这些机构不仅更容易从金融机构获得融资,而且这些机构本身就有设立金融机构的便利。这一点无疑在目前金融强管制背景下的中国具有极为重要的意义。小企业难以获得融资,大量新增的货币没有流入实体金融,相反却在金融机构的内部流动。利率管制和金融资源稀缺又导致金融领域进一步的腐败与混乱。目前,中国的企业往往面临不同的生产机会、融资状况,处于广义的资本市场分割状态。少量的国有企业、地方政府融资性平台、垄断企业以及可以产生较高利润的房地产企业,可以较为容易地得到外部融资。许多非垄断企业、中小企业、创业者只能通过"自我融资"进行生产,或者只能通过典当行,甚至高利贷等非正规渠道获得融资。政府有时简单地认为低利率能够促进经济增长,高利率抑制经济增长,进而进行利率管制,人为地压低利率,而银行则优先向低风险的国有企业或者垄断企业贷款,这些企业可能会利用低息贷款进行低收益投资,使得整个社会的

---

① 参见袁季:《金融压抑理论全接触》,载《证券导刊》2013 年第 11 期。所谓金融压抑,是指市场机制作用没有得到充分发挥的发展中国家所存在的金融管制过多、利率限制、信贷配额以及金融资产单调等现象,也就是金融市场发展不够、金融商品较少、居民储蓄率高。它表现为利率管制、实行选择性的信贷政策、对金融机构进行严格管理以及人为高估本国汇率以提升本国币值等。

投资收益递减。有时这些企业并未将这些低息贷款投入实业,而是转投到其他金融流通渠道,并通过这一些金融流通渠道使资金流入一些高风险高收益的行业。表面上看这些国有企业有所获利,但这种获利并不是基于实业产生的,而是基于金融资源垄断与金融压抑产生的,如果这种获利在国民经济中所占比例较大,那么说明整个经济并不健康。本质上来说,这些资源配置不够优化,资金被配置到产出效率较低,但有政府信用背书的部门和领域(如地方投融资平台),而迫切需要资金的民营公司却面临融资难、融资贵的问题。这样会形成一个奇怪的现象,即效率低的部门资金成本低,效率高的部门得不到资金或成本高企,这是一种很严重的错位。

从融资结构上说,我国过多依赖于间接融资,直接融资在整个社会融资中所占比例较低。参照美国经济学家麦金农与肖的金融压抑理论,中国当前的金融压抑情况确实更加严重。金融压抑理论认为金融资源会向国有企业以及具有垄断地位的企业集中。2015 年以来出现了大量地方政府融资平台类的公司,这些公司介于传统的公法人与私法人之间,亦公亦私,背后隐隐约约有政府兜底的担保,而从事的又是与土地、建设等相关的业务。更可怕的是,这类公司对政府要求和政绩非常敏感,但对利率不敏感。由于这些公司持有或通过政府的命令后续可以持有土地等资产,而这些资产价值在过去的一些年份中一直处于快速上升的状态,因此表面上这些公司持有资产的价值高于融资利息,这又进一步增加了这些公司的融资冲动。由于这些公司具有深厚的政府背景以及政府背景所带来的隐性担保,因此这些公司的融资能力是极强的。即便银行贷款之类的渠道慢慢收窄,这些公司也同样能通过各种变化后的融资渠道获得资金,如实践中大量的信托贷款。这些公司可以通过多种融资渠道向不特定的社会公众募集资金,并且由于它们对利率不敏感等原因,这种募集会变相推高融资成本,导致整个社会的融资成本增加。虽然近年来出现了国有企业债务违约,甚至进入破产重整程序的情形(如青海省投),但市场上整体的国企信仰、城投信仰还是存在的。我国股票市场的发展,虽然具有打破间接融资方式的金融深化特点,但是,金融压抑特点更为明显。从股市过去的发展路径来看,起初政府强调股市为国企改革服务,实行发行额度审批制和后来的发行核准制,人为地造成了发行上市资格和股票的稀缺,一般的企业难以通过股票市场获得融资。即便过五关、斩六将,获得上市资格,发行融资成功与否、发行规模大小,也更多地取决于监管部门的审核。发行的不确定性和过高的发行溢价,使得冲刺上市的公司具有极强的融资冲动和盲目投资冲动。一些上市被否的公司后来陷入经营困境,不排除上市冲刺阶段的大力扩张以及一些短期化行为所导致。2018 年 11 月,上海证券交易所启动科创板并试点注册制,2020 年 8 月,深圳证券交易所组织创业板注册制首批企业上市。试点注册制近 2 年来,已经形成从科创板到创业板、再到全市场的“三步走”改革节奏。注册制改革正在迈出“第三步”,证监会也在不断加大监管体系改革。

即便企业能够得到融资,融资成本也是企业需要考虑的重要因素。2011 年年底,民生银行行长洪崎一番“企业利润那么低,银行利润那么高,所以我们有时候利润太高了,自己都不好意思公布”的言论,令银行高利润成为众矢之的。同为央企,工商银行 2020 年度归母净利润为 3159 亿元,[①]而同年宝钢股份归母净利润为 127 亿元。[②] 不好意思公布,但不代表不好意思获取利润。不恰当的融资结构导致企业事实上就是为银行打工,经营企业还不如将相应的投资变现,购买相关理财产品或以其他方式将资金投入金融渠道。相比较而言,银行的融资成本在所有融资渠道中属于相对较低、相对较规范的。目前融资渠道众多,如果融资渠道选择不当,那么企业面临的问题可能更为严重。采用直接融资等方式进行融资,同样会产生融资成本,不仅包括股份发行的相关费用,还有后续的持续维持上市的信息披露、审计等相关成本,这些成本同样不菲。

随着宏观经济进入调整周期,叠加“金融去杠杆”导致外部融资渠道收紧,近年来民营企业的经营压力和融资压力不断上升。[③] 2017 年下半年以来,受债券违约、股权质押平仓风险等影响,金融市场和金融机构对民营企业的风险偏好下降,民营企业整体融资出现困难,影响了企业的流动性。

在民营企业面临融资难、融资贵问题时,银行也受制于资本约束和负债约束,放贷能力有限。实践中,银行在审批民营企业贷款(含企业主经营性个人贷款)时往往只注重两点:一是企业的基本面是否过得去,此为程序性和表面性因素;二是企业是否提供足值、超值的担保,此为关键性、必要性因素。如果这两点能够得到满足,则可以发放贷款,否则予以否决。所以,银行对民营企业信贷投放少,并不是银

---

① 参见中国证券报:《五大国有银行 2018 年净利润合计超 1 万亿 工商银行以 2977 亿元居首》,载新浪财经,http://finance.sina.com.cn/stock/relnews/hk/2019-03-29/doc-ihtxyzsm1592551.shtml,2020 年 1 月 8 日最后访问。

② 参见中国钢铁新闻网:《宝钢股份 2018 年利润达 278.2 亿元》,载搜狐财经,http://www.sohu.com/a/311096054_259527,2020 年 1 月 8 日最后访问。

③ 参见徐承远、唐薇:《民企“一二五”目标引导民企融资环境改善,但民企过度融资风险防范仍是重点》,载搜狐财经,http://www.sohu.com/a/277891618_780319,2020 年 2 月 2 日最后访问。

行对民营企业在身份地位上有偏见，而是民营企业的违约率高、违约损失大，不符合银行信贷投向的风险定位。

目前融资发展出了多种形态，融资方式更加灵活，出现针对不同层次企业的产品与服务，融资渠道多样化在一定程度上有利于减轻目前的金融压抑。缺资金企业会渴死，太多资金企业会淹死，现实中这两种情况是有可能并存的，因地不同，因行业不同。在宏观政策不可完全预测之际，提醒公司始终保持清醒头脑，在考虑融资时更要基于自己的核心能力和创新能力，这并不算多余。面对纷繁复杂的融资渠道，需要企业家的智慧，在获得融资与控制风险之间取得平衡。公司融资的成败并不以融入的资金多少作为评判标准，而应以适当性作为评判标准。企业家可能需要适当更新自己的经营理念，不一味求大。企业的融资需要综合考虑融资成本、产权分配、公司治理结构等各方面影响因素，从而选择优化的融资结构。

## 第二节 公司融资分类与融资选择

### 一、公司融资分类

公司融资分为内源融资与外源融资。内源融资是公司自身经营活动产生的资金，其产生主要有两个来源：一个是企业家的初始投入，另一个则是企业经营过程中的盈余。内源性融资自主性强，是成本最低、风险最小的融资渠道。除企业家初始投入外，使用经营过程中产生的盈余不仅不会稀释原有股东的每股收益和控制权，同时可以增加公司的净资产，支持公司通过其他方式扩大融资。此外，这种融资成本很低，没有外源融资所产生的利息、各种发行费用等。事实上，在发达的市场经济国家，内源融资是企业首选的融资方式，是企业资金的重要来源。其不足在于：需要有一定的积累期；受公司盈利能力及积累的影响，融资规模受到较大的制约，不可能进行大规模的融资；若股利支付过少则不利于吸引股利偏好型的机构投资者，减少了公司投资的吸引力。

外源融资是指公司通过一定方式向公司之外的其他主体筹集资金。根据筹资的工具和中介的不同，外源融资的主要方式有银行贷款、商业票据发行、债券股票的发行、风险资本投入，等等。外源融资的优点是资金来源广泛，方式多样，使用灵活，可以满足融资公司的多种需求。现代金融活动最主要的就是与外源融资相关的活动。天下没有免费的午餐，外源融资具有比较严格的融资条件，需要支付融资成本,存在一定的融资风险。外源融资对公司有一定的要求,如果涉及公开市场融资,如公开发行债券或股票,条件比较严格,可能涉及相关的行政审批程序,不符合条件者无法获得资金。一部分外源融资还有固定成本,如果到期不能清偿,可能会引发公司的债务危机,严重时可能会使公司面临破产清算。外源融资过多引入外部股东也有可能使原有的公司实际控制人而面临企业失控的风险,以及陷入股东纷争导致公司僵局的风险。

公司外源融资亦有许多分类,常见的分类包括直接融资和间接融资,债务融资和权益融资等。直接融资是指没有金融机构介入的融资方式,指拥有资金的主体与融资公司相互之间直接进行资金往来,或者在金融市场上购买融资公司发行的有价证券,将货币资金提供给需要补充资金的融资公司从而完成融资的过程。间接融资是与直接融资相对应的概念,拥有资金的主体将资金提供给金融机构,然后由金融机构将这些资金以贷款等方式提供给融资公司。在这种方式下资金的出资方与融资方不直接见面,它们之间不发生直接的债权债务关系,而是由金融机构介入其中,有点类似于中央对手方。这样分散的小额资金通过银行等中介机构汇集起来,不需要出资方与融资方之间的关于资金数额、期限、利率等事项的一一匹配,而是由金融机构依据其业务规则进行办理,并在一般情况下由其承担相应的交易风险。这些金融机构拥有较多的信息和专门人才,并且具有较强的资信,这对于保障资金安全和提高资金使用效益均有好处。

外源融资的另一重要分类为债务融资和权益融资。由于本书着眼于从企业实际控制人的角度看待企业的融资路径与风险防控,因此从债务融资和权益融资的分类角度更容易分析企业的融资成本、公司治理与企业控制等问题,本书采用的分类即为债务融资和权益融资。债务融资是公司所融资金作为公司债务,届时需要还本付息的一种融资方式。权益融资则以让渡一部分权益作为条件而融入资金的一种融资方式。债务融资最主要的渠道为银行贷款,除此之外,还包括信托贷款、债券、民间金融等。权益性融资则包括增资、股票上市发行等多种方式。此外,近年来融资渠道与融资方式已经有了较大发展,如大资管背景下的各种理财产品、新型结构化产品、预付卡、互联网金融等。

## 二、公司治理结构视野下的融资选择

现代公司中通常存在两种冲突:一种是股东和管理者之间的冲突,另一种是债权人和股东之间的冲突。随着这两种冲突的是相应的股权的代理成本与负债的代理成本。不同的融资模式对公司治理结构有重大的影响。公司治理本质是一个合同，是有关公司控制权和剩余索取权分配的制度安排。而融资问题不仅是一个融资合同，合同中约定了双方的权利义务，本质上还是资金背后的产权主体相互依存、相互作用、共同构成的制衡机制的配置问题。

债务融资与权益融资本质上具有不同的企业所有权的配置特征，是公司治理的基础。债务融资与权益融资与其说是融资工具不如说是控制和治理工具。融资结构决定了公司利益相关者对公司不同时期的治理机制，股东是公司的所有者，拥有企业的剩余索取权和剩余控制权，但当公司资不抵债、无法偿还债务时，债权人相对于股东可以优先取得公司资产的分配权。公司不同的融资安排选择就是公司不同治理机制的选择，融资决策就是通过确定公司最合适的融资结构，形成有效的制衡机制，约束代理人行为。通过权益融资，公司的治理结构会发生明显变化，这一点很容易理解。比如一个公司通过增资，引进外部的投资者后就完成了融资。此时，外部的投资者成为公司的股东，必然会影响公司的治理结构。外部的投资者转化成公司的股东后，至少会享有资产收益、参与重大决策和选择管理者等权利。但这只是最低要求，一般投资者可能还会要求一些特别权利，这些特别权利有一些是针对原实际控制人的，比如一般增资合同中常见的回购条款、估值调整条款（对赌）。投资者也会提出针对公司治理本身的特别要求，比如特定事项的同意、人员安排等。融资后公司无论是在治理结构还是公司控制方面都会发生深刻的变化。公司在选择不同的融资方式时，就决定了其控制权在出资人之间转移的顺序和时间。在公司持续经营过程中，实际控制人可以行使对公司的控制权。但股东的控制和干预方式会由于股权结构的不同而有所不同：如果所占股权比较大，则可以通过"用手投票"进行控制，反之则通过"用脚投票"来表达对企业经营者行为和重大决策的抗拒。但如果融资方法选择不当，实际控制人可能会陷入既无法用手投票，也无法用脚投票的窘境。

权益融资影响公司治理与公司控制，那么债务融资同公司治理有关吗？当然也有关系。债务融资首先影响着股东的剩余分配权，债务融资中的利息支出将作为成本列支。在一些重要的债务融资合同中，债权人往往都会对资金用途进行相应的限制，比如在银行贷款合同中，一般会约定贷款用途，企业如果违反这些约定，不仅可能导致违约责任，甚至贷款也会加速到期。此外，债权人也会对企业的一些行为予以约束，比如某些重大资产的处置行为必须征得银行的同意，某些行为必须在发生后的一定时限内通知银行。如果是公众公司，由于公司所有权与经营权两权分离,债务融资可能会更深刻地影响到公司治理。对于公司通过权益融资引入的资金,比如发行股票,由于股利分配本身较弱的约束性,公司的管理层利用资金的弹性更大。而通过债务融资而融入的资金,则是公司必须偿还的。公司管理层必须考虑在债务到期时,公司要有足够的收入或其他现金,以偿还债务本息,否则面临的将是诉讼与破产。这将可以减少经理层随心所欲支配的现金,进而抑制经理层追求扩张公司的过度投资行为。但从另外的角度看,债务融资规模过大也会增加委托代理成本。由于债务规模过大,管理层可能倾向于投资高风险高收益的项目。

公司融资时应当优先考虑采用债务融资还是权益融资,这是个见仁见智的问题,也是一个需要具体情况具体分析的问题。如前所述,债务融资与权益融资对于公司的影响、对公司治理和公司控制的影响程度都是不一样的,对于实际控制人的利益影响差异巨大。

债务融资一般收益相对固定,当一个业务的平均利润率超过相对固定的利息时,大多数企业的实际控制人更愿意通过债务融资的方式进行融资。这一点在房地产行业中表现得特别明显,大多数房地产开发企业更愿意选择债务融资方案。就权益性融资和债务融资两种融资方式的繁杂程度而言,债务融资占有一定的优势,债务合同均明确规定了偿付条款、利息和其他有关限制条件,实际控制人的预期比较明确。而权益性融资除了事先能确定股权比例以外,虽然也可以对公司治理进行一定的约定,但这种约定的履行及其效果仍有赖于外部投资者的监督与企业实际控制人的合作。即使公司的实际利润率高过利息成本,并且权益性融资的内生交易费用高于债务融资,单纯从融资角度分析,也会有许多公司选择权益性融资。原因则多种多样,可能因为权益融资可以获得较高对价,比如通过发行新的股份,原实际控制人的股份价值也得到快速提升,也有可能是从安全的角度,避免影响公司在经营业绩波动时的偿债能力,还有可能是为了改善公司的资本结构,降低公司的负债率,为进一步的融资做好准备。更何况,除了融资考虑外,实际控制人还可能会有诸多其他考虑,比如社会资源的合作、专业人才的激励等。

公司虽然可以通过债务融资、权益融资等渠道获得资金,但这并不是随意选取的,而是存在一定的先后顺序。对公司融资顺序有重大影响的理论是权衡理论与融资优序理论。权衡理论认为,随着公司债务的扩大,公司的财务风险增大甚至会有破产可能,融资成本也会越来越大,因此最优融资结构取决于免税收益与上述增加的成本之间的均衡。举债税收利益现值的增量速度等于预期财务融资成本现值和代理成本现值的增量速度时,公司举债比例达到临界点,此时公司价值最大。优序融资理论则以不对称信息理论为基础，并考虑交易成本的存在，认为权益融资会传递公司经营的负面信息，而且外部融资要多支付各种成本，因而公司融资一般会遵循内源融资、债务融资、权益融资的先后顺序。该理论认为存在一个可以使公司价值最大化的最优资本结构，并且以对不同性质的资本进行排序的方式，给出了决策者应当遵循的行为模式。权益融资的融资方会介入公司的经营中，根据公司法的规定，即使融资方在公司中仅是小股东，法律也对其知情权给予必要的保障。同时，不同股东的存在也会增加公司内部运营的协调成本，并且会导致公司经营的负面信息外传。

目前中小企业在税收、劳动用工、环境保护等各方面或多或少都存在一定的不规范，公司的实际控制人并不愿意让“外人”获悉这些信息。一般情况下，公司的实际控制人偏好信息成本较低的融资方式，这就会导致公司优先考虑债务融资，其次才会考虑权益融资。现实中，在债务融资中，间接融资发挥了极大的作用。虽然金融媒介事先对资金使用者进行甄别并通过合同来约束资金使用者的行为，但在事后对资金使用者进行监督时，金融媒介的组织专业化使其能以较低成本履行其职能，因而间接融资方式对资金使用者信息透明度的要求相对较低。

在当今中国，大部分非公众公司经营活动的透明度比较差，间接融资就成为它们主要的外部融资选择。但由于大公司相对于中小公司在经营透明度和抵押条件上有所区别，并且由于边际效应的存在，单位贷款处理成本会随着单笔贷款金额的提高而下降，所以金融机构更愿意为大型企业提供融资服务。我国以大银行为主的高度集中的金融体制，不可避免地会造成我国中小企业的融资困难。

西方发达的资本市场有较为完善的信息披露规则，这可以较好地解释公司的融资动机，但在中国并不完全适用。公司发展到一定规模，相较于债务融资，公司更偏好于权益融资，有人称此为异常优序融资理论。这并不是因为公司更易于接受信息披露等规则，主要原因在于中国扭曲的资本市场结构。由于中国股市的高市盈率，以至于一旦上市，公司不仅可以募集大量资金，而且实际控制人原先持有的股份亦会大幅度增值。而且股权具备高流动性，这样实际控制人就不会考虑信息披露、公司证券市场合规性审查维持等成本。因为股市高溢价所带来的效应，其他公开发行市场，如新三板、四板之类的交易市场也会为公司带来挂牌的冲动。更为重要的是，一旦公司完成权益融资，公司的财务结构就会得到明显改善，此时公司的债务融资能力会进一步加强。比如公司通过权益融资后，其权益资本增加，此时公司的负债率会下降。企业在进行债务融资时，融资方对于公司的负债率会有所考虑，具有太高负债率的公司要么难以获得债务融资，要么其债务融资的成本会高于一般公司。如果是上市公司,则可以在公开市场进行融资,此时公司就具备了双重融资能力,公司实际控制人基于股份的高流动性也具备了较高的融资能力,其可以通过上市公司股份质押的方式进一步获得融资。

通过股权融资,适当的外部力量的引入有助于公司治理结构的优化。在股权稀释的过程中,公司利用股票市场的筹资功能,为公司融通永续发展的资金,可以极大地增强竞争实力。同时,公司受到外来的监督和约束,为健全公司制度提供了必要的外部条件。此外,实际控制人和其他持股者可以通过证券市场变现自己的股权,从而为退出公司提供制度平台。相对于中大公司,小公司的融资还会遵行债务融资、权益融资的顺序,虽然有时这也是不得已的选择,但在融资时还要适当考虑融资均衡理论与异常融资优序理论,充分考虑债务融资与权益融资灵活地运用,使公司达到最佳融资状态。一般的融资理论存在一个前提,即公司实际控制人熟知各种融资手段。实际控制人在公司融资过程中的主要任务是选择适宜的融资方式,以便有效地传递企业内部信息。有关公司融资结构的研究却表明,许多公司的实际控制人在获得各种融资方式、种类、来源等信息方面存在着严重不足,"金融缺口"存在的一个重要因素在于公司实际控制人对融资方面信息的"知识缺口"。若实际控制人的知识缺口小,那么实际控制人能在融资谈判过程中取得相对有利地位,而知识缺口大的话,实际控制人只能在有限的几种融资手段中选择,这样的融资结构极有可能是低效率、高成本的,并且这样的融资结构在公司后续融资过程中可能会传递错误的信息,不利于公司的再融资。因此通过各种手段使公司实际控制人了解各种融资方式,特别是新近涌现的融资创新,对解决公司的融资困难也能起到重要作用。

## 第三节　公司融资面临的新问题

目前我国的公司融资总体上以债务融资为主,权益融资为辅。我国正在为权益融资提供外部的制度保障。比如,我们的证券立法逐步完善,审核标准逐渐清晰,使通过发行股票进行融资相对更具有可预期性。我国正在推进多层次的资本市场的建立,这些多层次的资本市场已经或将在公司融资业务中发挥更大的作用。① 但

① 我国资本市场从20世纪90年代发展至今,由场内市场和场外市场两部分构成。其中场内市场的主板(含中小板)、创业板(俗称二板)和场外市场的全国中小企业股份转让系统(俗称新三板)、区域性股权交易市场、证券公司主导的柜台市场共同组成了我国多层次资本市场体系。

无论资本市场如何发展，当前权益融资仍然有一定的门槛。公开市场的权益融资一般对企业规模有一定的要求，而且成本较高。即便是一般的权益融资，对于大多数公司来说，也有一定难度。比如大多数情况下风险融资仅是高科技中小公司的融资手段，不适用于一般类型的中小公司。部分公司，特别是中小公司在权益融资过程中存在种种障碍，权益融资也就不会成为这些公司的优先融资方式。公司自身发展的不确定性和其他一系列不对称信息使外部投资者将这些公司权益融资市场视为"柠檬"市场，这些公司在资产价值被低估的同时还要失去公司控制权，因此权益融资对中小公司而言并不是一个现实选择。这种现象被称为"强制性优序融资"。因此，事实上对于部分公司来说，存在"强制性优序融资"，部分公司只能优先选择债务融资方式，其中包括商业信用、金融机构借款等多种方式。

## 一、债务融资的问题

在债务融资中，出资方与公司的实际控制人存在信息不对称的问题。公司的实际控制人一般比出资方更清楚公司成功的概率和偿还融资的条件及动机，正如劳动合同履行中雇员比雇主更了解自己的技能和工作的愿望。由于信息的不对称，债务融资中存在着各种各样的风险。如果信息是完全的，而且人们对信息的分析和处理是充分理性和合理的，并且不存在信息成本，那么决策就不会失误。比如，出资方不会向明知信用状况极差的公司贷款。显然，这仅仅是一种假设的市场条件，真实世界中的信息从来就不是完全的。即使债务融资前的信息是充分、完整的，在融资完成后，也有可能发生融资用途变更的情况。比如实践中广泛存在的短贷长投的情况：公司以流动资金贷款的名义贷得资金，但在资金价格持续快速上涨的预期下，公司会把这些资金投入长期的项目之中，实际上变更了资金用途。为了解决信息不充分以及事后融资用途改变的风险，银行会非常注重抵押等担保措施。实践中，抵押有"担保之王"的称号。

要求担保是银行的理性选择，但过度使用担保措施则会带来严重的后果。过度关注担保可能会导致大量企业的融资困难。比如，许多企业自有资产少，适合进行抵押的资产更少，难以提供满足贷款要求的抵押品。有时抵押贷款要求的担保手续烦琐，成本高，还可能产生评估、保险等额外费用。银行要求的联保等方式则是银行过度要求担保的一个典型现象：在银行向债务人提起诉讼时，可能债务人只有一个，担保人却有十几个；有些被告则无法送达，法院只能采用公告的方式送达，并对无法送达的被告进行缺席判决。这样的案件往往旷日持久，法院也不堪重负。当然,在银行对第二还款来源的关注远超过第一还款来源时,债务融资市场就出现了扭曲。第一还款来源是借款人的生产经营活动及与其相关的直接用于归还借款的现金流量总称,是债权人对借款人在发放贷款前确定投放方向、金额、次数和还款时间的直接依据,因此科学地分析公司的第一还款来源对银行的经营决策具有决定意义。而第二还款来源则主要体现在担保中,是债权人的风险缓释措施。目前我国债务融资应以考察第一还款来源为主,没有稳定收入来源的原则上不应放贷。但实践中,单纯的信用贷款难以获得,大多数情况下,债务融资方案中会附加相应的担保措施。有些金融机构片面地把公司能否提供抵押物作为贷款的主要依据,忽视了对公司实际偿付能力的分析,并且在贷款评估结果中也重点考虑房地产等抵押物的市场价值,而对第一还款来源却很少过问。这样,信贷资金的安全性,仅体现在估价时点的公开市场价值折扣比例上。过度关注担保会导致风险事件发生后的处置困难,比如一些抵押品变现困难,一旦无法还款,银行处置抵押财产时效率低、费用高、难度大。近年来市场上有多起股票质押的违约案例,如上海莱士(002252)的控股股东股票质押违约、誉衡药业(002437)的控股股东股票质押违约、蓝光发展(600446)的控股股东股票质押违约等。类似的情况还有许多,很多时候实际控制人可以利用抵押物处置过程中的各个环节与困难同债权人协商,以达到续展甚至消减债务的目的。有时候,债务处置可能会引发社会事件,比如浙江的"互保圈"事件,由于互保事件层层发酵,可能引发政府对当地经济平稳发展的担忧,从而导致政府的介入。

近期全国各地频频出现企业债务危机问题。企业债务危机是指企业在经营过程中因无法偿还债务而引发的危机,主要有资金周转困难、经营困难等一系列问题,如海航集团、方正集团、紫光集团等。企业债务危机的出现往往是因为企业在经营过程中对财务杠杆的过度使用与依赖,当资金链发生断裂时,企业无法偿还债务。从宏观角度上说,企业债务危机在经济衰退、紧缩性货币政策实行时较为明显;从微观角度上说,企业债务危机表现为企业现金流紧张,无法偿还到期债务。

近几年来,房企纷纷站在房地产黄金时代的风口,在大举扩张之后,负债随着收益越滚越高,如今"债台高企"成为房地产企业绕不过的话题。恒大地产集团有限公司2020年度年报显示,截至2020年12月30日负债合计为15,221.80亿元,流动负债12,215.11亿元,一年内到期的流动负债1808.49亿元。存量债券14支,存量债券规模558.63亿元,且上述不含关联企业的债券。其21恒大01债券发行82亿元,募集资金用途为偿还到期或回售的存续公司债券。这种"借新债还旧债"的发债模式也是“借新还旧”的一种。

著名经济学家宋清辉认为,“借新还旧”是一个庞氏游戏,会给公司带来较大的风险。早前,一些民营公司依赖短债,不停滚动发行短债来支持长期投资,一旦停止滚动,企业流动性压力凸显。依赖短债的结构更容易受到市场变化的影响。以前信用市场资金充裕时,公司会觉得短债的成本更低,因此忽略了负债结构的安全性。在公司融资链收紧,对于过度依靠外部融资“借新还旧”的低资质企业而言,信用风险压力或正积聚。在全市场去杠杆的背景下,过去那种借新债还旧债的做法已经无法持续下去,如果企业借机逃债,可能引起其他企业效仿,造成连锁反应。

## 二、普惠金融的问题

2015 年以来,普惠金融概念得到了广泛普及。党的十八届三中全会明确提出完善金融体系,首次将“发展普惠金融”列入党的纲领性文件。这一理念也必将影响到公司的融资市场,并将在公司融资结构改善、融资渠道多样化、融资成本回落等方面产生积极的影响。“普惠金融”译自英文“financial inclusion”,是联合国在宣传 2005“国际小额信贷年”时率先使用的词汇。普惠金融机制能让企业以可负担的成本,有效地获得金融服务。由于传统金融体系倾向于为大中型企业和富裕人群提供金融服务,许多企业被排斥在原有的金融服务体系之外,公司融资困难。公司融资市场出现的新趋势,包括多样化的融资主体、更普遍的融资服务对象、灵活的融资手段。

从融资主体上看,此前的债务融资主要集中于银行体系。但近年来,融资主体的类型得到了较大的发展,除了传统的商业银行外,非银行金融机构以及一些非金融机构或类金融机构,甚至包括一些资产管理公司,也开始涉足这一领域。此外,在权益融资领域,出现了一大批专业的投资机构,不仅包括传统的投资公司,还包括私募股权基金,各类的 PE、VC 以及天使基金等。

从融资服务对象上看,由于融资机构的发展,可以获得融资的公司类型增加,能够获得融资的公司数量也会增加。这一点相对于权益融资来说,变化更为明显。对于债务融资来说,由于不同种类的融资机构的存在,原先不符合银行融资条件的公司也有可能获得债务融资。

从融资渠道上看,原先银行注重抵押、保证等方式,现在作为第二还款来源的担保方式也变得多样化。除了单纯的抵押融资方式外,还有一些创新的设计,比如一些结构化的产品,以结构化为基础,让劣后级的产品份额实际上为优先级份额提供托底,相当于使优先份额持有人获得了某种程度的保障。

政府在解决融资难的过程中也做了不少努力。在债务融资中,一些有政府背景的担保公司可以帮助企业获得融资。在公司需要偿还贷款时,政府甚至可以提供一笔过桥资金帮助公司偿还银行贷款,然后由公司再从银行获得续贷,确保公司的信用记录不受影响。在权益融资中,对于一些新兴的行业,政府可能会成立一些引导性资金入股公司。对于公司的公开市场权益融资,比如上市,甚至是登陆新三板等市场,政府也会对融资过程中发生的费用予以支持。这些都有助于公司的融资。不过,虽然融资主体增多、融资对象增加并且融资渠道灵活,目前公司融资难的问题并没有得到真正的缓解;相反,随着各类金融创新的出现,融资贵的问题越发突出。这并不符合普惠金融的内涵,因为普惠金融要求公司能够获得可以承担成本的融资。目前部分创新使金融融资的链条加长,由于链条的各环节都有获利的需求,累加起来,总体融资成本会上涨。最终能够承受这些融资成本的主要是两类公司:一类是利润率相对较高且对资金需求量大的房地产公司,另一类就是和土地有关且对融资利率不敏感的地方政府融资公司。由于这两类公司事实上对于资金起到了虹吸效应,反过来也推高了整个社会的融资成本,使得一般行业难以承受这些被推高了成本的融资。政府也意识到了这个问题,但短期来看,尚没有有效、可行的解决方案。

随着互联网的发展,各类互联网金融行业和产品也逐渐出现。相对于传统民间融资方式而言,P2P 是一种借助互联网平台的更为高效、便捷的新型借贷模式。P2P 平台针对的主要是个人及中小企业的融资需求,属于民间融资的一部分。我国中小企业特别是小微企业众多,由于缺少资本或缺乏担保,长期得不到传统金融机构的青睐,金融服务需求旺盛。这部分需求是民间融资存在并发展的基础,而 P2P 则借助互联网提供了比传统民间融资更为高效、便捷的借贷模式,且降低了交易成本进而压低了融资成本。

国内 P2P 平台由于长期缺乏监管,业务存在很多不规范的地方,自融、期限错配以及资金池成为常见的经营方式。2016 年 10 月,银监会、工业和信息化部、公安部、国家互联网信息办公室等十五部委联合发布《P2P 网络借贷风险专项整治工作实施方案》,2019 年 7 月,互联网金融整治领导小组和网络借贷整治领导小组联合召开网络借贷风险专项整治工作座谈会,明确将稳妥有序化解存量风险,多措并举支持和推动机构良性退出或平稳转型,维护各地经济金融和社会政治稳定。截至 2019 年 5 月末,继续开展出借业务的运营机构数量已降至 707 家,比 2018 年年初下降57%;借贷余额比2018年年初下降27%,出借人次比2018年年初下降75%;行业借贷规模、出借人次已连续11个月下降。全国已成立400多个风险处置专班,加大对高风险机构的管控力度。[①] 截至2020年3月31日,全国实际运营的网络借贷机构139家,比2019年年初下降86%。机构数量、借贷规模及参与人数连续21个月下降。整治工作开展以来,累计已有近5000家机构退出。[②]

P2P网络借贷平台风险的爆发,其实只是信用风险升温中的一例。只不过由于过去几年市场环境宽松、监管缺位以及行业自身特点,P2P行业的整体风险较高,率先大面积"爆雷"。2018年以来,在紧信用严监管的环境下,除了P2P外,现金贷、大规模质押股票融资的上市股东、大肆依靠负债扩张规模的企业也问题频出。

P2P等新型民间融资方式虽然高效便捷,但其一旦发生"爆雷"引发的民间纠纷较难处理。一是不少平台合规性不足,接受债权转让、对外提供担保、自有资金池放贷等行为时有发生,非法集资与合法融资的判定界限模糊,造成突出的刑民交叉法律问题。二是网络借贷涉及人数多、涉案金额大,一旦发生平台"爆雷"事件,将带来巨大的社会风险和金融风险。三是网络借贷民事纠纷数量巨大,一旦形成诉讼涌入法院,有限的司法资源如何消解海量纠纷成为当前面临的重要课题。四是在个案审判中不断涌现出亟待解决的新问题,如电子证据的采集、固定和真实性审查,网络平台作为第三方主体撮合借贷双方的交易收取高额管理费、服务费,在个案中是否存在变相突破利率限制的情形,等等。

## 第四节 不同融资结构下的公司治理与风险控制

### 一、融资结构下的风险概述

融资结构,是指公司在取得资金来源时,通过不同渠道筹措的资金的有机搭配以及各种资金所占的比例。具体来说,是指公司所有的资金来源项目之间的比例关系,即权益资产与债务资产的构成,是资产负债表右方的基本结构,主要包括短期负债、长期负债和所有者权益等项目之间的比例关系。因为公司的融资结构不

① 参见新华社:《我国将多措并举支持和推动网贷机构良性退出或转型发展》,载中国政府网,http://www.gov.cn/xinwen/2019-07/06/content_5406856.htm,2021年8月1日最后访问。

② 参见新华社:《全国网络借贷等互联网金融领域风险持续收敛》,载中国政府网,http://www.gov.cn/xinwen/2020-04/24/content_5505931.htm,2021年8月1日最后访问。

仅揭示了公司资产的产权归属和债务保证程度,而且反映了公司融资风险的大小,即流动性大的负债所占比重越大,其偿债风险就越大;反之,偿债风险就越小。从本质上说,融资结构是公司融资行为的结果。

公司融资是一个动态的过程,不同的行为必然会导致不同的结果,形成不同的融资结构。公司融资行为的合理与否必然通过融资结构反映出来。合理的融资行为必然形成优化的融资结构,融资行为的扭曲必然导致融资结构的失衡。当然,不同公司经营所处的阶段和经营特点不同,对资金的数量需求和属性要求也就不同,形成了不同的融资组合。公司融资需要安排一个健康的融资结构,根据公司的经济现状对不同类型、不同期限的融资予以合理的安排。融资结构安排妥当,可以较好地避免企业的风险,但是仅凭合理的融资结构还不足以规避公司的融资风险。至少公司融资时还应有必要的风险转移与风险对冲的安排。风险转移包括保险等手段,公司应在每年的预算中适当安排保险费用,这样一旦出现极端情况,比如火灾,公司便可以通过保险公司的理赔恢复或部分恢复经营。当然,保险又是另外一个非常专业的领域,存在很高的知识壁垒,此时公司可以借助外部专家的力量选择合适的保险产品。风险对冲的手段则针对多种风险,可以引入多个风险因素或承担多种风险,将这些风险进行对冲,常见的例子有资产组合使用、采用套期保值的策略进行期货交易等。2006年国资委颁布的《中央企业全面风险管理指引》虽然主要针对国有企业,但是其中确定的若干原则与风险管理的方法值得公司实际控制人适当地参考与借鉴。

不同融资结构下公司治理结构各有其特点,由此产生的风险控制措施也不尽相同。在债务融资方案中,一般情况下,债权人不会过度介入公司治理中。虽然一些融资合同中也会对融资款项的用途予以约定,并设定了违反用途使用资金的违约责任,这些违约责任除了提高资金使用成本外,比如提高利率、要求支付违约金等,还有可能导致提前还款。一旦提前还款的条件成立,就会对公司的资金安排造成较大的影响。对于公司来说,有可能面临民事责任、刑事责任等多种风险。提前还款除了打乱公司款项安排而导致的公司还款困难以外,也有可能由于其他原因导致公司无法按期还款。有些原因可能是突发的,比如忽然遇到一笔大额坏账或者公司遇到突发事件,如火灾、水灾造成生产停滞而导致无法还款。有些原因则可能是结构性的,如短贷长投导致的公司融资结构不合理。短贷长投是一种非常危险的财务操作方式,在这种情况下,公司必须有足够的能力持续创造良好的经营活动现金流,并且银行还不抽贷,持续对公司保持信心。如果公司资产的盈利能力下降，经营活动现金流匮乏，或者银行抽贷，就会使公司资金周转发生困难，从而造成流动比率下降，偿债能力恶化，陷入难以自拔的财务困境。

自2008年以来，许多公司都沉陷于短贷长投的泥淖。2008年国家推出了4万亿元的刺激政策，许多公司预期资产价格会快速上涨，因此加大了资产投入，比如购置更多的土地，建造更多的厂房。事实上，在2008年之后的两三年里资产价格的确在快速上涨，这些快速上涨的资产又使公司的抵押物价值更高，公司融资能力更强。但是一旦遇到经济回落，或者银根紧缩、银行抽贷，公司就会腹背受敌：一方面已开工项目建设还需要资金的继续投入，另一方面因为经济下行导致公司盈利减少，如果银行的贷款不能追加，甚至还抽贷，那么公司就极有可能陷入困境，从上升期一步坠落到泥淖中。

在债务融资方案中，实际控制人提供担保的情况极为普遍。从本质上说，这体现了债权人对于公司有限责任而对股东带来过度保护的不信任。有限责任是人类社科历史上最伟大的发明之一，有限责任机制的设置可以保护股东免受公司债务的追索、鼓励股东的投资行为，并且使这些投资的转让成为可能。但目前中国并没有一套完善的信用公示系统，公司运作机制不透明，存在大量恶意通过公司有限责任逃废债务的情况。因此，债权人往往把公司实际控制人作为连带责任保证人一并纳入债务体系中。此时，公司实际控制人的命运和公司是一体的，公司的债务在某种意义上也就是公司实际控制人自身的债务。更为甚者，许多债务融资方案中甚至把公司的职业经理人也拖入了担保体系，比如有些债务融资方案会要求公司的总经理、财务总监一并作为担保人。除了典型的担保外，一些公司运作过程中的行为也会让公司实际控制人承担责任，比如虚假注册与抽逃出资的行为。公司运作过程中的不规范也会导致实际控制人责任的增加，比如公司有些费用不好出账或者有些费用没有相应的发票，公司的财务就直接把这些难以在账面记载或者没有相应发票的支出作为往来款记在实际控制人名下，成为实际控制人对公司的借款。如果公司因为债务危机而进入破产清算程序，破产管理人则会依法对实际控制人进行追讨。实际控制人有时能讲清这些款项的去向，有时因时间久远，难以讲清款项的具体去向，即使实际控制人进行辩解，大多数情况下这些债务也会变成实际控制人背负的个人债务。没有进入破产程序也不代表实际控制人就是安全的，法律上允许代位诉讼。如果公司融资后发生清偿不能，并且这些债务危机成为群体性事件，那么此时公司的实际控制人就非常危险了。我国的行政管理相对简单粗暴，各级政府又有维稳的巨大压力，因此，一旦出现群体性事件，政府往往会主导纠纷的处置,很多时候是对实际控制人一抓了事,通过抓人平息债务人的怒火。

权益融资方案中,公司没有刚性的外部负债,相对来说较为安全。但权益融资会带来公司治理结构的变化,导致公司运作成本的产生。相对于实际控制人来说,至少有两个风险:一是公司失去控制的风险,二是公司权益融资过程中的个人责任。在权益融资后,一般情况下出资方将成为公司的股东,这样出资方就享有股东所有的一切权利。根据公司法的规定,公司股东享有资产收益、参与重大决策和选择管理者等权利,进一步细化来说,公司股东享有的权利包括知情权、决策权、监督权等。除了公司法赋予股东的这些权利外,有些投资者还会要求一些特别的权利,比如在一些投资合同中常见的拖带权,甚至在许多项目上要求一票否决权,有些投资机构还要求参与公司的人事管理,派驻关键岗位的管理层,如财务总监、董事会秘书等。此时实际控制人对公司的控制力度会明显减弱,受到许多制约。另外,这种制约也可能在后续的融资中给予出资方信心。比如有些项目,如果前期有较为知名的投资机构投资,那么许多后续的投资者会认为这个公司的公司治理相对完善,实际控制人的行为被约束在一个相对合理的边界内,这样有助于引进后续的投资。有些投资甚至就是直接采用跟投方式,省去了尽职调查、谈判方面的交易成本。多轮融资之后,公司的实际控制人对公司的控制力可能就非常弱了。如果在公开市场融资,公司变成一个公众公司,此时还面临着敌意收购或原投资人的联合反对等问题,实际控制人就有可能被迫出局。

## 二、公司实际控制人的风险分析

权益融资虽然对于公司来说较为安全,但对于实际控制人则未必。许多投资合同中可能会设置回购条款、估值调整条款(对赌条款),这些条款都会牢牢锁住实际控制人,回购条款一旦实施,实际控制人个人就会背负巨额的个人债务。更难处理的,则是回购条款要求实际控制人个人回购,而估值调整条款要求公司业绩的高速增长,这两个条款一旦配合起来使用对实际控制人的压力就会非常大。为了完成业绩对赌,实际控制人一般情况下只好把所融资金全部投入公司经营,走快速扩张之路。而一旦触发回购条件,此时实际控制人已经无力回购股份,实际控制人的资产也就主要体现为这个公司的股权了。有时,实际控制人只得另行出售自己的股份以筹集资金回购原投资人的股份。

在公开市场融资,比如上市融资,根据证监会的规定,不允许有对赌之类事项的存在,但并不意味着公开市场融资就没有风险。除此之外,有些看起来很美的融资往往隐含着失败的种子。比如上下游之间的股权合作，通过股权合作纽带生产方获得销售方的融资，或者销售方获得生产方的融资。这看起来对双方都是有利的，一方巩固了货源，另一方稳定了市场；但是这种融资结构下也极有可能产生纠纷，大多数情况下其原因系关联交易。虽然双方事先可以确定关联交易的一些原则，但实践中产生关联交易的事务众多，难免有双方无法事先约定的事务，这样就容易在双方之间产生纠纷。而股东之间一旦产生纠纷，公司的经营发展就会受到很大的制约，严重时甚至导致公司的清算。还有一些融资，看起来是引进了大的机构，有助于增强公司的股东背景，但由于经营理念、文化方面的差异，这些融资机构可能并不接受原先的管理方式，或者这些融资机构决策流程复杂，让实际控制人觉得太官僚，长久以后实际控制人觉得厌烦，这都会为后续股东纠纷埋下隐患。还有些投资机构在同一行业投资了多家公司，这些公司的实际控制人就需要考虑保密以及同质竞争等问题。

实际控制人在融资过程中面临的风险多种多样，有些是经营管理的风险，有些是民事责任甚至是个人刑事责任的风险。这些风险大体上还是可以纳入公司治理的框架内讨论、解决的。公司治理不是一个宽泛的学术概念，而是与公司实际控制人切身利益相关的实务问题。任何融资行为都或多或少地体现在后续的公司治理结构中，此时优化融资结构并寻找最合理的公司治理结构就成为公司实际控制人控制风险的最重要的手段。

# 第二章 债务融资

## 第一节 银行贷款

在本书的第一章,我们将融资分为债务融资与权益融资。本章的重点内容是债务融资,主要内容包括各种不同类型的债务融资方式、融资主体、具体操作流程、各债务融资方式之间的区别以及融资附随产生的风险。

中国人民银行的统计数据显示,2021 年第一季度末,广义货币(M2)余额 227.65 万亿元,同比增长9.4%,增速比上月末和上年同期均低 0.7 个百分点;狭义货币(M1)余额61.61 万亿元,同比增长7.1%,增速比上月末低0.3 个百分点,比上年同期高 2.1 个百分点;流通中货币(M0)余额 8.65 万亿元,同比增长 4.2%。一季度净投放现金 2229 亿元。[①] 同时,根据我国市场监管总局官网发布的数据,截至 2020 年年底,全国实有市场主体达 1.38 亿户,其中企业 4331.4 万户。2020 年新增登记主体 2502.1 万户,新增企业 803.5 万户。[②] 按比例推论可知,通过银行及其他金融机构贷款的占比居高不下,凸显了银行贷款在企业融资中的重要性。因此,对银行贷款进行研究的必要性不言而喻。

---

① 参见中国人民银行:《2021 年一季度金融统计数据报告》,载中国人民银行官网,http://www.pbc.gov.cn/goutongjiaoliu/113456/113469/4228789/index.html,2021 年 8 月 1 日最后访问。

② 参见国家市场监督管理总局综合规划司:《2020 年全国市场主体发展基本情况》,载国家市场监督管理总局官网,http://www.samr.gov.cn/zhghs/tjsj/202106/t20210611_330716.html,2021 年 8 月 2 日最后访问。

## 一、银行贷款概述

贷款即为借款、借贷,借款人与贷款人双方意思表示达成合意,贷款人发放贷款、借款人接收贷款,是一种最为古老且最典型的融资方式。银行贷款是贷款人为银行等金融机构的一种特殊借贷形式,与民间借贷有所不同。

### (一)银行贷款适用的相关法律规范

银行贷款应符合相应的法律法规及其他规范性文件的规定。法律层面,主要是《民法典》与全国人大常委会于1995年颁布并于2015年修正的《商业银行法》。

部门规章层面,主要是1996年中国人民银行出台的部门规章《贷款通则》,中国银行业监督管理委员会(以下简称银监会,已撤销)出台的系列部门规章及规范性文件,包括2004年出台的《商业银行房地产贷款风险管理指引》,2006年出台的《商业银行小企业授信工作尽职指引(试行)》,2007年出台的《小企业贷款风险分类办法(试行)》,2009年出台的《固定资产贷款管理暂行办法》《项目融资业务指引》,2010年出台的《流动资金贷款管理暂行办法》以及与中国人民银行、银监会、证监会、保监会联合发布的《关于进一步做好中小企业金融服务工作的若干意见》,2011年修订的《银团贷款业务指引》,2015年修订的《商业银行并购贷款风险管理指引》,以上规范性文件对贷款人为中资金融机构,与借款人为依法取得贷款的法人、其他经济组织、个体工商户和自然人之间的借贷关系进行规范。

司法解释层面,最高人民法院司法解释或相关文件主要包括《最高人民法院关于对企业借贷合同借款方逾期不归还借款的应如何处理的批复》《最高人民法院关于审理民间借贷案件适用法律若干问题的规定》等。

### (二)银行贷款的种类

根据发放方式及风险承担的不同,银行贷款可以分为自营贷款、委托贷款和特定贷款三类。其中,自营贷款,是指贷款人以合法方式筹集的资金自主发放的贷款,其风险由贷款人承担,并由贷款人收回本金和利息。委托贷款,是指由政府部门、企事业单位及个人等委托人提供资金,由贷款人(受托人)根据委托人确定的贷款对象、用途、金额期限、利率等代为发放、监督使用并协助收回的贷款。贷款人(受托人)只收取手续费,不承担贷款风险。特定贷款,是指国务院批准并对贷款可能造成的损失采取相应补救措施后责成国有独资商业银行发放的贷款。区分三种贷款的实益在于,款项的来源不同导致的相应的法律关系及风险负担有所差异。

根据贷款的期限,可以将银行贷款分为短期贷款(1年以内,包括1年)、中期贷款(超过1年且在5年以下,包括5年)和长期贷款(超过5年)。不同期限下的贷款利率有所不同。当然,贷款的期限属借贷双方当事人意思自治的范畴,为融资需贷款的企业可与银行自行约定,包括5年。需要注意的是,如果发放的贷款是自营贷款,贷款期限一般不得超过10年,超过10年须向中国人民银行报备。票据贴现的贴现期限最长不得超过6个月,贴现期限自贴现之日起到票据到期日止。

此外,根据是否需要提供担保还可将银行贷款分为信用贷款、担保贷款和票据贴现。信用贷款指的是以借款人的信誉发放的贷款。担保贷款指借款人在借款时以第三人保证、第三人或自身提供抵押,或者第三人或自身提供质押的方式提供担保,确保贷款人在借款人不能偿还贷款时拥有对款项的追偿权。票据贴现指贷款人以购买借款人未到期商业票据的方式发放的贷款。

为方便比较,将上述三种分类以表格的形式表示,见表2-1。

**表2-1　贷款分类与特征**

| 序号 | 分类标准 | 具体类型 | 特征 |
| --- | --- | --- | --- |
| 1 | 发放方式及风险承担 | 自营贷款 | 资金来自合法筹集 |
| | | 委托贷款 | 第三方委托银行放贷 |
| | | 特定贷款 | 基于政策性原因发放 |
| 2 | 贷款期限 | 短期 | (n≤1年) |
| | | 中期 | (1年<n≤5年) |
| | | 长期 | (n>5年) |
| 3 | 是否要求担保 | 信用贷款 | 以信誉发放贷款 |
| | | 担保贷款 | 提供担保 |
| | | 票据贴现 | 购买未到期票据 |

(三)借贷双方的权利义务

企业向银行借款时签订的借款合同是民事法律行为的一种,因此缔约双方必须具备完全民事行为能力。同时,借款合同属《民法典》合同编中的一类有名合同,因此合同中约定的双方权利义务不能违反《民法典》的规定。

**1. 借贷双方的资质**

借款人应具备何种资质?因本书中的借款人专指企业,因此其应当是经工商行政管理机关(或主管接管)核准登记的企业。此外,借款人要有还本付息的能力,开设基本账户或一般存款账户,资产总额、资产负债要符合特定比例等,具体要参照各银行的要求。

贷款人应具备何种资质？贷款人应是银行金融机构，不能是非银行金融机构，也不能是民间的“影子银行”。

**2. 借款人即企业的权利和义务**

企业向银行申请贷款，其作为借款人首先必须具备何种资格，其次有哪些权利又要履行哪些义务？《贷款通则》对此作了明确规定。

(1)借款人的权利

➢ 可以自主向主办银行或者其他银行的经办机构申请贷款并依条件取得贷款，即有申请权。

➢ 有权按合同约定提取和使用全部贷款，即有受领款项及自行使用权。

➢ 有权拒绝借款合同以外的附加条件，即对于银行提出的一些潜在的、不合理的要求可以明确拒绝。

➢ 有权向贷款人的上级和中国人民银行反映、举报有关情况，即有检举权。

因此，企业在通过银行贷款进行融资的过程中，应按法律规定行使己方权利，如提取款项及自行使用等，还需积极履行己方的义务，包括如实提供申请材料，身份信息、财务信息、财产信息等都不能弄虚作假。

(2)借款人的义务

➢ 应当如实提供贷款人要求的资料(法律规定不能提供者除外)，应当向贷款人如实提供所有开户行、账号及存贷款余额情况，配合贷款人的调查、审查和检查。

➢ 应当接受贷款人对其使用信贷资金情况和有关生产经营、财务活动的监督。

➢ 应当按借款合同约定用途使用贷款。

➢ 应当按借款合同约定及时清偿贷款本息。

➢ 将债务全部或部分转让给第三人的，应当取得贷款人的同意。

➢ 有危及贷款人债权安全情况时，应当及时通知贷款人，同时采取保全措施。

如果企业不遵守这些义务将使贷款潜藏诸多风险，涉及民事违约责任甚至刑事法律责任如贷款诈骗罪等。

此外，《贷款通则》还规定，贷款人即银行可拒绝向企业发放贷款：企业在一个贷款人银行同一辖区内的两个或两个以上同级分支机构取得贷款；借款人向贷款人提供虚假的或者隐瞒重要事实的资产负债表、损益表等。违反国家外汇管理规定使用外币贷款；生产、经营或投资国家明文禁止的产品、项目的；建设项目按国家规定应当报有关部门批准而未取得批准文件的；生产经营或投资项目未取得环境保护部门许可的;在实行承包、租赁、联营、合并(兼并)、合作、分立、产权有偿转让、股份制改造等体制变更过程中,未清偿原有贷款债务、落实原有贷款债务或提供相应担保的;有其他严重违法经营行为的。

**3. 贷款人的权利和义务**

贷款人银行一方也有相应的权利与义务,其享有的权利对应企业应履行的义务。《贷款通则》规定,贷款人根据贷款条件和贷款程序自主审查与决定贷款,除国务院批准的特定贷款外,有权拒绝任何单位和个人强令其发放贷款或者提供担保。

(1)贷款人的权利

➢ 要求借款人提供与借款有关的资料,证明借款人的资质、财产状况及借款目的等。

➢ 根据借款人的条件,决定贷与不贷、贷款金额、期限和利率等。

➢ 了解借款人的生产经营活动和财务活动,可进行相关的尽职调查,深入了解借款人的有关信息。

➢ 依合同约定从借款人账户上划收贷款本金和利息。

➢ 借款人未能履行借款合同规定义务的,贷款人有权依合同约定要求借款人提前归还贷款或停止支付借款人尚未使用的贷款,即借款人有权追偿贷款人违约的责任。

➢ 在贷款将受或已受损失的,可依据合同规定,采取使贷款免受损失的措施。

贷款人银行业应尽到己方的义务,如果其不履行或不完全履行,则借款人可向其追究违约责任或者向相关机关举报。

(2)贷款人的义务

➢ 应当公布所经营的贷款的种类、期限和利率,并向借款人提供咨询服务。

➢ 应当公开贷款审查的资信内容和发放贷款的条件。

➢ 贷款人应当审议借款人的借款申请,并及时答复是否予以贷款。短期贷款答复时间不得超过1个月,中期、长期贷款答复时间不得超过6个月;国家另有规定者除外。换言之,银行不能长期拖延,应保证效率,以免影响借款人融资之后企业的经营运转,或再融资、投资安排。

➢ 应当对借款人的债务、财务、生产、经营情况保密,但对依法查询者除外。

(四)银行贷款的一般流程

**1. 提出申请**

借款人需要贷款,应当向银行直接申请。借款人应当填写包括借款金额、借款用途、偿还能力及还款方式等主要内容的《借款申请书》并提供以下材料：借款人及保证人的基本情况；财政部门或会计（审计）事务所核准的上年度财务报告，以及申请借款前一期的财务报告；原有不合理占用的贷款的纠正情况；抵押物、质物清单和有处分权人的同意抵押、质押的证明及保证人拟同意保证的有关证明文件；项目建议书和可行性报告；贷款人认为需要提供的其他有关资料。

**2. 信用评估、尽职调查**

银行会根据借款人的经济实力、资金结构、履约情况、经营效益和发展前景等因素，评定借款人的信用等级。同时，会对借款的合法性、安全性、盈利性等情况进行调查，核实抵押物、质物、保证人情况，测定贷款的风险度。

**3. 层级审批**

银行根据“审贷分离、分级审批”的贷款管理制度对申请材料进行审批、复查、复测，提出意见，按规定权限报批。

**4. 签约及贷款发放**

审批通过之后，银行将与借款人签订贷款合同，对贷款额度、支付方式、贷款期限、还款方式、违约责任等作出明确约定。嗣后，银行将按约发放贷款。

具体参照如图2－1所示。

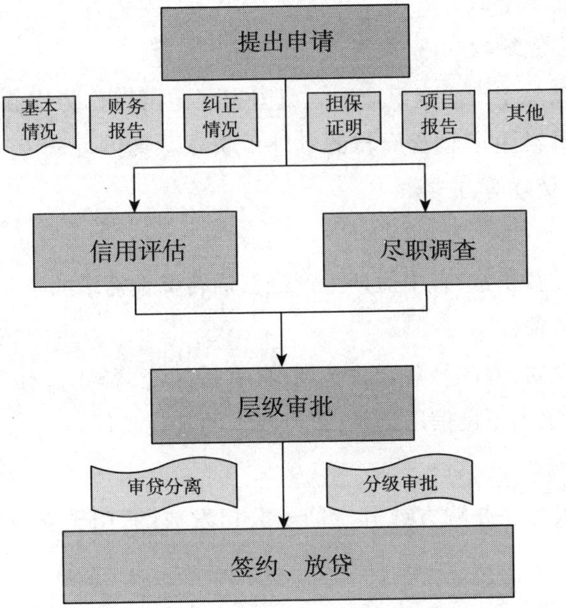


**图2－1 银行发放贷款流程图**

## 二、银行贷款业务的具体介绍

在我国，金融机构有诸多类型，根据中国银监会2003年第2号令修改的《金融许可证管理办法》，对银行按照以下方式进行分类：政策性银行，商业银行，住房储蓄银行（注：现在已无此类银行），城市商业银行，城市信用合作社，农村商业银行，农村合作银行及农村信用合作社，信用卡公司，邮政储蓄机构，信托投资公司，企业集团财务公司，金融租赁公司，外资银行，外资非银行金融机构，其他类金融机构，共计15种。以商业银行为例，又有大型商业银行、股份制商业银行、城市商业银行、农村商业银行以及外资银行之分。各银行具体开展的业务又有所不同，以业务进行分类，有结算服务、贷款融资、融资租赁、企业理财、对公存款、票据业务、小企业金融业务、网络融资业务等。本书主要研究对象为融资，本节的主要研究对象为传统的银行贷款，因此选取全球市值最大的上市银行中国工商银行为例，介绍其贷款业务项下具体的申请对象、操作流程及优劣势。①

工商银行针对公司或企业开展的贷款业务主要包括流动资金贷款、项目贷款、并购贷款、固定资产支持融资、国内贸易融资、房地产开发贷款、总部融资及其他等多种形式。本书将主要介绍流动资金贷款、并购贷款、国内贸易融资、项目贷款、住房开发贷款五种主要形式。

### （一）流动资金贷款

流动资金贷款是银行向企事业法人或国家规定可以作为借款人的其他组织发放的用于借款人日常生产经营周转的本外币贷款。具体可分为营运资金贷款、周转限额贷款、临时贷款等方式。

**1. 适用对象**

适用于生产经营正常，有中短期生产经营周转资金需求的企业借款人。

**2. 办理的基本条件**

借款人依法设立；生产经营合法合规；具有持续经营能力，有合法的还款来源；信用状况良好，无重大不良信用记录；银行要求的其他条件。

### （二）并购贷款

并购贷款是银行向并购方或其专门子公司发放的，用于支付并购交易价款和

---

① 几种具体的贷款业务主要源自工商银行官方网站的介绍，详情请参见中国工商银行：《业务综述》，载中国工商银行官网，http://www.icbc.com.cn/ICBC/公司业务/企业服务/贷款融资/流动资金贷款/业务综述/，2021年8月2日最后访问。

费用的贷款。

**1. 适用对象**

适用于有并购交易融资需求的客户。并购交易,是指境内并购方企业通过受让现有股权、认购新增股权或收购资产、承接债务等方式实现合并或实际控制已设立并持续经营的目标企业或资产的交易行为。

**2. 办理的基本条件**

并购方依法设立,合规经营,财务状况良好,流动性及盈利能力较强,信用状况良好,无重大不良信用记录,符合国家产业政策和银行信贷政策。并购交易依法合规,并购方与目标企业之间具有较高的产业相关度或战略相关性,通过并购能够获得目标企业的研发能力、关键技术与工艺等战略性资源以提高其核心竞争能力;符合银行要求的其他条件。

### (三)国内贸易融资

国内贸易融资是银行基于境内客户与其境内交易对手的商品或服务贸易项下的融资需求,为客户提供的短期融资服务。

**1. 适用对象**

适用于基于采购或销售行为产生融资需求的交易方。

**2. 办理的基本条件**

借款人依法设立,生产经营正常,财务状况良好,信用状况良好,无重大不良信用记录;交易真实合法有效,有合法的还款来源;符合银行要求的其他条件。

### (四)项目贷款

项目贷款是银行向企(事)业法人或国家规定可以作为借款人的其他组织发放的,用于借款人固定资产投资的本外币贷款。

**1. 适用对象**

适用于有固定资产投资相关融资需求的客户。

**2. 办理的基本条件**

借款人依法设立,借款用途及还款来源明确、合法;借款人信用状况良好,无重大不良记录;借款人为新设项目法人的,其控股股东应有良好的信用状况,无重大不良记录;符合国家对拟投资项目投资主体资格和经营资质的要求。项目符合国家的产业、土地、环保等相关政策,并按规定履行了固定资产投资项目的合法管理程序,符合国家有关投资项目资本金制度的规定;符合银行要求的其他条件。

(五)住房开发贷款

住房开发贷款是银行向借款人发放的用于住房及其配套设施建设的贷款。

**1.适用对象**

适用于有住房开发项目融资需求的房地产开发企业。

**2.办理的基本条件**

借款人依法设立,信用状况良好,无重大不良记录,房地产开发资质、实收资本等符合银行相关规定;项目已按照政府相关部门规定办理立项审批或备案手续,具备《国有土地使用证》《建设用地规划许可证》《建设工程规划许可证》《建设工程施工许可证》,项目资本金等符合国家及银行的相关规定。

## 三、银行贷款潜在的风险及其应对

当企业向银行申请贷款时,银行并非立即应允,而是要经过最长可达几个月的信用等级评估、尽职调查、层级审批等一系列流程之后,才承诺发放贷款。之所以要经过上述诸多程序,最主要的原因在于风险的防控,否则小则影响银行自身的利益,大则影响整个经济的发展。因此,中国人民银行以及银监会出台了一系列的发放贷款操作指引或风险管理指引文件。作为借款方企业而言,也会触及诸多风险,包括商业风险及法律风险。

商业风险,主要体现为申请借款被银行拒绝的风险,获得贷款迟延导致融投、资机会错失的风险,以及获得贷款后无力偿还的风险。

本部分主要讨论可能存在的法律风险及其应对措施。前文已经提及,银行贷款是《民法典》合同编中借款合同的一种,因此,如果借款人违反其与银行签订的贷款合同,首先要承担民事违约责任。对于合同未约定的内容,相关法律或部门规章有规定的,应承担法律规定的责任。甚至,如果触及刑事法律的规定,构成犯罪的,则应承担刑事责任。

(一)民事法律风险及其应对

绝大部分企业融资方式中均会涉及银行贷款。在向银行贷款的过程中,存在的民事法律风险主要包括违约责任、互保圈危机、个人连带责任等。

**1. 违约责任及其应对**

典型案例——盾安集团450亿元债务危机

(1)案件概况如下:①

浙江省金融办2018年5月2日召开盾安集团债务协调会,商讨盾安集团债券融资及银行贷款等问题。参会机构包括人行杭州中心支行、浙江银监局,浙江省国开行、省进出口银行、省工行,以及华融资管浙江分公司、长城资管浙江分公司、信达资管浙江分公司等。

盾安集团现有员工2.9万人,是全球制冷配件行业的龙头企业,在截止阀、四通阀、储液器等主要产品上,基本保持40%左右的市场占有率,连续9年跻身"中国企业500强",连续16年跻身"中国民营企业500强",目前位列浙江百强企业第27位。2017年实现营业收入586.15亿元,净利润14.06亿元,其在A股市场控制2家上市公司——盾安环境(002011)和江南化工(002226),同时持有新三板公司华益精机(833125)。

2018年4月28日,盾安集团向浙江省省长袁家军打了一份《关于盾安集团债务危机情况的紧急报告》的红头文件。该红头文件显示,2017年下半年开始去杠杆以来,市场资金抽紧,导致盾安集团等类似的大规模利用债券融资的企业出现了发行难、融资成本不断提高等问题,企业消耗了大量自有资金,出现了严重的流动性困难。截至目前,盾安集团等各项有息负债超过450亿元,除了120亿元的债券外,绝大部分银行和非银行金融机构的贷款集中在浙江省内。

2018年5月2日,盾安环境和江南化工紧急停牌,其公告的停牌原因分别是"拟披露重大事项"和"盾安控股存在重大不确定性事项"。此外,盾安智控旗下的新三板公司华益精机也在5月2日公告"拟披露重大事项"而停牌,从5月3日起暂停转让。

2018年5月2日晚间,盾安环境公告称,因市场情况发生变化,原定于2018年5月3~4日发行的"2018面向合格投资者公开发行公司债券(第二期)"取消发行。

① 案例系对网络报道的综合整理。参见中国证券报:《浙江盾安集团陷450亿债务危机旗下两公司停牌》,载凤凰网财经,https://finance.ifeng.com/c/7cce4jLjVwm;杭州姚生记食品有限公司:《大起底!中国500强盾安集团是如何走上450亿债务危机断崖的?》,载看准咨讯,https://www.kanzhun.com/news/401380.html;开伟观察:《盾安集团缘何会陷入债务危机?民企该汲取哪些教训?》,载百度百家号,http://baijiahao.baidu.com/s?id=1600064231157526329&wfr=spider&for=pc,2019年10月30日最后访问。

(2)深入剖析

成立于1987年的盾安集团,其核心产业包括精密制造与先进装备、新能源等,是名副其实的“明星企业”。这样一家优质的民营企业怎么会身陷债务危机?到底是什么原因让它深陷债务危机?据财经评论“开伟观察”分析,盾安集团深陷债务危机的原因如下。

首先,对经济金融形势变化反应不敏感、不及时,或者说缺乏正确的认识和应有的判断,致使企业经营战略调整迟缓。中央政府2017年已吹风或开始实施系列防金融风险、降杠杆政策。在此背景下,盾安集团依然没有控制或收缩自己的经营扩张规模,仍推行过去的企业迅猛增长策略。尤其在防风险去杠杆、市场资金迅速抽紧的情况下,已有不少较大规模利用债券融资的民企出现了发行难、融资成本不断提高、消耗大量自有资金并有严重流动性困难的情况,盾安集团没有予以足够的警惕并从中汲取教训,这与今天债务危机的形成不无关系。

其次,对经营发展定位没有主次之分,一味强调多元化经营和增强企业综合竞争力,致使企业规模“虚胖”难以实现快速“掉头”,无法甩掉包袱轻装上阵。盾安集团产业庞大,精密制造与先进装备、民爆化工、新能源、新材料、现代农业、投资管理等部门十分齐全,集团员工总数达2.9万人。多元化扩张难以适时压缩其他非主业资产,无法做到“船小好掉头”,无疑使资金链越绷越紧。

最后,对融资成本及现金流缺乏足够重视,财务管理不严谨,存在不顾风险而盲目融资和盲目扩张经营规模的现象。盾安集团近几年经营业绩下滑,利润呈下降之势,但是企业不顾风险仍保持原扩张速度。

(3)责任归纳

■ 公司运转层面

整个企业陷入危机,原因自然是多方面的,有外部政策性影响,有内部决策性因素。但对于任何一个企业,尤其是民营企业来说,资金链的紧张甚至断裂往往是扼住咽喉最根本的原因。如果企业后期无限扩张,对资金的急切需求不言而喻,进而通过银行贷款、民间借贷融资也是必然的,但其往往忽视了“短贷长投”“短融长投”的巨大危害性。

短贷长投,一般是指利用短期的贷款或其他方式融资,进行长线投资,如固定资产投资等,是当下企业经常利用的一种操作方式。对于企业而言,融资再投资再正常不过了,而且,长期投资往往利润回报丰厚,但是周期长。如果通过银行短期贷款进行长期投资,在宏观经济状况良好、企业资金链运转正常、现金流充足时,短贷长投确实利大于弊。然而，一旦国家宏观政策有变，银行信贷紧缩，银行可能“停止放贷”，进而“抽贷”，要求“提前还贷”，其他银行跟风，就会导致企业现金流短缺，周转不灵，资金链紧张甚至断裂，企业偿债能力恶化，甚至可能濒临破产。

■ 法律规定层面

企业向银行申请贷款，签订借款合同时，一般都会明确贷款的用途，同时合同会约定，借款人不得擅自改变借款的用途。实践中，企业将短期流动资金贷款用作固定资产投资的很多，银行方面基于自身业务的需要，在进行前期审核时，可能会采取“睁一只眼，闭一只眼”的态度，最终还是会发放贷款。但是在借款合同明确约定贷款用途的前提下，借款人擅自变更其用途，其行为不但违反《贷款通则》之规定，也构成违约，应承担违约责任而发生提前还贷以及支付违约金等后果。

当然，借款人违约不仅包括变更贷款用途，还包括逾期付款、隐瞒重要信息、提供虚假信息等。因此有必要对该类民事违约风险从法律规定及合同条款的角度进行深入解析。

首先，根据《贷款通则》第 71 条，借款人如有下列行为，由贷款人对其部分或全部贷款加收利息；情节特别严重的，由贷款人停止支付借款人尚未使用的贷款，并提前收回部分或全部贷款：

➢ 不按借款合同约定用途使用贷款的。

➢ 用贷款进行股本权益性投资的。

➢ 用贷款在有价证券、期货等方面从事投机经营的。

➢ 未依法取得经营房地产资格的借款人用贷款经营房地产业务的；依法取得经营房地产资格的借款人，用贷款从事房地产投机的。

➢ 不按借款合同约定清偿贷款本息的。

➢ 套取贷款相互借贷牟取非法收入的。

《贷款通则》第 72 条规定，借款人有下列情形之一，由贷款人责令改正；情节特别严重或逾期不改正的，由贷款人停止支付借款人尚未使用的贷款，并提前收回部分或全部贷款：

➢ 向贷款人提供虚假或者隐瞒重要事实的资产负债表、损益表等资料的。

➢ 不如实向贷款人提供所有开户行、账号及存贷款余额等资料的。

➢ 拒绝接受贷款人对其使用信贷资金情况和有关生产经营、财务活动监督的。

■ 合同约定层面

在《贷款通则》的精神指导之下，实务中，借款人与银行签订的借款合同中也会对上述内容进行约定,而且较为详细,甚至将前述规章未作明确规定的某些情形也纳入合同条款中。现以招商银行2017年的借款合同示范文本为例,对相关条文进行解释,进而指出其潜藏的法律风险。

该合同主要包含如下条款:货币币种和金额、贷款用途、贷款期限、贷款先决条件、贷款利率与利息、担保条款、借贷双方的权利义务、借款人的特别保证事项、提款和用款、提前还款、贷款展期、费用、违约事件及处理、合同的变更和解除、其他、法律适用及纠纷的解决、协议生效等。一旦达成协议,双方应受协议的约束,严格按照合同履行各自的义务,否则构成违约,承担相应的违约责任。

◆ 违约行为认定条款

该示范合同对违约行为作如下约定:

16.1 借款人出现下列情形之一者,即视为已发生违约事件:

16.1.1 借款人未履行或违反本合同约定义务的;【未履行或违反义务】

16.1.2 本合同有关陈述与保证事项存在不真实、不完整的情形,或借款人违反该条要求事项,未按贷款人要求立即纠正的;

16.1.3 借款人未按本合同规定提取、支用贷款的,或借款人违反本合同第15条的规定,未按甲方要求使用资金回笼账户资金,或不接受甲方监管,未按甲方要求立即纠正的;【未按约接受资金监管】

16.1.4 借款人在与借款人其他债权人签订的合法有效的合同项下发生重大违约事项,且在自发生违约之日起三个月内未能得到圆满解决;

前述重大违约事项是指借款人的违约导致其债权人有权向其索偿金额达到人民币______万元以上;

16.1.5 借款人违反本合同规定其他义务,或经甲方合理判断借款人出现信用状况下降或发生其他可能影响甲方债权实现的情形;【资信减弱】

16.1.6 借款人以“化整为零”的方式支用贷款,以规避按照本合同要求应由借款人委托甲方对外支付贷款资金的;

16.1.7 借款人发生其他甲方有合理理由认为影响其合法权益的情形。【其他】

16.2 保证人发生下列情形之一者,贷款人认为可能影响保证人担保能力,要求保证人排除由此造成的不利影响,或要求借款人增加、更换担保条件,保证人和借款人不配合的,即视为已发生违约事件:【保证人原因】

16.2.1 发生类似于本合同第7.2.6条所述情形之一,或发生第7.2.8条所述情况时未取得甲方同意的；

16.2.2 出具不可撤销担保书时隐瞒了自身承担保证责任的实际能力，或未获得有权机关的授权；

16.2.3 未按时办理年检注册、企业年度报告手续以及营业期限展期/延长手续等；

16.2.4 怠于管理和追索其到期债权，或以无偿或其他不当方式处分现有主要财产。

16.3 抵押人（或出质人）发生下列情形之一者，贷款人认为可能造成抵押（或质押）不成立或抵押物（或质物）不足值，要求抵押人（或出质人）排除由此造成的不利影响，或要求借款人增加、更换担保条件，抵押人（或出质人）和借款人不配合的：【抵押或质押原因】

16.3.1 对抵押物（或质物）没有所有权或处分权，或权属存在争议；

16.3.2 隐瞒抵押物（或质物）共有、已出租、被查封、被监管、存在法定优于抵押权的优先权等情况；

16.3.3 抵押人未经甲方书面同意，擅自转让、出租、再抵押或以其他任何不适当的方式处分抵押物；

16.3.4 抵押人对抵押物未加妥善保管、维护和维修，致抵押物价值明显贬损；或抵押人的行为直接危及抵押物，导致抵押物价值减少的；或在抵押期内抵押人不按甲方的要求对抵押物进行投保的；

16.3.5 抵押物发生或可能发生被征收、被拆迁的风险，抵押人未按《抵押合同》的约定履行相关义务的；

16.3.6 抵押物发生或可能发生其他影响抵押物价值或影响甲方抵押权等事项。

16.4 本合同项下担保包含应收账款质押时，应收账款债务人发生经营明显恶化、转移财产/抽逃资金以逃避债务、与应收账款出质人串通更改回款路径导致应收账款回款没有进入回款专户、丧失商业信誉、丧失或可能丧失履约能力或其他影响其偿债能力的重大事项等情形的，甲方有权要求借款人提供相应担保或提供新的有效应收账款用于质押；借款人不提供的，即视为已发生违约事件。

◆ 违约责任条款

显然，因贷款人有一定的强势地位，故上述违约行为认定条款仅约束借款人，对于贷款人并未作相应约定。只要借款人行为符合上述约定的情形，则应根据合

同约定承担违约责任,具体如下:

16.5 一旦发生任何一种违约事件时,甲方有权同时或分别采取如下措施:

16.5.1 变更贷款资金受托支付条件、取消借款人以"自主支付"的方式使用贷款;【变更、取消】

16.5.2 停止发放借款人尚未使用的贷款;【停止放贷】

16.5.3 提前收回已发放的贷款本息和相关费用;【提前收款】

16.5.4 直接冻结/扣收借款人结算账户或其他账户上的存款并委托招商银行其他机构冻结/扣收借款人在该机构的存款,以清偿借款人在本合同项下的全部债务;【直接划款】

16.5.5 甲方也可视情况直接要求借款人提供其他甲方可接受财产作为新的担保,借款人未按要求提供新的担保的,应承担相当于本协议项下贷款金额____%的违约金。

16.5.6 依据本合同约定进行追索。【争议解决方式】

(4)应对措施

针对可能承担的民事违约责任,借款人首先应对合同的条款有所了解,明晰己方的权利和义务,尤其是应履行的义务,同时应了解银行的权利和义务;其次,应当积极履行合同约定内容,告知义务、接受资金监管义务、按照用途使用贷款义务等,如此才能"防患于未然";最后,还应关注银行方是否尽到其义务,是否按期发放贷款,如果银行有违约行为,应注意保存证据。

实践中经常发生的"短贷长投"现象,主要原因在于民营企业融资环境不完善、融资结构不合理,而银行贷款往往都是短期的。但是,企业的发展离不开中长期投资,这就导致其将短期贷款用于长期资产的投资,不仅给银行坏账的发生埋下了导火索,还会加大企业自身的财务风险。

因此,要想尽可能减少这种风险,在一定程度上要关注宏观经济的发展及外部政策的变化。对于企业而言,不仅要做到上述对合同条款的认知、对合同义务的积极履行,还应加强公司自身的投融资管理,做好企业融资结构和投资结构的平衡与匹配。既要做好融资期限结构、品种结构和时间结构的安排,同时要做好投资的规模结构、品种结构和时间结构的安排,切记不能把短期资金投向长期资产作为一种无可奈何而又理所当然的安排。

**2. 互保圈危机及其应对**

"互联互保"贷款是指向多个企业相互提供担保,从银行取得贷款。这并非一种专门的贷款形式，而是申请各类型贷款时的一种手段，企业之间形成联盟，互相为对方担保，主体增多形成圈状，因此被形象地称为“互保圈”。民生银行贷款项目中有小微企业互助担保贷款、互保贷款、联保贷款等模式，该银行将互保联保直接列为贷款的一种模式，而非在具体贷款模式下允许提供此类互联互保贷款。

该种模式有其特殊的风险。举例而言，如甲乙是两家企业，均希望向银行申请1000万元贷款融资，根据银行要求借款人必须提供担保，要么是第三人保证，要么是第三人或借款人自己提供的抵押、质押担保，但在互联互保模式下，仅需要乙对甲向银行贷款提供担保，甲对乙向银行贷款提供担保。表面看来，这似乎是信用担保模式的一种创新，银行发放的两份贷款均有担保，实质上则危机四伏。当甲企业出现问题时，就会造成关联企业即乙企业脱保，相关银行担心贷款风险，遂对乙企业采取提前收贷措施。当互保的企业数增多时，则会出现以下情形：甲乙借款的银行之外的其他一些银行也因为发现贷款存在风险，又看到同行在收贷，为保障自己贷款的安全，只好采取跟风收贷措施。如此一来，就会导致本已资金链断裂的中小微企业会加速濒临死亡。更严重的后果则是，由于各银行在本地区都采提前收抽贷政策，其他中小微企业的生存状况会更加恶化，融资难、融资贵的问题更加突出。

在许多深陷债务危机而被迫破产的山东轮胎化工企业中，有很多是因为担保被牵连从而背上了巨额债务。2019年6月，山东齐成石油化工有限公司发布公告，称其深陷担保困境。在山东乃至全国因为互联互保而走向衰落的轮胎企业比比皆是，包括天信集团、大海集团、永泰集团、胜通集团等。①

(1)典型案例——东营发债民企担保圈

由图2-2可知，整个东营民营企业的担保圈内包含了10家发债民企，绝大部分存在互保关系，其中万达集团和胜通集团互保规模较大。在整个担保圈中，这些民企之间担保关系错综复杂，其中任何一家民企出现问题，都有可能影响到其他民企的正常经营和再融资，从而引发区域性风险。②

① 参见轮胎商业网：《互联互保，成就了谁，害死了谁》，载中国轮胎商业网，http://www.chinatire-dealer.com/news/show-42662.html，2019年10月30日最后访问。

② 参见国盛证券研究报告：《固定收益点评一文快速了解东营发债民企担保圈》，2018年11月30日。

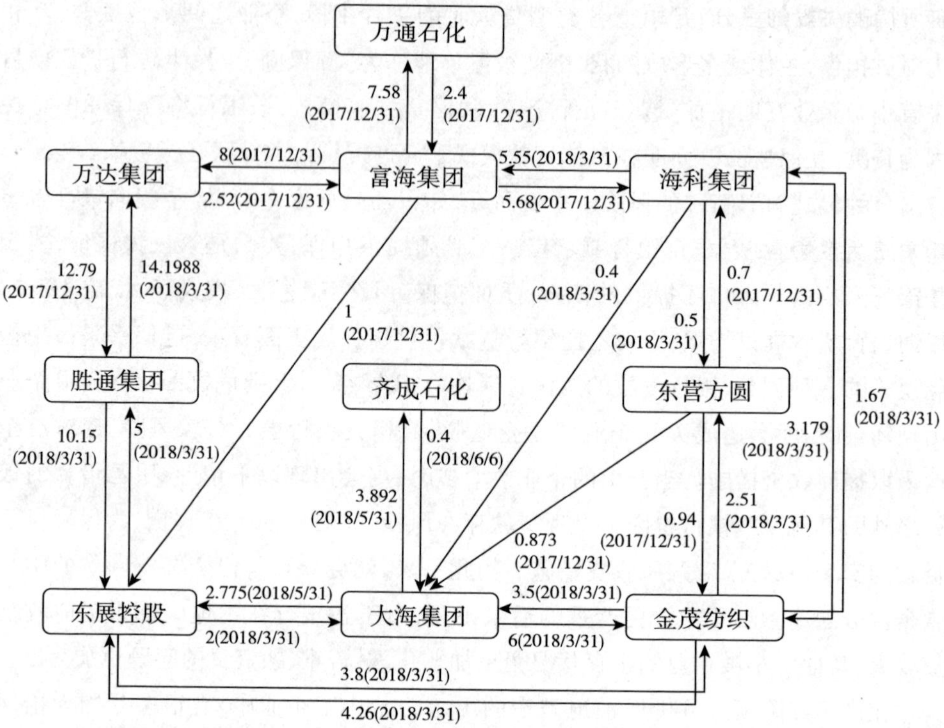


**图2-2 东营发债民企担保圈梳理**

■ 社会层面

在联保互保时，社会诚信体系的不完善也是企业陷入危机的原因之一。尤其是在选择与陌生企业互保联保时，如果择友不善，可在片刻之间引火上身。这一问题较易发生在中小微企业融资时，由银行牵线搭桥，从而可能与资质不过硬的企业成为队友。

■ 法律规定层面

首先，根据《公司法》第16条的规定，公司向其他企业投资或者为他人提供担保，依照公司章程的规定，由董事会或者股东会、股东大会决议；公司章程对投资或者担保的总额及单项投资或者担保的数额有限额规定的，不得超过规定的限额。公司为公司股东或者实际控制人提供担保的，必须经股东会或者股东大会决议。前款规定的股东或者受前款规定的实际控制人支配的股东，不得参加前款规定事项的表决。该项表决由出席会议的其他股东所持表决权的过半数通过。

《公司法》第121条规定："上市公司在一年内购买、出售重大资产或者担保金额超过公司资产总额百分之三十的，应当由股东大会作出决议，并经出席会议的股东所持表决权的三分之二以上通过。”

上述规定体现了公司在对外担保时是有特定程序要求的，但企业之间互联互保模式的出现，似乎使银行授信过于泛滥，授信额度过高。

其次，互保联保模式最早被用于农户间的贷款担保。2000 年 1 月中国人民银行出台的《农村信用合作社农户联保贷款管理指导意见》（已失效）中规定：“没有直系亲属关系的农户在自愿基础上组成联保小组，信用社对联保小组成员提供的贷款称为农户联保贷款。”“农户联保贷款的基本原则是多户联保、按期存款、分期还款。”“联保小组由居住在信用社服务辖区内有借款需求的 5 ~ 10 户借款人自愿组成。”

2004 年银监会出台的《农村信用合作社农户联保贷款指引》中进一步明确：“农户联保贷款是指社区居民依照本指引组成联保小组，贷款人对联保小组成员发放的、并由联保小组成员相互承担连带保证责任的贷款。”“联保小组由居住在贷款人服务区域内的借款人组成，一般不少于 5 户。”也就是说，农户联保贷款模式中，组成联户组的各农户，既是贷款人又是担保人，互相承担连带责任。由于农户之间非常熟悉，如果不还贷款除了法律压力外，还要面临邻里之间的信誉压力，担保效果非常好。这种模式化解了农户提供抵押贷款担保难的局面，有利于提高银行对农户放贷的积极性，对于解决农户贷款资金需求、维护信贷资金安全、促进农村经济发展具有积极意义。

2006 年，银监会发布《农村信用社小企业信用贷款和联保贷款指引》，其中规定：“本指引所指联保贷款包括一般联保贷款和特殊联保贷款。一般联保贷款是指由多个小企业组成联保组并签订协议，在借款人不能按约偿还贷款时由联保组成员承担连带责任的贷款。特殊联保贷款是指由多个小企业共同出资设立风险基金、设定还款责任和损失风险补偿机制，由贷款人对联保的小企业发放的贷款。”“联保组成员不得少于 5 户。”

从上述三份规章及规范性文件可以看出，互联互保模式最初源自农民之间的担保借贷，后来逐步发展到中小企业之间。2008 年国际金融危机之后，当时中小企业普遍面临融资难、融资贵的问题，于是监管部门推出了“互联互保”模式，就是通过企业互相担保的方式，向银行申请贷款。商业银行无论是国有银行、股份制银行还是城商行，都纷纷加入了贷款大军。正因如此，“互联互保”模式被许多地方政府作为解决中小微企业融资难行之有效的改革创新经验。例如在浙江，经济相对发达，中小企业居多，互保圈十分盛行。

最后,企业互保联保贷款方式的法律特征,属于保证,而非抵押、质押。《民法典》第681条规定:"保证合同是为保障债权的实现,保证人和债权人约定,当债务人不履行到期债务或者发生当事人约定的情形时,保证人履行债务或者承担责任的合同。"《民法典》第699条规定:"同一债务有两个以上保证人的,保证人应当按照保证合同约定的保证份额,承担保证责任;没有约定保证份额的,债权人可以请求任何一个保证人在其保证范围内承担保证责任。"因此,针对联保模式,至少有两个以上担保人,属于共同保证。根据担保合同的约定,若未约定份额,则承担连带责任保证。互保模式则是相互为对方提供保证。单纯的连带责任并不可怕,可怕的是大量的交叉联保互保,以及为互保联保而设立的关联企业之间错综复杂的连带责任。

(2)应对措施

"互联互保"是中小企业抗风险的有效手段,互保圈所产生的连锁反应可能引发一定的经营问题,但更大的影响还是"多米诺骨牌"效应。"通常'互联互保'的企业出现问题,是被某个互保圈内的企业拖累,比如大海集团破产对万达天弘的拖累。天弘本身经营没有问题,但由于'互联互保',资金受到了较为明显的拖累和牵连,更有60多亿到期债权带来的压力。"①要解决这一难题,国家宏观调控的加强、市场的进步、制度与体系的健全、融资渠道多元化、企业治理结构的完善,都不可或缺。

银监会于2013年出台《关于进一步做好小微企业金融服务工作的指导意见》,是为贯彻落实《国务院办公厅关于金融支持小微企业发展的实施意见》(国办发〔2013〕87号)所采取的进一步推进银行业为小微企业提供金融服务的工作。可见,互联互保本是政府、银行为刺激经济,帮助中小企业解决融资难、融资贵的困境的一项新举措,但因牵涉面广、涉及主体多、数额巨大,相互围圈,遂有"牵一发而动全身"的危险。

本质上,互联互保确非坏事。但从案例可得出值得注意的两点。其一,不能将担保链过于集中,否则风险难以分散。以东营发债民企担保圈为例,涉及多家民营企业。其二,选择关联企业之外,极有可能由"银行牵线"而与"陌生企业"互保联保,最终因"择友不善"而陷入危机。因此,企业在凭借互保圈向银行申请巨额贷款时,要意识到风险的存在,并注意分散风险,不能扎堆担保,并慎重考虑自己的"保

---

① 参见渠沛然:《"互联互保"拖累了谁?》,载《中国能源报》2019年6月24日,第13版。

友”究竟“是敌是友”,能否“有难同当”。

**3. 个人连带责任及其应对**

除了借款人企业可能承担的违约责任风险以及互保圈带来的风险外,个人连带责任风险也须引起注意。一般而言,在公司向银行申请贷款时,银行都会要求公司提供担保,包括人保和物保,这些都有可能由公司法人或其他责任人提供。一旦公司破产,资不抵债,曾提供担保的个人须根据担保合同的约定承担连带责任。

此类案例很多,前述盾安集团450亿元债务危机、“东营发债民企担保圈”中,最终公司“大老板”都难辞其咎。

因此,公司申请银行贷款需个人提供担保时,个人务必意识到可能存在的风险,提供担保之前应谨慎考虑,并对担保的额度、责任进行明确约定。

(二)刑事责任风险及其应对

在银行贷款过程中,贷款人可能涉嫌违法发放贷款罪、违法向关系人发放贷款罪等罪名,但本部分仅讨论借款人可能触及的刑事犯罪。借款人可能涉嫌贷款诈骗罪、合同诈骗罪等。

**1. 典型案例**

2011年间,被告人潘某甲、韦某某和潘某乙、潘某丙4人共同出资成立宜州市祥恒蚕业有限公司,从事鲜茧收购、烘烤及其副产品销售,潘某甲担任公司的法定代表人。2013年3月和2014年3月,潘某甲、韦某某经合谋后以欺骗手段取得广西宜州农村合作银行北山支行的贷款共计400万元。

2013年3月,被告人潘某甲虚构被告人韦某某经营宜州市石别镇屯蒙蚕茧收购站的事实并找他人制作了贷款所需的《个体工商户营业执照》《鲜茧收购资格证》《税务登记证》等虚假材料后,由韦某某使用上述虚假材料,以韦某某的名义和兰某、沈某以“三户联保”的方式向广西宜州市农村合作银行北山支行申请贷款,骗取该行贷款200万元。该笔贷款由潘某甲用于宜州市祥恒蚕业有限公司的生产经营。2014年3月,该笔贷款到期时,潘某甲已将利息及本金归还完毕。

2014年3月,被告人潘某甲再次以虚构事实与虚假材料向该行申请贷款,骗得200万元。该笔贷款由潘某甲用于宜州市祥恒蚕业有限公司的生产经营。该笔贷款逾期后,韦某某归还35.5万元,兰某和沈某归还175.5047万元,三人共同将利息及本金归还完毕。

法院认为,被告人潘某甲、韦某某以欺骗手段取得银行贷款共计400万元,情节严重,其行为已构成骗取贷款罪。公诉机关指控潘某甲、韦某某犯骗取贷款罪的事实和罪名成立。在共同犯罪中,潘某甲、韦某某合谋骗取银行贷款,潘某甲找他人制作贷款所需的虚假材料,后由韦某某持虚假材料骗取银行的贷款,二人均起主要作用,均是主犯,应当按其所参与的全部犯罪处罚,但韦某某所起的作用相对潘某甲较轻。韦某某的辩护人提出韦某某系从犯的辩护意见,法院不予采纳。潘某甲、韦某某接到公安机关电话通知后自行到指定地点接受调查,视为自动投案,如实供述自己的罪行,是自首,可以从轻处罚。辩护人提出潘某甲、韦某某具有自首情节的辩护意见,法院予以采纳。韦某某在贷款逾期后归还了其中的35.5万元,本案骗取的贷款已全部归还完毕,法院在量刑时予以考虑。综上所述,韦某某具有自首情节,归案后认罪、悔罪态度较好,所在社区对其平时表现评价良好并愿意配合相关部门对韦某某进行监管、帮教,可以依法对韦某某从轻处罚并宣告缓刑。根据潘某甲、韦某某犯罪的事实、性质、情节和对于社会的危害程度,依照《中华人民共和国刑法》的相关规定,判决如下:

一、被告人潘某甲犯骗取贷款罪,判处有期徒刑1年,并处罚金人民币10万元。

二、被告人韦某某犯骗取贷款罪,判处有期徒刑10个月,缓刑1年,并处罚金人民币8万元。

**2. 深入剖析**

■ 贷款诈骗罪的定罪量刑

一般而言,贷款诈骗罪主要情形是以个人名义向银行骗贷,常见的如签订虚假房屋买卖合同,从而骗取银行贷款。

《刑法》第193条规定,有下列情形之一,以非法占有为目的,诈骗银行或者其他金融机构的贷款,数额较大的,处5年以下有期徒刑或者拘役,并处2万元以上20万元以下罚金;数额巨大或者有其他严重情节的,处5年以上10年以下有期徒刑,并处5万元以上50万元以下罚金;数额特别巨大或者有其他特别严重情节的,处10年以上有期徒刑或者无期徒刑,并处5万元以上50万元以下罚金或者没收财产:

- 编造引进资金、项目等虚假理由的;
- 使用虚假的经济合同的;
- 使用虚假的证明文件的;
- 使用虚假的产权证明作担保或者超出抵押物价值重复担保的;
- 以其他方法诈骗贷款的。

《最高人民检察院、公安部关于公安机关管辖的刑事案件立案追诉标准的规定

(二)》第50条规定,以非法占有为目的,诈骗银行或者其他金融机构的贷款,数额在2万元以上的,应予立案追诉。

■ 单位不构成贷款诈骗罪,应定合同诈骗罪

最高人民法院于2001年出台的《全国法院审理金融犯罪案件最高人民法院工作座谈会纪要》规定,有两种情形不能以贷款诈骗罪定罪:(1)对于合法取得贷款后,没有按规定的用途使用贷款,到期没有归还贷款的,不能以贷款诈骗罪定罪处罚;(2)对于确有证据证明行为人不具有非法占有的目的,因不具备贷款的条件而采取了欺骗手段获取贷款,案发时有能力履行还贷义务,或者案发时不能归还贷款是由于意志以外的原因,如因经营不善、被骗、市场风险等,不应以贷款诈骗罪定罪处罚。

如此规定的原因可能在于国家宏观上对于企业融资还是持有较为宽容的态度,严格区分罪与非罪,区分正常的企业运营风险、市场风险与犯罪。

法律还规定,单位不构成贷款诈骗罪:对于单位实施的贷款诈骗行为,不能以贷款诈骗罪定罪处罚,也不能以贷款诈骗罪追究直接负责的主管人员和其他直接责任人员的刑事责任。但是,在司法实践中,对于单位十分明显地以非法占有为目的,利用签订、履行借款合同诈骗银行或其他金融机构贷款,符合《刑法》第224条规定的合同诈骗罪构成要件的,应当以合同诈骗罪定罪处罚。

《刑法》第224条规定了合同诈骗罪:有下列情形之一,以非法占有为目的,在签订、履行合同过程中,骗取对方当事人财物,数额较大的,处3年以下有期徒刑或者拘役,并处或者单处罚金;数额巨大或者有其他严重情节的,处3年以上10年以下有期徒刑,并处罚金;数额特别巨大或者有其他特别严重情节的,处10年以上有期徒刑或者无期徒刑,并处罚金或者没收财产:

➢ 以虚构的单位或者冒用他人名义签订合同的;

➢ 以伪造、变造、作废的票据或者其他虚假的产权证明作担保的;

➢ 没有实际履行能力,以先履行小额合同或者部分履行合同的方法,诱骗对方当事人继续签订和履行合同的;

➢ 收受对方当事人给付的货物、货款、预付款或者担保财产后逃匿的;

➢ 以其他方法骗取对方当事人财物的。

同时《刑法》第231条规定,单位犯本节第221～230条规定之罪的,对单位判处罚金,并对其直接负责的主管人员和其他直接责任人员,依照本节各该条的规定处罚。

因此,单位或直接责任人在银行贷款融资过程中触犯上述法律规定,将受到相应的刑事处罚。

**3. 应对措施**

针对触犯刑法的风险,我们更常听到贷款人即银行应做更多的防范,避免被骗取贷款。但作为公司或者企业实际控制人,在拟通过银行贷款进行融资时,也应防范此类风险,关键在于应守住底线,合法申请贷款获得资金支持,不应怀有侥幸心理。对于一个企业而言,在市场逐步完善的经济浪潮中,诚信相对更有价值。一旦有刑事犯罪记录,对于小微企业,想爬起来不容易;对于大型企业、上市公司而言,损失的不仅是大众的信赖,而且将面对监管部门更严苛的监管。

## 第二节 信托贷款

中国人民银行于2021年8月发布的统计数据显示,上半年地区社会融资规模增量排名前五位的依次是江苏(23,467亿元)、广东(21,698亿元)、浙江(19,272亿元)、山东(12,805亿元)、四川(8869亿元)。①

2019年信托公司问卷调查表显示,有41家信托公司支持制造业资金从2017年1063.35亿元增加到2019年2季度1762.69亿元,增长65.77%;2019上半年投向小微企业的资金余额为8701.27亿元;27家信托公司资产证券化业务存续规模在2019年2季度达到5459.54亿元;越来越多的信托公司在绿色发展理念指引下创新性地推出了绿色信托,2018年年末绿色信托总数达到431个。②

依据2021年第1季度的数据,融资类信托的规模和占比在2020年上半年增长较快。2020年6月以来,银保监会要求信托公司持续压降融资类信托。从2020年3季度开始,融资类信托的规模和占比开始下降。截至2021年第1季度末,融资类信托的规模和占比分别下降至4.45万亿元和21.85%,同比规模下降1.73万亿元,占比下降7.11个百分点;环比规模下降0.4万亿元;占比下降1.86个百分点,融资

① 参见中国人民银行:《2021年上半年地区社会融资规模增量统计表》,载中华人民共和国中央人民政府网,http://www.pbc.gov.cn/goutongjiaoliu/113456/113469/4307941/index.html,2021年8月3日最后访问。

② 参见中国信托业协会编:《中国信托业服务实体经济专题研究报告》,载中国信托业协会官网,http://www.xtxh.net/xtxh/u/cms/www/202006/011513073fch.pdf,2021年8月2日最后访问。

类信托的压降已取得一定成效。①

上述数据足以说明信托贷款在社会融资方式中的重要性。信托贷款占比之高、信托资产规模之大，是信贷额度管制以及利率双轨制背景下金融创新的结果，一方面它有效补充了正规金融体系对金融服务提供的不足；另一方面由于发展速度过快，不论是对信托机构、投资者还是需融资者，都存在一定的风险。对此，后续将进行深入剖析。

## 一、信托贷款概述

信托贷款是信托业务的一种。信托贷款是指信托机构在国家规定的范围内，制订信托发行计划，募集资金，通过信托计划募集的信托资金，对自行审定的单位和项目发放的贷款。其中涉及的主体包括委托人（财产权利人）、信托机构（委托人）与借款人（信托贷款的对象）。

### （一）何为信托

信托，即受人之托代人管理财物，是一种"舶来品"。从操作层面而言，信托最早源自英国。根据我国《信托法》的规定，信托是指委托人基于对受托人的信任，将其财产权委托给受托人，由受托人按委托人的意愿以自己的名义，为受益人的利益或者特定目的，进行管理或者处分的行为。

信托首先是一种信用行为，翻译自"trust"。信用是信托法律关系构建的前提。信托是一种委托行为，委托人委托受托人对委托人的财产进行管理，受托财产并非受托人的财产，但受托财产产生的收益归属于委托人，受托人从中赚取手续费等。信托是一种财产的管理行为，即为受益人的利益而管理。现今信托已是一种金融制度，是现代金融的组成部分，与银行、保险、证券构成了现代金融体系。此外，信托还有破产隔离的特征，受托人将信托财产和受托人固有财产相区别，并分别管理、记账和核算。受托人主体资格的变更，不影响受托财产的归属。

信托法律关系中涉及三方主体：投资者、信托机构以及融资方。信托机构是指，依据《公司法》《信托公司管理办法》等法律、法规依法设立的主要经营信托业务的金融机构，即信托公司。借款人，即信托贷款的对象。根据《中国银行信托咨询公司信托贷款办法》的规定，信托贷款的对象是在工商行政管理部门登记注册，实行独立核算，具有法人资格，并遵守国家政策、法令，正常经营的国营、集体、外商投资

① 参见中国信托业协会特约研究员陈进：《2021 年 1 季度中国信托业发展评析》，载中国信托业协会官网，http://www.xtxh.net/xtxh/statistics/46882.htm，2021 年 8 月 2 日最后访问。

企业和其他经济实体。因该办法于1992年生效,当时所谓的“经济实体”概念应指当今的公司、企业等商主体。

(二)信托贷款适用的法律规范

信托贷款应符合相应的法律法规及其他规范性文件的规定。在法律层面主要涉及《民法典》和全国人大常委会2001年颁布的《信托法》。

部门规章层面主要涉及中国人民银行1991年出台的《中国银行信托咨询公司信托贷款办法》《中国银行信托咨询公司信托贷款审批与管理细则》,银监会2007年出台的《信托公司治理指引》《信托公司管理办法》,银监会2008年出台的《银行与信托公司业务合作指引》,2009年出台的《信托公司集合资金信托计划管理办法》,2014年出台的《中国银行业监督管理委员会办公厅关于信托公司风险监管的指导意见》。

(三)信托贷款与银行贷款的区别

本书介绍的主要融资方式有30多种,其中本章第一节已专门对银行贷款进行了详细的介绍。同是企业融资方式,信托贷款与银行贷款有什么区别?企业在融资时,该如何选择?

**1. 资金来源不同**

信托贷款是企业通过向信托机构申请获得的贷款,信托贷款基本来源于信托机构自委托人处募集的资金。银行贷款则是企业向银行申请贷款,银行资金来源于自有资金、存款资金及其他资金。

**2. 利润收入不同**

信托公司在整个信托法律关系中是受托人,有点类似“中介地位”。通过信托募集来的资金产生收益之后,并非直接转换成信托公司的利润,因信托收益须按事先约定向的各方进行分配。其中受托人收益是信托公司该笔业务的手续费收入,再经过一系列的扣除后的最终余额,才能构成信托公司的业务利润。银行贷款则不同,银行是贷款人即债权人,银行信贷的收入完全归放款银行,作为其业务收入,继而转化为利润。信托贷款的利润却不能直接、足额形成信托公司利润。因此,两种方式下信托机构、银行的收入是不同的。

**3. 监管力度不同**

从第一节银行贷款应适用的法律规范可知,相关部门对银行贷款的监管较为严格,相比而言,信托贷款更有灵活性。

**4. 操作要求不同**

银行更多进行的工作是风险管控,因此发放银行贷款的审批流程“规范化”,要求较为僵硬，有“一刀切”之嫌，同时要求提供的担保等条件更多。信托贷款可谓价格灵活、风险与收益匹配灵活、放款灵活，可以满足客户的个性化需求。

信托贷款发放之后，信托公司还可以直接进行股本权益性投资，增强了对投资项目的控制力。同时，如果项目净资产回报率高，信托公司不但可以保证贷款安全，而且能够分享企业资本增值性收益，如果将来上市，长期投资的综合收益率还会更高。有的信托公司甚至推出夹层融资，即股权和债权的混合模式，兼顾了多种模式的优势。此外，信托公司在进行阶段性信托投资时，通过公司股东回购股权的方式向企业融资，将股权融资转换成债权融资，既可以凭借股东资格指派董事参与经营和决策，还可凭借在设计产品时让股东承担回购义务以及由第三人对该回购义务提供担保，这就扩大了债务偿还的保障渠道。但是对于房地产行业、地方政府融资平台等，如果通过明股实债、设置回购条款等，则可能涉嫌违法违规举债。除了股权外，信托公司还可以通过附加条件转移所有权的方式购买企业的不动产、应收债权等资产，向企业融资或者以担保信托的模式为信托贷款提供担保。这些灵活的组合运用方式为金融产品创新注入了新的活力。

因此，对于借款人而言，信托贷款的操作方式相对更为灵活、简单。

（四）借贷双方的权利义务

信托公司可以办理下列两种信托贷款：流动资金贷款，用于企业在商品生产、商品流通及正常经营活动过程；固定资产贷款，用于企业引进先进技术、设备及国内配套设施，开发能源，发展交通运输旅游设施，开发房地产。

借款人首先要具有一定的条件才能申请信托贷款，信托公司也应具备相关资质才能作为出借方。其次，借款人向信托公司提出信托贷款申请，经过信托公司审批，双方签订合同，进而发放贷款。但是双方在行使权利之前必须积极履行自己的义务。根据《中国银行信托咨询公司信托贷款审批与管理细则》的规定，双方的主要权利义务如下。

**1. 借贷双方的资质**

根据《中国银行信托咨询公司信托贷款办法》的规定，提出书面申请的借款人首先应是在工商行政管理部门（现为市场监督管理部门）登记注册，实行独立核算，具有法人资格，并遵守国家政策、法令，正常经营的国营、集体、外商投资企业和其他经济实体。

《中国银行信托咨询公司信托贷款审批与管理细则》则进一步细化借款人的条件。借款单位必须是独立核算的法人和经济实体，且资信可靠，善于合作，领导班子素质好,有一定的经营管理能力。贷款项目经济效益好,有能力偿还贷款本息及费用。配套要落实,使用信托贷款所需相应的厂房、设备、水、电、燃料、原材料、运输及其他配套资金都应逐项做出具体安排,并提供已落实的书面材料,以保证贷款发放后能够尽快产生经济效益。凭担保单位出具的担保函发放信托外汇贷款时,担保单位必须有可自由支配的足够替借款单位偿还债务的外汇。

此外,发放信托固定资产贷款,其项目必须纳入国家或地方的技术改造计划,基本建设贷款项目要列入国家的基本建设计划,批准手续必须完备,对计划外项目不予贷款。

对于,外汇信托贷款项目,借款单位须有充足的外汇偿还能力,用出口收汇偿还或用地方留成外汇或其他外汇偿还的,要提供有关部门批准同意的文件。

**2. 信托公司的权利和义务**

(1)信托公司的权利

【终止合同】借款人应按照借款合同规定的期限,在信托公司开立贷款账户并使用贷款。自借款合同生效之日起,借款人 6 个月内不用款,除经信托公司同意者外,信托公司将主动终止合同。

【收回贷款】借款人对每笔贷款应按照借款合同中规定的用途使用,不得挪用。如有挪用,要限期纠正,并对挪用部分在原利率基础上加收 20% 以上的罚息,情况严重的,信托公司有权停止发放贷款或立即收回已贷款项。

(2)信托公司的义务

【遵循原则】信托公司发放信托贷款时应当遵循如下几个原则。

➢ 贯彻执行国家的方针、政策,遵守国家的法律和法规,贷款项目应符合国家的产业政策,重点应支持经济效益好、创汇高的项目。对国家规定停止或严格限制发展的产业和产品应不予贷款。

➢ 发放信托贷款是为了解决企业在生产经营过程中所需短期资金和促进企业的设备更新改造、技术进步,提高产品质量,更新产品的花色品种,提高出口商品竞争能力,增强出口创汇能力。

➢ 保障信托贷款的经济效益。信托公司应选择信誉好、利润高的企业发放信托贷款。通过贷款获得良好的经济效益,按时收回贷款本息,实现贷款的良性循环,加速资金周转。

【遵守规定】信托公司管理信托计划,应当遵守以下规定。

➢ 不得向他人提供担保。

➢ 向他人提供贷款不得超过其管理的所有信托计划实收余额的30%,但中国银行业监督管理委员会另有规定的除外。

➢ 不得将信托资金直接或间接运用于信托公司的股东及其关联人,但信托资金全部来源于股东或其关联人的除外。

➢ 不得以固有财产与信托财产进行交易。

➢ 不得将不同信托财产进行相互交易。

➢ 不得将同一公司管理的不同信托计划投资于同一项目。

**3. 借款人的权利和义务**

(1)借款人的权利

借款人的权利与上一节银行贷款中借款人的权利相似,主要是获得借款并依据合同约定进行使用。

(2)借款人的义务

【依法申请义务】借款人向信托公司申请信托贷款时,应遵守法律及信托公司的规定,依法申请并按照规定提供要求的文件。

申请流动资金贷款时,应提供下列文件。

➢ 贷款申请书。

➢ 企业营业执照。

➢ 企业财务报表。

➢ 企业产品、销售情况、销售合同或订单。

➢ 担保函或抵押合同。

➢ 信托公司认为必要的其他材料。

申请固定资产贷款时,应提供下列文件。

➢ 贷款申请书。

➢ 企业营业执照。

➢ 上级主管部门对项目可行性研究报告的批复和批准借款的文件或董事会作出的借款决议。

➢ 水、电、气和原材料已落实的批复文件或合同。

➢ 引进技术和设备清单。

➢ 借款单位的财务报表,已落实的各项投资来源证明文件。

➢ 经有关部门同意使用出口收汇或地方留成外汇偿还外汇贷款的批件。

➢ 归还信托公司贷款的资金来源和具体的还款计划。必要时应向财税部门确认综合还款或用项目新增利税还款的证明文件。

➢ 担保函或抵押合同。

➢ 两家以上金融机构共同贷款项目,要提供由几家金融机构与借款单位共同签订的保证各方权益的还款协议书。

➢ 借款单位要提供项目投产后有关银行承担流动资金贷款的证明文件。

➢ 信托公司认为必要的其他有关文件和资料。

【按约用款义务】借款人在款项发放之后,应按照法律规定、合同约定使用款项,不得超出约定的使用用途。一般而言,使用范围如下。

➢ 企业在生产经营过程中所需的外汇或人民币短期周转资金。

➢ 企业为引进先进适用的技术、设备,扩大出口商品的生产能力,提高产品质量,增加花色品种,改进包装的资金需求。

➢ 支持能源、交通运输和通信的开发和利用。

➢ 其他对社会主义现代化建设有利并有还款能力的项目。

【及时还款义务】借款人应及时还款,贷款期限一般自借款合同生效之日起,至合同规定的还清贷款本息及费用为止。流动资金贷款期限,一般最长不超过1年。固定资产贷款期限为1~3年,个别经济效益特别好的项目经审查同意可适当延长,但不得超过该企业营业执照规定的经营期结束前一年。

(五)信托贷款的一般流程

**1. 书面申请**

具有申请资质的申请人向信托机构提出书面申请,申请应符合下列条件。

➢ 贷款项目应符合花钱少,收效大,创汇高,还款及时的原则。

➢ 贷款的还款来源有保障,外汇贷款国内配套人民币资金落实,有可靠的还汇来源。

➢ 借款单位申请固定资产贷款,须有上级主管部门批准文件或董事会作出的借款决议,项目要纳入国家有关部门及地方技术改造计划。基建项目应列入基建计划。

➢ 借款单位应提供经信托公司认可的担保文件或财产抵押,必要时应提供财产抵押加信用担保。

**2. 审批**

参考通常惯例,信托公司在对贷款项目进行审批时,主要分为项目调查、项目评估、项目审批和上报备案4个阶段。

【项目调查】在接到企业的贷款申请时，信托公司要对该项目的全面情况以及企业提供的有关资料和数据进行深入调查和核实，要求数据准确、资料齐全、情况详细，为项目提供可靠依据。

【项目评估】在调查研究的基础上要求对贷款项目进行技术、经济和财务评估，写出详细评估报告，为贷款的审批提供决策依据，评估主要包括以下内容。

➢ 企业现状和领导班子的经营管理水平。

➢ 项目的基本情况，是否符合国家的产业政策和长远规划。

➢ 项目的产品是否适销对路。

➢ 外汇贷款是否有足够的还汇来源。

➢ 项目建设地点和建设条件是否合适，有无重复建设和重复引进现象。

➢ 项目的技术分析。

➢ 投资总额和资金筹集情况。

➢ 项目配套设施及其工程的实施方案。

➢ 项目的财务收益与社会综合效益预测。

➢ 最终评估的结论。

【项目审批】信托公司应建立集体会审制度，任何贷款项目都应采取自下而上的方式申报，分级负责，分级把关，在项目调查和评估的基础上，对项目进行集体会审。集体会审应在信托公司总经理室的领导下，由业务、财务部门经理，具体经办人员以及有关人员一同参加。会审应发扬民主，认真听取各方面的意见，反对独断专行。会审时，经办人员对项目可行性作出全面介绍，评估人员提出质疑时，经办人员应进行详细解答，并作出详细的书面记录。公司总经理室应根据国家的有关方针政策和集体会审的决定对项目进行审批，对超出审批权限的项目应逐级上报。未经正式批准的贷款项目，任何人不得以任何方式对外表示承诺，或办理有关贷款手续。

**3. 签订合同**

借款单位申请借款经信托公司同意后，双方须签订借款合同，以明确双方的责任、权利和义务。重大项目的借款合同应由法律顾问草拟或由其审核。

借款合同应包括以下主要内容。

➢ 借贷双方的名称，法定地址。

➢ 借款用途。

➢ 借款币种、金额、期限、利率、费用及计收方法。

➢ 借款先决条件。

➢ 提款与还款。

➢ 借款人承诺或保证。

➢ 违约与违约处理。

➢ 特别约定事项。

➢ 适用法律。

➢ 合同签字日期、地点、有权签字人签字。

信托公司认为必要时,借款合同须经有关部门公证或鉴证,所需费用由借款人承担。

与银行贷款相同,企业在申请信托贷款时同样须按要求提供担保。信托公司根据项目经济效益和资金回收的安全性,在必要时应要求借款单位提供由第三者提供的无条件的、不可撤销的信用担保。该担保人必须是信托公司认可的资信可靠且有偿还债务能力的金融机构、企业或其他独立核算的经济实体。

担保人如遇撤销、改组、破产或其他原因失去担保能力或资格时,借款单位须提前通知信托公司,并提出继承担保人人选,经信托公司同意后,将担保的法律责任转移给继承担保人。担保文件必须由担保人的法人代表或授权人签发。信用担保文件的内容如下。

➢ 保函受益人,担保人全称和法定地址。

➢ 担保货币、金额、期限以及其他条件。

➢ 担保人的责任与保证履行的义务。

➢ 保函中须明确,保函是无条件的,不可撤销的;承诺受益人发出索偿通知是不可抗辩的,担保还清贷款本息和费用,同意贷款人对借款人的任何宽限不会影响担保的责任。

➢ 担保人的银行账户名称与账号。

提供抵押申请贷款的要求如下:信托公司可凭借款单位的财产或权益发放抵押贷款;在借款单位违反合同有关条款或到期不能偿还贷款本息时,信托公司有权处理其抵押物作为贷款本息及费用的补偿;办理抵押贷款时,信托公司与借款单位必须签署书面抵押文件,并经有关部门公证(如需)。

借款单位将其财产抵押给信托公司时,借款单位的有权机构要作出同意抵押的书面决定,并由法人代表或授权签字人签发。

对抵押物的估价应委托权威机构进行,抵押贷款的金额由信托公司决定,一般不超过抵押物市值的60%。

## 二、主要业务类型

常见的信托贷款主要有两种类型，即流动资金信托贷款和项目信托贷款，二者也适用银监会出台的《流动资金贷款管理暂行办法》《项目融资业务指引》等规定。

（一）流动资金贷款集合资金信托计划

以交银国际信托有限公司（以下简称交银信托）为例，交银信托成立于 1981 年 6 月，原名为湖北省国际信托投资公司，注册资本 1 亿元人民币。2001 年 12 月，按照中国人民银行关于信托投资公司清理整顿和重新登记的有关要求，公司改制并更名为湖北省国际信托投资有限公司，并于 2003 年 1 月经中国人民银行核准重新登记。2007 年 5 月，经中国银监会批准，公司引进交通银行股份有限公司实施战略重组。重组完成后，公司更名为“交银国际信托有限公司”，注册资本 12 亿元人民币，交通银行股份有限公司持有 85% 的股份，湖北省财政厅持有 15% 的股份。公司注册资本分别于 2011 年 12 月增加至 20 亿元人民币，2013 年 3 月增加至 31.76 亿元人民币，2013 年 11 月增加至 37.65 亿元人民币，股东出资比例均不变。2014 年 10 月，湖北省财政厅持有的公司 15% 股权划转至湖北省交通投资有限公司持有。2017 年 4 月，公司增资 20 亿元，注册资本达到 57.65 亿元，股东出资比例保持不变。

以下主要介绍其投向流动资金贷款的信托计划。①

**信托计划背景**

借款人：红星美凯龙家居集团股份有限公司

红星美凯龙家居集团股份有限公司拟向交银国际信托有限公司申请流动资金贷款，贷款金额为不超过 9 亿元，贷款期限 20 个月，贷款利率为 6.3%/年，按季支付，到期还本。贷款用途为补充红星美凯龙家居集团有限公司流动资金（以下简称本次贷款）。

公司之子公司东莞红星美凯龙世博家居广场有限公司拟以其持有的位于东莞市“红星美凯龙”商业物业［产权证编号：粤（2018）东莞不动产权第 0455299 号］为本次贷款提供第一顺位抵押担保；子公司中山红星美凯龙世博家居广场有限公司拟以其持有的“红星美凯龙”商业物业［产权证编号：粤（2017）中山市不动产权证第

① 参见红星美凯龙家居集团股份有限公司：《关于子公司为公司向交银国际信托有限公司申请流动资金贷款提供担保的公告》，载 http://www.cninfo.com.cn/new/disclosure/detail?plate=sse&orgId=9900024118&stockCode=601828&announcementId=1205920550&announcementTime=2019-03-21，2021 年 8 月 3 日最后访问。

0204256号]为本次贷款提供第一顺位抵押担保;拟提供的担保本金金额为9亿元(以下简称本次担保)。

2019年3月20日,公司第三届董事会第四十六次临时会议审议通过了《关于子公司为公司向交银国际信托有限公司申请流动资金贷款提供担保的议案》。本次担保无须提交股东大会审议批准。

担保合同的主要内容如下:

**1. 抵押担保**

抵押人:东莞红星美凯龙世博家居广场有限公司;

抵押权人:交银国际信托有限公司;

担保本金金额:9亿元;

担保期间:以主合同约定的债务履行期限为准;

担保方式:抵押担保;

担保范围:包括主债权、利息、违约金、损害赔偿金以及交银国际为实现主债权和抵押权而支付的诉讼费(或仲裁费)、保全费、公告费、执行费、评估费、拍卖费、律师费及其他相关费用。

**2. 抵押担保**

抵押人:中山红星美凯龙世博家居广场有限公司;

抵押权人:交银国际信托有限公司;

担保本金金额:9亿元;

担保期间:以主合同约定的债务履行期限为准;

担保方式:抵押担保;

担保范围:包括主债权、利息、违约金、损害赔偿金以及交银国际为实现主债权和抵押权而支付的诉讼费(或仲裁费)、保全费、公告费、执行费、评估费、拍卖费、律师费及其他相关费用。

(二)项目贷款集合资金信托计划

以四川信托有限公司(以下简称四川信托)为例,该公司注册资本为20亿元人民币,获得"中国最具成长性信托公司奖"。四川信托从投资者处募集资金,投向基础设施类、房地产类、结构化证券投资类、定向增发类信托等。以下主要介绍其项目贷款集合资金信托计划——四川信托-华申3号集合资金信托计划。①

① 参见四川信托-华申3号集合资金信托计划产品介绍,载四川信托有限公司官网,https://www.schtrust.com/main/include/companyprodetail.shtml?productId=26279,2020年4月9日最后访问。

**1. 信托计划背景**

借款人为成都市龙泉现代农业投资有限公司，是成都市龙泉驿区国有资产和机关事务管理局于2007年12月投资组建的全资子公司，注册资本人民币205,329.90万元。2014年9月退出政府平台名单。

担保方式为保证。成都经济技术开发区建设发展有限公司提供保证担保。成都经济技术开发区建设发展有限公司是经成都市龙泉驿区人民政府批准于2006年6月12日成立的有限责任公司，目前注册资本为6.88亿元，成都经济技术开发区管理委员会以6.86亿元出资并控股。

**2. 信托计划的具体内容（见表2-2）**

**表2-2　四川信托-华申3号集合资金信托计划的具体内容**

| | | | |
|---|---|---|---|
| 募集规模 | 不超过4亿元 | | |
| 期限 | 24个月 | | |
| 借款人 | 成都市龙泉现代农业投资有限公司 | | |
| 信托机构 | 四川信托 | | |
| 担保方 | 成都经济技术开发区建设发展有限公司 | | |
| 募集资金用途 | 用于龙泉驿区万兴乡观斗村、公平村统筹城乡生态移民项目的相关支出 | | |
| 信托利益 | 信托计划存续期限内各自然季度末月20日后的10个工作日内进行收益分配；信托计划结束后的10个工作日内进行收益分配 | | |
| | 预期年化收益率 | 100万(含)~300万元(不含) | 8.2% |
| | | 300万(含)~600万元(不含) | 8.5% |
| | | 600万(含)~1000万元(不含) | 8.8% |
| | | 1000万元(含)以上 | 8.9% |
| 认购起点 | 起点金额为100万元，以10万元的整数倍递增（金额优先、同额时间优先、额满即止） | | |
| 风险控制 | 担保 | 成都经济技术开发区建设发展有限公司（AA+级公开发债主体）提供不可撤销的连带责任保证担保 | |
| | 资金归集 | 信托计划到期前的4个月，分别按照倒数第4个月累计归集5%的本金、倒数第3个月累计归集10%的本金，倒数第2个月累计归集15%的本金，最后一个月累计归集全部本金的要求进行资金提前归集 | |

## 三、风险及应对

信托贷款高速增长,既与经济增速放缓背景下实体经济低迷、银行放贷更加谨慎、资金链紧绷的企业为了救急不得不从外部寻求资金支持有关,也与当前银行储蓄利率较低、居民存款离开银行体系、流向了回报更高的理财产品与信托产品有关。总之,信托贷款的繁荣涉及"天时与地利"。但不可否认的是,拟通过信托贷款进行融资,对于融资方而言存有风险,对于信托机构而言也有风险,对于投资者而言更是如此。

与银行贷款所产生的风险相比,信托贷款的风险对不同主体有所差异。一般而言,银行发放贷款之后,其自身面对的潜在风险要高于信托机构,因在银行贷款这一法律关系中,银行是出借人、债权人,其发放贷款之后对于贷款能否及时、足量偿还,有更为全面的审视义务,因此承担更大的风险。在信托贷款法律关系中,基于信托法律关系,信托机构作为受托人,并不承担标的款项的全部风险,只要在合同实施的过程中尽职,信托贷款风险承担的主体就是受益人即投资者。对于借款人而言,两种融资方式产生的风险差异相对较小。

因此,在企业向信托机构申请贷款时,信托机构也会在一系列审核流程之后,才能决定是否发放贷款。其中,融资方面临两种风险,分别是商业风险与法律风险。商业风险,主要体现为申请借款被信托机构拒绝的风险,获得贷款迟延导致融投资机会错失,以及获得贷款后无力偿还的风险。防范风险的关键主要在于借款人要有良好的征信,申请时提交的材料真实、全面,后期还款及时。

本部分主要讨论可能存在的法律风险及其应对措施。前文已经提及,信托贷款是信托法律关系的体现,因此,如果借款人违反其与信托机构签订的贷款合同,首先要承担民事违约责任。对于合同未约定的内容,同时相关法律或部门规章有规定的,应承担法律规定的相应责任。甚至如果触及刑法的规定,构成犯罪,则应承担刑事责任。

上述风险与银行贷款的风险差异不大,具体可参照本章第一节内容。但实践中,更多的是民事违约责任。中信信托与北京黄金交易中心有限公司金融借款合同纠纷案、中江信托与安徽蓝德集团股份有限公司信托贷款案、上海信托与铭鼎(上海)房地产开发有限公司金融借款合同纠纷案、吉林信托与南京牡丹园置业有限公司房地产信托贷款案、华澳信托与大连实德塑料建材有限公司工商企业信托贷款案、中融信托与鄂尔多斯凯创房地产开发有限责任公司房地产股权投资案、中信信托与青岛舒斯贝尔房地产开发有限公司收益权投资案、五矿信托与上海荣腾置业有限公司收益权及股权投资案，都是业界较为典型的信托投资风险案件。其中，安信信托与平阳县泰宇房地产公司信托贷款案以及中江信托与安徽蓝德集团股份有限公司信托贷款案更具代表性。为使读者有更为明晰的了解，下面将对这两个案件进行详细介绍。

（一）典型案例介绍——安信信托与泰宇花苑案

安信信托与平阳县泰宇房地产公司（以下简称泰宇公司）金融借款合同纠纷一案审理了近15个月，涉及标的款项4亿多元，法院最终确认泰宇公司对安信信托负债之事实。据报道，泰宇公司陷入危机的原因主要在于，2011年温州楼市进入谷底，当地爆发多起过度民间借贷导致企业资金链断裂事件。本案中，项目方通过民间借贷筹集资金数额4.9亿元左右，但是泰宇花苑的实际销售价格没有达到预期。

2011年3月29日，安信信托与泰宇公司、陈甲、陈乙订立《信托贷款合同》一份，约定：泰宇公司因“泰宇花苑”项目开发建设的需要，向安信信托申请最高金额为4亿元的信托贷款，泰宇公司确认贷款资金来源于安信信托管理下的“温州‘泰宇花苑’项目开发贷款集合资金信托计划”（以下简称信托计划）资金。合同约定，“二年期”信托贷款本金2亿元，“三年期”信托贷款本金2亿元；贷款用途为用于借款人“泰宇花苑”项目的开发建设以及借款人债务结构调整，借款人不得将贷款资金挪作他用；贷款利率为固定利率，按贷款实际存续时间以年利率12.5%计算，按信托计划年度收取。泰宇公司违反合同约定，不履行相应义务的，安信信托有权宣布贷款合同项下的全部贷款本金立即提前到期，除提前向泰宇公司收回贷款本金余额外，还将收取全部“二年期”“三年期”利息中未付部分。如泰宇公司未按约偿还信托贷款本金及利息，或者安信信托根据合同约定提前宣布贷款到期，则对贷款本金及利息部分，安信信托自逾期之日起按每天1‰计收罚息。泰宇公司承诺按一定时间节点取得预售许可证，实现竣工验收，逾期视为违约，安信信托有权行使担保权。若泰宇公司未经安信信托书面同意擅自挪用合同项下任何贷款，安信信托有权提前收回全部或部分贷款，同时自泰宇公司擅自挪用之日起，根据挪用金额和实际挪用天数，按每天1‰计收罚息，直至泰宇公司归还全部挪用资金为止，此罚息并不影响安信信托在合同项下的其他任何权利等。该合同于2011年4月1日由上海市普陀公证处作了具有强制执行效力的债权文书公证。

2011年3月，安信信托与陈甲签订《质押合同》一份，约定陈甲以其持有的泰宇公司90%的股权为《信托贷款合同》项下泰宇公司的全部债务提供质押担保。

2011年3月,安信信托分别与陈甲、陈乙签订两份《保证合同》,陈甲及陈乙均为《信托贷款合同》项下泰宇公司债务的履行提供不可撤销的连带责任保证。

2011年3月,泰宇公司与安信信托签订《抵押合同》,约定泰宇公司以位于浙江省平阳县敖江镇旧城五期外2号C区块的土地使用权[《中华人民共和国国有土地使用证》编号:平国用(2005)第2-8036号,使用权面积19,812平方米],以及位于浙江省平阳县敖江镇曙光南路的土地使用权[《中华人民共和国国有土地使用证》编号:平国用(2005)第2-8135号,使用权面积10,621.90平方米],为泰宇公司与安信信托签订的《信托贷款合同》项下债务的履行提供抵押担保。

上述《质押合同》《保证合同》《抵押合同》均于2011年4月1日由上海市普陀公证处作了具有强制执行效力的债权文书公证。

2011年3月29日,安信信托、泰宇公司与建行温州分行签订《贷款专户开立协议》,协议约定,泰宇公司在建行温州分行开立账号为××××××××××××××××× ×××4-0002的贷款专用账户(上文所称信托贷款专户),用于接收《信托贷款合同》项下的贷款资金。泰宇公司需划付专户资金时,应由安信信托以"划款确认书"形式确认,安信信托需在建行温州分行预留划款确认书授权签章,交建行温州分行存档;建行温州分行收到每笔划款确认书时应将传真件上印鉴与预留印鉴及支票金额进行核对,核对无误后方可划款。协议明确泰宇公司可以就以下事项申请使用信托贷款专户资金:工程结算、支付行政规费和税费、其他法规规定的项目开发费用;信托贷款利息和本金偿还;借款人日常开支和经营管理费用及财务费用支出;信托报酬与融资顾问费;用于项目公司债务结构调整,金额不超过2亿元,其中8000万元应偿还建行温州分行开发贷款;经安信信托同意的其他相关费用。合同确认了各方联系人及相关电话和地址等,并对当事人的其他权利义务作了约定。协议附件1为"划款确认授权书",泰宇公司作为授权人授权安信信托于2011年3月29日至2014年10月25日作为泰宇公司专户的划款确认人;安信信托签发划款确认指令或通知的人员为"陈某"或"沈某",复核人为"栾某钧",预留有效业务章名称为"安信信托投资股份有限公司财务专用章",上述相关人员签名及印鉴均在划款授权书上预留样式。协议附件2为"划款确认书"样式。

上述《贷款专户开立协议》约定,本案信托贷款资金用于项目公司债务结构调整的金额不超过2亿元,其中8000万元系偿还建行温州分行开发贷款。根据2011年5月3日泰宇公司及建行温州分行共同向安信信托出具的情况说明,双方确认户名为泰宇公司、开户行为建行温州分行、账号为××的账户为泰宇公司贷款还款专户（以下简称贷款还款专户）；双方确认8000万元资金划至泰宇公司贷款还款专户后，即视为泰宇公司已偿还完毕该公司与建行温州分行《人民币资金借款合同》项下的相应部分贷款。2011年4月29日及2011年5月4日，泰宇公司信托贷款专户各有一笔4000万元款项划至贷款还款专户，摘要记录为“归还本金”。为此项划款，泰宇公司向安信信托出具付款申请书，请求划款8000万元至贷款还款专户，并加盖公章。安信信托则出具由“陈某”签发、“栾某钧”复核，加盖有安信信托预留财务专用章的第4号划款确认书，通知建行温州分行划款。建行温州分行遂于上述日期划款8000万元，并依承诺解除了相应宗地的土地抵押权。

2012年2月29日，未经安信信托授权，泰宇公司信托贷款专户中2000万元被划至泰宇公司贷款还款专户。2012年3月14日，安信信托向建行温州分行发出告知函，要求建行温州分行尽快与泰宇公司商洽，确保上述资金于2012年4月10日前划回信托贷款专户。2012年4月17日，安信信托就上述问题再次向建行温州分行及泰宇公司发出告知函。上述告知函及邮寄经过经上海市黄浦公证处公证。

法院认为：根据《信托贷款合同》《贷款专户开立协议》等合同约定，泰宇公司有权在4亿元贷款本金中使用8000万元归还其欠建行温州分行的贷款。根据安信信托提供的泰宇公司付款申请书、安信信托划款确认书及泰宇公司与建行温州分行向安信信托出具的情况说明以及相关账户资金往来情况，可以证明该8000万元额度已于2011年5月使用完毕。相关明细账显示，2012年2月29日另有2000万元资金从泰宇公司信托贷款专户划至其贷款还款专户，标志为“逾期本金”。安信信托于3月14日、4月17日及时以书面形式向建行温州分行、泰宇公司提出异议。可以认定泰宇公司挪用2000万元信托贷款资金的事实成立。根据《信托贷款合同》约定，安信信托有权提前收回全部或部分贷款，同时自借款人挪用之日起，根据挪用金额和挪用天数计收罚息。因合同明确挪用罚息并不影响贷款人在合同项下的其他任何权利，安信信托有权就此挪用金额向泰宇公司计收罚息。但合同约定按照挪用金额每日1‰的标准计算罚息过高，本院予以调整。因泰宇公司已进入破产重整程序，根据《破产法》第46条的规定，附利息的债权自破产申请受理时起停止计息，故本案相关罚息均应计至平阳县法院受理泰宇公司重整申请之日，即2013年1月22日为止。

安信信托与泰宇公司签订的《信托贷款合同》系各方当事人的真实意思表示，不违反法律、行政法规的强制性规定，合法有效，当事人应予恪守。安信信托依约放款后，泰宇公司未足额支付到期利息；同时违反《贷款专户开立协议》的约定，在未经安信信托依程序确认的情况下,擅自将2000万元信托贷款资金划至其贷款还款专户。安信信托基于泰宇公司的违约事实,宣布合同项下全部贷款本金提前到期,并要求泰宇公司偿还本金、支付期内利息及相关罚息,符合《信托贷款合同》约定,应予准许。安信信托以泰宇公司收到本案诉状副本后的2012年6月16日作为宣告合同到期日,并自当日开始按照期内息标准计收借款本金的逾期罚息,该利率标准不违反法律法规的规定,本院予以准许。但安信信托主张按每日1‰的标准计收逾期利息及挪用资金的罚息,高于中国人民银行关于逾期罚息在借款期内利息水平上最高加收50%的规定,考虑到泰宇公司已进入破产程序,本院参照上述标准对逾期利息及挪用资金罚息的利率予以调整。安信信托与陈甲签订《质押合同》,与陈甲、陈乙签订两份《保证合同》,均亦系合同当事人的真实意思表示。主债务人泰宇公司未履行相应合同义务,质押人、保证人则应在约定的范围内分别对泰宇公司在《信托贷款合同》项下的债务向安信信托承担相应质押及连带保证责任。

### (二)典型案例介绍——中江信托与蓝德集团案

中江国际信托股份有限公司(现已经改名为"雪松国际信托股份有限公司",以下简称中江信托)2016月6月成立的"中江国际·金海马6号安徽蓝德集团贷款集合资金信托计划"(以下简称中江金海马6号)出现违约,涉及金额3亿元。该信托产品融资方为安徽蓝德集团股份有限公司(以下简称蓝德公司),是安徽天长市政府重点扶持的百亿级明星企业。蓝德公司创建于1965年,注册资本5.8亿元。

据悉,该信托计划无法按期还款的原因主要是蓝德公司资金链断裂。值得一提的是,早在2016年4月,蓝德公司便已出现资金流动困难,正常经营和还贷都受到了影响,而该信托计划于出现流动性困难之后发行。也就是说,该项目本身就存在不小的风险。

2018年3月8日,中江信托起诉蓝德公司、天长市城市建设投资有限公司(以下简称天长城投公司)、李某某、张某某、天长市广厦房地产开发有限责任公司(以下简称天长广厦公司)、天长市天丰房地产开发有限责任公司(以下简称天丰公司)、天长市晨恺电子商贸有限公司(以下简称晨恺公司)、梅某、陈某、天长市嘉福置业有限公司(以下简称嘉福公司)。法院认定事实如下。2016年8月10日之前,中江信托公司与蓝德公司签订了一份编号为"中江国际[2016信托223]第(2)号"《信托贷款合同》及补充协议,合同中约定:"中江信托公司向蓝德公司发放信托贷款不超过19,500万元整,借款期限分为18个月、24个月和36个月,其中18个月期借款金额不超过4500万元,24个月期借款金额不超过5000万元,36个月期借款金额不超过10,000万元;蓝德公司将借款资金仅限用于蓝德公司与天长市中泰铜业有限公司的并购重组。"此外,还约定了中江信托公司有权提前收回信托贷款等事宜。2016年8月10日,中江信托公司第一次发放给蓝德公司信托贷款金额为人民币14,174万元。第一次贷款金额及相应贷款利率为:①18个月贷款金额4500万元,平均年利率9.05%;②两年期贷款金额5000万元,平均利率9.15%;③三年期贷款金额4674万元,平均利率9.28%。2016年8月16日,中江信托公司第二次发放给蓝德公司信托贷款金额为人民币4160万元。第二次贷款金额及相应贷款利率为:三年期贷款金额4160万元,平均年利率约9.26%。2016年11月21日,中江信托公司第三次发放给蓝德公司信托贷款金额为人民币1156万元。第三次贷款金额及相应贷款利率为:三年期贷款金额1156万元,平均年利率约9.21%。

中江信托公司于2016年8月10日、2016年8月16日、2016年11月21日,分三次向蓝德公司发放了信托贷款共计19,490万元,履行了合同义务。蓝德公司向中江信托公司签署了贷款发放确认书,并出具相应借款借据。蓝德公司收到上述信托贷款后,并没有按约定认购相应份额的信托业保障基金。

为保证中江信托公司在《信托贷款合同》项下债权的实现,蓝德公司向中江信托公司提供了如下担保。①天长城投公司与中江信托公司签订了编号为"中江国际[2016信托223]第(3)号"的《保证合同》,约定天长城投公司对蓝德公司在《信托贷款合同》项下的全部债务(包含实现债权费用)承担连带责任保证等事宜。②李某某、张某某与中江信托公司签订了编号为"中江国际[2016信托223]第(4)号"的《保证合同》,约定李某某、张某某对蓝德公司在《信托贷款合同》项下的全部债务(包含实现债权费用)承担连带责任保证等事宜。③天长广厦公司与中江信托公司签订了编号为"中江国际[2016信托223]第(6)号""中江国际[2016信托223]第(13)号"的《最高额抵押合同》,约定天长广厦公司自愿以抵押物明细表所载明的抵押物为蓝德公司在《信托贷款合同》项下主债权本金最高限额分别为13,102.74万元、929.64万元的最高额度内提供最高额抵押担保,并分别于2016年8月3日及2016年10月31日办理了抵押登记(他项权证号分别为:天他2016006454、天他2016006465、天他2016009151)。④天丰公司与中江信托公司签订了编号为"中江国际[2016信托223]第(7)号"的《最高额抵押合同》,约定天丰公司自愿以抵押物明细表所载明的抵押物为蓝德公司在《信托贷款合同》项下主债权本金最高限额为16,212.24万元的最高额度内提供最高额抵押担保,并于2016年7月28日办理了抵押登记(他项权证号为:天他2016006273)。⑤蓝德公司与中江信托公司签订了编号为"中江国际[2016信托223]第(8)号"的《最高额抵押合同》,约定蓝德公司自愿以抵押物清单所载明的抵押物为其在《信托贷款合同》项下主债权本金最高限额为409.75万元的最高额度内提供最高额抵押担保,并于2016年7月26日办理了抵押登记(他项权证号为:×××)。⑥晨恺公司与中江信托公司签订了编号为"中江国际[2016信托223]第(9)号"的《最高额抵押合同》,约定晨恺公司自愿以抵押物清单所载明的抵押物为蓝德公司在《信托贷款合同》项下主债权本金最高限额为6681.5万元的最高额度内提供最高额抵押担保,并于2016年7月28日办理了抵押登记(他项权证号为:天他2016006274)。⑦梅某与中江信托公司签订了编号为"中江国际[2016信托223]第(10)号"的《最高额抵押合同》,约定梅某自愿以抵押物清单所载明的抵押物为蓝德公司在《信托贷款合同》项下主债权本金最高限额为336.71万元的最高额度内提供最高额抵押担保,并于2016年8月8日办理了抵押登记(他项权证号为:×××)。⑧陈某与中江信托公司签订了编号为"中江国际[2016信托223]第(11)号"的《最高额抵押合同》,约定梅某自愿以抵押物明细表所载明的抵押物为蓝德公司在《信托贷款合同》项下主债权本金最高限额为760.96万元的最高额度内提供最高额抵押担保,并于2016年10月31日办理了抵押登记(他项权证号为:天他2016009155)。⑨嘉福公司与中江信托公司签订了编号为"中江国际[2016信托223]第(12)号"的《最高额抵押合同》,约定嘉福公司自愿以抵押物清单所载明的抵押物为蓝德公司在《信托贷款合同》项下主债权本金最高限额为570.49万元的最高额度内提供最高额抵押担保,并于2016年7月26日办理了抵押登记(他项权证号为:×××)。

自2017年2月20日起,蓝德公司陆续出现未按时偿还贷款利息等违约行为,经中江信托公司多次催收,蓝德公司至今仍未全面履行《信托贷款合同》项下之义务,根据《信托贷款合同》中关于提前收回贷款的约定,以及蓝德公司的当庭确认,案涉信托贷款应于2018年1月22日提前到期。

2018年1月22日之前,蓝德公司分10次共向中江信托公司归还款项14,710,916.94元。2018年1月22日以后,蓝德公司共三次向中江信托公司归还款项14,033,364.3元。中江信托公司为实现债权已支付律师代理费17.541万元。

江西省高级人民法院认为,蓝德公司应向中江信托公司偿还贷款本金及利息、罚息、复利、违约金计算如下:

(1)因蓝德公司至今尚未归还任何本金,则蓝德公司尚欠中江信托公司贷款本金19,490万元。

(2)截止到2018年1月22日,蓝德公司欠付的利息金额共计为14,724,334.56元,欠付的复利金额共计为1,178,376.36元,贷款提前宣布到期后合同约定剩余利息款金额共计为14,077,224.89元,共计29,979,935.81元。

(3)对于中江信托公司主张蓝德公司应向其支付194.9万元信托业保障基金认购款及194.9万元违约金问题,江西省高级人民法院认为,中江信托公司没有向本院提供证据证明其已代缴该笔款项,所以对其要求蓝德公司支付194.9万元信托业保障基金认购款的主张不予支持。经审理查明,蓝德公司确未依约支付194.9万元信托业保障基金认购款,则其应按合同约定按实际信托规模的1%向中江信托公司支付违约金,并赔偿中江信托公司因此遭受的全部损失。现中江信托公司主张194.9万元违约金(实际信托规模19,490万元的1%)符合合同约定,于法有据,应予支持。

关于天长城投公司、李某某、张某某对案涉全部债务是否应承担连带清偿责任的问题。经查,天长城投公司与中江信托公司签订了编号为"中江国际[2016信托223]第(3)号"《保证合同》,约定天长城投公司对蓝德公司在案涉《信托贷款合同》项下的全部债务(包含实现债权费用)承担连带责任担保;李某某与中江信托公司签订了编号为"中江国际[2016信托223]第(4)号"《保证合同》,约定李某某对蓝德公司在案涉《信托贷款合同》项下的全部债务(包含实现债权费用)承担连带责任担保。张某某以李某某夫妻财产共有人名义,向中江信托公司签署声明,同意对蓝德公司在案涉《信托贷款合同》项下的全部债务承担连带责任担保。上述行为及约定系当事人的真实意思表示,亦未违反法律禁止性规定,应属合法有效,对天长城投公司、李某某、张某某具有约束力,江西省高级人民法院予以确认。因此,天长城投公司、李某某、张某某对案涉债务承担连带清偿责任。

关于蓝德公司、天长广厦公司、天丰公司、晨恺公司、梅某、陈某、嘉福公司是否应为案涉借款承担相应抵押担保责任以及中江信托公司在最高额抵押担保债权范围内是否享有优先受偿权的问题。江西省高级人民法院对上述系列《最高额抵押合同》的效力予以确认,蓝德公司、天长广厦公司、天丰公司、晨恺公司、梅某、陈某、嘉福公司应承担相应抵押担保责任。中江信托公司作为抵押权人,依法有权在最高额抵押担保债权范围内,对蓝德公司、天长广厦公司、天丰公司、晨恺公司、梅某、陈某、嘉福公司提供的抵押物及其收益依法处置所得价款享有优先受偿权。

### (三)深入剖析

不论是通过银行等金融机构申请贷款,还是通过非银行金融机构申请贷款,都是企业在融资时最常选择的方式。与银行贷款合同一样,信托贷款也需要借贷双方签订贷款合同。合同会对双方的权利义务进行明确的约定,如果违约,则承担相应的违约责任。因此,既要遵守《民法典》及相应部门规章的规定,又要遵守双方的约定。

**1. 法律规定层面**

《中国银行信托咨询公司信托贷款审批与管理细则》第13条规定,借款单位必须按借款合同规定的期限如数归还贷款本金、支付利息及费用。

借款单位由于特殊原因,确实不能按期如数归还贷款本息时,应提前一个月向信托公司提出书面展期申请,经审查同意后,方可展期并办理展期手续。展期只能一次。对流动资金贷款,展期期限不能超过原贷款期限,固定资产贷款展期期限不能超过2年。对于不能按期支付利息的贷款,不能办理展期。

在借款单位确认无力偿还贷款本金和利息,信托公司又不同意展期时,对逾期贷款应作催收贷款处理并可采取下列措施。

(1)通知担保单位履行担保义务;

(2)依法拍卖其抵押品,依法索偿贷款本息及其他费用。

从逾期日起,信托公司对逾期贷款本息部分,按借款利率加收20% ~50%的罚息。

**2. 合同约定层面**

不同的借贷主体之间签订的贷款合同内容可能有所差异,但一般都是在《民法典》精神指导下对双方权利义务的约定,是双方真实的意思表示。双方可行使自己的权利,更应该积极履行自己的义务。以某信托公司出具的一份信托贷款合同模板为例(甲方为借款人、乙方为信托机构),下文将分析借贷双方具有何种权利义务,在违约约定时,又会承担何种责任。例如,某信托公司贷款合同中有两个条款涉及双方的权利义务。

**第八条　甲方的权利和义务**

(1)甲方的权利

①有权要求乙方按合同约定发放借款;

②有权按本合同约定的用途使用借款;

③有权要求乙方对甲方提供的有关财务资料以及生产经营方面的商业秘密予以保密,但法律法规和规章另有规定的除外。

(2)甲方的义务

①甲方同意接受并承诺配合乙方或由乙方聘任的第三方贷款服务机构对乙方

发放的贷款进行日常管理。甲方应按照乙方或贷款服务机构的要求提供有关财务会计资料及生产经营状况资料，包括但不限于向乙方或贷款服务机构提供上季度末的资产负债表、截至上季度末的损益表，并于年度末提供当年现金流量表，并且对所提供资料的真实性、完整性和有效性负责。

②应按本合同约定的用途使用借款，不得挤占、挪用，不得以任何方式将贷款资金直接或间接进行股票市场、期货市场投资。

③应积极配合并自觉接受乙方或贷款服务机构对其生产经营、财务活动及本合同项下借款使用情况的检查、监督。

④应按本合同的约定按期归还借款本息。

⑤甲方及其投资者不得抽逃资金或转移资产，以逃避对乙方的债务。

⑥在未还清乙方贷款本息之前，未征得乙方同意不得用本合同项下的贷款形成的资产向第三人提供担保。

⑦本合同有效期间，甲方如要为他人债务提供担保，可能影响其本合同项下还款能力的，应当提前书面通知乙方或贷款服务机构并征得乙方同意。

⑧本合同项下保证人出现停产、歇业、注销登记、被吊销营业执照、破产、被撤销以及经营亏损等情况，部分或全部丧失与本贷款相应的担保能力，或者作为本合同项下贷款担保的抵押物、质押财产价值减少、意外毁损或灭失，甲方应当及时通知乙方或贷款服务机构，并提供乙方认可的其他担保。

⑨本合同有效期间，甲方发生名称、法定代表人（负责人）、住所、经营范围、注册资本金变更等事项，应当及时通知乙方或贷款服务人。

⑩本合同有效期间，甲方如发生承包、租赁、股份制改造、联营、合并、兼并、分立、合资、申请停业整顿、申请解散、申请破产等足以影响乙方贷款债权实现的行为，应当提前30个工作日书面通知乙方或贷款服务机构，征得乙方同意，并按乙方要求落实本合同项下债务的清偿及担保。

⑪本合同有效期间，甲方如发生停产、歇业、被注销登记、被吊销营业执照、法定代表人或主要负责人从事违法活动、涉及重大诉讼活动、生产经营出现严重困难、财务状况恶化等情形，对其履行本合同项下还款义务产生重大不利影响的，均应立即书面通知乙方或贷款服务人，并按乙方要求落实本合同项下债务的清偿及担保。

⑫应当承担与本合同及本合同项下担保有关的律师服务、保险、评估、登记、托管、鉴定、公证等费用。

**第九条　乙方的权利和义务**

(1)乙方的权利

①乙方有权收取任何依据本合同发生的甲方应付乙方款项,包括但不限于借款本金、利息等。

②乙方有权亲自或聘任其他第三方对乙方发放的贷款进行日常管理。包括但不限于了解甲方的生产经营、财务活动,有权要求甲方提供有关的计划统计、财务会计报表等文件资料。

(2)乙方的义务

按照本合同的约定按期足额发放贷款,但由于甲方原因造成迟延的除外。对甲方提供的有关财务资料以及生产经营方面的商业秘密应予以保密,但法律法规和规章另有规定的除外。

**3. 应对措施**

针对可能承担的民事违约责任,信托借款人应采取与银行借款人相同的谨慎措施。

实践中经常发生的“兑付危机”,对信托机构、投资者都是一种风险。当然,在信托机构尽到应尽的勤勉职责之后,风险更大程度上应由投资者承担,这一点与银行贷款不同。对于融资者而言,构成“违约”,其面临的承担违约责任的风险要自行承担。这种危机发生的主要原因,首先在于民营企业融资环境不完善、融资结构不合理。银行贷款往往都有额度限制,要求也更为严格,审批期限较长,而信托贷款发放限制较少,因此申请此类贷款的企业居多。但是,信托机构对贷款发放之后的监管却不比银行监管多,一旦企业运营出现问题,兑付危机便会悄然而至。

## 第三节　债券融资

债券融资是诸多社会融资方式之一,其自身又分为多种类型,包括企业债、公司债、中小企业集合债、可转债、中期票据等。根据中国人民银行、发改委、证监会、银保监会、中央国债登记结算有限责任公司和银行间市场交易商协会等部门发布的数据,2021 年上半年社会融资规模增量如表 2 - 3 所示。①

① 参见中国人民银行:《2019 年上半年地区社会融资规模增量统计表》,载中国人民银行官网,http://www.pbc.gov.cn/goutongjiaoliu/113456/113469/3866369/index.html,2019 年 8 月 19 日最后访问。

**表 2－3　2021 年上半年地区社会融资规模增量统计表**

单位：亿元人民币

| 地区 | 地区社会融资规模增量 | 人民币贷款 | 外币贷款（折合人民币） | 委托贷款 | 信托贷款 | 未贴现银行承兑汇票 | 企业债券 | 政府债券 | 非金融企业境内股票融资 |
|---|---|---|---|---|---|---|---|---|---|
| 北京 | 7890 | 4706 | -79 | -11 | -141 | 126 | 926 | 423 | 758 |
| 天津 | 1654 | 1916 | -70 | -182 | -64 | -476 | -470 | 644 | 106 |
| 河北 | 4241 | 4358 | 36 | 2 | -559 | 157 | -751 | 586 | 79 |
| 山西 | 1462 | 2278 | 35 | 89 | -40 | -514 | -938 | 366 | 50 |
| 内蒙古 | 1543 | 1304 | 10 | -2 | -38 | -143 | -49 | 304 | 24 |
| 辽宁 | 586 | 2197 | -22 | -173 | -19 | -1831 | -530 | 565 | 14 |
| 吉林 | 1940 | 1422 | 1 | -17 | -20 | 63 | -6 | 332 | 55 |
| 黑龙江 | 1316 | 1500 | -5 | 20 | -497 | -365 | -42 | 567 | 0 |
| 上海 | 6023 | 5746 | 363 | -43 | -800 | -271 | 390 | -145 | 474 |
| 江苏 | 23,467 | 15,265 | 394 | 46 | -361 | 2199 | 3758 | 1042 | 500 |
| 浙江 | 19,272 | 13,792 | 221 | -129 | -248 | 367 | 3127 | 942 | 543 |
| 安徽 | 6293 | 4626 | 1 | -36 | -314 | 128 | 425 | 1128 | 90 |
| 福建 | 6375 | 3630 | 259 | -44 | -46 | 360 | 811 | 979 | 76 |
| 江西 | 5368 | 3890 | 21 | -35 | -587 | 38 | 981 | 750 | 133 |
| 山东 | 12,805 | 8518 | 511 | 39 | -315 | -56 | 1182 | 1751 | 373 |
| 河南 | 5538 | 4647 | 52 | 24 | -386 | -402 | -44 | 1108 | 97 |
| 湖北 | 4746 | 3421 | 98 | -156 | -242 | 295 | 469 | 474 | 96 |
| 湖南 | 6172 | 4418 | 12 | -47 | -41 | 49 | 730 | 442 | 312 |
| 广东 | 21,698 | 16,311 | 333 | 165 | -213 | -955 | 3355 | 1587 | 736 |
| 广西 | 3994 | 3046 | 87 | 14 | 0 | -28 | 157 | 556 | 0 |
| 海南 | 255 | 342 | 0 | -83 | 0 | -88 | -12 | 44 | 4 |
| 重庆 | 3869 | 3415 | -12 | -11 | -218 | -327 | -42 | 600 | 66 |
| 四川 | 8869 | 5997 | 62 | 25 | -402 | 38 | 1151 | 1369 | 110 |
| 贵州 | 2935 | 2387 | 7 | -147 | 160 | -18 | 67 | 316 | 38 |
| 云南 | 2438 | 2125 | 7 | -87 | -109 | 87 | -461 | 636 | 72 |

续表

| 地区 | 地区社会融资规模增量 | 人民币贷款 | 外币贷款(折合人民币) | 委托贷款 | 信托贷款 | 未贴现银行承兑汇票 | 企业债券 | 政府债券 | 非金融企业境内股票融资 |
|---|---|---|---|---|---|---|---|---|---|
| 西藏 | 325 | 191 | 0 | 13 | -14 | 34 | 24 | 65 | 0 |
| 陕西 | 3983 | 3240 | 41 | -92 | -293 | 92 | 562 | 230 | 67 |
| 甘肃 | 1785 | 1408 | -30 | -8 | -173 | -40 | 98 | 392 | 0 |
| 青海 | 102 | 127 | 0 | 5 | -260 | 118 | -24 | 117 | 0 |
| 宁夏 | 172 | 272 | -18 | 3 | 0 | -101 | -38 | 14 | 3 |
| 新疆 | 2119 | 1259 | -21 | -37 | -89 | -1 | -40 | 919 | 26 |

注1:地区社会融资规模增量是指一定时期和一定区域内实体经济从金融体系获得的资金总额。

注2:表中数据为初步统计数。

注3:数据来源于人民银行、银保监会、证监会、中央国债登记结算有限责任公司和银行间市场交易商协会等。

注4:由金融机构总行(或总部)提供的社会融资规模为8091亿元。

注5:2019年12月起,人民银行进一步完善社会融资规模统计,将“国债”和“地方政府一般债券”纳入社会融资规模统计,与原有“地方政府专项债券”合并为“政府债券”指标,指标数值为托管机构的托管面值。2019年9月起,人民银行进一步完善“社会融资规模”中的“企业债券”统计,将“交易所企业资产支持证券”纳入“企业债券”指标。2018年9月起,人民银行将“地方政府专项债券”纳入社会融资规模统计,地方政府专项债券按照债权债务在托管机构登记日统计。2018年7月起,人民银行完善社会融资规模统计方法,将“存款类金融机构资产支持证券”和“贷款核销”纳入社会融资规模统计,在“其他融资”项下单独列示。

截至2021年6月30日,中国债券市场规模情况如表2-4所示。

**表2-4　2021年上半年度中国债券市场规模**

| 类别 | 债券数量(只) | 债券数量占比(%) | 债券余额(亿元) | 债券余额占比(%) |
|---|---|---|---|---|
| 国债 | 219 | 1.80 | 203,773.80 | 25.78 |
| 记账式国债 | 199 | 1.64 | 199,420.77 | 25.23 |
| 凭证式国债 | 0 | 0.00 | — | — |
| 储蓄国债 | 20 | 0.16 | 4353.03 | 0.55 |
| 政策性银行债券 | 269 | 2.21 | 187,889.42 | 23.77 |
| 商业银行债券 | 357 | 2.94 | 24,238.50 | 3.07 |
| 企业债 | 2510 | 20.64 | 21,816.17 | 2.76 |
| 中央企业债 | 62 | 0.51 | 2579.92 | 0.33 |

续表

| 类别 | 债券数量（只） | 债券数量占比（%） | 债券余额（亿元） | 债券余额占比（%） |
|---|---|---|---|---|
| 地方企业债 | 2316 | 19.04 | 18,439.08 | 2.33 |
| 集合企业债 | 3 | 0.02 | 30.00 | 0.00 |
| 项目收益债券 | 129 | 1.06 | 767.17 | 0.10 |
| 项目收益票据 | 0 | 0.00 | — | — |
| 证券公司债 | 0 | 0.00 | — | — |
| 短期融资券 | 51 | 0.42 | 1162.00 | 0.15 |
| 一般短期融资券 | 0 | 0.00 | — | — |
| 证券公司短期融资券 | 51 | 0.42 | 1162.00 | 0.15 |
| 超短期融资券 | 0 | 0.00 | — | — |
| 地方政府债 | 6652 | 54.69 | 274,074.20 | 34.67 |
| 央行票据 | 0 | 0.00 | — | — |
| 资产支持证券 | 1198 | 9.85 | 16,215.61 | 2.05 |
| 一般资产支持证券 | 1198 | 9.85 | 16,215.61 | 2.05 |
| 交易所资产支持证券 | 0 | 0.00 | — | — |
| 二级资本工具 | 454 | 3.73 | 25,712.23 | 3.25 |
| 国际机构债券 | 0 | 0.00 | — | — |
| 政府支持机构债 | 133 | 1.09 | 13,845.00 | 1.75 |
| 非银行金融机构债 | 168 | 1.38 | 4154.00 | 0.53 |
| 中期票据 | 26 | 0.21 | 723.61 | 0.09 |
| 集合票据 | 0 | 0.00 | — | — |
| 扶贫专项金融债 | 0 | 0.00 | — | — |
| 保险公司金融债 | 25 | 0.21 | 1656.00 | 0.21 |
| 其他一级资本工具 | 101 | 0.83 | 15,265.00 | 1.93 |
| 合计 | 12,163 | 100.00 | 790,525.54 | 100.00 |

数据来源：同花顺，债券类型按照中债分类。

## 一、债券融资概述

债券融资，是指拟融资者经相关部门审核或批准或经注册后，以发行债券的方式向投资者募集资金,到期还本付息的一种融资方式。

(一)债券融资的特点

与银行贷款不同,债券融资是一种直接融资,不需要通过银行这一金融机构作为媒介,而是直接募集资金,较为灵活。同时,银行贷款期限一般较短,债券融资期限为中长期,更加符合企业的融资需求。

然而,银行贷款须经内部审批,债券融资发行须经相关部门审核、批准或向相关部门注册后才能完成。同时,银行贷款由双方当事人即借贷双方对借贷事宜达成一致即可,债券融资还需前期的社会宣传,发行之后债券的利率也往往高于同期银行贷款。因此,债券融资历时可能较长,成本也较高。可见,两种融资方式有利有弊。

债券融资与股票融资都是直接融资方式,但从上述统计表中可以看出,通过债券融资数额大约是股票融资数额的6倍,融资者更青睐债券融资方式。这与债券融资方式的优势有关:首先,债券融资对资本结构具有优化作用,根据罗斯的“信号传递理论”,企业的价值与负债率正相关,越是高质量的企业负债率越高;其次,债券融资可以在一定程度上减轻企业的税负,企业可以合理地避税。

(二)债券融资适用的相关法律规范

债券融资应符合相应的法律法规及其他规范性文件的规定。法律层面,主要包括《民法典》《公司法》《证券法》。最高人民法院于2020年7月15日印发了《全国法院审理债券纠纷案件座谈会纪要》(法〔2020〕185号)。

部门规章层面,主要是《上市公司证券发行管理办法》《公司债券发行与交易管理办法》《企业债券管理条例》《中央企业债券发行管理暂行办法》《银行间债券市场非金融企业债务融资工具管理办法》等。

其他规范性文件,主要包括《公开发行证券的公司信息披露内容与格式准则第23号——公开发行公司债券募集说明书》《公开发行证券的公司信息披露内容与格式准则第24号——公开发行公司债券申请文件》《公开发行证券的公司信息披露内容与格式准则第11号——上市公司公开发行证券募集说明书》《公开发行证券的公司信息披露内容与格式准则第35号——创业板上市公司公开发行证券募集说明书》《公开发行证券的公司信息披露内容与格式准则第10号——上市公司公开发行证券申请文件》《国家发展改革委办公厅关于进一步改进企业债券发行审核工作的通知》《国家发展和改革委员会关于下达2007年第一批企业债券发行规模及发行核准有关问题的通知》《关于进一步做好中小企业金融服务工作的若干意见》

《小企业贷款风险分类办法(试行)》《商业银行小企业授信工作尽职指引(试行)》《国家发展改革委办公厅、财政部办公厅关于进一步增强企业债券服务实体经济能力严格防范地方债务风险的通知》《银行间债券市场非金融企业债务融资工具信用评级业务利益冲突管理规则》。

(三)债券融资的种类

债券融资方式根据不同的标准可以分为不同种类。根据发行主体分类,债券可分为政府债券、金融债券、企业类债券、资产支持证券和国际债券。具体而言,政府债券细分为国债和地方政府债,其中,国债是指由中央政府发行的债券,这种债券由国家政府的信用作担保,所以信用最好,有“金边债券”之称;地方政府债由地方政府发行的债券,其信用、利率、流通性通常略低于国债。金融债券是指由银行或非银行金融机构发行的债券,信用度高、流动性高、安全性高,利率也往往高于国债,具体又分为政策性金融债、商业银行债、非银行金融机构债、证券公司债。企业类债券是指由企业发行的债券,又称公司债券,这类债券风险高、利率也高,具体分为企业债、公司债、可转债、非金融企业债务融资工具。资产支持证券,是指由特定目的信托受托机构发行的、代表特定目的信托的信托受益权份额,是由受托机构发行的、以该财产所产生的现金支付其收益的受益证券。国际债券则指国外各种机构发行的债券。

根据偿还期限,债券又可分为超短期债券、短期债券、中期债券、长期债券四种。超短期债券是指270天内的债券;短期债券是指1年以内的债券,通常有3个月、6个月、9个月、12个月几种期限;中期债券是指1~5年内的债券;5年以上的债券则是长期债券。一般而言,债券融资期限比银行贷款融资期限长。

按偿还方式,债券可分为定息债券、一次还本付息债券、贴现债券、浮动利率债券、累进利率债券、可转换债券共六种。以上六种债券分别具有以下特征:债券通常半年或一年支付一次利息,利率是固定的;到期一次性支付利息并偿还本金;发行价低于票面额,到期以票面额兑付,发行价与票面额之间的差就是贴息;债券利率随着市场利率变化;根据持有期限长短确定利率,持有时间越长,则利率越高,反之则越低;到期可将债券转换成公司股票。

为方便比较,将上述三种分类以表格的形式表示,见表2-5。

**表 2-5　债券种类**

| 分类标准 | 具体类型 | 特　征 |
| --- | --- | --- |
| 发行主体 | 政府债券 | 政府发行 |
| | 金融债券 | 银行或非银行金融机构 |
| | 企业类债券 | 企业 |
| | 资产支持证券 | 特定受托机构(如信托、证券公司等) |
| | 国际债券 | 国外相关机构 |
| 债券期限 | 长期 | $n>5$ 年 |
| | 中期 | $1<n\leqslant 5$ 年 |
| | 短期 | $n\leqslant 1$ 年 |
| | 超短期 | $n\leqslant 270$ 天 |
| 偿还方式 | 定息债券 | 利率固定 |
| | 一次还本付息债券 | 到期一次性支付 |
| | 贴现债券 | 发行价低于票面额,到期以票面额兑付 |
| | 浮动利率债券 | 债券利率随着市场利率变化 |
| | 累进利率债券 | 根据持有期限长短确定利率 |
| | 可转换债券 | 到期可将债券转换成公司股票 |

本节虽名为债券融资,但因本书主要是从公司、企业或实际控制人的视角来探讨各种融资方式,因此,企业类债券是本节的研究重点。企业类债券根据其审核机构的不同,还可以进一步细分。须经国家发展和改革委员会核准发行的是企业债,包括中央企业债和地方企业债,以及中小企业集合债;须经证监会核准发行的是上市公司发行的公司债和可转换债;须由中国银行间交易市场交易商协会注册发行的是非金融企业债务融资工具(具有法人资格的非金融企业在银行间债券市场发行的,约定在一定期限内还本付息的有价证券)。

为方便比较,将企业类债券的细化分类以表格的形式表示,见表 2-6。

**表 2-6　企业类债券种类**

<table>
<tr><th>审核主体</th><th colspan="2">具体类型</th></tr>
<tr><td rowspan="3">发改委</td><td rowspan="3">企业债</td><td>中央企业债</td></tr>
<tr><td>地方企业债</td></tr>
<tr><td>中小企业集合债</td></tr>
<tr><td rowspan="2">证监会</td><td rowspan="2">公司债</td><td>公司债</td></tr>
<tr><td>可转换债</td></tr>
<tr><td rowspan="4">中国银行间交易市场交易商协会</td><td rowspan="4">非金融企业债务融资工具</td><td>超短期融资券</td></tr>
<tr><td>短期融资券</td></tr>
<tr><td>中期票据</td></tr>
<tr><td>中小企业集合票据</td></tr>
</table>

## 二、各企业类债券的具体介绍

企业若拟通过发行债券进行融资,因发行债券类型不同其具体流程也会有所差别,审核机构不同,要求递交的文件也不同。下文将作详细介绍。

(一)企业债

企业债分为中央企业债、地方企业债以及中小企业集合债。前两者比较好理解,即分别由中央级别的企业与地方级别的企业发行的债券,而中小企业集合债是基于中小型企业融资难的现状,通过联合"捆绑"在一起发行债券融资的一种方式。一般企业债与中小企业集合债的发行有所不同。

**1. 适用对象及条件**

根据《企业债券管理条例》的规定,企业债券,是指企业依照法定程序发行、约定在一定期限内还本付息的有价证券。企业债券的发行主体为在中国境内具有法人资格的企业,合伙制企业、独资企业等不具有法人资格的企业则不适用此规则。除此之外,任何单位和个人不得发行企业债券。同时,企业需具备如下要件:

- 企业规模达到国家规定的要求。
- 企业财务会计制度符合国家规定。
- 具有偿债能力。
- 企业经济效益良好,发行企业债券前连续 3 年盈利。
- 所筹资金用途符合国家产业政策。

发改委出台的《国家发展和改革委员会关于推进企业债券市场发展、简化发行核准程序有关事项的通知》还有以下限制:

➢ 股份有限公司的净资产不低于人民币3000万元,有限责任公司和其他类型企业的净资产不低于人民币6000万元。

➢ 累计债券余额不超过企业净资产(不包括少数股东权益)的40%。

➢ 最近3年可分配利润(净利润)足以支付企业债券1年的利息。

➢ 筹集资金的投向符合国家产业政策和行业发展方向,所需相关手续齐全。用于固定资产投资项目的,应符合固定资产投资项目资本金制度的要求,原则上累计发行额不得超过该项目总投资的60%。用于收购产权(股权)的,比照该比例执行。用于调整债务结构的,不受该比例限制,但企业应提供银行同意以债还贷的证明;用于补充营运资金的,不超过发债总额的20%。

➢ 债券的利率由企业根据市场情况确定,但不得超过国务院限定的利率水平。

➢ 已发行的企业债券或者其他债务未处于违约或者延迟支付本息的状态。

➢ 最近3年没有重大违法违规行为。

**2. 发行流程**

(1)制定发行章程

拟发行债券企业应制定发行章程,章程应包括以下内容:企业的名称、住所、经营范围、法定代表人;企业近3年的生产经营状况和有关业务发展的基本情况;财务报告;企业自有资产净值;筹集资金的用途;效益预测;发行对象、时间、期限、方式;债券的种类及期限;债券的利率;债券总面额;还本付息方式;审批机关要求载明的其他事项。同时,企业应公布经审核机关批准的发行章程。

(2)报送相关材料

企业应向审批机关即发改委提出申请,并按要求报送相关材料:中央直接管理企业的申请材料直接申报;国务院行业管理部门所属企业的申请材料由行业管理部门转报;地方企业的申请材料由所在省、自治区、直辖市、计划单列市发展改革部门转报。

根据《企业债券管理条例》的规定,报送材料主要包括:发行企业债券的申请书;营业执照;发行章程;经会计师事务所审计的企业近3年的财务报告;审批机关要求提供的其他材料。企业发行企业债券用于固定资产投资,按照国家有关规定需要经有关部门审批的,还应当报送有关部门的审批文件。

(3)等待审核

发改委是审核企业债券发行的主管机构。发改委受理企业发债申请后,依据法律法规及有关文件规定，对申请材料进行审核。符合发债条件、申请材料齐全的直接予以核准。申请材料存在不足或需要补充有关材料的，应及时向发行人和主承销商提出反馈意见。发行人及主承销商根据反馈意见对申请材料进行补充、修改和完善，重要问题应出具文件进行说明。

发改委应自受理申请之日起 3 个月内（发行人及主承销商根据反馈意见补充和修改申报材料的时间除外）作出核准或者不予核准的决定，不予核准的，应说明理由。

(4)公开发行

获批之后由证券经营机构承销。非证券经营机构和个人不得经营企业债券的承销和转让业务。

(5)几点特殊要求

根据《企业债券管理条例》的规定，企业在发行企业债券时，还有以下几点注意事项。

①关于债券本身

企业债券的票面应当载明下列内容：企业的名称、住所；企业债券的面额；企业债券的利率；还本期限和方式；利息的支付方式；企业债券发行日期和编号；企业的印记和企业法定代表人的签章；审批机关批准发行的文号、日期。此外债券总面额不得大于该企业的自有资产净值，企业债券的利率不得高于银行相同期限居民储蓄定期存款利率的 40% 。

②所筹资金的使用

企业发行企业债券所筹资金应当按照审批机关批准的用途，用于本企业的生产经营。企业发行企业债券所筹资金不得用于弥补亏损和非生产性支出，也不得用于房地产买卖、股票买卖和期货交易等高风险性投资，否则将受到相关行政处罚。

**3. 中小企业集合债**

中小企业集合债是通过牵头人组织，以多个中小企业构成的集合为发债主体，若干个中小企业各自确定债券发行额度，采用集合债券的形式，使用统一的债券名称，形成一个总发行额度而向投资人发行的约定到期还本付息的一种企业债券形式。它是一种以银行或证券机构作为承销商，需由担保机构担保，评级机构、会计师事务所、律师事务所等中介机构参与的新型企业债券方式。

集合债券一种是依照“统一冠名，分别负债，联动担保，集合发行”的模式，在全国银行间债券市场发行的企业债券,相对以往单一企业发债方式而言,它采用的是多企业联合发债、捆绑上市的模式。

(二)公司债

公司债是公司依照法定程序发行、约定在1年以上期限内还本付息的有价证券。与企业债一样,两者于公司、企业而言,显然都是比较重要的融资方式。但两者到底有何区别?是否任何企业、公司都能发行?发行流程、审核机构、报送的主要材料等又是否有差异?如果有,具体有何差别如表2-7所示。

**表2-7　公司债与企业债的比较**

| 比较项目 | 公司债 | 企业债 |
|---|---|---|
| 发行主体差别 | 由股份有限公司或有限责任公司发行的债券 | 由中央政府部门所属机构、国有独资企业或国有控股企业发行的债券,发债主体的范围比公司债窄 |
| 发行定价 | 由发行人和承销商通过市场询价确定 | 发债利率不高于同期银行存款利率的40% |
| 发行制度 | 注册制:由交易所审核,对总体发行规模没有限制 | 审核制:发改委进行审核,发改委每年会确定发行额度 |
| 发行状况 | 一次核准,多次发行 | 要求审批后1年内发完 |
| 发债资金用途差别 | 主要用途包括固定资产投资、技术更新改造、改善公司资金来源结构、调整公司资产结构、降低公司财务成本、支持公司并购和资产重组等 | 主要限制在固定资产投资和技术革新改造方面,并与政府部门的审批项目直接相关 |
| 信用来源差别 | 公司债的信用来源是发债公司的资产质量、经营状况、盈利水平和持续盈利能力等 | 不仅通过"国有"(国有企业和国有控股企业等)机制贯彻了政府信用,而且通过行政强制落实担保机制,实际信用级别与其他政府债券大同小异 |
| 管制程序差别 | 公司债监管机构往往要求严格债券的信用评级和发债主体的信息披露,特别重视发债后的市场监管工作 | 发债由国家发改委和国务院审批,要求银行予以担保;一旦债券发行,审批部门则不再对发债主体的信息披露和市场行为进行监管 |
| 市场功能差别 | 债是各类公司获得中长期债务性资金的一个主要方式 | 受到行政机制的严格控制,每年的发行额远低于国债、央行票据和金融债券,也明显低于股票的融资额 |

**1. 适用对象及条件**

与企业债不同,公司债的发行主体是公司,是依照《公司法》规定设立的合法存续的具有法人资格的公司,包括有限责任公司和股份有限公司。公司发行公司债应符合《公司法》、《证券法》及《公司债券发行与交易管理办法》等法律法规的规定。

根据《公司债券发行与交易管理办法》的规定,发行公司债券的公司应符合《证券法》《公司法》的相关规定,经中国证监会核准。《证券法》第 15 条规定了以下条件:

➢ 具备健全且运行良好的组织机构。

➢ 最近 3 年平均可分配利润足以支付公司债券 1 年的利息。

➢ 国务院规定的其他条件。

《证券法》修订后,相关法律法规也将会相应修订,预计未来会与其保持一致。现阶段《公司债券发行与交易管理办法》规定,资信状况符合以下标准的公司债券可以向公众投资者公开发行,也可以自主选择仅面向合格投资者公开发行:

➢ 发行人最近 3 年无债务违约或者迟延支付本息的事实。

➢ 发行人最近 3 个会计年度实现的年均可分配利润不少于债券 1 年利息的 1.5倍。

➢ 债券信用评级达到 AAA 级。

➢ 中国证监会根据投资者保护的需要规定的其他条件。

公开发行公司债券筹集的资金,不得用于弥补亏损和非生产性支出。

上市公司发行可转换为股票的公司债券,除应当符合第 1 款规定的条件外,还应当符合本法关于公开发行股票的条件,并报国务院证券监督管理机构核准。

同时,该《公司债券发行与交易管理办法》另行明确规定,具有如下情形之一的公司不得发行公司债券:

➢ 最近 36 个月内公司财务会计文件存在虚假记载,或公司存在其他重大违法行为。

➢ 本次发行申请文件存在虚假记载、误导性陈述或者重大遗漏。

➢ 对已发行的公司债券或者其他债务有违约或者迟延支付本息的事实,仍处于继续状态。

➢ 严重损害投资者合法权益和社会公共利益的其他情形。

另根据《证券法》第 17 条的规定,有下列情形之一的公司,不得再次公开发行公司债券:

➢ 对已公开发行的公司债券或者其他债务有违约或者延迟支付本息的事实,

仍处于继续状态。

➢ 违反本法规定,改变公开发行公司债券所募资金的用途。

**2. 发行流程**

(1)股东(大)会决议

公司申请发行公司债券,属于《公司法》规定的"股东(大)会职权"中股东(大)会有权"对发行公司债券作出决议"。故发行公司债券首先应当由公司董事会制定方案,由股东会或股东大会作出决议。如果不经股东(大)会决议通过,则不得发行。需要进行决议的具体事项如下:

➢ 发行债券的数量。

➢ 发行方式。

➢ 债券期限。

➢ 募集资金的用途。

➢ 决议的有效期。

➢ 其他按照法律法规及公司章程规定需要明确的事项。

(2)等待审核

《公司债券发行与交易管理办法》简化了公开、非公开发行公司债券的审核流程,取消《公司债券发行试点办法》中规定的保荐制和发审委制度,规定公开发行的公司债券实行注册制。

发行人向沪深交易所提交公开发行并上市的注册申请文件,交易所对注册申请文件进行审核,对是否满足公司债券发行与上市条件以及信息披露要求进行审核,并作出同意或不同意公司债券注册的审核意见。

交易所将审核意见按照规定程序报送至证监会,证监会应当自受理申请文件之日起3个月内,依照法定条件和法定程序作出同意或不同意公司债券注册的决定,发行人根据要求补充、修改发行申请文件的时间不计算在内。不予注册的,应当说明理由。

(3)公开发行

现阶段规定,待证监会审核作出核准决定之后,公司可公开发行。公司发行公司债券,可以申请一次核准,分期发行。自证监会核准发行之日起,公司应在12个月内首期发行,剩余数量应当在24个月内发行完毕。

公开发行公司债券的募集说明书自最后签署之日起6个月内有效。采用分期发行方式的,发行人应当在后续发行中及时披露更新后的债券募集说明书,并在每期发行完成后5个工作日内报中国证监会备案。

(三)银行间债券市场非金融企业融资工具

银行间债券市场的交易参与人是金融机构,几乎所有的债券都可以在银行间债券市场挂牌交易,除了可转换债券。为进一步完善银行间债券市场管理,促进非金融企业直接债务融资发展,中国人民银行于2008年出台《银行间债券市场非金融企业债务融资工具管理办法》,对非金融企业在银行间债券市场发行债务融资工具进行规制。

**1.债务融资工具的具体类型**

债务融资工具主要包括超短期融资券、短期融资券、中期票据、中小企业集合票据等。发行上述融资工具的非金融企业均应向中国银行间市场交易商协会(以下简称交易商协会,是指由市场参与者自愿组成的,包括银行间债券市场、同业拆借市场、外汇市场、票据市场和黄金市场在内的银行间市场的自律组织)注册。中央国债登记结算有限责任公司(以下简称中央结算公司)负责登记、托管、结算等事宜,全国银行间同业拆借中心(以下简称同业拆借中心)为债务融资工具在银行间债券市场的交易提供服务。中国人民银行依法对交易商协会、同业拆借中心、中央结算公司进行监督管理,同时可要求三个机构及时向其报送与债务融资工具发行和交易等有关的信息。此外,企业自身不能承销,应由金融机构承销。还有一点,此类债务融资工具的投资者应自行判断和承担投资风险。至于各融资工具具体如何操作,相互之间有何差异,后续将进行详细阐述。

**2.适用的相关法律规范**

银行间债券市场非金融企业融资应遵守如下法律规定。中国人民银行2008年出台的《银行间债券市场非金融企业债务融资工具管理办法》、交易商协会2009年出台的《银行间债券市场非金融企业中期票据业务指引》《银行间债券市场中小非金融企业集合票据业务指引》《银行间债券市场非金融企业短期融资券业务指引》及其2010年出台的《银行间债券市场非金融企业超短期融资券业务规程(试行)》。此外,还有交易商协会2009年出台的《银行间债券市场非金融企业债务融资工具发行注册规则》、2011年出台的《银行间市场非金融企业债务融资工具发行规范指引》《银行间债券市场非金融企业债务融资工具非公开定向发行规则》、2012年出台的《银行间债券市场非金融企业资产支持票据指引》《银行间债券市场非金融企业债务融资工具中介服务规则》《银行间债券市场非金融企业债务融资工具尽职调查指引》《银行间债券市场非金融企业债务融资工具募集说明书指引》、2013年出台的

《银行间债券市场非金融企业债务融资工具持有人会议规程》《银行间债券市场非金融企业债务融资工具注册工作规程》、2017 年出台的《银行间债券市场非金融企业债务融资工具信息披露规则》等。

**3. 一般发行流程**

(1)注册

首先,适格的发行主体须是具有法人资格的非金融企业。适格主体发行的各债务融资工具均须向交易商协会申请注册。注册制不同于审批制和备案制,没有审批制那般严苛,又比备案制更为严格。该制度是目前较为成熟的资本市场通常采用的方式,表明我国的资本市场在逐渐完善,对金融市场的进一步发展具有重大意义。

这里所指的"注册"实行注册会议制度,由注册会议决定是否接受债务融资工具发行注册。根据相关规定,注册会议下设注册办公室。注册会议由 5 名经济金融理论知识丰富、熟知相关法律法规、从业经验丰富、职业声誉较高的金融市场专家(简称注册专家)参加。参加会议的注册专家由注册办公室从注册专家名单中随机抽取。最终是否能注册成功,在注册会议上由注册专家最终的意见决定。

注册由拟发行企业通过承销商将发行文件送达注册办公室。注册文件包括以下几个。

➢ 债务融资工具注册报告(附企业《公司章程》规定的有权机构决议)。

➢ 主承销商推荐函及相关中介机构承诺书。

➢ 企业发行债务融资工具拟披露文件。

➢ 证明企业及相关中介机构真实、准确、完整、及时披露信息的其他文件。

(2)信息披露

由于该类债券融资投资者承担的风险更大,因此,为了保护投资者的合法权益,交易商协会专门制定《银行间债券市场非金融企业债务融资工具信息披露规则》,对发行企业应尽的披露义务作了较为详尽的规定。如果企业不履行或相关中介机构不履行相应披露义务,不但企业将受行政处罚,相关责任人员也将受到处罚。如果企业还因未尽信息披露义务导致他人利益受损,将承担相应的损害赔偿责任,涉嫌刑事违法的将被移交司法机关处理。

关于发行文件的披露,首期发行债务融资工具的,应至少于发行日前 5 个工作日公布发行文件;后续发行的,应至少于发行日前 3 个工作日公布发行文件。

关于发行实际情况的披露,企业最迟应在债权债务登记日的次一工作日,通过交易商协会认可的网站公告当期债务融资工具的实际发行规模、价格、期限等信息。

根据《证券法》第79条的规定，在融资工具有效期内，对于下述信息企业应作持续性披露：

➢ 每年4月30日以前，披露上一年度的年度报告和审计报告。

➢ 每年8月31日以前，披露本年度上半年的资产负债表、利润表和现金流量表。

在债务融资工具存续期内，企业发生可能影响其偿债能力情形，我们称这类情形为"重大事项"，也应及时披露：

➢ 企业名称、经营方针和经营范围发生重大变化。

➢ 企业生产经营的外部条件发生重大变化。

➢ 企业涉及可能对其资产、负债、权益和经营成果产生重要影响的重大合同。

➢ 企业发生可能影响其偿债能力的资产抵押、质押、出售、转让、划转或报废。

➢ 企业发生未能清偿到期重大债务的违约情况。

➢ 企业发生大额赔偿责任或因赔偿责任影响正常生产经营且难以消除的。

➢ 企业发生超过净资产10%以上的重大亏损或重大损失。

➢ 企业一次免除他人债务超过一定金额，可能影响其偿债能力的。

➢ 企业1/3以上董事、2/3以上监事、董事长或者总经理发生变动；董事长或者总经理无法履行职责。

➢ 企业作出减资、合并、分立、解散及申请破产的决定，或者依法进入破产程序、被责令关闭。

➢ 企业涉及需要说明的市场传闻。

➢ 企业涉及重大诉讼、仲裁事项。

➢ 企业涉嫌违法违规被有权机关调查，或者受到刑事处罚、重大行政处罚；企业董事、监事、高级管理人员涉嫌违法违纪被有权机关调查或者采取强制措施。

➢ 企业发生可能影响其偿债能力的资产被查封、扣押或冻结的情况；企业主要或者全部业务陷入停顿，可能影响其偿债能力的。

➢ 企业对外提供重大担保。

(3)发行

经过前述流程之后，企业可以以招标方式、簿记建档方式及非公开定向方式发行债券融资工具。

①招标发行

招标发行，是指发行债务融资工具的发行人使用中国人民银行发行系统在银行间债券市场招标发行债务融资工具的行为。相关当事人包括发行人、投标参与人、提供发行服务的中介机构及其他相关人员。发行人应与投标参与人签订书面协议,明确双方的权利与义务。这种形式可理解为,发行人发出一个要约邀请,投资者可发出要约,最终由发行人决定是否承诺。最终,双方签订合同。

②簿记建档发行

簿记建档发行,是指发行人和主承销商共同确定利率区间后,投资人根据对利率的判断确定在不同利率档次下的申购定单,再由簿记建档管理人(以下简称簿记管理人)记录投资人认购债务融资工具利率(价格)及数量意愿,并进行配售的行为。相关当事人包括发行人、主承销商、簿记管理人、提供发行服务的中介机构(若有)、公证员(若有)及其他相关人员。与招标发行不同,簿记建档发行时在询价基础上,由发行人与主承销商协商确定利率(价格)区间。换言之,虽经过询价,但最终还是由发行人与主承销商事先确定一个利率档,类似于发行人向不特定公众发出要约,投资者承诺即可。

③非公开定向发行

非公开定向方式发行,是指企业向银行间市场特定机构投资人(以下简称定向投资人)发行债务融资工具,并在定向投资人范围内流通转让的行为。对应的公开发行是指向不定向的投资者发行融资工具。定向发行相关当事人主要包括发行人、主承销商、簿记管理人(若有)、定向投资人代表(若有)、提供发行服务的中介机构及其他相关人员。当然,定向发行也可以具体采用前述两种方式,招标发行方式及簿记建档方式。此时,应遵守前述两种发行方式的相关规定。

根据《银行间债券市场非金融企业债务融资工具非公开定向发行规则》,企业发行定向工具虽仍应在交易商协会注册,但协会只对注册材料进行形式完备性核对。材料形式完备性核对实行核对人和复核人双人负责制,主要流程如下。

➢ 企业或相关中介机构应提交非公开定向发行注册材料正式件一份。

➢ 核对人根据相关自律规则指引对非公开定向发行注册材料进行核对:若核对人认为非公开定向发行注册材料形式完备,则直接交由复核人进行复核;若核对人认为非公开定向发行注册材料形式不完备,经复核人复核后,核对人可通过主承销商向企业出具补充信息的建议函。

➢ 复核人对核对人工作进行复核,复核人可根据需要通过主承销商向企业出具补充信息的建议函,复核人认定非公开定向发行注册材料形式完备,则按照规定程序办理相关后续工作。

非公开定向发行方式下的融资工具发行、登记、托管、结算、流通转让等事项都由交易商协会监督管理。定向发行的融资工具发行价格按照市场化方式确定，而且只能在定向投资人之间流通转让，不得任意流通。

企业向定向投资人发行定向工具前，应与拟投资该期定向工具的定向投资人达成定向发行协议。定向发行协议包括但不限于以下内容：

➢ 发行人的基本情况。

➢ 发行人对定向工具的募集资金用途合法合规、发行程序合规性的声明。

➢ 拟投资定向工具的机构投资人名单及基本情况。

➢ 发行人与拟投资定向工具的机构投资人的权利和义务。

➢ 定向工具名称、发行金额、期限、发行价格或利率确定方式。

➢ 募集资金用途及定向工具存续期间变更资金用途时的告知方式和时限。

➢ 信息披露的具体标准和信息披露方式。

➢ 定向工具的流通转让范围及约束条件。

➢ 投资风险提示。

➢ 法律适用及争议解决机制。

➢ 保密条款。

➢ 协议生效的约定。

采取定向发行的，在注册有效期内可分期发行，首期发行应在注册后 6 个月内完成。

**4. 各融资工具的具体介绍**

债券除可在证交所发行、交易之外，银行间债券市场也是其活跃的地盘。《证券法》修订后各融资工具的相关法律法规也将会相应修订，预计未来会和《证券法》保持一致。本书现阶段仍引用现行有效的法律法规。

(1)超短期融资券

①适用对象及条件

超短期融资券，根据《银行间债券市场非金融企业超短期融资券业务规程(试行)》，是指具有法人资格、信用评级较高的非金融企业在银行间债券市场发行的，期限在 270 天以内的短期融资券。顾名思义，超短期融资券比短期融资券的有效期更短。短期融资券是指 1 年以内，而超短期是指 270 天以内。同时，这里的发行主体要求更高，明确要求“信用评价较高”的企业。

企业发行超短期融资券所募集的资金应用于符合国家法律法规及政策要求的

流动资金需要,不得用于长期投资。它有点类似银行贷款中的流动资金贷款,贷款必须用于企业经营之需,缓解流动资金紧张局势,不得用于其他投资等。

超短期融资券发行实行市场定价,并且在上海清算所登记、托管、结算,不同于其他几种类型须在中央结算公司登记、托管、结算。

②发行流程

超短期融资券的发行流程与前述一般发行流程基本一致,企业须向交易商协会提出注册申请并提交相应注册文件,同时应将发行的相关情况对外披露。值得注意的是,上述发行文件通过中国货币网和上海清算所网站披露。具体而言,拟发行企业应以不可修改的电子版形式送达同业拆借中心。同业拆借中心依据本规程及相关自律规则完成信息披露文件的格式审核后,对符合规定格式的信息披露文件予以公布,并及时发送上海清算所,由上海清算所在其网站公布。此外,企业应在发行超短期融资券后2个工作日内将发行情况向交易商协会备案。

(2)短期融资券

短期融资券,是指具有法人资格的非金融企业在银行间债券市场发行的,约定在1年内还本付息的债务融资工具。为保护投资者的合法权益,法律法规要求短期融资券待偿还余额不得超过企业净资产的40%;同时应披露2个评级,即企业主体信用评级和当期融资券的债项评级。短期融资券在债权债务登记日次一工作日即可在全国银行机构投资者而非个人投资者之间流通转让。

(3)中期票据

中期票据,是指具有法人资格的非金融企业在银行间债券市场按照计划分期发行的,约定在一定期限还本付息的债务融资工具。不难看出,企业发行中期票据应制订发行计划,在计划内可灵活设计各期票据的利率形式、期限结构等要素。该完整的发行计划还应于中期票据首次发行公告之日,在银行间债券市场一次性披露,其后的发行将依据已制订的发行计划分期发行。同时,有效期并非明确的1年之内或者270天之内,是在一定期限内。关于中期票据的定价,不同于一般的"市场化定价",是由主要承销商与企业协商定价,具体而言投资者可就特定投资需求向主承销商进行逆向询价,主承销商可与企业协商发行符合特定需求的中期票据。其他方面的要求与短期融资券相差无几。

(4)中小企业集合票据

中小企业集合票据,是为了解决中小企业融资难的困境而设计的融资工具,与中小企业集合债券类似,鼓励中小微型企业相互之间的"统一行动",以致达到融资设定的“相应门槛”，进而融通资金。中小企业集合票据，具体是指2个（含）以上、10个（含）以下具有法人资格的企业，在银行间债券市场以统一产品设计、统一券种冠名、统一信用增进、统一发行注册方式共同发行的，约定在一定期限还本付息的债务融资工具。此种融资工具实行“一次注册、一次发行”，不能分期发行，也不能在注册失效之后再次注册。同时，“集合体”中的任一企业集合票据待偿还余额均不得超过该企业净资产的40%，且任一企业集合票据募集资金额不超过2亿元人民币，单支集合票据注册金额不超过10亿元人民币。在债权债务登记日的次一工作日即可在银行间债券市场流通转让，并未限定只能在机构投资者之间流通。

（5）资产支持票据

此处所指的“资产支持票据”是在银行间债券市场由非金融企业发行的资产证券化产品，是由基础资产所产生的现金流作为还款支持的，约定在一定期限内还本付息的债务融资工具。当然，这里的基础资产并非一般的资产，而是有其特殊性，主要是指符合法律法规规定，权属明确、能够产生可预测现金流的财产、财产权利或财产和财产权利的组合。同时，基础资产不得附带抵押、质押等担保负担或其他权利限制。换言之，通过将这种未来能产生现金流的资产作为标的资产，发行债券，吸引投资者，从而自身达到融资的目的。资产支持票据可采取公开发行与非公开发行两种形式。

此时，拟对外披露的信息有所不同，主要包含以下内容。

➢ 资产支持票据的交易结构和基础资产情况。【交易结构、基础资产】

➢ 相关机构出具的现金流评估预测报告。【现金流报告】

➢ 现金流评估预测偏差可能导致的投资风险。【投资风险】

➢ 在资产支持票据存续期内，定期披露基础资产的运营报告。

同时，因资产支持票据对投资者的风险较大，根据规定其在发行时应约定投资者保护机制，包括但不限于以下内容。

➢ 债项评级下降的应对措施。【债项评级】

➢ 基础资产现金流恶化或其他可能影响投资者利益等情况的应对措施。【现金流恶化】

➢ 资产支持票据发生违约后的债权保障及清偿安排。【违约责任】

➢ 发生基础资产权属争议时的解决机制。【争议解决】

### 三、企业类债券的风险与应对措施

在本节开篇“概述”部分已经用数据说明债券融资受到企业的高度青睐，其程度仅次于银行贷款融资。在银行贷款中,银行虽为出借方,但其资金来源主要为一般公众在银行的存款,银行为金融中中介的身份;在债券融资,借款人直接从出借人处融资。说到底,两种融资方式本质上都是借款合同,但与银行贷款相比,企业发行债券融资往往要承担更大风险。在银行贷款中,银行为尽量避免风险而对企业贷款设置较高的门槛、较多的条件,最典型的便是要求提供作为第二还款来源的巨额担保。而企业债券类融资,相关规定并未明确要求提供担保,更多的是信用债券,由投资者和债券发行人承担更多的风险。由于本书主要站在融资方的立场,故也将更多分析融资方面临的风险,主要表现为债券发行违规、债券发行失败、债券发行之后本金偿还违约、利息偿还违约或本息偿还违约,导致企业生产经营出现困难,发生信誉危机,进而承担相应的民事责任、行政责任甚至刑事责任。

截至 2021 年 6 月 30 日,信用债市场共有 191 家主体,684 只债券发生违约(含展期),违约总规模合计 5727.30 亿元。2021 年上半年,债券市场共有 109 只信用债发生违约,涉及债券余额 1168 亿元,违约势头不减。民企是信用债违约的主力,国有企业违约规模增幅较大。债券违约主要集中在综合、互联网、房地产、建筑与工程等行业。2021 年以来,房地产行业违约债券余额位居首位,在地产调控不放松的背景下,未来仍会加速市场化出清。出现过债券违约的 135 家民企中有 40 家主体对违约债券进行了部分或足额兑付,兑付概率为 29.63% 和 29.63%,地方国企、中央国企的兑付概率较高,分别为 38.46% 和 36.36%。但由于近年来地方国企、央企违约规模增长较快,地方国企和央企按兑付金额及按完全兑付债券数量统计的回收率均已低于民营企业。截至 2021 年 6 月末,民营企业累计兑付金额占违约债务规模的比例为 5.59%,地方国企、央企该比例分别为 5.03% 和 4.20%。[①] 2019 ~ 2021 年违约债券中包括河南众品食业、康得新(002450)、宝塔石化、国购投资、东方金钰(600086)、三胞集团、成都天翔环境、胜通集团、哈尔滨秋林集团(600891)、中民投、天宝食品、中信国安(000839)、丹东港、方正集团、海航集团、华夏幸福等。

2019 年上半年债市违约的一个特点是,民企信用债违约率继续升高。2019 年新增的 20 家违约主体中,民营企业共有 18 家,占违约主体数的 90%。新增违约民企以非上市公司及制造业企业为主。比如,4 月以来就有多家民企构成违约。4 月 4 日,已经多次违约的"山西煤电巨头"永泰能源(600157)未能偿还一笔 5 亿元的中期票据"18 永泰能源 MTN001"。中民投发行的"16 民生投资 PPN002"4 月 8 日到

① 参见分析师周岳、缪雪阳:《违约债券后来怎么样了?》,中泰证券发布证券研究报告,2021 年 7 月 10 日。

期，但未按时兑付。该债券最初发行规模为25亿元，期限3年，“1+1+1”结构，经过此前的回售，4月8日当天需兑付的本金余额已只剩下8.5亿元。4月9日，上市公司天宝食品公告，因资金流动持续紧张，未能筹集到资金按时兑付于3月9日非公开发行的公司债券“17天宝01”本息5.35亿元，构成实质性违约。

从上市公司发行的公司债，到中小企业发行的私募债，再到非金融企业在银行间债券市场发行的短期融资券，都遭遇过严重的兑付危机。虽然有的企业在兑付到期的最后关头有转机，实现完全兑付，有惊无险，但对整个债券市场的影响却不容忽视。有人称“违约风波事件虽然短期内影响了低等级融资主体的需求，但从长期看，信用风险定价的复位与隐性刚性兑付的破除，将有力地推动利率市场化背景下中国资本市场持续壮大，为未来实体经济的发展创造多层次的融资市场环境”。这一主张虽不无道理，但作为融资方，还是应尽量将此类风险扼杀在摇篮中，在风波生起之前使其平复。作为企业而言，其存在的目的绝大多数情形下是为了营利，为中国资本市场的“茁壮成长”出力虽在所不辞，但以牺牲自己为前提的出力无疑是不理智的。因此，对企业发行债券融资过程中产生的风险及其应对进行深入的分析仍具有必要性和重要性。

（一）信誉风险

典型案例——盛运环保因违约评级被下调

2018年10月9日，安徽盛运环保（集团）股份有限公司（以下简称盛运环保）发行的超短期融资券“18盛运环保SCP001”到期本息兑付违约，违约本息规模共2.15亿元。“18盛运环保SCP001”于2018年1月12日上市发行，发行期限270天，发行规模2亿元，票面利率7.5%。

超短期融资券违约导致盛运环保另一支私募公司债“16盛运01”触发加速清偿条款。“16盛运01”于2016年8月上市发行，发行规模5亿元，票面利率7.7%，发行期限3年附带第2年年末回售与调整票面利率条款。2018年8月和9月，盛运环保与“16盛运01”债券持有人先后两次达成延期偿付协议，分别将回售偿付日后延至9月28日和12月14日，但债券回售展期的同时也附带交叉违约加速清偿条款。

盛运环保成立于1997年，2010年公司股票在深交所创业板上市发行，股票代码300090.SZ，控股股东、实际控制人开某胜在公司中的持股比例为13.69%。公司主要从事环保设备的制造、固体废物焚烧发电、环保工程等业务。2018年5月以来，公司流动性状况的恶化，出现多笔债务逾期，根据公司公告，除违约债券外，截至

10 月12 日其他违约债务规模累计达 18.06 亿元。截至违约前公司实际控制人持有的公司股份已被全部司法冻结。

信用评级方面,中诚信国际和联合信用曾分别给予盛运环保 AA 级的主体信用等级,评级展望均为稳定。2018 年 4 月以来,伴随公司信用状况的恶化,上述两家评级机构先后多次下调公司主体信用级别,至违约前均已下调至 CC 级,并列入评级观察名单。在盛运环保发生违约后,中诚信国际与联合信用均将公司主体信用级别下调至 C 级。

### (二)民事法律风险及其应对

前文已经述及,发行债券融资归根究底还是通过借款合同展开,因此,该融资方式潜在的民事法律风险与银行贷款相差不大,往往都是发行人届期无法偿债,其本质属违约行为。这种违约,因债权人或出借人众多,风险一旦爆发,牵涉面将更广、对市场的影响力也将更大。

**1. 违约责任典型案例——“11 超日债,债市首例违约案”**

案例概况如下:①

上海超日太阳能科技股份有限公司(Shanghai Chaori Solar Energy Science & Technology CO. ,LTD.)(以下简称超日太阳能),法定代表人倪某禄,注册资本 52,720 万元,成立于2003 年6 月26 日,经营范围为太阳能材料、太阳能设备、太阳能灯具、电子电器生产、销售、安装,从事货物进出口及技术进出口业务等。

“11 超日债”是超日太阳能获证监会批准之后公开发行的公司债券。其披露的公告显示,发行规模为 10 亿元,每张面值为人民币 100 元,共计 1000 万张,发行价格为 100 元/张。债券期限不超过 5 年(含 5 年),附第 3 年年末发行人上调票面利率选择权及投资者回售选择权。债券的利率为固定利率债券,票面利率由发行人与保荐机构(主承销商)按照国家有关规定协商确定为 8.98%,在债券存续期限前 3 年保持不变;如发行人行使上调票面利率选择权,未被回售部分债券存续期限后 2 年票面年利率为债券存续期限前 3 年票面年利率加上调基点,在债券存续期限后 2 年固定不变。债券票面利率采取单利按年计息,不计复利,按年付息、到期一次还本。利息每年支付一次,最后一期利息随本金一起支付,起息日为 2012 年 3 月 7 日。在该期债券的计息期限内,每年付息一次;若投资者放弃回售选择权,则至 2017 年 3 月 7 日一次兑付本金;若投资者部分或全部行使回售选择权,则回售部分

① 参见超日太阳能 2012 年发布的《公开发行公司债券募集说明书》、《公司债券发行公告》及《债券票面利率的公告》。

债券的本金在2015年3月7日兑付，未回售部分债券的本金至2017年3月7日兑付。该期债券发行时并无担保，但后经相关机构要求追加了一定担保，并且经相关机构综合评定，发行人的主体信用等级为AA，该期债券的信用等级为AA。该期公司债券发行所募集的资金用途，其中4亿元用于偿还银行贷款，剩余6亿元用于补充流动资金。

嗣后，该债券成功发行。当初债券网上预设的发行规模为2.5亿元人民币，最终网上实际发行数量为2.5亿元人民币，占本期债券发行总量的25%；债券网下预设的发行规模为7.5亿元人民币，最终网下实际发行数量为7.5亿元人民币，占本期债券发行总量的75%。

但2014年3月5日超日太阳能发布《2011年公司债券第二期利息无法按期全额支付的公告》，称第二期利息原定付息日为2014年3月7日，利息金额共计人民币8980万元，但此次仅能够按期支付共计人民币400万元。超日太阳能同时在公告中表示公司构成违约，并将严格按照《募集说明书》的相关约定，针对本次违约承担相关的责任。

**2. 深入剖析**

“超日”因“11超日债”违约有“日落”之嫌，其原因究竟何在？

(1)历史发展层面

该案被业内称为“债市首例违约案”，打破了债市兑付违约的零纪录。因2004年以前我国债券发行量少，而且发行主体更多为国企或大型企业，一般都会有银行提供担保，因此偿债能力较强，违约风险较小。但后期随着市场发展，更多类型的债券兴起，债券发行主体结构与经济环境都发生了很大变化。一方面，债券发行主体多样化，信用资质整体下移；另一方面，我国经济发展出现了下行趋势，GDP增速持续下滑，企业经营状况有所恶化，同时央行持续实施稳健的货币政策，导致市场流动性有所收紧。因此，违约危机的爆发可谓有其历史必然性。

(2)“合同”约定层面

超日太阳能公开发行公司债，通过对外发布募集说明书招募投资者投资，在投资者申购之后，超日太阳能将向投资者发放记名形式的债券。虽然就“借款”一事并没有书面的“合同”，但募集说明书构成要约，投资者认购构成承诺，债券上记载内容即为双方已达成合意的标志。超日太阳能应遵守其在募集说明书中明确约定的内容，同样投资者也应遵守相应的约定。现募集说明书中明确提及公司违约责任，一旦公司违约，则应严格履行合同。具体约定内容如下：

①当公司不能按时支付利息时,公司将至少采取如下措施:不向股东分配利润;暂缓重大对外投资、收购兼并等资本性支出项目的实施;调减或停发董事和高级管理人员的工资和奖金;主要责任人不得调离。

②承担延期支付的部分所对应的应付利息和罚息。公司将按照《募集说明书》的相关规定,对本期利息延期支付的部分承担相应的利息以及罚息,即按照该未付利息对应债券品种的票面利率另计利息(单利)、按照每日1‰的罚息率向债券持有人支付违约金,具体计算方式以公司后续披露的延期付息具体安排公告中的相关内容为准。

③积极配合债券受托管理人处置本期债券的担保物。公司为“11超日债”追加的担保物包括公司及子公司的部分应收账款、部分不动产及机器设备。同时,公司将按照《受托管理协议》的约定,积极配合受托管理人处置为本期债券追加的上述担保物,以偿还上述延期支付的利息。但是,上述担保物的变现价值仍存在不确定性。

(三)刑事法律风险及其应对

在公司、企业债券募集办法中隐瞒重要事实或者编造重大虚假内容,发行公司、企业债券,数额巨大、后果严重或者有其他严重情节的,将构成欺诈发行罪。

**1.违约责任典型案例——“上海首例欺诈发行债券案”**

案例概况如下:

中恒通(福建)机械制造有限公司(以下简称中恒通公司)是一家从事机械、汽车配件生产和销售的有限责任公司。因公司负债严重,陷入经营困境,2013年下半年,公司实际控制人卢某甲欲通过发行私募债券融资,经与公司法定代表人卢某乙、财务总监卢某丙合谋,采用虚增公司营业收入人民币5.13亿余元(以下所涉币种相同)、虚增利润总额1.31亿余元、虚增资本公积6555万余元、虚构招商银行股份有限公司龙岩分行授信额度500万元、隐瞒外债2025万余元等手段,利用利安达会计师事务所出具内容重大失实的审计报告,使得承销券商申银万国证券股份有限公司以此为基础出具了《中恒通公司非公开发行2014年中小企业私募债券募集说明书》。经向上海证券交易所备案,中恒通公司于2014年5~7月,向招商银行股份有限公司、中国邮政储蓄银行股份有限公司和个人投资者车某等非公开发行两年期“14中恒01”“14中恒02”私募债券。其后,两家银行总行和车某分别认购中恒通私募债5000万元、2000万元和3000万元,共计1亿元。

2016年到期后,中恒通公司无力偿付债券本息,造成投资人的重大经济损失。

投资者车某在得知中恒通公司已进入法院破产重整程序后，向上海市公安局经侦总队报案，要求立案侦查该公司的欺诈行为。经过公安机关侦查，案件于2017年8月15日进入检察机关审查起诉阶段。

上海市第一中级人民法院认为，被告单位中恒通公司以重大财务数据存在虚假记载的中小企业私募债券申请文件，骗取上海证券交易所获准发行中恒通私募债券，并将所募集1亿元资金用于归还公司债务等事项，至案发时未能支付逾期本息，后果严重，其行为已构成欺诈发行债券罪。

被告人卢某甲系被告单位中恒通公司的实际控制人，起意、策划、主导实施了中恒通公司欺诈发行债券行为；被告人卢某乙、卢某丙分别系中恒通公司的法定代表人、财务总监，受卢某甲指使直接、积极参与上述行为，故3名被告人均系中恒通公司欺诈发行债券直接负责的主管人员，其行为均构成欺诈发行债券罪。

法院依法作出判决，以欺诈发行债券罪对被告单位中恒通公司判处罚金人民币300万元；对被告人卢某甲判处有期徒刑3年6个月；对被告人卢某丙判处有期徒刑2年6个月；对被告人卢某乙判处有期徒刑2年，缓刑2年。

**2. 深入剖析**

中小企业私募债券的发行为解决中小企业融资提供了便捷途径，实现了直接金融与中小企业的有效对接，但其发行门槛较低，不必经过行政许可，对债券评级和担保也不作要求，只需向证券交易所备案即可。备案就意味着证券交易所只对备案材料进行完备性核对，不对发行人的经营风险、偿债风险、诉讼风险以及私募债券的投资风险或收益等作出判断或保证。这起案件中反映出以下几个亟待重视的问题。①

首先，应加强行业自律以及职业道德建设。中小企业私募债券是完全市场化的信用债券品种，主要由承销券商对发行人的偿债能力和资金用途进行把握，其发行金额、利率、期限，均由双方自行协商确定，通过合同确定各方的权利义务关系。整个发行流程中，会计师要开展审计工作，承销券商、律师要开展尽职调查，企业要召开股东会，最终签署各种协议，出具私募债券募集说明书、尽职调查报告、承销协议、法律意见书。债券的发行依靠信用，依靠发行人的诚信，更依靠相关机构的勤勉尽职和职业修养。但这些机构都是发行人支付费用聘请的，一旦双方沆瀣一气，就很容易瞒天过海，欺骗投资者。中间任何一个环节出现纰漏，都会带来连锁反应。

① 参见于力、季敬聚：《着眼证据审查　精准指控犯罪——上海市首例欺诈发行债券案办案纪实》，载《人民检察》2018年第10期。

该案中,中恒通公司施尽各种手段,让利安达会计师事务所出具了内容重大失实的审计报告,又让承销券商出具了以此为依据的私募债券募集说明书,将一只"风险"级别达到"危险"的债券,乔装打扮成非常"保险"值得投资的金融产品,骗获发行,造成投资者的巨大经济损失。该债券还可以在交易所进行转让,只要转让不超过200人,都是合法有效的。所幸,投资者在得知中恒通公司很有可能无法到期偿付本息时,并没有昧着良心把风险转嫁给更多的人,没有造成更多的被害人牵涉其中。

其次,应提高广大投资者的风险意识。中小企业私募债券是非公开发行的,对投资者有适格要求,其意图就是保护投资者。但很多投资者由于知识水平和专业能力的局限,往往会偏听偏信所谓大机构或个人的口头承诺,只看到收益而看不到风险。而一些机构为顺利推销产品,对投资者的资格审核流于形式,甚至绕过合理的适格限制,千方百计让投资者成为适格者。广大适格投资者在面对高利率高回报的金融产品时,应绷紧"股市、债市均有风险,入市须谨慎"的弦,做好调研,仔细判断,而不能一味地盲目听从机构或个人的推荐。

最后,应加大对债券市场的规范与监管力度。合理采取增信措施,做好尽职调查,是控制中小企业私募债券风险的主要方式。对于发行人、相关机构的违法违规行为,金融监管机构应依法采取惩罚措施。对于触犯刑法的,应移送司法机关依法追究刑事责任,使违法犯罪分子不敢轻易触犯底线。同时,还应合理划分机构承担责任与投资者风险自担的边界,完善行业规范,让机构承担更多的风险责任,使其在不同的利益面前作出更多的考量,促进中小企业私募债券市场的健康发展。

## 第四节　供应链融资

互联网时代,投资风口瞬息万变。从2016年资本扎堆P2P,到2017年多家消费金融公司的组建,"互联网+"金融的模式已经被认为是当前最高效也是发展速度最快的商业模式之一。[①] "供应链金融"之所以来势凶猛,原因在于其具有"既能有效解决中小企业融资难题,又能延伸银行的纵深服务"的双赢效果。那么,到底什么是供应链金融?供应链金融相关法律规范有哪些、具体有哪些业务类型、每个

① 参见易宝研究院:《供应链金融:下一个万亿蓝海市场》,载搜狐财经,http://www.sohu.com/a/238421248_120862,2019年9月24日最后访问。

业务类型对应的操作模式如何、利弊又如何、是否潜藏法律风险？对于以上问题，本节将分别予以介绍。

## 一、供应链融资概述

现代意义上的供应链金融概念发端于20世纪80年代，深层次的原因在于世界级企业巨头寻求成本最小化冲动下的全球性外采和业务外包。所谓供应链，就是围绕核心企业，通过对信息流、物流、资金流的控制，将供应商、制造商、分销商、零售商与最终用户连接成一个整体的功能网络、网链结构。[①] 而供应链金融（Supply Chain Finance，SCF），一般被认为是商业银行信贷业务的一个专业领域（银行层面），也是企业尤其是中小企业的一种融资渠道（企业层面）。由于"Finance"一词有金融、融资、财务等多种含义，因此，在微观层面我们也可称之为供应链融资。其运行方式具体指银行向企业（核心企业）提供融资和其他结算、理财服务，同时向这些企业的供应商提供贷款的便利，或者向其分销商提供预付款代付及存货融资服务。简单地说，就是银行将核心企业和上下游企业联系在一起提供灵活运用金融产品和服务的一种融资模式。[②]

从该定义可知，供应链融资与传统的保理业务及货押业务（动产及货权抵/质押授信）非常接近，但又有明显区别，即供应链融资是核心企业与银行间达成的一种面向供应链所有成员企业的系统性融资安排，而保理业务和货押等只是简单的贸易融资产品。简言之，前者比后者要复杂，涵盖范围要广。

### （一）供应链融资适用的相关法律规范

供应链融资适用的相关法律规范主要包括《商业汇票承兑、贴现与再贴现管理暂行办法》《票据管理实施办法》《票据法》《最高人民法院关于审理票据纠纷案件若干问题的规定》《最高人民法院关于审理信用证纠纷案件若干问题的规定》《中国银行业保理业务规范》《商务部办公厅关于做好商业保理行业管理工作的通知》《上海市商业保理试点暂行管理办法》《国务院办公厅关于积极推进供应链创新与应用的指导意见》，等等。见表2－8。

---

① 参见深圳发展银行、中欧国际工商学院"供应链金融"课题组：《供应链金融：新经济下的新金融》，上海远东出版社2009年版，第11页。

② 参见深圳发展银行、中欧国际工商学院"供应链金融"课题组：《供应链金融：新经济下的新金融》，上海远东出版社2009年版，第25页。

**表2-8　供应链金融机关法律规范**

| 序号 | 名　称 | 生效日期 | 颁布机关 |
| --- | --- | --- | --- |
| 1 | 《商业汇票承兑、贴现与再贴现管理暂行办法》 | 1997年5月22日 | 中国人民银行 |
| 2 | 《国内信用证结算办法》 | 2016年10月8日 | 中国人民银行 |
| 3 | 《票据管理实施办法》 | 2011年1月8日 | 中国人民银行、国务院 |
| 4 | 《最高人民法院关于审理票据纠纷案件若干问题的规定》(2020修正) | 2021年1月1日 | 最高人民法院 |
| 5 | 《票据法》 | 2004年8月28日 | 全国人大常委会 |
| 6 | 《中国人民银行关于完善票据业务制度有关问题的通知》 | 2005年9月5日 | 中国人民银行 |
| 7 | 《最高人民法院关于审理信用证纠纷案件若干问题的规定》 | 2006年1月1日 | 最高人民法院 |
| 8 | 《电子商业汇票业务管理办法》 | 2009年10月16日 | 中国人民银行 |
| 9 | 《中国银行业保理业务规范》 | 2016年8月23日 | 银行业协会 |
| 10 | 《商务部关于商业保理试点有关工作的通知》 | 2012年6月27日 | 商务部 |
| 11 | 《商务部办公厅关于做好商业保理行业管理工作的通知》 | 2013年8月15日 | 商务部办公厅 |
| 12 | 《国务院办公厅关于积极推进供应链创新与应用的指导意见》 | 2017年10月5日 | 国务院 |
| 13 | 《上海市商业保理试点暂行管理办法》 | 2014年8月1日 | 上海市人民政府办公厅 |

### (二)供应链融资的特点

供应链融资受到企业与银行青睐的主要原因如下:

**1.企业融资新渠道**

供应链融资为中小企业融资的理念和技术瓶颈提供了解决方案,中小企业信贷市场不再是可望而不可即的。供应链融资开始进入很多大型企业财务执行官的视野。对他们而言,供应链融资作为融资的新渠道,不仅有助于弥补被银行压缩的传统流动资金贷款额度,而且通过上下游企业引入融资便利,能使自己的流动资金需求水平持续下降。

由于产业链竞争加剧及核心企业的强势,赊销在供应链结算中占有相当大的比重。企业通过赊账销售已经成为最广泛的付款条件,赊销导致大量应收账款的存在,一方面让中小企业不得不直面流动性不足的风险,企业资金链明显紧张;另一方面作为企业潜在资金流的应收账款,其信息管理、风险管理和利用问题,对于企业的重要性也日益凸显。在新形势下,盘活企业应收账款成为解决供应链上中小企业融资难题的重要路径。

**2. 银行开源新通路**

供应链融资提供了一个切入和稳定高端企业的新渠道,通过面向供应链系统成员的一揽子解决方案,核心企业与提供服务的银行进行"绑定"。供应链融资吸引国际性银行的主要原因在于:供应链融资比传统业务的利润更丰厚,而且提供了更多强化企业关系的宝贵机会。在金融危机的环境下,上述理由显得更加充分,形成供应链融资的巨大潜在市场。

由于银行更关注整个供应链的贸易风险,对整体贸易往来的评估会将更多中小企业纳入银行的服务范围。即便单个企业达不到银行的某些风险控制标准,但只要这个企业与核心企业之间的业务往来稳定,银行就可以不只针对该企业的财务状况进行独立风险评估,而是对这笔业务进行授信,并促成整个交易的实现。

**3. 资金封闭管理**

供应链金融借一笔,定一单,还一笔,自贷自偿,交易过程的信息流、物流和资金流的相对封闭运行,具有还款来源自偿性,银行可跟踪管理,真正做到资金的封闭管理。相比之下,传统授信业务的还款来源依靠企业的综合收入,不单纯对应单笔交易,借款人的流动资产在形态规模上随着企业经营活动而不断变化,银行难以进行有效监控。

**4. 供应链融资实现多流合一**

供应链融资很好地实现了"物流""商流""资金流""信息流"等多流合一。一般来说,一个特定商品的供应链从原材料采购,到制成中间及最终产品,最后由销售网络把产品送到消费者手中,将供应商、制造商、分销商、零售商,直到最终用户连成一个整体。

(三)供应链融资的几种典型模式

供应链融资具有自偿性商品融资的特点。自偿性指所得销售收入首先用于归还贷款。商品融资指在商品交易中运用结构性短期融资工具,它是一种基于商品

交易中的存货、预付款、应收账款等资产的融资。融资模式主要包括如下几种:①

**1. 经销商、供应商网络融资模式**

这种模式是利用核心企业的信用引入,对核心企业的多个经销商、供应商提供授信的一种金融服务,是供应链金融最典型的融资模式,目前主要运用在汽车、钢铁等供应链管理较为完善的行业。这些行业内核心企业和供应链成员关系紧密,并有相应的准入和退出制度。

该模式的应用必须有一个重要基础,即核心企业必须有供应链管理意识,对银行授信环节予以配合。

**2. 银行物流合作融资模式**

这种模式是银行与第三方物流公司合作,通过物流监管或信用保证为客户提供授信的一种金融服务,主要合作形式包括物流公司提供自有库监管、在途监管和输出监管等,也有物流公司基于货物控制为客户提供担保的情形。

该模式的核心在于借助物流公司的专业能力控制风险,银行可以通过与物流公司的合作发现并切入客户群,拓展业务空间。

**3. 交易所仓单融资模式**

这种模式是利用交易所的交易规则以及交易所中立的动产监管职能,为交易所成员提供动产质押授信的一种金融服务。该模式包括现货仓单质押融资和未来仓单质押融资两种形式。交易所有两类:一是上交所等三大期货交易所,二是一些地方的大型专业交易市场。

该模式的推动力在于交易所和批发市场方具有促进交投的利益驱动,进而关心会员的资金流问题。因此商业银行可以将交易所作为"1",会员作为"N"实施业务开发。

**4. 订单融资封闭授信融资模式**

这种模式是银行利用物流和资金流的封闭操作,采用预付账款融资和应收账款融资的产品组合,为经销商提供授信的一种金融服务。

该种服务实际上突破了"1 + N"的模式,主要是其交易特点为"两头大、中间小",即"1 + N + 1",适用于多个不同产业领域的中间商,如以煤炭企业为上游、钢铁企业为下游的经销商,以办公设备生产企业为上游、政府采购平台为下游的经销商等。

---

① 参见物流金融:《供应链融资五大典型模式》,载搜狐财经,http://www.sohu.com/a/286284986_757185,2019年9月24日最后访问。

**5. 设备制造买方信贷融资模式**

这种模式是根据设备制造生产企业和下游企业签订的买卖合同，由商业银行向下游终端企业或经销商提供授信，用于购买该生产企业设备的一种金融服务。

它与传统先款后货融资模式的区别有以下几点：(1)融资主体不同，先款后货融资模式的融资主体是经销商，设备制造买方信贷融资模式的融资主体是生产企业；(2)担保方式不同，先款后货融资模式的担保方式为动产(存货)质押或抵押，均需引入第三方物流企业监管，设备制造买方信贷融资模式的担保方式为设备(固定资产)抵押，在有关部门登记即可；(3)融资工具不同，先款后货融资模式的基本融资工具为银票(期限较短)，设备制造买方信贷融资模式的基本融资工具为中长期贷款(期限较长)。

## 二、供应链融资业务的具体介绍

供应链金融融资模式下对应着动产质押、权利质押(应收账款质押及仓单质押)、保兑仓、先票款后货、国内保理等具体业务。各项具体业务适用的对象、申请要求、操作流程等并没有明确的法律规定，因此，在实际操作层面各银行也有不同的规定。本部分对各项业务的介绍参考中国银行官方网站的内容。[①]

### (一)货押类融资

在贸易结算业务项下，凭中国银行可接受的货物/权利用于质押来为客户办理贸易融资业务。业务品种包括进口开证/押汇、进口代收押汇、汇出汇款融资、国内信用证开证/买方押汇及汇出汇款(国内贸易)融资。商品种类包括汽车、钢铁、化工产品、农林产品、有色金属、黑色金属、能源共7大类。

**1. 适用客户**

客户的货物周转量大，行情走俏，急需资金支持，但客户除货物以外的其他担保品有限，无法从银行获得足够的授信额度满足其融资需求。

**2. 货押的优势**

货押的方式，对融资企业(核心企业上下游)有如下优势：

➢ 提供了一种新的融资担保形式，降低了融资门槛，拓宽了融资渠道。

➢ 盘活了企业的存货资产，降低了因增加存货带来的资金周转压力。

➢ 融资品种多样，操作简便灵活。

---

① 参见中国银行：《供应链金融》，载中国银行官网，http://www.bankofchina.com/cbservice/cb3/cb32/，2019年9月24日最后访问。

动产质押的方式,对核心企业有如下优势:

➢ 稳定与上下游的购、销关系,强化对上下游企业的控制力度,提升供应链的整体竞争力。

➢ 扩大产销量及企业群体,提升行业竞争力和品牌地位。

➢ 减少直接融资,节约财务成本,优化财务数据。

**3. 申请条件**

符合货押适用对象的企业,在进行申请时需要符合如下前提条件:

➢ 客户基本条件。

■ 经市场监督管理部门核准登记,具有经年检的法人营业执照或其他足以证明其经营合法性和经营范围的有关文件、经过年审的有效贷款卡、开户许可证,申请办理进口开证/押汇、进口代收押汇、汇出汇款融资业务的客户还应具有进出口经营资格;

■ 对拟质押货物的经营年限应在2年以上,有稳定的购销渠道,在当地行业内的经营业绩处于中上游水平,有较强的抗风险能力;

■ 达到中国银行相关准入标准,在人民银行征信系统中无金融机构不良授信记录和恶意逃废债行为,在外汇管理局、海关、税务等其他机关无违规记录;

■ 在中国银行开立销售回款账户。

➢ 基础交易须具有真实贸易背景。

➢ 货押质权可以合法、有效地设定,中国银行能够取得该质权。

➢ 融资款项通过中国银行用于货款支付。

➢ 融资期限不超过180天。

**4. 办理流程**

➢ 中国银行与客户及仓储监管单位签署《动产质押监管协议》,并与客户签订《质押合同(融货达业务专用)》。

➢ 客户向中国银行提交基础贸易材料以及相关业务申请书,中国银行落实货物/权利质押手续后,为客户核定质押担保额,同时根据该质押担保额占用对客户的融货达业务授信额度,并为客户办理开证/融资业务。

➢ 融资到期,客户正常还款,中国银行向客户释放货物,业务终了。

(二)应收账款类融资

此类融资系中国银行以真实交易产生的应收账款的转让或质押为基础,为企业提供的融资和结算服务。本部分选取国内商业发票贴现和融信达两种典型融资产品进行介绍。

**1. 国内商业发票贴现**

国内商业发票贴现业务，是指卖方将其与买方订立的货物销售、服务或工程合同项下产生的应收账款转让给中国银行，由中国银行为卖方提供贸易融资、应收账款催收、销售分户账管理等服务。

(1)产品特点

➢ 融资便利，加快卖方资金周转速度。

➢ 中国银行对卖方的融资有追索权。

(2)申请条件

申请以国内商业发票贴现的方式进行融资的申请条件如下：

➢ 卖方具备相应的业务资格或资质，履约能力强，具有较强的市场竞争力。

➢ 卖方上下游客户关系稳定，经营情况和交易信息真实透明。

➢ 卖方资信情况良好，符合中国银行的准入标准。

(3)业务流程

➢ 中国银行与卖方签订《国内商业发票贴现协议》。

➢ 卖方发货出单，并向中国银行提交贴现申请书，将相关应收账款转让给中国银行。

➢ 中国银行在单据及贸易真实性审查后，为卖方发放融资。

➢ 应收账款到期后，买方按照中国银行指定路径付款，中国银行扣除融资本息及相关费用后，将余额(如有)支付卖方。

➢ 融资到期(含宽限期)后如买方还未付款，中国银行向卖方追索融资本息及相关费用。

**2. 融信达**

融信达系中国银行对卖方已向经中国银行认可的信用保险机构投保信用保险的应收账款，凭相关商业单据、投保信用保险的有关凭证、赔款转让协议等为卖方提供的贸易融资业务。

(1)产品特点

➢ 加快资金周转、改善现金流量；规避买方信用风险(出口融信达项下还可规避进口国政治风险)。

➢ 无追索权融信达业务可优化卖方的财务报表。

(2)申请条件

➢ 卖方具备较强的履约能力,历史履约记录良好。

➢ 申请办理融信达业务的商品/服务为卖方的主营业务。

➢ 卖方经营和财务状况良好,达到中国银行的准入标准。

(3)业务流程

➢ 卖方就拟申请融资的业务向经中国银行认可的信用保险机构投保信用保险,信用保险机构向卖方出具保险单。

➢ 卖方按照保单条款或与其他缴纳保费协议的相关规定,在规定时限内及时申报并缴纳保费。

➢ 卖方向中国银行提交融资申请书、业务相关单据及构成完整信用保险单的相关单据,将应收账款转让给中国银行。

➢ 卖方与中国银行和信用保险公司就赔款权益转让中国银行事宜签订相关协议。

➢ 中国银行经审核同意办理,并在确定融资比例后将融资款项划入卖方账户,并将有关单据寄往国外银行或付款人进行索汇。

➢ 国外银行或付款人到期后按照中国银行指定路径付款,相关款项偿还中国银行融资本息及相关费用,余款(如有)支付给卖方。

**3. 保理**

保理,是指卖方将其与买方(债务人)订立的货物销售、服务或工程合同项下产生的应收账款转让给中国银行,由卖方保理商和买方保理商共同为卖方提供贸易融资、销售分户账户管理,应收账款的催收与坏账担保服务。卖/买方所在地的中国银行将承担卖/买方保理商的角色。

(1)申请保理融资的条件

➢ 卖方具备相应的业务资格或资质,履约能力强,具有较强的市场竞争力。

➢ 卖方上下游客户关系稳定,经营情况和交易信息真实透明。

➢ 卖方资信情况良好,符合中国银行的准入标准。

➢ 买方具有较强的付款能力和付款意愿,符合中国银行的准入标准。

(2)保理流程

➢ 卖方向卖方保理商提交《国内保理业务申请书》,卖方保理商据此联系买方保理商对买方进行信用评估。

➢ 买方保理商核准买方的信用额度,卖方保理商与卖方签订《国内综合保理协议》。

➢ 卖方发货出单，将相应的应收账款转让给卖方保理商，并进而转让给买方保理商。

➢ 如买方于发票到期日向买方保理商付款，买方保理商则将款项付至卖方保理商；如在发票到期日前未收到争议通知且到期日后60天内未收到买方的付款，买方保理商做核准付款。

➢ 卖方保理商扣除融资本息（如有）及费用，将余额支付给卖方。

**4. 其他**

供应链融资除了上述货押类融资、应收账款类融资、保理业务等典型的融资方式外，还有国内买方信贷、融资租赁保理、保兑仓，以及其他创新型的融资方式，将动产质押与票据结合，或者将权利质押与票据结合，等等。①

（1）国内买方信贷

国内买方信贷业务，是指邮储银行通过与借款人（买方）、核心企业（卖方）签订合作协议，以分期还款等形式发放，用于满足借款人向卖方（或卖方指定的经销商、代理商）采购生产设备、运输工具及其他经营所需的固定资产的融资业务。其产品优势为可以协助买方解决固定资产购置资金不足的问题，可采用分期还款方式降低短期还款压力。卖方可以通过协助买方融资扩大自身的销售规模，扩大市场份额，从而有助于卖方提前回收资金，降低坏账风险。

（2）融资租赁保理

融资租赁保理，是指租赁公司向承租人提供融资租赁服务，并将融资租赁服务产生的未到期应收租金转让给邮储银行，邮储银行为租赁公司提供应收账款账户管理、保理融资、应收账款催收和承担应收账款坏账风险等一系列综合性金融服务。其产品特色为盘活固定资产，获得长期资金，优化财务报表，加快资金回笼。

（3）保兑仓

保兑仓，是指以银行信用为载体，以银行承兑汇票为结算工具，由银行控制货权，卖方（或仓储方）受托保管货物并对承兑汇票保证金以外金额部分由卖方以货物回购作为担保措施，由银行向生产商（卖方）及其经销商（买方）提供的以银行承兑汇票为结算工具的一种金融服务。

保兑仓对卖方而言，可批量销售，增加经营利润，减少银行融资，降低资金成本，

① 参见中国邮政：《供应链金融》，载中国邮政官网，http://www.psbc.com/cn/CorporateBanking/maoyijinrong/904.html，2019年9月24日最后访问。

保障收款,提高资金使用效率;对买方而言,也可提供融资便利,解决全额购货的资金,降低成本。

## 三、供应链金融风险及其应对

### (一)供应链金融的主要风险因素

由于供应链融资模式的特殊性,其风险也具有自身的特点。一般来说,供应链融资的风险通常源于以下这些因素。①

**1. 信用风险**

客户的业务能力、业务量及商品来源的合法性,对物流企业来说都是潜在的风险,如客户的商品来源是走私商品,则该商品存在被罚没的风险;客户对商品不具有完全的取得资格,则该商品存在非法性。这些都会给物流企业带来不可估量的风险。再如,客户资信不佳,在今后的操作中可能存在种种不良行为,如在滚动提取货物时提好补坏,则物流企业有坏货风险;客户将商品以次充好,则物流企业存在商品质量风险。此外,还要考察客户企业的资产负债率,如果客户企业的资产负债率太高,客户企业存在破产的可能。

**2. 市场风险**

市场价格的波动和金融汇率的变化,会造成质押物在某段时间的价格随时发生变化,从而造成质押物变现能力的改变,并不是所有的商品都适合作仓单质押,那些应用不广泛、不易于处置、易变质、价格波动大的商品作质押品会存在较大的风险。例如商品在质押期间,市场价格大幅下降,可能会出现贷款额高于质押物价值的现象,使贷款企业产生赖债的动机。因此在开展仓单业务时,物流企业一定要对货主企业的质押商品究竟适不适合质押作出判断。

**3. 法律风险**

货物的所有权在各主体之间进行流动,很可能产生所有权纠纷。仓单操作程序完备与否也会引起法律风险。根据我国《民法典》第 910 条的规定,仓单是提取仓储物的凭证。仓单转移,仓储物的所有权也随之转移。所以,仓单操作程序完备与否将影响到银行、借款人和物流企业三方当事人的权利与义务,可能引起质押物所有权的法律纠纷。这主要表现在两个方面:一是仓单方面。仓单是质押贷款和提货的凭证,是有价证券,也是物权证券。但目前仓库所开的仓单还不够规范,如有的

---

① 参见物流金融:《供应链金融存在的风险》,载搜狐财经,http://www.sohu.com/a/258303688_757185,2019 年 9 月 24 日最后访问。

仓库甚至以入库单作为质押凭证,以提货单作为提货凭证。二是程序方面。物流企业工作人员在对仓单操作时没有执行严格的程序,也将导致质押物所有权的法律纠纷,给物流企业带来风险。

**4. 操作风险**

商品监管方面。由于仓库同银行之间的信息不对称、信息失真或信息滞后都会导致任何一方决策的失误,造成质押商品的监管风险。目前,多数物流企业管理粗放、设备陈旧、信息化程度低,造成监管脱节。另外,在异地仓库质押监管中,由于用于质押监管的仓库有可能是第三方仓库或是客户自己的仓库,所以给物流企业质押监管带来了更大的风险,如同一商品重复质押的风险、质押商品被非法挪用的风险等。

内部操作和管理风险方面。目前我国的物流业正处在从传统物流向现代物流发展的过程中,许多物流企业的信息化程度很低,还停留在人工作业的阶段,这无形中增加了内部人员作案和操作失误的机会,形成管理和操作风险。如某些内部工作人员与货主企业合谋,伪造仓单,允许货主企业私自提货等现象,将严重损害银行和物流企业的利益。

(二)虚假仓单质押骗贷案

在普通仓单质押贷款中,银行需要与仓储企业和借款企业签订"三方合作协议",并与仓储企业签订"协助保证书"来规范各方行为。对于押品的风险把控,银行在贷款审核前要对仓储货物进行实地考察,并在贷款期间不定期地核对抵押品。

2014 年 6 月 27 日至 2014 年 9 月 2 日,陈某利用其实际控制的青岛盛世宏业国际贸易有限公司和青岛盛锦亨通国际贸易有限公司,多次用假仓单质押给青岛农商行黄岛支行,分别从该行骗取质押贷款共计 514.8 万美元、400 万美元。贷款到期后青岛农商行多次进行催收,两家企业却未能按照约定偿还贷款。

2017 年 2 月 8 日,陈某到青岛市公安局青岛经济技术开发区分局投案,并如实供述了犯罪事实。截至案发,青岛盛世宏业国际贸易有限公司和青岛盛锦亨通国际贸易有限公司分别逾期未还 464.04 万美元、331.11 万美元,折合人民币共计 4895.52 万元。

法院认为,两家公司采用虚构事实、隐瞒真相的方法诈骗银行贷款,给银行造成特别重大损失,其行为构成骗取贷款罪。陈某作为公司直接负责的主管人员和直接责任人员,应同时承担刑事责任。

在一审判决中,青岛盛世宏业国际贸易有限公司和青岛亨通国际贸易有限公司犯骗取贷款罪,分别判处罚金人民币400万元和300万元,并责令两家企业退赔青岛农商行人民币2857.89万元和2037.62万元。陈某作为企业实际控制人被判有期徒刑3年6个月,判处罚金人民币50万元。

(三)供应链融资业务的风险控制

**1.信用风险方面**

信用的建立与整合。客户资信风险、仓单风险、商品的监管风险都与信用有联系。所以,在开展供应链金融业务时就需要物流企业建立和整合这些信用。物流企业是联结客户与银行的服务平台,在仓单质押业务关系中,物流企业、银行和客户之间存在着委托代理关系,而物流企业是两种委托代理关系的联结点:一是作为银行的代理人,监管客户在仓库中的商品;二是作为客户的代理人管理仓库中的商品。它不仅要建立信用,还要具备信用的整合功能:物流企业要与客户、银行建立起信用关系;客户能放心把商品存放在仓库中,这是最基本的信用;银行质押贷款业务的开展则是建立在仓单的真实有效性和对仓库监管的信任之上。仓库可以利用双方都信任的关系开展仓单质押业务,完成信用的整合。

加强对客户的信用管理。通过建立客户资信调查核实制度、客户资信档案制度、客户信用动态分级制度、财务管理制度等一系列制度,对客户进行全方位信用管理。首先,应调查客户偿还债务的历史状况;其次,分析客户在以往的履约中所表现的履约能力;最后,应调查客户履约是出于自愿,还是被采取法律诉讼或其他行动的结果。凡有不良信用记录的,应杜绝与其合作。同时充分发挥与银行的合作关系在风险管理中的作用。物流企业应借鉴银行对信用评估和风险控制的方法,利用自己掌握客户及质押物第一手资料的优势,在双方信息共享的情况下,与银行联系开展融资项目的信用和风险评估。在业务开展过程中,形成互动的监管和控制机制。这样既能更加有效地控制风险,又能加强与银行的信用关系。

**2.市场风险方面**

在开展仓单质押业务时,货主企业希望质押商品的品种、数量和标准化程度不受限制,而且不同品种之间具有可替代性,即只要总价值能满足银行的要求即可。但是,目前仓单质押作为一项动产质押,银行要求该动产应能在一定时间内保值且易于处理,而物流企业出于自身保管的需要,要求商品易于保管、不易变质。所以,在从事仓单质押业务过程中,应严格控制质押品的品种。目前能用于仓单质押的商品多局限于适应广泛、易于处置、价格波幅较小且不易变质的商品,比如黑色金属、有色金属、大豆等。

为正确选择质押商品,要求物流企业应建立灵活快速的市场商品信息收集和反馈体系。这样有利于物流企业把握市场行情的脉搏,掌握商品的市场价值和销售情况变化规律,及时获得真实的资料,以利于质押货物的正确评估和选择,避免在信息不对称的情况下对质押物的评估失真。随着仓单质押业务的不断开展、管理经验的不断积累和技术手段的进一步提高,可用于仓单质押的商品的种类会不断增加。

**3. 法律风险方面**

为避免法律漏洞对仓单质押业务的开展造成影响,物流企业应仔细研究涉及仓单质押的各部法律,将法律未明之处写入质押合同,以协议的形式对各方权责作出规定,避免法律风险的出现。

另外,要对仓单进行规范和科学的管理。根据《民法典》的规定,仓单可以作为权利凭证进行质押,以仓单质押的应该在合同约定的期限内将权利凭证交给质权人,质押合同自凭证交付之日起生效。因此,仓单是仓单质押业务的重要法律依据和凭证,应对其进行规范和科学的管理。

《民法典》第909条规定:"保管人应当在仓单上签名或者盖章。仓单包括下列事项:(一)存货人的姓名或者名称和住所;(二)仓储物的品种、数量、质量、包装及其件数和标记;(三)仓储物的损耗标准;(四)储存场所;(五)储存期限;(六)仓储费;(七)仓储物已经办理保险的,其保险金额、期间以及保险人的名称;(八)填发人、填发地和填发日期。"但目前我国使用的仓单还是由各家仓库自己设计的,形式很不统一,因此,要对仓单进行规范化,使用固定的格式,按规定的方式印刷,同时应派专人对仓单进行管理,保证仓单的真实性、唯一性和有效性。

对仓单进行科学的管理,需要制定严密的仓单操作规程:对仓单提货、换单及解除质押的仓单认真审核;以文件的形式规定质押仓单签发、确认程序;仓单管理员在与银行联系确认后方可办理提货出库,并严格遵守发货下限;对于同一仓单项下的货物在不同时间提取的情况,依据货主和银行共同签署的"专用仓单分提单"释放,同时按照仓单编号、日期、金额等要素登记明细台账,每释放一笔,在相应仓单下作销账记录,直至销售完成为止。

**4. 操作风险方面**

仓库作为银行和客户双方信任的第三方,在商品的监管和处置环节扮演着特殊的角色,负有特殊的责任。所以,在开展仓单质押业务时,应尽量使各项手续完备,严格按合同行使权利。

在商品监管环节,首先,要和客户企业签订“仓储协议”明确商品的入库验收和养护要求,并开具明确表明商品已属抵押给银行的专用仓单,并向指定的保险公司申请办理仓储物的保险。其次,要与银行签订“不可撤销的协助银行行使质押权保证书”承诺银行:保证仓单与商品存储情况相符,手续完备;质押期间无银行同意不得向借款人或任意第三人发货;不以存货方未付有关保管费为由阻挠、干涉、妨碍银行行使质押权等;客户提货要在银行的监管下采取仓单提货。

在商品处置环节,物流企业应本着为银行服务、为货主企业服务的双重观念,严格按照事先签订的协议内容处置质押品。物流企业要能够尽职尽责地做好工作,降低银行的风险,也尽可能降低货主企业的质押成本,做到三方共赢。

当物流企业从传统的仓储物流服务向现代的物流金融服务延伸和拓展时,信息化管理就成了物流企业开展物流金融服务的必要条件和保障。仓储信息化的过程中会不断地优化管理和业务过程。物流企业开展物流金融服务,使其与客户的关系多向化,服务的内容多样化,服务的地域扩大化。物流企业要收集和处理的信息也大量增加,这些信息既隐藏着商机,也存在着危机和风险,既关系到服务效率和质量的保障与提高,也关系到经营风险的防范与控制。

企业的信息化,首先是企业信息系统的建立和信息技术的应用,其次是信息的收集和处理,最后是信息的管理和反馈。对物流企业来说,信息化分为两个部分:一是其内部管理流程的信息化,二是和其合作伙伴、客户以及监管机构协同作业的信息化。内部的信息化能协调各个部门和环节的工作,优化操作流程的系统,提高工作效率,防范和减少内部操作的失误。而与银行、客户等合作伙伴的协同作业信息化,能使物流企业高效地同他们进行信息的沟通与共享,减少信息不对称所产生的风险,方便银行对业务的监管和客户对服务过程的跟踪,为客户提供更完善、更高效的物流及其增值服务。

## 第五节　类金融机构融资

清华大学金融学院研究生导师、中信资产管理有限公司董事长兼总经理刘志强博士认为,类金融机构是指那些提供融资服务,但无金融牌照的企业。其曾在公开场合指出:部分学者将中国的多数类金融机构归为“影子银行”是不恰当的。欧美国家所说的“影子银行”主要包括投资银行、对冲基金、货币市场基金、债券、保险公司、结构性投资工具等非银行金融机构，中国金融市场尚未发展到使用这些金融衍生产品的阶段。① 类金融机构主要包括小额贷款、融资租赁、财务公司、担保公司、典当等形式。类金融企业近年来在经济发展特别是带动服务业转型升级、畅通企业融资渠道等方面发挥着越来越重要的作用。②

其中，典当作为中国传统的金融行业，被率先引入中信资产管理，成为这家公司的第一个类金融业务板块。融资租赁，作为另一个重要的融资渠道，也被打造为中信资产管理的类金融主力板块。无论是典当还是融资租赁，抑或是其他形态的类金融机构或类金融业务，均为中小企业开辟了更多的融资渠道，有力促进了实体经济的发展。以融资租赁为例，这种运营模式的特点是通过"融物"进行融资，以直接融资租赁、售后回租、销售式租赁等10余种经营形式参与到实体经济的发展当中，涉及医药、化工、节能环保等多个行业，为企业，尤其是中小企业解决了融资难融资贵的现实问题。据称，中国融资租赁业在经济领域的深化度仅有4%左右，发达国家的深化度则达到了30%～40%，所以中国融资租赁业未来的发展空间十分广阔，服务中小企业的潜力十分巨大。

然而，通过类金融机构进行融资仍然具有风险。这既有企业内部的原因，包括内部机构治理、企业文化等，也有外部客观因素，如国际市场风险的扩散、某个行业产能过剩等风险。因此，企业除了要对风险的管控高度重视外，还要有前瞻性，国家也应不断完善配套的法律制度。

本节将重点围绕典当融资进行介绍，同时对融资租赁及小额贷款公司进行对比介绍。

## 一、典当

典当，作为一种特殊的融资方式和金融业与流通业中的一种边缘业种和业态，在社会经济发展过程中发挥着重要的作用。据称，古巴比伦（公元前1894～前729年）时期，许多商人为做生意，曾经以粮食、金银和珠宝等典当借贷。在我国，典当也由来已久。全国典当行业监督管理信息系统显示，截至2018年2月底，全国共有典当企业8532家，分支机构950家，注册资本1731.3亿元，从业人员4.5万人。企

---

① 参见解传姣：《刘志强：类金融行业在融资市场作用不可小觑》，载中国日报网，http://www.chinadaily.com.cn/hqcj/2013-12/04/content_17151753.htm，2019年9月24日最后访问。

② 参见李韶文：《类金融企业成现代服务业生力军》，载中国财经网，http://finance.china.com.cn/roll/20141125/2811156.shtml，2019年9月24日最后访问。

业资产总额1641.2亿元,同比增加0.6%;负债合计115.8亿元,同比增加4.9%;所有者权益合计1525.4亿元,资产负债率7.1%。[①] 可见,典当在当下对中小微企业融资仍扮演着相对重要的角色。

因此,本部分将主要对典当融资进行较为详细的介绍,包括典当融资的"前世今生"、发展现状、主要特征、典当对象的条件、典当流程及典当可能存在的风险等。

## (一)典当融资概述

典当,根据《典当管理办法》之规定,是指当户将其动产、财产权利作为当物质押或者将其房地产作为当物抵押给典当行,交付一定比例的费用,取得当金,并在约定期限内支付当金利息、偿还当金、赎回当物的行为。此处的典当行,是指依照法律规定设立的专门从事典当活动的企业法人,其组织形式与组织机构适用《公司法》的有关规定。

### 1.典当的历史渊源

典当在中国可谓历史悠久。综合史料来看,中国典当业的历史发展,大致可划分为三个主要阶段,即唐宋两朝至明代中期,明代中叶至清代前期,清末民初至新中国建立。每个阶段各有其时代的鲜明特点。

民国初年至国民党退出中国大陆这一时期,尽管中国的典当业不如明清两代兴旺,但典当法规却是中国典当史上最为发达的。无论是在法规的性质、数量上,还是在法规的级别、层次、内容上,都远远超过了任何一个时代。首先是地方性典当法规的相继出台。民国初期,各省关于典当的专门法规纷纷亮相,涉及的内容方方面面,对中国各地典当行业的发展起到了十分重要的推动作用。

据统计,当时各省几乎都有典当法规,有些省还不止一部,另外一些省会城市或中等城市也有自己的典当法规。其中较著名的典当专项法规是1913年《江苏省典当修正木榜规条》(共15条),并于1927年重新修正颁布为《当典营业新则》(扩充为18条)。其他法规有:1915年《陕西省征收当税章程》、1915年《河南当税章程》、1929年《安徽省押店营业规则》、1930年《北平市当商营业暂行规则》、1930年《修正上海市典当营业规则》、1931年《浙江省典当营业暂行规则》、1932年《天津市华界当商减息办法》,等等。

① 参见商务部流通业发展司:《2018年1~2月全国典当行业运行情况》,载中华人民共和国商务部流通业发展司官网,http://ltfzs.mofcom.gov.cn/article/ckts/cksm/201803/20180302719751.shtml,2019年9月24日最后访问。

**2. 典当的发展现状**

自中华人民共和国成立至今，与典当相关的法律规范已不多，主要包括商务部与公安部联合发布的于2005年4月1日生效的《典当管理办法》、商务部出台的于2012年12月5日生效的《典当行业监管规定》、商务部出台的于2015年1月7日生效的《商务部办公厅关于进一步引导和支持典当行做好中小微企业融资服务的通知》、中国人民银行与中国银监会联合出台的于2008年4月24日生效的《中国人民银行、中国银行业监督管理委员会关于村镇银行、贷款公司、农村资金互助社、小额贷款公司有关政策的通知》等。

至于典当实务，以上海为例，根据上海典当行业协会官网，①截至2018年12月底，上海市全市典当企业为242家（新设典当企业1家），分支机构63家，共计305家典当经营网点。全市注册资金（按242家企业计算）为64.13亿元，比2017年增长2.46%。

企业分布结构情况如表2－9所示。

**表2－9　典当企业分布情况**

| 注册资本金分类 | 企业数（家） | 所占比重（%） |
|---|---|---|
| 1000万元以下（不含1000万元） | 9 | 3.72 |
| 1000万～2000万元以下（不含2000万元） | 98 | 40.5 |
| 2000万～5000万元以下（不含5000万元） | 108 | 44.62 |
| 5000万～1亿元（不含1亿元） | 18 | 7.44 |
| 1亿～2亿元（不含2亿） | 7 | 2.89 |
| 2亿元以上 | 2 | 0.83 |
| 合计 | 242 | 100 |

按242家上报经营数据的典当企业计算，2018年完成典当总额373.27亿元，同比下降2.33%；典当业务笔数总计219,338笔，同比下降7.53%；收入7.57亿元，同比上升4.68%；应交税金达0.71亿元，同比大幅下降31.82%。

2018年平均每笔典当业务17.02万元；平均每月31.11亿元；年末典当余额约为66.23亿元；资金年周转次数5.64次；息费率1.74%；全市典当企业年平均经营

① 参见上海典当业协会：《上海典当行业2018年统计分析报告》，载上海典当业协会官网，http://www.pawnsh.com/info－1821.html，2019年9月24日最后访问。

规模约为1.54亿元。

**3. 典当的主要特征**

融资者向典当行申请融资,其本质属于民间借贷,是通过将当物设定质押或抵押作为债务的担保。此时,融资者被称为当户,当户持有的当票是典当行与其之间的借贷契约,是典当行向当户支付当金的付款凭证。当票上一般载有以下内容:典当行机构名称及住所;当户姓名(名称)、住所(址)、有效证件(照)及号码;当物名称、数量、质量、状况;估价金额、当金数额;利率、综合费率;典当日期、典当期、续当期;当户须知。根据《典当管理办法》的规定,典当行和当户不得将当票转让、出借或者质押给第三人。因此,虽然同为债权,但是典当产生的债权债务不得向第三人转让。除此之外,典当还具有短期性、高利性、不等价性等特征,具体如下:

(1)短期性

这是典当区别于其他金融借贷行为的特点,即典当时间方面的业务性特点。它表现为典当机构向当户发放当金的期限往往较短,通常大大短于银行等金融机构的贷款期限。根据《典当管理办法》的规定,典当期限由双方约定,最长不得超过6个月。

(2)高利性

这也是典当区别于其他金融借贷行为的特点,即典当收益方面的业务性特点。它表现为典当机构向当户发放当金的费率往往较高,通常大大高于银行等金融机构的贷款利率。根据《典当管理办法》的规定,典当当金利率按中国人民银行公布的银行机构6个月期法定贷款利率及典当期限折算后执行。此外,还有典当的月综合费,根据《典当管理办法》的规定,动产质押典当的月综合费率不得超过当金的42‰、房地产抵押典当的月综合费率不得超过当金的27‰、财产权利质押典当的月综合费率不得超过当金的24‰。而且,当期不足5日的,按5日收取有关费用。

(3)不等价性

这是典当最有争议和最遭人非议的特点,即典当另一个重要的行业性特点。它表现为典当机构在向当户发放当金时,通常都要按照一定的折当比率确定当价,即使当金的实际数额低于当物的实际价值。而且,物的不同,也会导致当金相差较大。其中,尤其是奢侈品,如名表、名包等,往往都只能获取当金的三折;即使是绝当,比例也不超过三折。

## (二)典当融资的条件

通过向典当行申请融资,个人及中小微企业均可申请,而且不需要满足特定的申请条件,融资方仅需提供相应的当物、身份证明文件等即可。而且,与银行对借款人的资信条件近乎苛刻的要求相比,典当行对客户的信用要求几乎为零,典当行只注重典当物品是否货真价实。而且一般商业银行只做不动产抵押,而典当行则可以动产质押与不动产抵押两者兼为。此外,融得资金之后,典当行不问贷款的用途。

(三)典当融资的流程

通过将特定物典当给典当行进行融资,根据当物的不同具体融资流程也有所差异。按照当物不同担保的方式可将其分为两类,分别是房地产典当(抵押)、财产权利典当(质押)。

**1. 房地产典当融资流程介绍**

(1)查验房地产产权证

由业务人员初审客户提供的用于办理地产抵押典当业务的基本资料(当户的合法有效证件及当物所有权证明),审核资料的完整性、真实性、合法性,并将客户资料记入《客户业务接待登记簿》。对基本资料不完整的客户协助其准备齐全。

(2)实地勘察

对基本资料完整的客户,业务人员应及时到房屋所在地察看房屋新旧、朝向、房型等,并与房屋所有权证、国有土地使用权证上的记载内容进行核对,核实屋主及居住地的真实性。

(3)估价

经查验、勘察符合条件的,根据房屋的新旧程度、区域地段、同类市价等综合因素由典当公司进行估价,或者由典当公司委托的专业的、符合法律资格的房地产估价事务所估价,以确定房屋的现行价值。

(4)确定当金及综合费率

将客户资料、房地产估价报告书提交董事会,由董事会根据典当公司的经营状况、风险等因素确定该笔业务的可操作性,对可操作的业务确定折当率、利率、费率标准。

(5)签订房地产典当合同

业务人员根据董事会决议的折当率、利率、费率标准等条款,与客户签订主合同(借款合同或当票)和抵押合同。

(6)办理登记及公证

抵押房屋,要到房地产登记部门办理他项权利登记,取得他项权利证书。同时,典当合同及委托授权需办理公证。

①现房抵押登记需提交的资料。

——房地产权证(或房屋所有权证、土地使用权证);

——房地产估价报告书;

——划拨用地、集体土地及村民所有的房地产需提交优先向政府补交地价款保证书、市政府及国土资源局批准抵押的文件(属村集体土地的房地产须提交村委会同意抵押的证明);

——抵押人为合资企业、有限责任公司、股份公司的,须提交董事会或股东大会同意抵押的证明;

——抵押人为国有或国有控股、集体企业的,须提交其上级主管部门同意抵押的证明;

——房改房、经济适用住房须提交市房委会的核准文件;

——抵押各方当事人的身份证明或法人证明:

第一,个人:身份证、军(警)官证;

第二,企业:营业执照副本及法定代表人身份证复印件,境外企业营业执照需要经认证或公证;

第三,行政事业单位:法定代表人身份证复印件;

②在建工程抵押登记需提交的资料。

——房地产权证(或土地使用权证);

——建设用地批准书、建设用地规划许可证、建设工程规划许可证、用地红线图、缴清地价款凭证(计收地价单位证明);

——房地产估价报告书;

——在建工程已完工部分的抵押房地产楼层平面图;

——划拨用地、集体土地的提交优先向政府补交地价款的保证书,村集体土地的房地产须提交村委会同意抵押的证明;

——市政府或国土资源局批准抵押的文件;

——抵押人为合资企业、有限责任公司、股份公司的,须提交董事会或股东大会同意抵押的证明;

——抵押人为国有或国有控股、集体企业的,须提交其上级主管部门同意抵押的证明;

——抵押各方当事人的身份证明或法人证明:

第一,个人:身份证、军(警)官证;

第二，企业：营业执照副本及法定代表人身份证复印件，境外企业营业执照需要经认证或公证；

第三，行政事业单位：法定代表人身份证复印件；

③空地抵押登记需提交的资料。

——房地产权证（或土地使用权证）；

——建设用地批准书、建设用地规划许可证、建设工程规划许可证、用地红线图、缴清地价款凭证（计收地价单位证明）；

——属划拨用地的，双方须提交优先向政府补交地价款的保证书，房地产估价报告书；

——市政府或国土资源局批准抵押的文件；

——抵押人为合资企业、有限责任公司、股份公司的，须提交董事会或股东大会同意抵押的证明；

——抵押人为国有或国有控股、集体企业的，须提交其上级主管部门同意抵押的证明；

——抵押各方当事人的身份证明或法人证明：

第一，属个人的，提交身份证复印件（核原件）；

第二，属企业的，提交营业执照副本及法定代表人身份证复印件（核原件），境外企业营业执照须经认证或公证；

第三，属行政事业单位的，提交法定代表人身份证复印件；

——收存证件，发放当金。

（7）封包与支付当金

①房地产登记部门发放的他项权证及相关资料由典当公司业务部保存。

②业务人员将当票与当物资料核对后，将当物资料装入客户资料袋。

③封包时，与当户当面进行清点，包装，封存，封口处由当户签字。

④封包后，保管人员须在当票上签字，同时在封包上应贴牢当据编号。

⑤封包入库前，保管员应根据当票“保管联”在“库存当品登记簿”上登记入库；同时按照公安部门治安管理的规定，在典当业务登记簿上对当户姓名、单位、居民身份证号码及当物名称、数量、规格、当据编号逐等项登记。

⑥典当公司拿到他项权证后，根据当票实付金额向当户支付当金。

（8）赎当注销登记

①到期客户持当票和本人身份证办理赎当；

②业务人员应审核赎取人的身份证明及所持当票的真伪;

③出纳员收取本金利息,确认结清后,开具一式三联“收款单”;

④保管员见出纳人员出具的“收款单”保管联后,按当票编号入库取物,并对当物出库登记销号,当物与当票核对无误后交当户当面拆封,清点核收;

⑤双方向房地产抵押登记部门注销他项权利登记,并领回原证交还当户本人。

(9)续当

①当户由于资金等原因到期不能赎当的,可以续当。

②当户续当须持居民身份证和原当票于典当到期前或期满后5日内办理。

③办理续当时,业务员应审核原当票及当户身份证,填写续当凭证,续期不得超过原当票期限。

④保管员应根据续当凭证“保管联”对续期当物在“库存当品登记簿”上予以登记。

⑤出纳员复核续当凭证后,与客户结清前期当金利息和本期综合费用。

(10)绝当

典当期限届满5日内,当户既不赎当也不续当的行为,称为“绝当”。

①对大宗当物或折当率较低的当物,当期届满,先要发函或电话通知当户。

②保管员每月应根据“库存当品登记簿”清理逾期当物,列出绝当物清单。

③保管员根据审批意见,填写出库单,将绝当物出库,并在“库存当品登记簿”上登记销号,同时应建立“绝当品专用台账”,用以逐一记载绝当品的增加或减少。

④绝当物估价金额在3万元以上的,可以按《民法典》有关规定处理,也可以按双方事先约定绝当后由典当公司委托的拍卖行公开拍卖;拍卖收入在扣除拍卖费用及当金本息后,剩余部分退还当户,不足部分向当户追索。

⑤绝当物估价金额不足3万元的,典当公司可以自行变卖或者折价处理。

⑥国家限制流通的绝当物,应当根据有关法律法规,报有关管理部门批准后处理或交售指定单位。

**2. 财产权利典当流程**

财产权利主要是指某种权利,同时具有财产的属性,主要包括证券、提单、商标等。财产权利典当操作程序可按以下十个步骤进行:当户申请→受理、调查→估价→确定当金及息费率→内部审批→签订相关合同→办理质押手续→开票发放当金→贷后检查与管理→还款、解除担保。

(1)当户提出申请

由借款企业或自然人向典当行提出以其所拥有的财产权利作质押申请典当借

款，向典当行说明借款用途及还款来源，并按照典当行的要求提供相应的初步资料，包括拟进行质押的财产权利凭证。

（2）典当行受理并进行贷款调查

①当户基本情况调查。

典当行受理财产权利典当业务后，对自然人当户，首先要调查当户的身份情况，其次要调查当户的资质信誉、家庭情况、经济收入以及当户名下的财产状况，最后要对当户的借款用途及还款来源进行调查和核实。对企业当户，首先要调查当户的主体资格，其次要调查当户的经营情况、偿债能力及负债情况，最后要对当户的借款用途及还款来源进行调查和核实。

②查验拟质押的财产权利的真实性及有效性

当户典当财产权利应向典当行提供财产权利凭证及权属证明。对于财产权利凭证，典当行要审查其真实性及记载事项的有效性。

第一，对于汇票、本票、支票，要向票据的出票行申请查验票据的真实性及票据上记载事项的有效性；

第二，对于债券、存款单，要向债券发行单位或有关银行核实其真实性及记载事项的有效性；

第三，对仓单、提单，要向仓单签发人或提单的签发人或货物的承运人核实其真实性及记载事项的有效性；

第四，对于可以转让的基金份额、股权，要向登记部门（证券登记结算机构、工商部门）核实其真实性；

第五，对于可以转让的注册商标专用权、专利权、著作权，分别向商标局、专利局核实其真实性及记载事项的有效性，并核实权利的有效期；对于著作权，典当行应要求著作权人提交相关证明文件，如已发表的证明文件或已在中国版权保护中心进行著作权登记的证明文件；另外，对于注册商标专用权、专利权、著作权，还应审查许可使用情况；

第六，对于应收账款，典当行应核实当户提供的产生应收账款的合同、履行合同的证明文件（如发货单、出库单、送货单、提供服务的证明等）、当户财务凭证等，并向应收账款的债务人核实当户提供的上述证明文件的真实性以及应收账款的金额。

除此之外，典当行还应审查财产权利的权属。对于共有（包括但不限于夫妻共有、家庭共有及其他形式的共有等情形）的财产权利，应向典当行提交共有人同意质押的声明与承诺;对于企业以企业所有的财产权利,应向典当行提交股东会决议或董事会决议。

(3)估价

与当户协商确定财产权利的价值,对于注册商标专用权、专利权、著作权等专业性的财产权利,为防控风险,典当行应聘请专业评估机构进行价值评估。

(4)确定当金及息费率

典当行综合考虑典当财产权利的价值与变现风险,与当户充分协商,合理确定当金本金金额和息费率。

(5)内部审批

业务人员填写典当放款调查审批表,按照公司内部有关贷款管理的规定,报送主管审批。

(6)签订相关合同

由于财产权权利典当属于专业性较强、风险较大的贷款,典当行除应签发当票外,为明确确定典当行与当户及保证担保人之间的权利义务,还应与当户签订《典当借款合同》、《质押合同》及相关的《保证合同》。

(7)办理质押手续

①对于汇票、本票、支票,典当行除应要求当户提交出质的汇票、本票、支票外,还应向上述票据的出票行发出《质押通知书》,将票据出质事项书面告知出票行,取得出票行的签收回执,即办理核押手续;

②对于债券、存款单、记账式债券典当,典当行要向中国证券登记结算公司办理质押登记手续;对于存款单典当,典当行除应要求当户交付存单款外,还应将存款单质押事项书面告知存款单签发行,取得签发行的回执,即办理核押手续;

③对仓单、提单,典当行除应要求当户将仓单、提单交付典当行外,还应将质押事项书面告知仓单签发人或提单的货物的承运人;

④对于可以转让的基金份额、股权,要向证券登记结算机构、工商部门办理质押登记手续;

⑤对于可以转让的注册商标专用权、专利权、著作权,分别向商标局、专利局、中国版权保护中心进行质押登记;

⑥对于应收账款,典当行应核实在人民银行征信中心电子系统办理的质押登记手续,同时要将应收账款出质事项通知应收账款的债务人,或就质押的有关事项与其签订三方协议。

(8)开票发放当金

房地产他项权证及相关合同资料应由典当行工作人员收存保管,财务人员凭典当放款审批书和有权人签字,支付当金。

(9)贷后检查与管理

典当行发放当金后,应按照内部关于贷款贷后检查与管理的相关规定,对当户及贷款相关责任人员如保证人等进行贷款检查,并针对不同的情形,进行贷后管理。

(10)还款、解除担保

到期借款人清偿当金本息和费用后,双方向房地产抵押登记部门注销他项权利登记,并领回原证件交还当户本人。

动产典当的程序与财产权利典当的程序基本一致,因此不专门列出。相关内容见图2-3至图2-6。

**3. 典当流程图**

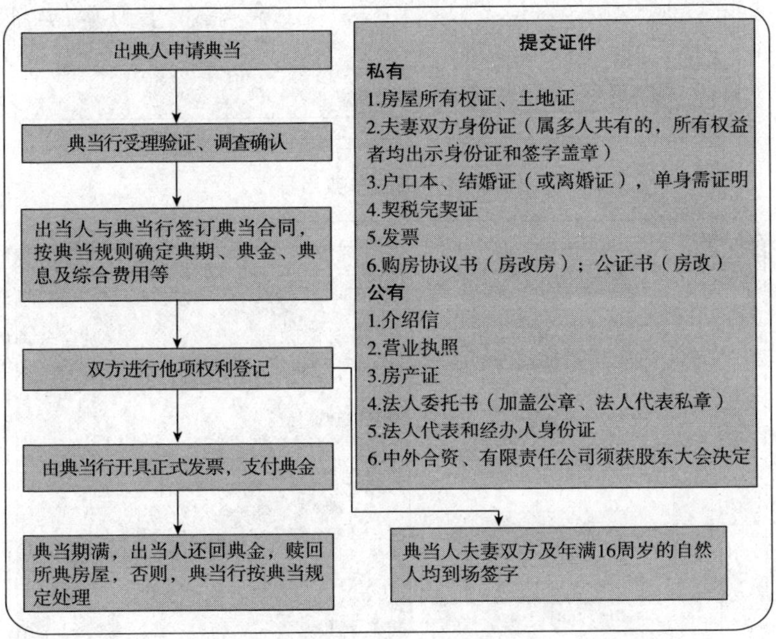


**图2-3　房地产典当程序**

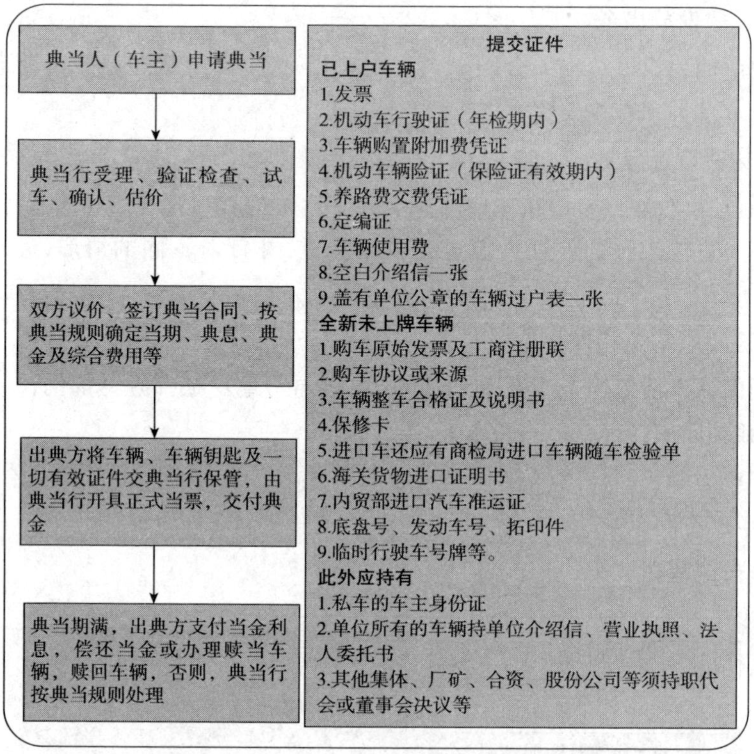


**图 2－4　机动车典当程序**

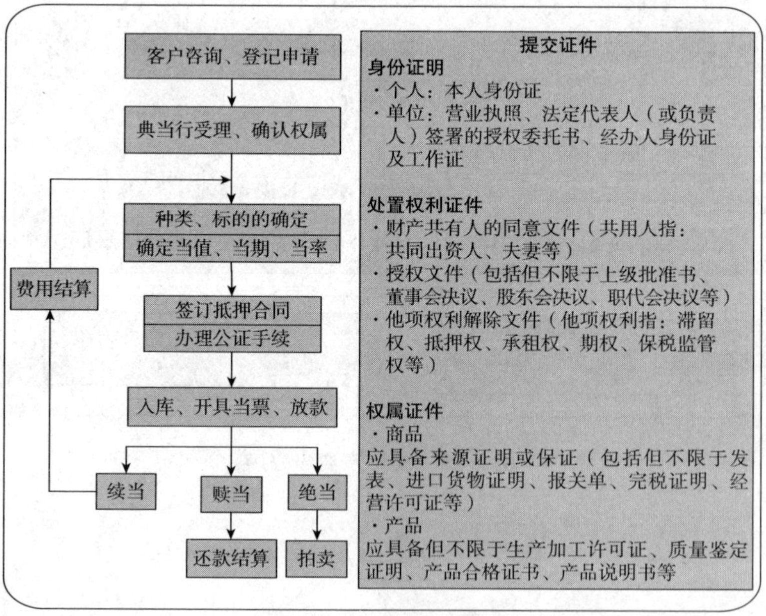


**图 2－5　物资典当程序**

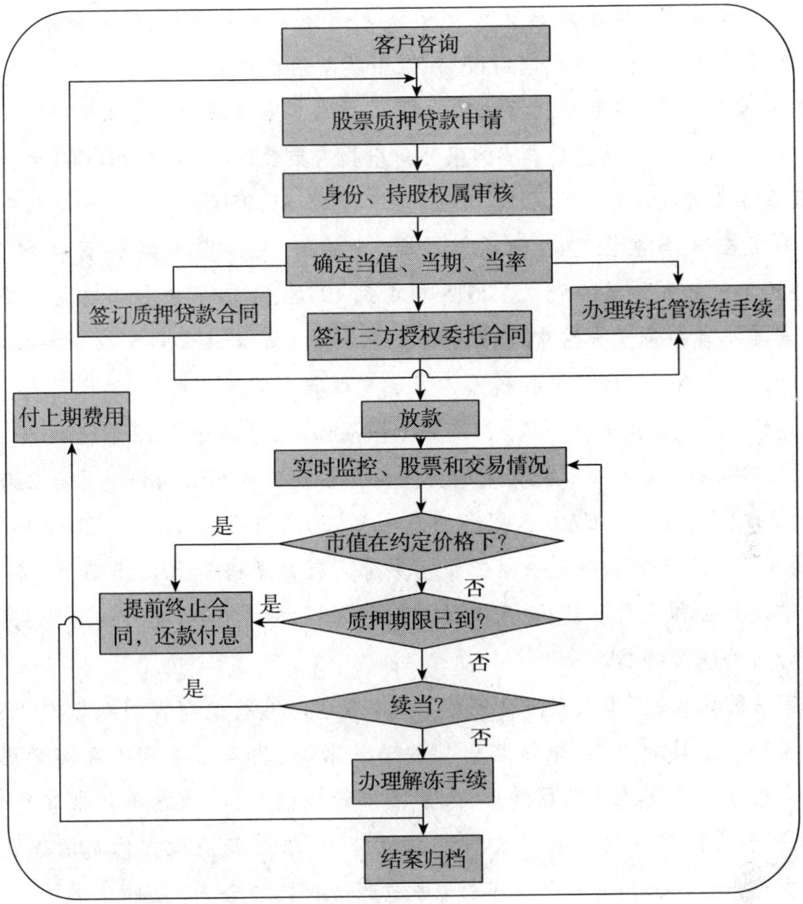


**图2－6 证券典当程序——股票典当业务流程图**

（四）典当公司融资的风险及应对

通过典当融资，对于融资方而言，也具有相应的风险，包括融资被拒、融资方提供的当物可能获取的当金较低、融资之后赎当不能导致的违约责任等风险。

**1. 典型案例**

上海市第二中级人民法院审理的朱某某与上海惠罗典当有限公司典当纠纷上诉案［（2018）沪02民终5921号］，便是融资方通过典当进行融资后违约的案例。

本案案情如下：2015年4月15日，上海惠罗典当有限公司、朱某某签订《房地产借款抵押合同》，约定：朱某某向上海惠罗典当有限公司借款2,050,000元；月利率0%；月综合费率2.5%；借款期限为2015年4月15日至5月14日止；（借款金额和期限与双方签署的当票上记载不一致时以当票记载为准）；抵押物为朱某某所有的位于上海市闵行区宝城路×××弄×××号×××室房屋;借款期限内及期限届满后5日内,经上海惠罗典当有限公司、朱某某协商同意,届时双方另行签署续当凭证;如朱某某违约,逾期还款超过5天以上,按每日未还款总额的0.5%计违约赔偿金。同年4月16日,上海惠罗典当有限公司出具当票载明:当金2,050,000元;典当期限为2015年4月16日至5月16日止;综合费用51,250元;实付金额1,998,750元。朱某某在该当票上签名确认。同时,上海惠罗典当有限公司将实付金额1,998,750元汇入朱某某的账户。2015年4月19日,上海惠罗典当有限公司、朱某某将朱某某所有的位于上海市闵行区宝城路×××弄×××号×××室的房屋办理了房地产抵押手续,房产抵押权人为上海惠罗典当有限公司。

上述《房地产借款抵押合同》约定的期限届满,朱某某于2017年3月30日出具确认书,该确认书第一页确认朱某某尚欠上海惠罗典当有限公司借款本金2,050,000元;截至2017年3月31日,综合服务费及利息(2015年3月31日至2017年3月31日)合计1,153,125元。确认书第二页由案外人贺某承诺于2017年5月14日前归还全部借款本金和利息。嗣后,朱某某未按约履行还款义务,亦未配合上海惠罗典当有限公司处理抵押物。

一审法院认为:当事人双方之间签订的《房地产借款抵押合同》,以及上海惠罗典当有限公司出具的当票、朱某某出具的确认书等,均系当事人的真实意思表示,双方理应恪守。约定的当期届满后,朱某某未归还借款,亦未按确认书履行还款义务,且未配合上海惠罗典当有限公司处分抵押物,朱某某应承担约定的违约责任。上海惠罗典当有限公司要求朱某某按《房地产借款抵押合同》及确认书的约定履行还款义务并主张抵押权的诉请可予支持。上海惠罗典当有限公司要求朱某某支付从2017年4月1日起至清偿日止的逾期利息的诉请,无合同及法律依据,上海惠罗典当有限公司该诉请,不予支持。朱某某辩称其不是实际借款人,与查明的事实不符。朱某某要求追加实际借款人为第三人的辩称意见,不予采信。据此,依照《中华人民共和国合同法》第60条第1款、第206条,①《中华人民共和国担保法》第53条②之规定,判决:(1)朱某某于判决生效之日起10日内归还上海惠罗典当有限公司借款2,000,000元;(2)朱某某支付上海惠罗典当有限公司综合服务费及利息1,153,125元(于第一项规定时间一并付予上海惠罗典当有限公司);(3)朱某某届期未履行上述付款义务的,上海惠罗典当有限公司可与朱某某协议,以坐落于上海

① 参见《民法典》第509条第1款、第675条。

② 参见《民法典》第410条。

市闵行区宝城路×××弄×××号×××室的房屋折价，或者申请以拍卖、变卖该抵押物所得价款优先受偿。抵押物折价或者拍卖、变卖后，其价款超过债权数额的部分归抵押物所有人所有，不足部分由朱某某继续清偿；(4)上海惠罗典当有限公司其余诉请不予支持。一审案件受理费32,025元，由朱某某承担。

上诉人朱某某上诉请求：撤销一审判决第一、二、三项；一、二审诉讼费用由被上诉人承担。事实与理由：一审判决认定事实不清、程序错误，判决朱某某归还借款2,000,000元并支付综合服务费及利息1,153,125元不当。(1)本案实际借款人系案外人贺某而非上诉人朱某某，一审法院认定事实错误。(2)被上诉人一审中提供的证据确认书存在造假行为，被上诉人知道实际借款人是案外人贺某而非上诉人。(3)一审法院未追加实际借款人贺某为第三人，属程序错误。

二审中，上诉人提交了内容为案外人贺某承诺于2017年5月14日前归还全部借款本金和利息的复印件一页。被上诉人对此答辩称该证据已在一审庭审期间提交，并经过质证，不属于新证据。经审查，上诉人二审中提交的材料系确认书第二页，与一审中提交的确认书第二页内容相同，故不作为新证据。另查明，确认书中综合服务费及利息的计算时间为2015年5月16日至2017年3月31日。

二审法院认为：涉案《房地产借款抵押合同》、当票、确认书等均系双方真实意思表示，合法有效，当事人均应依约履行。上诉人朱某某提出一审中被上诉人提供的证据确认书存在造假行为，本案实际借款人系案外人贺某，一审法院未追加实际借款人贺某为第三人，属程序错误。本院查明，一审开庭已对证据确认书进行过质证，朱某某对确认书中其签名的第一页并无异议。现朱某某上诉认为该确认书存在造假，但未提交所谓造假的证据，故对上诉人关于确认书存在造假的主张本院不予采信。涉案《房地产借款抵押合同》系朱某某、上海惠罗典当有限公司双方经合意签订，根据合同相对性原则，合同只对缔约当事人具有法律约束力，对合同关系以外的第三人不产生法律约束力。故上诉人朱某某关于本案实际借款人为案外人贺某并应追加贺某参加本案诉讼的主张，无事实和法律依据，本院不予支持。至于上诉人与案外人贺某的借款纠纷，可另行解决。综上所述，上诉人朱某某的上诉请求不能成立，应予驳回；一审判决认定基本事实清楚，适用法律正确，应予维持。

**2. 分析应对**

无论是企业还是企业主，通过典当的方式进行融资，避免风险的首要要点在于诚信、严格履约。虽然当下已经不存在由于无法赎当导致被迫卖身等情形，但如若有违约行为甚至诉讼记录，随着典当行的逐渐完善与人民银行征信系统的对接，征信中心的历史记载也将给融资者添上一抹永远挥之不去的灰暗色,使其后续的融资之路将更加艰难。

## 二、融资租赁

融资租赁是当下发展迅猛且热门的行业之一,它突破了传统的租赁行业,不仅为企业日常经营提供租赁服务,还为企业提供融资服务。依据中国银行保险监督管理委员会 2020 年 5 月发布的《融资租赁公司监督管理暂行办法》(银保监发〔2020〕22 号)的规定,本办法所称融资租赁公司,是指从事融资租赁业务的有限责任公司或者股份有限公司(不含金融租赁公司)。本办法所称融资租赁业务,是指出租人根据承租人对出卖人、租赁物的选择,向出卖人购买租赁物,提供给承租人使用,承租人支付租金的交易活动。依据《金融租赁公司管理办法》的规定,本办法所称的金融租赁公司,是指经银监会批准,以经营融资租赁业务为主的非银行金融机构。金融租赁公司名称中应当标明"金融租赁"字样。未经银监会批准,任何单位不得在其名称中使用"金融租赁"字样。《民法典》第 735 条规定:融资租赁合同是出租人根据承租人对出卖人、租赁物的选择,向出卖人购买租赁物,提供给承租人使用,承租人支付租金的合同。

### (一)融资租赁的特征

融资租赁看似核心为租赁,但其本质是以融通资金为目的的,它是为解决企业资金不足问题而产生的。需要添置设备的企业只需支付少量资金就能使用所需设备进行生产,相当于为企业提供了一笔中长期贷款。一般而言,融资租赁比较适合生产、加工型中小企业,特别是那些有良好销售渠道、市场前景广阔,但是出现暂时困难或者需要及时购买设备扩大生产规模的中小企业。其与传统意义上的租赁相比,有如下特点:

➢ 具有较强的融资属性。

➢ 至少涉及出租人、承租人和供货商,三方相互关联、相互制约。

➢ 租期较长。

➢ 租金包括了设备的价款、租赁费和借款利息。

➢ 设备的所有权如无特别约定,在法律上属于出租人,设备的使用权属于承租人,设备所有权与使用权长期分离。

### (二)融资租赁的现状

据报告统计,截至 2020 年 12 月底,全国融资租赁企业(不含单一项目公司、分公司、SPV公司、港澳台当地租赁企业和收购海外的公司,包括一些地区监管部门列入失联或经营异常名单的企业)约为12,156家,较上年年底的12,130家增加了26家,增长了0.21%,其中:银监会只审批中银金租一家租赁公司成立,截至12月底,已经获批开业的金融租赁企业为71家,增长了1.43%。天津、上海、广东,继续开展内资企业融资租赁业务试点审批,全国内资融资租赁企业总数为414家,较上年年底的403家增加了11家,增长了2.73%。在天津、广东、上海、山东和浙江等地的外资租赁企业有所增加。截至12月底,全国共11,671家,较上年年底的11,657家,增加了14家,增长了0.12%。从业务总量来看,截至2020年12月底,全国融资租赁合同余额约为65,040亿元人民币,比2019年年底的66,540亿元减少约1500亿元,比上年下降2.3%。截至2020年12月底,全国31个省、市、区都设立了融资租赁公司,但绝大部分企业仍分布在东南沿海一带。其中广东、上海、天津、辽宁、山东、北京、福建、江苏、浙江、陕西10个省市的企业总数约占全国的95.42%。2020年以来,新设立的内资融资租赁试点企业只有天津、上海和广东有增加,新设立的外资融资租赁企业,只在山东、广东、天津和浙江地区有所增加。①

### (三)融资租赁的操作方式

融资租赁具体的操作方式有多种,而且随着市场自身的发展,越来越多的创新型方式正在崭露头角。下文以长城融资租赁有限责任公司对外披露的操作方式为例进行介绍。②

#### 1. 直接融资租赁

由承租人指定设备及生产厂家,委托出租人融通资金购买并提供设备,由承租人使用并支付租金,租赁期满由出租人向承租人转移设备所有权。它以出租人保留租赁物所有权和收取租金为条件,使承租人在租赁期内对租赁物取得占有、使用和收益的权利。这是一种最典型的融资租赁方式,见图2-7。

**图2-7　直接融资租赁流程图**

① 参见《2020年融资租赁行业发展报告发布,业务总量实现首次下降》,载https://www.sohu.com/a/446925306_99901684,2021年8月5日最后访问。

② 参见长城融资租赁有限责任公司:《业务介绍》,载长城融资租赁有限责任公司官网,http://www.gwflc.com/yw/FrontComContent_list01-1307602539968ContId=22&comContentId=22&comp_stats=comp-FrontComContent_list01-1307602539968.html,2019年9月24日最后访问。

**2. 经营性租赁**

出租人向承租人提供设备及使用权的同时还提供维修等服务。使用这种方式的企业不以最终拥有租赁物为目的,在其财务报表中不反映为固定资产。企业为了规避设备风险或者需要表外融资,或需要利用一些税收优惠政策时,可以选择经营租赁方式。

**3. 售后回租**

承租人和供货人为同一人,租赁物不是外购,而是承租人在租赁合同签订前已经购买并正在使用的设备。承租人将设备卖给租赁公司,然后反租回来。这种租赁方式有利于企业将现有资产变现,还可以用来筹措股本金、并购资金等。售后回租流程图见图2-8。

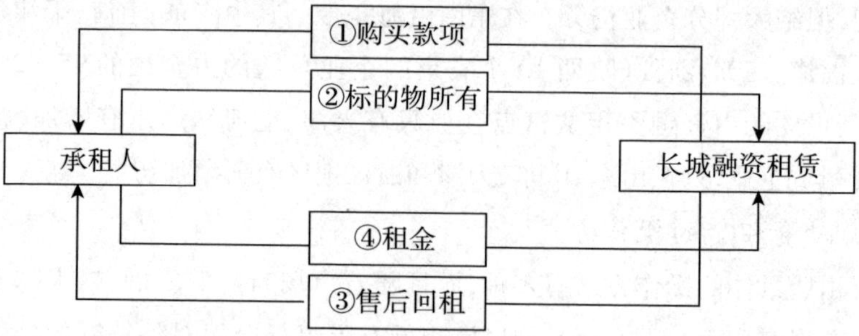


**图2-8　售后回租流程图**

**4. 转租赁**

转租赁是以同一物件为标的物的多次融资租赁业务。在转租赁业务中,上一租赁合同的承租人同时是下一租赁合同的出租人,称为转租人。转租人向其他出租人租入租赁物件再转租给第三人,转租人以收取租金差为目的。租赁物品的所有权归第一出租人。

**5. 委托租赁**

出租人接受委托人的资金或租赁标的物,根据委托人的书面委托,向委托人指定的承租人办理融资租赁业务。在租赁期内租赁标的物的所有权归委托人,出租人只收取手续费,不承担风险。

**6. 联合租赁**

租赁公司联合其他机构和企业共同对某一租赁项目提供融资支持,共担风险,共享收益。

**7. 分成租赁**

分成租赁是一种结合投资的某些特点的创新性租赁形式。租赁公司与承租人之间在确定租金水平时,以租赁设备的生产量与租赁设备的相关收益,而不是以固定或者浮动的利率来确定租金。设备生产量大或与租赁设备相关的收益高,租金就高,反之则少。

## 三、小额贷款公司

《关于小额贷款公司试点的指导意见》规定,小额贷款公司是由自然人、企业法人与其他社会组织投资设立,不吸收公众存款,经营小额贷款业务的有限责任公司或股份有限公司。其性质为企业法人,有独立的法人财产,享有法人财产权,以全部财产对其债务承担民事责任。小额贷款公司股东依法享有资产收益、参与重大决策和选择管理者等权利,以其认缴的出资额或认购的股份为限对公司承担责任。自该指导意见出台后,各地纷纷出台小额贷款公司的管理办法。

### (一)小额贷款公司的特征

小额贷款公司与典当行虽然都是类金融机构,但两者还是有区别的,[①]具体如下:

(1)注册资本不同。小额信贷公司注册资本的具体要求比较笼统,而典当行注册资本的规定比较详细。单从注册资本上看,小额信贷公司的门槛明显要比典当行高出许多。

(2)服务对象不同。《关于小额贷款公司试点的指导意见》规定:"小额贷款公司在坚持为农民、农业和农村经济发展服务的原则下自主选择贷款对象。"由此可知小额信贷公司按其当前的要求主要是服务于"三农",发展农村经济,促进农村建设,服务对象主要是农民和以农业为切入点的经营者或企业;典当行的服务对象原则上是所有的自然人或不论是何种性质的企业,任何人或企业只要拥有合适的质(抵)押物品,且质(抵)押物品的价值大于所要求的贷款数额,都可以成为典当行的客户。从这一点上说,典当行的客户群要比小额信贷公司的客户群广得多。

(3)经营方式不同。小额信贷公司以信用贷款为主,抵押贷款为辅,并对贷款对象和贷款资金的用途和数额有着具体的规定;典当行只认物,只要质(抵)押物合法且价值超过放款金额就可以,对客户的身份和资金的用途并不关心。从这一点上看,小额信贷公司的融资手段远没有典当行业灵活。而且由于其是以信用贷款为主,经营风险也比典当行业要高出许多。

---

① 参见上海商报:《典当行与小额贷款公司四大区别》,载搜狐网,http://roll.sohu.com/20130119/n363966906.shtml,2019年9月24日最后访问。

(4)收入方式不同。小额信贷公司的收入以利息为主,典当行的收入却是以综合服务费和绝当后的物品变卖为主,利息收入只占典当收入的一小部分。从收入的方式来看,一方面,典当行业的资本回报率比小额信贷公司高,利润较大;另一方面,较高的利率将影响客户群的进一步扩大。由此可见,典当行业的高利率是一柄"双刃剑",与小额信贷公司相比,既是优势也是劣势。

## (二)小额贷款公司的现状

截至2021年3月末,全国共有小额贷款公司6841家。贷款余额8653亿元,一季度减少212亿元,具体见表2-10。①

**表2-10 小额贷款公司分地区情况统计表**

| 地区名称 | 机构数量(家) | 从业人员数(人) | 实收资本(亿元) | 贷款余额(亿元) |
|---|---|---|---|---|
| 全国 | 6841 | 69,039 | 7800.80 | 8653.11 |
| 北京市 | 105 | 914 | 140.65 | 131.88 |
| 天津市 | 78 | 1309 | 99.14 | 110.80 |
| 河北省 | 382 | 3754 | 220.62 | 215.12 |
| 山西省 | 237 | 2120 | 159.94 | 146.02 |
| 内蒙古自治区 | 247 | 2042 | 186.45 | 182.04 |
| 辽宁省 | 454 | 3179 | 319.08 | 280.08 |
| 吉林省 | 183 | 1469 | 80.02 | 64.34 |
| 黑龙江省 | 212 | 1293 | 118.92 | 96.35 |
| 上海市 | 125 | 1262 | 220.70 | 226.53 |
| 江苏省 | 564 | 4720 | 683.79 | 764.22 |
| 浙江省 | 304 | 2793 | 505.39 | 556.79 |
| 安徽省 | 351 | 3504 | 340.36 | 418.24 |
| 福建省 | 118 | 1125 | 261.76 | 282.54 |
| 江西省 | 154 | 1670 | 187.19 | 184.44 |
| 山东省 | 287 | 2894 | 400.65 | 446.30 |
| 河南省 | 220 | 2434 | 200.34 | 220.11 |
| 湖北省 | 269 | 2406 | 297.72 | 286.74 |
| 湖南省 | 85 | 739 | 67.82 | 71.66 |
| 广东省 | 433 | 6770 | 759.89 | 762.52 |
| 广西壮族自治区 | 295 | 2960 | 247.54 | 322.04 |
| 海南省 | 55 | 711 | 70.29 | 83.85 |

① 《2021年一季度小额贷款公司统计数据报告》,载中国人民银行官网,http://www.pbc.gov.cn/goutongjiaoliu/113456/113469/4238459/index.html,2019年9月25日最后访问。

续表

| 地区名称 | 机构数量（家） | 从业人员数（人） | 实收资本（亿元） | 贷款余额（亿元） |
|---|---|---|---|---|
| 重庆市 | 255 | 4360 | 1088.09 | 1620.34 |
| 四川省 | 203 | 4039 | 384.62 | 435.96 |
| 贵州省 | 109 | 1012 | 41.32 | 41.83 |
| 云南省 | 182 | 1448 | 88.52 | 86.34 |
| 西藏自治区 | 19 | 126 | 19.91 | 13.28 |
| 陕西省 | 256 | 2275 | 234.59 | 240.71 |
| 甘肃省 | 270 | 2559 | 144.94 | 123.85 |
| 青海省 | 57 | 475 | 32.86 | 36.91 |
| 宁夏回族自治区 | 69 | 1024 | 29.33 | 26.14 |
| 新疆维吾尔自治区 | 263 | 1653 | 168.38 | 175.13 |

注1:本表数据截至2018年12月31日。

注2:由于批准设立与正式营业并具备报数条件之间存在时滞,统计口径的小额贷款公司数量与各地公布的小额贷款公司批准设立的数量有差异。

（三）贷款要求及一般流程

小额贷款公司的贷款申请流程并无统一的规定,具体需根据各小额贷款公司的要求进行申请。我们选取北京金典小额贷款股份有限公司为样本,根据其官方网站对外披露的信息,企业如需向其申请借款,其申请条件及贷款流程如下:①

**1.贷款对象的要求**

如果借款人是企业,则借款人需在本地区有固定经营场所,有稳定的产业基础,有较稳定的现金流量,经营项目符合国家产业政策和环保政策,效益好、信用好(指无不良信用记录,或虽然有过不良记录,但不良信用记录的产生并非由于主观恶意且申请本次贷款之前已全部偿还了不良信用),有足够的偿还能力,有足够的抵(质)押物或足额的担保。

如果借款人是个人,根据借款风险评估,具体要求如下:

- ➢ 在昌平区有固定经营场所,有稳定的产业基础,有较稳定的现金流量。
- ➢ 有一定规模的企业高管或股东。
- ➢ 有足够抵押物和足够担保的自然人。
- ➢ 本公司股东推荐并担保的客户。
- ➢ 由昌平区中小企业服务中心认证的中小企业法人、三农企业法人、三农

① 参见《贷款对象》,载北京金典小额贷款股份有限公司官网,http://www.jindiandaikuan.net/0301.html,2019年9月24日最后访问。

个人。

➢ 属于双人共有财产,经营收入,必要时要求双人借款。

**2. 贷款流程图**

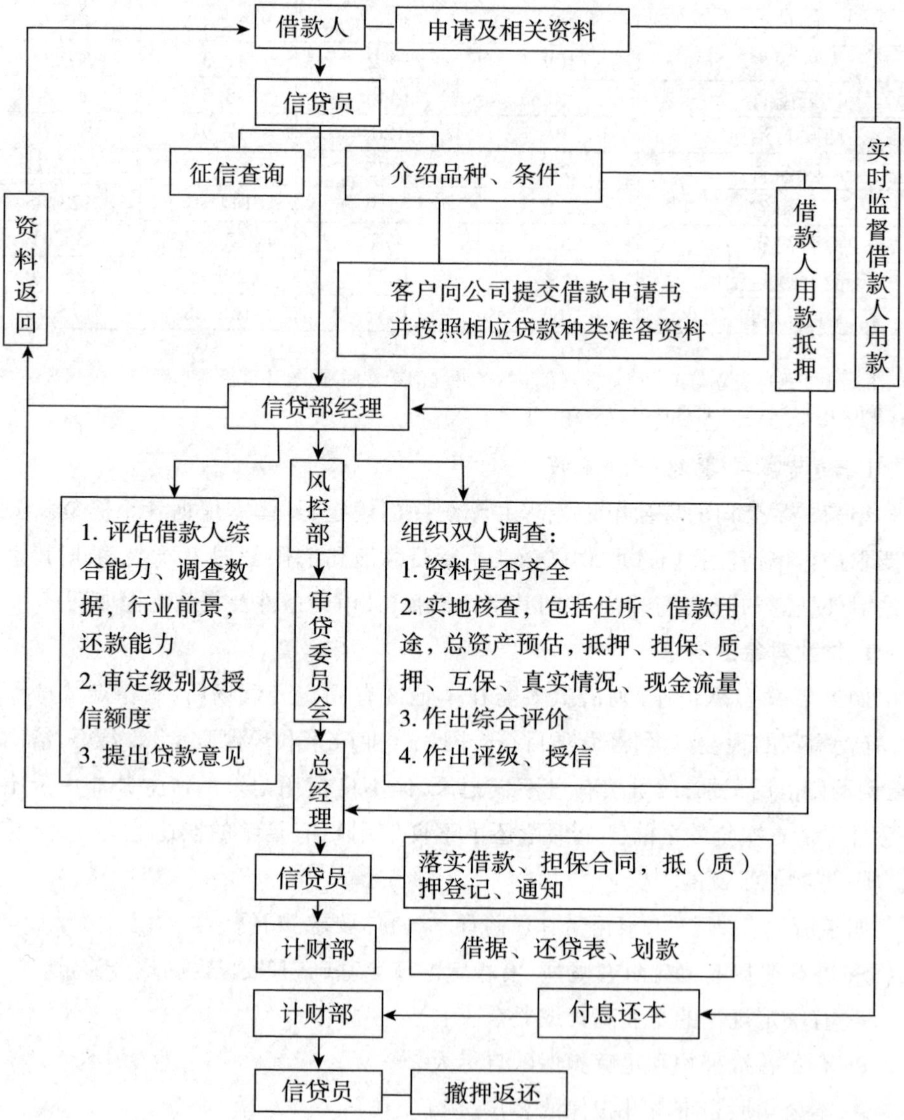


**图 2-9 小额贷款流程图**

# 第六节　民间融资

民间融资是指自然人、非金融企业和其他组织之间，通过民间借贷、定向债券融资、定向集合资金等方式，进行资金融通的行为。民间融资是最为原始，也是最为传统的融资方式，具有灵活简便、利率弹性大、融资主体多元化、专业化趋势等特点。它不仅是自然人之间最为常见的融资方式，也是目前我国大部分中小微企业融资的主要渠道。

然而，由于民间融资方式比较多，而且往往发生在私人主体之间，具有一定的隐蔽性，因此与其相关的统计数据较少，即便有也可能只是区域性的，而且未必能够真实、全面地反映民间借贷的现状。不过，民间借贷发生的诉讼纠纷是可以统计的。最高人民法院院长周强在十三届全国人大二次会议上关于最高人民法院工作报告中表示，2018 年全国法院共审结民间借贷案件 223.6 万件。[①]

民间融资方式对于企业而言，多数时候就像是救命稻草，对中小微企业而言尤其如此。中小微企业经营运转期间对现金流具有强烈的需求，银行贷款常常可望而不可即，此时民间融资却往往能救急于水火之中。企业会抓住这根稻草，哪怕付出的代价远超银行等金融机构的利息。这也在一定程度上解释了温州、鄂尔多斯等地"地下钱庄"盛行的原因。

本节将重点针对民间融资的特点、方式、各融资模式的优劣、具体操作流程以及融资附随产生的风险等内容进行介绍。

## 一、民间融资概述

民间融资在一定程度上能够缓解中小微企业融资难的现状，甚至能够盘活经济。同时，对于各地政府而言也算是减压，弥补了正规金融的不足。因此，政府的监管力度也相对薄弱，民间融资市场较为活跃，导致非法集资、非法吸收公众存款等风险频繁爆发。那么，民间融资相应的法律规范性文件有哪些？民间融资与银行贷款等其他债权融资方式有何差异？民间融资具体有哪几种融资方式？

---

① 参见新华网：《最高法周强：2018 年审结民间借贷案件 223.6 万件》，载新浪财经，http://finance.sina.com.cn/china/2019-03-12/doc-ihrfqzkc3185109.shtml，2019 年 9 月 25 日最后访问。

(一)民间融资适用的相关法律法规

民间融资适用的法律规范主要包括:《民法典》《贷款通则》《最高人民法院关于审理民间借贷案件适用法律若干问题的规定》《最高人民法院关于依法妥善审理民间借贷纠纷案件促进经济发展维护社会稳定的通知》《最高人民法院关于依法妥善审理民间借贷案件的通知》。地方规范有:《浙江省高级人民法院关于审理民间借贷纠纷案件若干问题的指导意见》《温州市民间融资管理条例》《温州市民间融资管理条例实施细则》《山东省人民政府办公厅关于促进民间融资规范发展的意见》等。

(二)民间融资的特点

在我国,民间融资是一种来源于民间个人或企业等非正规金融市场,为了解决资金短缺企业发展的需要或者个人资金需求的资金融通活动。具有以下特点:①

**1. 民间融资发展迅速**

在资金供应方面,由于资本市场持续低迷和国家加大对房地产市场的宏观调控,使得投资者把目光投向了收益率较高的民间融资行业。在资金需求方面,由于一些传统产业很难获得正规金融的信贷支持,加之在广大县域,民间融资独具灵活便捷的优势,民间融资需求极为旺盛。

**2. 发展形式多样,用途广泛**

民间融资已成为当前民营及中小企业解决投资和生产资金短缺的重要手段。民间融资方式也日趋多样化,主要有信用借款、担保及有价证券抵(质)押融资、动产或不动产抵押借款、企业集资、社会公众集资、地下钱庄等形式。民间融资已由原来的偏重生活消费和临时性资金急需向生产经营性借贷转化。

**3. 资手续简便、方法灵活**

民间融资手续简便、方法灵活,适合中小企业、个体工商户、个人之间的资金调剂。银行贷款利率上浮不但提高了中小企业向银行融资的门槛,也意味着国家金融无形中让出了一部分融资需求,导致民间融资趋于活跃,利率随之上升,在一定程度上为民间借贷提供了生存空间。

**4. 融资利率较高**

目前,虽然各地民间借贷利率不一,但总体年利率在 10% ~20% ,而城镇利率能达到 10% ~30% 。

---

① 参见王春明:《浅析民间融资的现状和特点》,载江苏法制报官网,http://jsfzb.xhby.net/mp2/pc/c/201711/17/c404808.html,2019 年 10 月 23 日最后访问。

**5. 运作不规范，缺乏有效的引导和监管，存在较高法律风险**

民间的大量资金受政策限制，无法进入较多投资领域，而银行低利率进一步促使民间资金寻求出口。由于我国在民间融资法律制度建设以及监管上都存在缺位问题，导致民间融资极易转变为高利贷，甚至走入非法集资的歧途。近几年来，全国各地民间借贷纠纷案件呈逐步增加的趋势。其中，2017 年民间借贷案件主要分布在河南省、广东省、江苏省、山东省、福建省和浙江省。①

（三）民间融资的方式

民间融资市场比较活跃，因此融资的方式也多种多样，包括民间借贷、企业内部集资、合会、定向债券融资等方式，具体介绍如下：

**1. 民间借贷**

民间借贷是民间融资最典型的融资方式，即自然人之间，自然人与公司企业、其他经济组织之间以货币形态（也有少量的实物形态）授受信用的行为，是一种直接的借贷活动，也是民间金融活动最主要的融资形式。无论是在经济较为发达的地区还是在经济落后的地区，民间自由借贷都广泛存在，只是不同地区、不同主体融资的用途有所不同。根据不同地区划分，在经济较为发达的地区，民间自由借贷融得的资金主要用于生产经营，而在落后地区，民间借贷融得的资金主要用于日常生活开支；根据不同主体划分，自然人借款可能用于日常生活，也有可能用于对外投资，企业借款多数系流动资金用于生产经营充实现金流。

由于本书对融资主体主要定位于企业或者企业的实际控制人，因此企业如何通过民间方式融得资金是本节的关注点。虽然，根据《贷款通则》②、《最高人民法院关于对企业借贷合同借款方逾期不归还借款的应如何处理问题的批复》③等规定，企业与企业之间的借贷曾一度被认定为无效合同。但是，《最高人民法院关于审理

① 参见刘策、梁安嘉、马俊林等：《民间借贷纠纷司法案例数据 2017 年度分析报告》，载北大法宝，http://weekly.pkulaw.cn/Admin/Content/Static/8eb61ed3 - dd4c - 4c80 - 8eac - 9ff5f4adc1da.html，2019 年 9 月 26 日最后访问。

② 《贷款通则》第 61 条规定：各级行政部门和企事业单位、供销合作社等合作经济组织、农村合作基金会和其他基金会，不得经营存贷款等金融业务。企业之间不得违反国家规定办理借贷或者变相借贷融资业务。

③ 《最高人民法院关于对企业借贷合同借款方逾期不归还借款的应如何处理问题的批复》规定：企业借贷合同违反有关金融法规，属无效合同。

民间借贷案件适用法律若干问题的规定》①明确表明,民间借贷,是指自然人、法人和非法人组织之间进行资金融通的行为。企业法定代表人或负责人以个人名义与出借人签订民间借贷合同,所借款项用于企业生产经营,出借人请求企业与个人共同承担责任的,人民法院应予支持。故近期的相关案例中法院都认定企业间用于生产经营的借贷有效。

**2. 企业内部集资**

企业除了可通过直接的、单一主体之间进行借贷,还可在企业内部进行小范围的资金的融通,即企业内部集资。据称华为之所以一直未公开发行上市,最主要的原因便是资本金充足、现金流稳定,资金的来源之一便是内部员工的集资。一般来说,企业内部集资,是指除国有企业之外的非金融企业或者其他组织未向社会公开宣传,仅在单位内部针对本单位职工集资用于本单位生产经营的活动。

这种融资活动大多发生在一些民营企业,筹资对象是企业内部职工,资金用途主要是解决企业购置设备所需固定资金和流动资金的不足。按照有关的金融管理法规,企业内部筹资必须经过中国人民银行批准,否则就被视为扰乱金融秩序。民间集资盛行于20世纪80年代,其在相当程度上满足了当时非公有制经济,特别是民营经济起步阶段对资金的需求,对民营经济的崛起和快速发展发挥了重要作用。近几年,民营企业向社会非公开集资活动变得活跃,集资方式包括股权式、债权式、信托式、存款式等多种类型,有的还以经营项目为依托发行所谓的“受益凭证”。

关于企业内部集资,《最高人民法院关于审理民间借贷案件适用法律若干问题的规定》第11条明确规定:“法人或者非法人组织在本单位内部通过借款形式向职工筹集资金,用于本单位生产、经营,且不存在民法典第一百四十四条、第一百四十六条、第一百五十三条、第一百五十四条以及本规定第十三条规定的情形,当事人主张民间借贷合同有效的,人民法院应予支持。”《最高人民法院关于审理非法集资刑事案件具体应用法律若干问题的解释》第1条规定,未向社会公开宣传,在亲友或者单位内部针对特定对象吸收资金的,不属于非法吸收或者变相吸收公众存款。实践中,行为人的亲友或者单位内部人员开始向社会公众吸收资金,使得集资行为

---

① 《最高人民法院关于审理民间借贷案件适用法律若干问题的规定》第10条规定:“法人之间、非法人组织之间以及它们相互之间为生产、经营需要订立的民间借贷合同,除存在民法典第一百四十六条、第一百五十三条、第一百五十四条以及本规定第十三条规定的情形外,当事人主张民间借贷合同有效的,人民法院应予支持。”

呈现出社会性特征时，才应当认定为“向社会公众吸收资金”，属于非法集资。①

**3. 合会**

合会，是在我国有着较为悠久历史的民间金融形式，是一种基于“血缘”“地缘”关系的、带有互动合作性质的自发性群众融资组织。民间合会并非我国独有，在国外称为“轮转基金”。就规模而言，融资数额较大的合会多分布在经济较为发达的东南沿海地区，尤以浙江、福建为多。民间合会在我国有很多种类，不同地区在称谓上也有所不同，具体来说，有“轮会”“摇会”“抬会”等多种叫法。传统合会的目的是进行金融互助和进行储蓄，演变过程中一部分合会因为构成人员的相知程度不断降低逐步向投机性质发展，如 2004 年福建福安发生的“倒会”，对福建省民间金融产生了严重的负面影响。可以说，合会这种金融形式在不被法律认可的情况下是没有保障的，金融风险较大。②

然而，于 2014 年 3 月 1 日起开始施行的我国首部地方性金融法规《温州市民间融资管理条例实施细则》，首次肯定了合会的合法地位，并对合会下了定义，即一般由合会邀会人根据一定目的邀集，以参会人在一定期间内、以约定的资金数量、以互相融通为条件，分期聚集一定资金，首先供邀会人使用，其后根据制定的办法，在邀会人主持下轮流由参会人收取，直至到期结会的一种互助组织形式。进言之，在合会内部，会员共同储蓄，会员可以申请借贷。

**4. 定向债券融资**

定向债券融资与公募债不同，并非公开募集发行，其发行的对象是特定的主体，因此在性质上类似于私募债。目前并无全国层面的法律法规对其予以明确规定。根据《温州市民间融资管理条例实施细则》的规定，企业因生产经营需要，可以以非公开方式向合格投资者进行定向债券融资，按照约定的期限和方式偿还本息。每期定向债券融资的合格投资者不得超过 200 人。拟进行定性债券融资的，应当符合下列要求。

➢ 在温州市行政区域区内注册登记，具有法人资格。

➢ 经营状况良好，有支付融资本息能力。

➢ 融资后资产负债率不得高于 70%。

---

① 参见中国新闻网：《限定于亲友圈或员工等集资行为不属于非法集资》，载人民网，http://qh.people.com.cn/n/2014/0421/c346798-21041450.html，2019 年 9 月 26 日最后访问。

② 参见成晋：《农村民间金融现状及规范发展研究》，载人民论坛网，http://www.rmlt.com.cn/2015/0529/388859.shtml，2019 年 9 月 26 日最后访问。

➢ 融资期限在一年以上。

➢ 温州市人民政府规定的其他要求。

上述温州地方性政府融资法规出台后,首单定向债便发行成功,即融资沪光集团定向债,计划发行 1 亿元,第一期 3000 万元已由承销商中新力合股份有限公司转账到该公司的账户,发行期限为 3 年,债券票面年利率为 10.7%。①

## 二、变相民间借贷融资业务的介绍

上述几种民间融资业务的具体操作方式在此不再详细介绍,仅对假借合法形式(如正常的钢材贸易)进行变相民间借贷的情形进行介绍。企业需要资金本来是正当的需求,如果为了融通资金而故意以贸易的形式达成企业之间资金拆借甚至发放贷款的目的,则可能会被认定为以合法形式掩盖非法目的,将受到民事法律的制约甚至刑事法律的制裁。我们将实践中最常见的变相民间借贷融资模式介绍如下。

### (一)买卖回购交易模式

买卖回购一般发生在两方主体之间,即一方为向他方借贷资金,就同一批货物先后签订两份价格、履行期不同的买卖合同。由于双方的真实意思在于资金借贷,实践中一般不会实际交付标的物。

例如,甲钢铁企业欲向乙公司发放贷款,为避免企业间借贷的无效后果,双方签订两份合同。其中合同一约定,乙将自己仓库的某批钢铁以 1000 万元的价格出售于甲;合同二则约定,在满足特定条件或在特定时间内,甲公司将该批货物以 1300 万元的价格出售给乙。合同签订后,甲公司向乙公司支付"价款"1000 万元。见图 2-10。

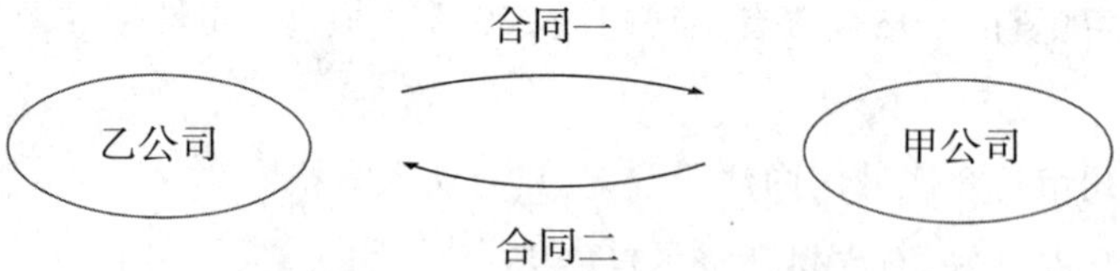


**图 2-10　买卖回购示意图**

① 参见每日经济新闻:《温州定向债首发　降低融资门槛或增违约风险》,载每经网,http://www.nbd.com.cn/articles/2014-04-09/824191.html,2015 年 6 月 12 日最后访问。

该案中，本质上是乙公司向甲公司借款1000万元，利息为300万元。

（二）循环交易模式

循环交易是买卖回购模式的一种变型，即增加第三方丙公司。三方（或者多方）之间，两两就同一批货物签订买卖合同，每份合同中约定了不同的买卖价格、“交付”时间。由于相互间交易的真实目的在于融资而非获得标的物所有权，该批货物并不发生实际交付。见图2－11。

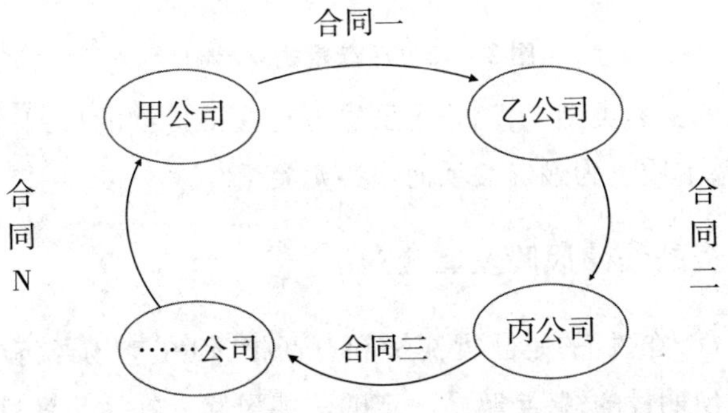


**图2－11 循环交易模式图**

此种情形下，甲公司为获取资金融通，与乙公司就某批钢材签订买卖合同，价金1000万元；乙公司以1100万元之价格出售给丙公司，丙公司再以1200万元之价格出售给甲公司（丙与甲之间还可能存在中间商）。合同签订后，乙公司即将1000万元之“价款”交予甲公司，乙丙之间实际上并不发生资金往来。在丙甲之间的合同约定履行期届至时，甲公司将1200万元价款交予丙公司。实践中，乙丙之间往往可能存在关联关系。在整个过程中，该批钢材始终停放在甲公司的仓库中，没有实际移转。通过上述形式，乙公司向甲公司发放贷款1000万元，甲公司支付利息200万元。

（三）托盘交易模式

与循环贸易不同的是，在某些情形中，融资一方存在资金与货物两方面的需求，具有融资与买卖的双重目的。此时的交易模式可能设计为：乙公司欲从甲钢材公司购买钢材一批，但缺乏资金，需要从丙公司融资。首先，丙公司与甲公司签订钢材买卖合同，向甲公司购买钢材若干；同时，丙公司将该批钢材出售给乙公司。由于丙公司的目的在于向乙公司发放贷款，因此，实践中丙公司往往指示甲公司直接向乙公司发货。[①] 见图2-12。

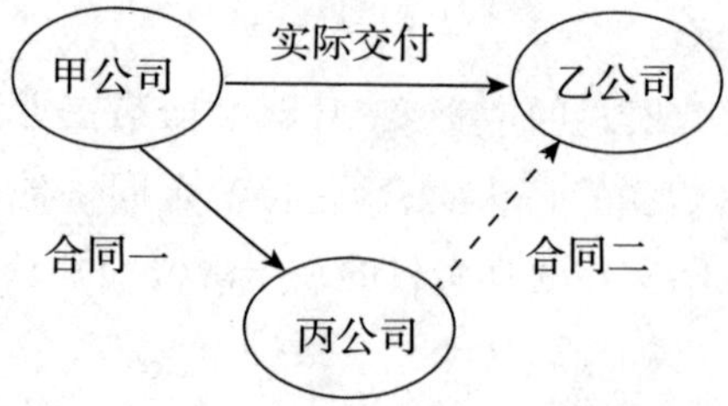


**图2-12　托盘模式交易图**

在这种模式的交易类型下,乙公司虽然也有取得货物的目的,但就其与丙公司之间的关系而言,本质上为融资关系而非买卖关系。

## 三、民间融资的法律风险及其应对

民间融资出资人的目的是获得高额利息回报,但在市场经济中资本逐利不一定都能顺利达到预期目的,甚至暗藏一定的法律风险。在民事法律角度,可能发生的法律风险包括高额的利息对应的借贷合同有可能被认定为无效、企业之间的借贷合同有可能被认定为无效、借款人资信较差无还债能力导致出借人利益受损,等等。在刑事法律角度,可能会被判处擅自发行公司、企业债券罪,非法吸收公众存款罪以及集资诈骗罪等。除了刑民法律风险、企业破产歇业外,民间融资还有可能引发一系列社会问题,因偿债不能导致的故意伤害、故意杀人、绑架等恶性事件早已不是新闻。

如本节开篇提及的,与民间融资方式之一民间借贷有关的纠纷正呈现出每年递增的状态,融资方承担违约责任的案例屡见不鲜。此类案例多数依赖于借款人的诚信与实际偿债能力。因此,此类风险的应对措施与第一节银行贷款业务中的风险应对措施相同。但是,融资人一旦触碰到法律的红线,企业可能面临的最坏结果是破产,企业实际控制人侥幸的可能会逃之夭夭,不幸的将免不了锒铛入狱,在监狱中反省。

① 这种交易形式,从学理上来看和指示交付类似。但在指示交付中,指示人与受指示人之间须有占有媒介关系,而这种形式中丙公司和甲公司之间仅有买卖关系,而买卖关系并不能构成占有媒介关系。因此,这实际上是所谓的"缩短给付"情形,属于指令交付,是现实交付的一种特殊形式。

## (一)非法集资风险

### 1. 案例——吴英案

曾轰动一时的吴英案，是民间融资可能引发的风险之一——非法集资——的典型案例。该案经一审、二审，后经最高人民法院进行死刑复核裁定发回重审，最终2012年5月21日，浙江省高级人民法院认定吴英非法筹集巨额资金，构成集资诈骗罪。但鉴于其有如实供述事实之情节，最终判定死刑缓期执行，死刑缓期执行期间自2012年5月21日起至2014年5月20日止。2013年2月20日，吴英家人向最高人民法院提交刑事申诉状，要求依法撤销浙江省高级人民法院作出的(2012)浙刑二重字第1号刑事判决书，改判无罪。死刑缓期执行期满后，2014年7月11日，吴英减刑案在浙江省女子监狱开庭审理，浙江省高级人民法院作出(2014)浙刑执字第484号刑事裁定，吴英从死刑缓期执行减刑至无期徒刑。

鉴于吴英减为无期徒刑后确有悔改表现，浙江省女子监狱依法提出减刑建议，建议将吴英的刑罚减为有期徒刑25年，剥夺政治权利期限改为10年。经浙江省监狱管理局审核，报送浙江省高级人民法院审理，2018年3月23日，浙江省高级人民法院依法公开开庭审理罪犯吴英减刑一案，当庭作出裁定，将罪犯吴英的刑罚减为有期徒刑25年，剥夺政治权利10年。

吴英案案情如下：2003～2005年，被告人吴英先后开办了东阳吴宁贵族美容美体沙龙、东阳吴宁喜来登俱乐部、东阳千足堂理发休闲屋等，同时以合伙或投资名义，从俞某、唐某、夏某、竺某、赵某、徐某(另案处理)等人处高息集资，欠下巨额债务。为了还债，吴英继续集资。2005年5月至2007年1月，吴英以给付高额利息(多为每万元每天40～50元)为诱饵，采取隐瞒先期资金来源真相、虚假宣传经营状况、虚构投资项目等手段，先后从被害人林某等人处非法集资人民币77,339.5万元(下均为人民币)，用于偿付集资款本息、购买房产、汽车及个人挥霍等。至案发时，扣除已归还本息38,913万元，实际诈骗金额为38,426.5万元。具体事实如下：

(1)2006年3月至2007年1月，被告人吴英经杨某、骆某(均另案处理)介绍，以高额利息为诱饵，以投资广州白马市场商铺、注册公司及到上海银行办理4亿元贷款等需要资金为名，先后多次从林某处非法集资47,241万元。至案发时，扣除已归还本息14,676万元，实际诈骗32,565万元。林卫平被骗资金又主要是从吴某等71人及浙江一统实业有限公司处非法吸收所得。

(2)2006年6～11月，被告人吴英以高额回报或利息为诱饵，以炒铜期货、去湖北荆门收购烂尾楼及公司需要周转资金等为名，先后多次从杨某处非法集资9600

万元。至案发时,扣除已归还本息 8428 万元,实际诈骗 1172 万元。杨某陵被骗资金又主要是从刘某龙等 30 人处非法吸收所得。

(3)2006 年 1~11 月,被告人吴英以高息为诱饵,以投资广州白马市场商铺等为名,多次从杨某昂处非法集资 3130 万元。至案发时,扣除已归还本息1995万元,实际诈骗 1135 万元。杨某昂被骗资金又主要是从楼某贞等 9 人处非法吸收所得。

(4)2005 年 5 月至 2006 年 11 月,被告人吴英以高额投资回报为诱饵,以投资做石油生意为名,多次从毛某娣处非法集资不予归还,共诈骗资金 762.5 万元。

(5)2006 年 10 月,被告人吴英以高息为诱饵,从任义勇处非法集资 800 万元。至案发时,扣除已归还 50 万元,实际诈骗 750 万元。

(6)2005 年 11 月至 2006 年 11 月,经杨某介绍,被告人吴英以高息为诱饵,以投资广州白马市场商铺、公司资金周转等为名,多次从杨某江处非法集资 8516 万元。至案发时,扣除已归还本息 7840 万元,实际诈骗 676 万元。杨某江被骗资金又主要是从朱某明等 12 人处非法吸收所得。

(7)2006 年 1~10 月,被告人吴英以高息为诱饵,经杨某江介绍,多次从叶某生处非法集资 1670 万元。至案发时,扣除已归还本息 1354.5 万元,实际诈骗 315.5 万元。

(8)2006 年 11 月 28 日,被告人吴英以高息为诱饵,以投资需要资金为名,从龚某平处骗取资金 300 万元。

(9)2005 年 8 月至 2006 年 11 月,被告人吴英以高息为诱饵,以做煤和其他生意、公司注册需要资金等为名,从周某红、杜某芳夫妇处非法集资 2970 万元。至案发时,扣除已归还本息 2707.5 万元,实际诈骗 262.5 万元。周某红被骗资金除自有资金外,还有部分系从其兄弟周某卫、周某云处筹得。

(10)2006 年 8 月 25 日,被告人吴英以高息为诱饵,以投资需要资金为名,从蒋某幸处骗取资金 250 万元未归还。蒋某幸被骗资金系从徐某滨和包某荣 2 人处筹得。

(11)2006 年 1~9 月,被告人吴英以高息为诱饵,以投资广州白马市场商铺为名,多次从龚某峰处非法集资 2100 万元。至案发时,扣除已归还本息 1862 万元,实际诈骗 238 万元。

诉讼过程中,检察院主张吴英构成集资诈骗罪。吴英辩护人提出:①吴英主观上没有非法占有的目的,客观上没有使用诈骗手段非法集资,借款人为特定对象,不符合面向社会不特定公众的要件,吴英的行为不构成集资诈骗罪;②吴英的借款行为以公司名义进行，且用于公司经营，吴英的借款行为属于公司行为，而非吴英的个人行为；③即使吴英构成犯罪，应考虑本案受害人也存在一定过错，吴英有重大立功表现等从轻或减轻的量刑情节，要求对吴英在无期徒刑以下量刑。

针对上述抗辩，法院审查后作出以下认定：①吴英主观上具有非法占有的目的。吴英在早期高息集资已形成巨额外债的情况下，明知必然无法归还，却使用欺骗手段继续以高息不断地从林某平等人处非法集资；吴英将集资款部分用于偿付欠款和利息、部分用于购买房产、车辆和个人挥霍，还对部分集资款进行随意处置和捐赠。②吴英集资过程中使用了诈骗手段。为了进行集资，吴英隐瞒其资金均来源于高息集资并负有巨额债务的真相，并通过短时间内注册成立多家公司和签订大量购房合同等进行虚假宣传，为其塑造“亿万富姐”的虚假形象。集资时其向被害人编造欲投资收购商铺、烂尾楼和做煤、石油生意等“高回报项目”，骗取被害人信任。③吴英非法集资对象为不特定公众。吴英委托杨某等人为其在社会上寻找“做资金生意”的人，事先并无特定对象，事实上，其非法集资的对象不仅包括林某平等11名直接被害人，也包括向林某平等人提供资金的100多名“下线”，还包括俞某素等数10名直接向吴英提供资金但没有按诈骗对象认定的人。在集资诈骗的11名受害人中，除蒋某幸、周某红2人在借钱之前认识吴英外，其余都是经中间人介绍为集资而认识的，并非所谓的“亲友”。林某平等人向更大范围的公众筹集资金，吴英对此完全清楚。④本色集团及各公司成立的注册资金均来自非法集资，成立后大部分公司未实际经营或亏损经营；吴英用非法集资来的资金注册众多公司的目的是虚假宣传，给社会公众造成本色集团繁荣的假象，以骗得更多的社会资金。而且吴英大量集资均以其个人名义进行，大量资金进入的是其个人账户，用途也由其一人随意决定。故本色集团及所属各公司实质上是吴英非法集资的工具，原判认定本案为吴英个人犯罪正确。⑤一审认定吴英构成集资诈骗罪的相关证据均曾经吴英核对签字确认，并经一、二审法庭出示、质证，本案的全部审判程序符合法律规定，并经最高人民法院复核确认，不存在程序违法问题。⑥吴英所谓检举揭发的他人犯罪，均系其为了获取非法利益而向他人行贿，依法不构成立功。综上，吴英的辩解及其辩护人相关的辩护意见，均与查明的事实和相关法律规定不符，不予采纳。

因此，浙江省高级人民法院最终判定如下：被告人吴英以非法占有为目的，以高额利息为诱饵，采取隐瞒真相，虚假宣传和虚构项目等欺骗手段面向社会公众非法集资，其行为已构成集资诈骗罪。吴英集资诈骗数额特别巨大，给国家和人民利益造成了特别重大损失,且其行为严重破坏国家的金融管理秩序,危害特别严重,应依法惩处。鉴于吴英归案后如实供述所犯罪行,并主动供述其贿赂多名公务人员的事实,其中已查证属实并追究刑事责任的3人,综合考虑,对吴英判处死刑,可不立即执行。吴英及其辩护人相关改判的要求,予以采纳;但辩护人要求对吴英在无期徒刑以下量刑,与吴英的罪行不符,不予采纳。原判定罪正确,审判程序合法。唯量刑不当,应予变更。

**2. 案例分析及应对**

最高人民法院经复核认为,被告人吴英集资诈骗犯罪事实清楚,证据确实、充分,一审判决、二审裁定定性准确,审判程序合法。吴英主观上具有非法占有的目的。吴英在早期高息集资已形成巨额外债的情况下,明知必然无法归还,却使用欺骗手段继续以高息(多为每万元每天40~50元,最高年利率超过180%)不断地从林某平等人处非法集资。

判决既定,然而讨论的声音未止。① 认为吴英有罪者,称其行为是典型的"庞氏骗局"。北京大学国家发展研究院与法学院合聘研究员薛兆丰的观点如下:①反对极刑;②赞成给予民间融资更大自由;③认为吴英行为属于俗称"庞氏骗局"的诈骗行为。因此,如果不惩罚反而鼓励吴英式的经营行为,那将是对诚实商人的羞辱,也是对正当民间融资的扼杀。此外,吴英在举债时,刻意隐瞒实际亏损,并一再履行承诺,使人误信其盈利能力。在此过程中,吴英确实有实业投资,但这些实业的盈利能力从来不足以承担50%、100%,甚至400%以上的利率。实际上,在吴英的经营出现亏空后,还款就越来越多地依靠她所构筑的资金链条,即利率高得越来越不切实际的新贷款。败露的契机,也正是这个资金链条的断裂。

华东政法大学经济法学院院长吴弘也认为,吴英通过11个人,要求向更多的人去筹集资金,款项吸收进来,是典型的庞氏骗局。集资诈骗的钱是挪用掉的,吴英案件中的大部分资金也是挥霍掉的,只有小比例的资金用于投资,这符合集资诈骗的认定条件。同时,他表示,庞氏骗局在国外也是以诈骗处理的。

但另外部分法律界人士继续从犯罪构成要件的角度分析,认为判吴英集资诈骗罪的理由不充分。北京理工大学法学院教授徐昕认为吴英不构成集资诈骗罪。吴英借款时都是通过电话、见面或者吃饭等方式与各债权人联系洽谈,没有一笔借

① 参见第一财经日报:《吴英:被误认的"民间金融代言人"》,载第一财经网,https://www.yicai.com/news/1654185.html,2020年4月10日最后访问。

款是通过公开宣传手段借来的，即没有以公开宣传的方式向社会集资。①

清华大学法学院教授劳东燕通过《中国新闻周刊》表示，她更倾向于吴英涉嫌非法吸收公众存款，而非集资诈骗。“集资诈骗是诈骗罪的一种。只要是诈骗，就是从一开始便想把钱占为己有。如果吴英的问题在于资金拆借或融资方面，就不符合集资诈骗罪中规定的‘以非法占有为目的’。如果吴英构成非法吸收公众存款罪，而最终被判死缓这样的重刑，就意味着所犯罪行与所应承担的刑罚不相称。”

国家垄断金融导致民间借不到借款，这种现象本身就是一种不公平和不平等的金融体制造成的。因此，有一种观点认为非法集资不应该构成任何一方的犯罪，不仅不应该定罪，而且应该改变这种体制。

虽然吴英已被判处刑罚，但因吴英案引发的相关思考仍在继续。徐昕分析，非法吸收公共存款、集资诈骗等罪名，在现实层面通常被用于两种情形：一是无法及时还款，影响了社会稳定，而打击犯罪的第一要务是维稳；二是企业家得罪某些官员时，也可能会被打击成犯罪。因此，需要严格把握立案标准，严把证据关，警惕对民营经济造成雪上加霜。②

（二）套路贷介绍及相关案例

套路贷，是对以非法占有为目的，假借民间借贷之名，诱使或迫使被害人签订“借贷”或变相“借贷”“抵押”“担保”等相关协议，通过虚增借贷金额、恶意制造违约、肆意认定违约、毁匿还款证据等方式形成虚假债权债务，并借助诉讼、仲裁、公证或者采用暴力、威胁以及其他手段非法占有被害人财物的相关违法犯罪活动的概括性称谓。“套路贷”在本质上属于违法犯罪行为，借款本金和利息不受法律保护。高利贷体现了双方意思自治，借款行为本身及一定幅度内的利息是受法律保护的。《最高人民法院关于审理民间借贷案件适用法律若干问题的规定》第 25 条第 1 款规定：“出借人请求借款人按照合同约定利率支付利息的，人民法院应予支持，但是双方约定的利率超过合同成立时一年期贷款市场报价利率四倍的除外。”即高利贷本金及法定利息受法律保护，超过法定的高额利息部分不受法律保护。

在扫黑除恶进入攻坚之年的大背景下，最高人民法院、最高人民检察院、公安部、司法部四部门于 2019 年 4 月 9 日出台了《关于办理“套路贷”刑事案件若干问题的意见》。截至 2019 年 9 月 3 日，全国公安机关严厉打击“套路贷”违法犯罪活动，共侦办“套路贷”团伙案件 1890 起，抓获犯罪嫌疑人 18,651 人，破获各类刑事案

① 参见易之：《被定罪的吴英和被争议的吴英案》，载《中国新闻周刊》2020 年第 3 期。

② 参见易之：《被定罪的吴英和被争议的吴英案》，载《中国新闻周刊》2020 年第 3 期。

件18,790起,查扣涉案资产161.76亿元。①

**1.案例——上海法院首次对三名人员判处无期徒刑②**

2015年起,黄某、谢某及张某等人从事个人借贷业务,后通过注册成立天甘公司和控制怡智公司,分设业务部、后勤部、网签部、催债组等部门。

张某、黄某、谢某伙同其他多名被告人,先以"无抵押贷款"为诱饵,再以"违约金""行业操作惯例"等名义诱骗被害人签订虚高借款金额的借条,并带被害人至银行转账,制造被害人已取得全部借款金额的假象。随后,再以各种借口单方面认定被害人违约,使用威胁、恐吓、上门骚扰等手段,或迫使被害人按照虚高金额还款,或带至其他犯罪团伙平账,或向法院提起虚假诉讼等方式骗取被害人钱财。

从2015年起,以黄某、谢某、张某3人为首的两个诈骗集团以"无抵押贷款"等民间借贷为诱饵,以"违约金""行业操作惯例"等名义诱骗被害人签订虚高借款金额的借条。截至案发,两诈骗集团共骗取72名被害人,骗得总金额约3200万元。其中,以被告人黄某、谢某等人为首的犯罪集团骗取查某、张某等33名被害人约1400万元;以张某等人为首的犯罪集团骗取被害人周某、王某、卜某等39名被害人,共计骗得1800余万元。

上海市第二中级人民法院认为,被告人黄某、谢某、张某等伙同其余被告人,以非法占有为目的,共同诈骗他人钱款,其行为均已构成诈骗罪,且犯罪数额特别巨大,依法应予惩处。

黄某、谢某、张某等人预谋后注册成立借贷公司,下设业务部、财务部、后勤部、催债组等部门,之后3人负责组织、指挥和决策,其余被告人负责签订虚假借条、银行转账、催讨钱款等具体事务,各个被告人分工明确,相互配合,组成较为严密和固定的犯罪组织,应当认定为犯罪集团,且被告人黄某、谢某、张某等人是犯罪集团的首要分子,应当按照集团所犯的全部罪行处罚。

根据被告人犯罪的事实、性质、情节、对于社会的危害程度及在共同犯罪中的作用、地位等对两起案件的被告人作出一审判决,最高刑为无期徒刑。这起案件犯罪金额近500万元,是上海法院首次以抢劫罪等3项罪名严惩涉"套路贷"犯罪。

① 参见新华社:《公安机关侦办"套路贷"案件1890起　抓获嫌疑人18651人》,载中华人民共和国中央人民政府官网,http://www.gov.cn/xinwen/2019-09/03/content_5427015.htm?_zbs_baidu_bk,2020年1月30日最后访问。

② 参见豫法阳光:《案例丨首例判决:"套路贷"人员被判无期徒刑(最高院判决:以借贷为业的民间借贷合同无效)》,载中国审判官网,http://www.chinatrial.net.cn/news/18243.html,2020年1月30日最后访问。

**2. 案例分析及应对**

“套路贷”犯罪以“小额贷款公司”、投资咨询公司、担保公司等名义作为掩护，其本身并不具备发放贷款的资质。犯罪嫌疑人往往通过“小额借贷”“低息方便”“优惠费用”等多种利诱方式对外招揽生意，然后以公司名义与借款人签订借款合同，并以“违约金”“保证金”“中介费”“服务费”“行业规矩”等各种名目欺骗或胁迫被害人签订“虚假借款协议”“阴阳合同”等明显不利于被害人的各类借款、合同，然后制造银行“资金走账流水”痕迹，故意设置高利息、短周期等苛刻条件，并通过各种借口单方面认定被害人“违约”，进一步垒高受害人的债务，要求被害人“偿还”虚高借款。在被害人无力“偿还”的情况下，又通过诈骗、敲诈勒索、非法拘禁、虚假诉讼等各种手段，向被害人的近亲属施压，以实现其侵占被害人及其近亲属合法财产的目的。“套路贷”犯罪手段隐蔽，欺骗性强，对此，企业与个人均要树立风险防范意识，遇到借款、贷款需求，要充分考虑自己的还款能力，务必通过正规合法、拥有资质的借款机构进行借贷，切莫因“解一时之急、行非常手段”而被“套路”。

在日常生活中，如遇对方要求签订高于实际借款数额的虚高借条时要警惕，不要盲目签字，必要时可以向律师或相关部门咨询后再作决定。如已经落入“套路贷”的陷阱，要尽量保存能够反映真实借贷的证据，比如还款记录、聊天记录等，并及时向公安机关报案，配合侦查取证。如对方提起虚假诉讼，要积极到法院应诉，维护自己的合法权益。

## 第七节　互联网金融融资

互联网金融融资可谓企业融资方式的新发展，而且来势汹涌，充满力量。但自2018年6月起，P2P网贷平台风险事件不断发生，“高返”平台和“企业贷”平台集中“爆雷”，“融资雷”、派系平台背书失灵等现象频现。出现此次爆雷潮有多方原因，既有整个宏观经济环境的因素，又有行业中观和平台微观自身存在的问题。近期，诸多涉及互联网金融的风波，着实把披着“普惠”外衣的互联网金融从“云端”拉下“神坛”。有人评论称前述现象已揭露互联网金融的病根，即第三方担保不靠谱。互联网金融产品的内生风险以第三方担保等形式黑箱化，这样的互联网金融创新实际已不单是野蛮成长，而是一种缺乏建构的破坏性创造。那么，对于需要融资的企业而言，具体如何通过互联网融资，它们有多少种方式、不同方式有何利弊，以及在积极借助这个新型的平台获取资金的同时,如何处理好悬在头顶的达摩克利斯之剑——潜藏的风险,都有必要深入研究。

## 一、互联网金融融资概述

互联网金融融资,是指拟融资方借助互联网平台获得、融取资金,不同于传统融资的是互联网金融融资一般都是线上模式。换言之,借款人与贷款人可能互相不知道彼此,而通过互联网金融这一平台完成了交易,借款人支付利息借款,贷款人通过发放贷款获得利息。根据网贷之家的数据,截至2019年8月,我国网络贷款平台数量为6617家,当月的贷款成交量达780.46亿元,借贷人近215.44万人。具体如表2-11所示。①

表2-11 互联网金融规模

| 省份 | 成交量(亿元) | 月环比增长(%) | 运营平台数量(家) | 月环比增长(%) | 贷款余额(亿元) | 综合利率(%) | 平均借款期限(月) | 当月投资人数(万人) | 当月借款人数(万人) |
|---|---|---|---|---|---|---|---|---|---|
| 全国 | 780.46 | -13 | 655 | -2 | 6428.79 | 9.83 | 15.28 | 185.14 | 215.44 |
| 广东 | 122.68 | -19 | 128 | -2 | 859.08 | 9.64 | 10.38 | 38.37 | 37.46 |
| 北京 | 338.04 | -4 | 148 | -3 | 3016.38 | 10.25 | 19.43 | 87.12 | 65.22 |
| 浙江 | 108.06 | -8 | 39 | -3 | 416.17 | 8.98 | 7.11 | 16.75 | 16.55 |
| 上海 | 156.71 | -29 | 59 | -5 | 1819.15 | 10.15 | 19.34 | 31.42 | 72.43 |
| 江苏 | 2.81 | -11 | 19 | -5 | 28.91 | 10.3 | 5.91 | 0.41 | 0.82 |
| 山东 | 3.99 | 5 | 30 | 3 | 15.81 | 8.15 | 5.45 | 0.85 | 0.13 |
| 湖北 | 2.72 | -19 | 24 | 0 | 16.73 | 12.33 | 2.93 | 0.41 | 1.87 |
| 四川 | 1.7 | 1 | 13 | -7 | 6.1 | 10.96 | 3.81 | 1.37 | 1.01 |
| 其他 | 43.76 | -11 | 195 | -2 | 250.46 | 7.92 | 5.25 | 8.45 | 19.85 |

虽然2019年8月之前有上述多家机构,但截至目前,互联网金融已经被清理完毕。对于互联网融资,可以提出以下问题:其法律适用的边界何在?在适法的前提下,如何通过互联网融资?有哪些方式或途径?具体要经过哪些流程?与普通的借贷有何差别?

---

① 参见《网贷行业数据》,载网贷之家网,https://shuju.wdzj.com/industry-list.html,2019年9月26日最后访问。

## （一）互联网金融融资的法律现状

互联网金融融资可谓时代的产物，近几年发展尤其迅猛，因此，专门针对互联网金融融资而制定的法律、法规未能及时出台。虽然也有不少零散的规定，但基本都是相关主管部门或行业协会出台的部门规章、规范性文件等，法律层级低。本部分将自20世纪90年代开始至今的与互联网金融融资相关的法律、法规或其他规范性文件汇总见表2－12。

**表2－12　互联网金融相关法律文件汇总**

| 序号 | 政策法规 | 颁布时间 | 发文部门 |
|---|---|---|---|
| 1 | 《民法典》 | 2020年5月28日 | 全国人大常委会 |
| 2 | 《国务院办公厅关于严厉打击非法发行股票和非法经营证券业务有关问题的通知》 | 2006年12月12日 | 国务院办公厅 |
| 3 | 《关于小额贷款公司试点的指导意见》 | 2008年5月4日 | 证监会、中国人民银行 |
| 4 | 《非金融机构支付服务管理办法实施细则》 | 2010年12月1日 | 中国人民银行 |
| 5 | 《最高人民法院关于审理非法集资刑事案件具体应用法律若干问题的解释》 | 2010年12月13日 | 最高人民法院 |
| 6 | 《关于规范商业预付卡管理意见的通知》 | 2011年5月23日 | 国务院办公厅转发，人民银行、监察部、财政部、商务部、税务总局、工商总局、预防腐败局 |
| 7 | 《中国银监会办公厅关于人人贷有关风险提示的通知》 | 2011年8月23日 | 银监会 |
| 8 | 《支付机构客户备付金存管暂行办法（征求意见稿）》 | 2011年11月4日 | 中国人民银行 |
| 9 | 《最高人民法院关于依法妥善审理民间借贷纠纷案件促进经济发展维护社会稳定的通知》 | 2011年12月2日 | 最高人民法院 |
| 10 | 《支付机构互联网支付业务管理办法（征求意见稿）》 | 2012年1月5日 | 中国人民银行 |

续表

| 序号 | 政策法规 | 颁布时间 | 发文部门 |
|---|---|---|---|
| 11 | 《关于提示互联网保险业务风险的公告》 | 2012 年 5 月 16 日 | 保监会 |
| 12 | 《支付机构预付卡业务管理办法》 | 2012 年 9 月 27 日 | 中国人民银行 |
| 13 | 《证券投资基金销售管理办法》 | 2013 年 3 月 15 日 | 证监会 |
| 14 | 《关于加强影子银行监管有关问题的通知》 | 2013 年 12 月 10 日 | 国务院办公厅 |
| 15 | 《深圳市关于支持互联网金融创新发展的指导意见》 | 2014 年 3 月 15 日 | 深圳市金融办 |
| 16 | 《中国银监会中国人民银行关于加强商业银行与第三方支付机构合作业务管理的通知》 | 2014 年 4 月 3 日 | 银监会、中国人民银行 |
| 17 | 《关于促进互联网金融健康发展的指导意见》 | 2015 年 7 月 14 日 | 中国人民银行等十部委 |
| 18 | 《国务院办公厅关于印发互联网金融风险专项整治工作实施方案的通知》 | 2016 年 4 月 12 日 | 国务院办公厅 |
| 19 | 《非银行支付机构网络支付业务管理办法》 | 2015 年 12 月 25 日 | 中国人民银行 |
| 20 | 《网络借贷信息中介机构业务活动管理暂行办法》 | 2016 年 8 月 17 日 | 银监会、工信部、公安部、互联网信息办公室 |
| 21 | 《第三方电子商务交易平台服务规范》 | 2011 年 4 月 12 日 | 商务部 |
| 22 | 《关于做好网贷机构分类处置和风险防范工作的意见》 | 2018 年 12 月 19 日 | 互联网金融风险专项整治工作领导小组办公室、P2P 网贷风险专项整治工作领导小组办公室 |

### (二)互联网金融融资的方式

一般而言,主要可通过 P2P 和众筹两种路径融资。当然,两种路径下具体又有不同的模式。随着经济的高速发展、市场化程度的加快,各种创新型模式正如春笋般涌现,蓬勃发展,并一点一点地在撬动看似牢不可破的传统金融领域。

**1. P2P(网络借贷)**

(1)P2P 的起源

P2P 其实是舶来品,国内的 P2P 借贷服务平台于 2006 年由宜信引入。全球第一家提供 P2P 金融信息服务的公司始于 2005 年 3 月英国伦敦的一家名为 Zopa 的网站。Zopa 网贷平台为不同风险水平的资金需求者匹配适合的资金借出方,资金借出方以自身贷款利率参与竞标,利率低者胜出。这一信贷模式凭借其高效便捷的操作方式和个性化的利率定价机制常常使借贷双方共同获益。至此之后 Zopa 得到市场的广泛关注和认可,其模式迅速在世界各国复制和传播。

除了英国的 Zopa 外,目前世界上最具有代表性的 P2P 网络借贷平台还有美国的 Prosper 与 Lending Club、德国的 Auxmoney 和日本的 Aqush,等等。其中,成立于 2006 年 2 月的 Prosper 是当前全球最大的 P2P 网络借贷平台。[①]

Prosper 的流程大致如下。首先,借款人要先登记资料进行最基本的信用征信,并提供一篇计划书告诉大家需要这笔钱的用途,同时设定其能接受的利率底限,接着等待放款人放款。其次,投资者先转一笔钱进 Prosper 存放,再以类似拍卖的步骤进行竞拍,投资者可看到借款人的信用状况(如是否有房屋、信用额度多少、欠缴记录等),投资者也可问借款者问题(如现金流状况等),以最后决定要下标的最低利率和放款金额。最后,如果集资总额达到借款目标,那么 Prosper 就以当时最高的借款利率为准放款给借款人,此时放款人将会取得 Prosper 发行的证券化了的债权。[②]

(2)P2P 的特点

P2P 原本既是 Peer to Peer 的缩写,指局域网中的计算机可进行对等交互;也是 Person to Person 的缩写,指的是人与人之间的直接对接。现今,P2P 的外延已成为一个金融词汇——P2P 借贷(Peer to Peer Lending 或 Person to Person Lending)。根据银监会与小额信贷联盟的公文,P2P 借贷的中文官方译名为“人人贷”。[③]

通俗而言,P2P 网贷是指个人通过网络平台相互借贷,即由网站(公司)作为第三方中介平台,借款人在平台发放借款需求信息,投资者向借款人放贷的行为。同时,P2P 平台也能从中盈利,主要是从借款人收取一次性费用以及向投资人(贷款人)收取评估和管理费用。贷款的利率确定或是由贷款人竞标确定,或是由平台根

① 参见电子商务研究中心:《五大模式形成 P2P 网贷行业阵营》,载网经社,http://www.100ec.cn/detail—6289171.html,2019 年 9 月 26 日最后访问。

② 参见徐昌、卢亮:《差 3000 元周转全国 12 网友援手 网络借贷悄然兴起》,载中国新闻网,http://www.chinanews.com/cj/cj-gncj/news/2009/10-23/1926767.shtml,2020 年 4 月 14 日最后访问。

③ 参见姚文平:《互联网金融:即将到来的新金融时代》,中信出版社 2014 年版,第 38 页。

据借款人的信誉情况和银行的利率水平提供参考利率。

P2P 在一定程度上降低了市场信息的不对称性,对利率市场化将起到一定的推动作用。由于其参与门槛低、渠道成本低、融资效率高,在一定程度上拓展了社会的融资渠道。但从目前来看,P2P 网贷暂时还很难撼动银行在信贷领域的霸主地位,无法对银行造成根本性冲击。P2P 之所以兴盛,在于众多的中小企业难从银行融资,因此其服务对象主要定位为"被遗弃者",即被银行、信托等金融机构遗弃的一族。他们可能资信相对不足,有些甚至企图诈骗,导致网络平台催收不能,最终坏债累累以致崩塌。

(3)P2P 整治进展

一段时间以来,推动网贷行业风险出清成为政策的着力点。2018 年 12 月,互联网金融风险专项整治工作领导小组办公室、P2P 网贷风险专项整治工作领导小组办公室联合发布《关于做好网贷机构分类处置和风险防范工作的意见》(以下简称《175 号文》),提出将坚持以机构退出为主要工作方向,除部分严格合规的在营机构外,其余机构能退尽退、应关尽关。

《175 号文》分为总体工作要求、有效分类、分类处置指引、有关要求四部分,将坚持以机构退出为主要工作方向,除部分严格合规的在营机构外,其余机构能退尽退、应关尽关,加大整治工作的力度和速度。同时,稳妥有序推进风险处置,分类施策、突出重点,精准拆弹,确保行业风险出清过程有序可控,守住不发生系统性风险和大规模群体性事件的底线。

在有关要求方面,《175 号文》明确进行名单制管理。网贷机构整治名单已锁定为网安中心数据报送管理系统中录入的机构。对于系统内未正常报数的网贷机构以及系统名单外的机构,各省网贷整治办要立即移送当地处置非法集资工作机制进行处置。各省网贷整治办应加强网安中心数据报送管理系统中的信息维护,对每家网贷机构进行分类标识,在机构分类变化时及时更新机构状态。

自 2019 年以来,网贷风险整治工作取得了比较大的进展,借贷余额、借贷人数、在营机构数量均大幅下降。网贷之家最新发布的报告显示,整体看来,P2P 网贷行业延续今年以来的有序出清势头,行业在平台总数、业务总规模、投资人数量方面继续保持"三降"趋势。截至 9 月底,P2P 网贷行业正常运营平台数量下降至 646 家。而 2018 年年底,这一数字为 1021 家。①

① 参见汪子旭:《网贷整治时间表进一步明确》,载新华网,http://www.xinhuanet.com/fortune/2019-10/17/c_1125113960.htm,2020 年 2 月 4 日最后访问。

依据2021年6月8日中国人民银行官网发布的《中国区域金融运行报告(2021)》互联网金融和非法集资等风险得到全面治理,各地区深入开展P2P网络借贷领域的清理整顿,推动P2P网贷机构有序退出,在营P2P网贷机构由高峰时期的约5000家压降至零,互联网资产管理、股权众筹、互联网保险、虚拟货币交易、互联网外汇交易等领域整治工作已基本完成。①

**2. 众筹**

全球市场最大最成功的众筹平台之一Kickstarter公布了截至2019年9月底,超过1600万用户参与了超过45亿美元的项目融资,其用户遍布在全世界七大洲的214个国家。在45亿美元的融资总额中,有40.6亿美元用于支持成功项目——45亿美元只是表示用于所有项目的资金,包括仍在开展的项目以及尚未实现融资目标的项目。迄今为止,Kickstarter平台上共有170,357个项目取得了成功。由于Kickstarter会从每个成功的项目中分成5%,这意味着该平台的分成收入在2亿美元以上。②

2018年上半年,国内众筹领域共发生融资事件48,935起,其中已成功项目40,274个,募集总金额137.11亿元人民币。报告显示,上半年,物权型项目有28,010个,成功项目27,976个,成功项目融资额达69.13亿元;权益型项目12,171个,成功项目7169个,成功项目融资额达53.14亿元;股权型项目875个,成功项目253个,成功项目融资额约12.99亿元;公益型项目7879个,成功项目4,876个,成功项目融资额约1.86亿元。③

自2011年以来,中国已是全球最大的众筹市场,对于投融资者来说,都是利好消息。

(1)众筹的起源

众筹,译自crowdfunding,即大众筹资或群众筹资。据称,众筹源自300年前一位英国古老诗人蒲柏,其于1700年通过众筹出版了自己翻译的诗集《伊利亚特》。其后的1783年,为使新近谱写的3部钢琴协奏曲登上维也纳大厅,莫扎特也进行了

① 参见中国人民银行货币政策分析小组:《中国区域金融运行报告(2021)》,载中国人民银行官网,http://www.pbc.gov.cn/goutongjiaoliu/113456/113469/4264899/index.html,2021年8月9日最后访问。

② 数据统计,载kickstarter官网,https://www.kickstarter.com/help/stats? ref = global - footer,2019年9月26日最后访问。

③ 参见人创咨询:《中国众筹行业发展报告2018》,载众筹家,http://www.zhongchoujia.com/data/31205.html,2019年9月26日最后访问。

一场众筹。竖立在纽约港口的自由女神像的基座,也是由 12 万人众筹而成。该“起源说”与艺术家或艺术挂钩,真实性有待进一步考证。掀开“众筹”这一专业称谓的外衣,其实质就是将众人的钱集合在一起。此行为具有一定的私密性,因此,较难考证其究竟源自 300 年前,还是 1000 年前了。

现代众筹,是指通过互联网方式发布筹款项目并募集资金,似乎将筹资的方式或平台主要界定为互联网了。筹款项目成功后,项目发起人将会给予支持者对等的回报。回报方式可以是实物,也可以是服务。众筹平台的运作模式大同小异——需要资金的个人或团队将项目策划交给众筹平台,经过相关审核后,便可以在平台的网站上建立属于自己的页面,用来向公众介绍项目情况。众筹在业界被通俗地比作“凑份子”,甚至有段子戏称“寺庙里的和尚出门都不叫化缘,该叫众筹了”。

(2)众筹的一般模式

众筹一般分为股权众筹与非股权众筹两种。股权众筹,是指创业企业通过网络平台向大众筹资,并以股权作为回报的一种互联网金融业态。非股权众筹,具体可分为债权模式、公益模式及奖励(激励)模式,即投资者投入资金后并不拥有被投资企业的股权,要么是预购或预售的方式,要么是公益性的赠与或奖励等方式。国内非股权众筹平台主要有点名时间、众筹网、淘梦网,等等。

(3)众筹的特点

众筹是互联网投融资的一种方式,与其他投融资方式相比,有其自身的特性和优势,具体如下:

①低成本,众筹模式最大的特点在于其便利、低成本性,只要拟融资方有创意、有点子,便可成为项目发起人,借助众筹平台向社会大众融资,因此拓宽了人脉,节约了联络借款的时间成本与费用成本等。

②大众性,众筹支持者通常是普通的草根民众,而非公司、企业或是风险投资人,而且数量一般较多。

③低门槛,发起者无特别限制,无论职业、年龄、身份、地位、性别,只要有想法有创造能力都可以发起项目。

④多样性,众筹的方向具有多样性,在国内的众筹网站上的项目类别包括教育、设计、科技、音乐、影视、食品、漫画、出版、游戏、摄影等。

⑤高创性,发起人必须先将自己的创意(设计图、成品、策划等)达到可展示的程度,才能通过平台的审核,而不单是一个概念或者一个点子,要有可操作性。

虽然众筹有其自身独特的优势，然而与P2P相比，不可否认，众筹尚处于一个相对“无闻”的阶段。由于众筹容易触碰法律红线，踩到非法集资、非法吸收公众存款等刑事犯罪的地雷，目前我国对这种公开募集资金型的众筹方式持有一个较为谨慎的态度，因此，短期内其对企业融资甚至整个金融行业的影响有限。

（三）互联网金融融资的特点

**1. 运营成本低**

市场充分有效，接近一般均衡定理描述的无金融中介状态（互联网金融平台仅充当“信息中介”的角色），可以达到与现在资本市场直接融资和银行间接融资一样的资源配置效率，在促进经济增长的同时能大幅减少交易成本。①

**2. 贷款门槛低**

首先，主体无限制，企业家、普通百姓都可以通过互联网进行各种金融交易。其次，金额、期限无限制，与银行贷款不同，通过互联网金融融资借款人可贷款的金额、期限无特别限制，尤其是短期贷款，基本可以自由约定贷款期限。此外，款项的用途、去向也无特别要求，比如未要求“款项务必用在企业生产经营”之类。而且，最为关键的是，一般而言不需要借款人提供担保，由另外的担保公司或相关机构提供贷款，借款人仅需支付一定的担保费。

**3. 操作简单、效率高**

互联网金融融资，流程少、易于操作。首先，借款人申请借款无须提交繁杂的证明材料，一般而言，只需在融资平台网站注册，然后提供相应的资产收入证明。其次，相比银行贷款不需要经过严格的审核流程，贷款人支付十分便捷。因此，融资效率较高。

**4. 风险系数高**

由于是融资方式的创新，而创新总是附有一定风险，越过一定界限可能触碰刑法，借款人与融资平台可能构成非法集资罪、非法吸收公众存款罪。同时，由于借款人往往是“被遗弃”的一族，他们一般资信比较低，如果中小企业遇资金链断裂，如果是个人遇资不抵债，都可能无法及时偿还贷款。此时，互联网金融平台与投资者都将面临大于银行贷款等其他投资方式的风险。

① 参见谢平、邹传伟：《互联网金融模式研究》，载《金融研究》2012年第12期。

(四)互联网金融融资的一般流程

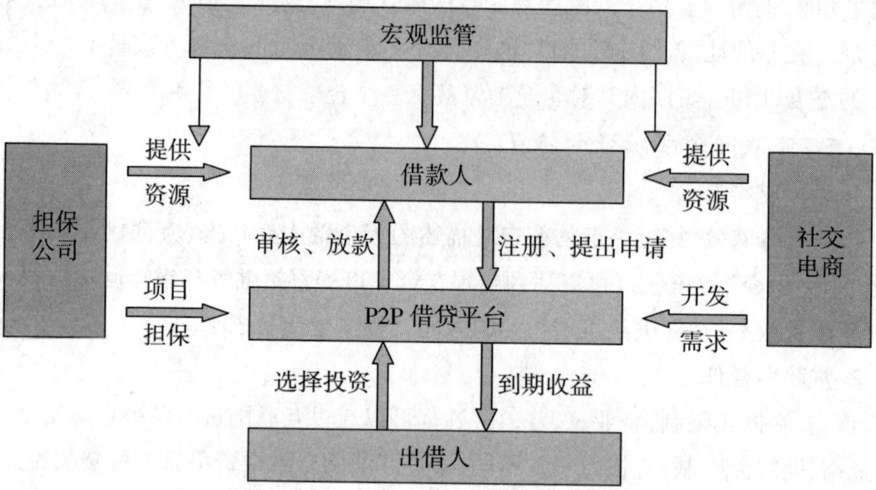


**图 2-13　互联网金融融资的流程图**

## 二、互联网金融融资潜在的风险及其应对

当企业或个人向P2P平台申请贷款或通过众筹平台融资时,借款人或平台并非立即应允,虽不需像银行贷款那样经过历时最长可达几个月的信用等级评估、尽职调查、层级审批等一系列流程之后,才承诺发放贷款,但也还是需要审核。之所以要审核,最主要的原因在于风险的防控,否则将会影响投资者的利益,甚至将影响平台自身的发展。近年来,网贷风险整治工作取得了比较大的进展,借贷余额、借贷人数、在营机构数量均大幅下降。因平台倒闭或退出而产生的纠纷的案例并不鲜见,投资者投资款无着落也是常有的事。对于融资者或借款人而言,相比投资者及平台,他们看似更多的是获益者角色,实质上也会触及诸多风险,包括商业风险及法律风险两个方面。

商业风险,主要体现为申请借款被借款人或平台拒绝的风险,获得贷款迟延导致融投资机会错失的风险,以及获得贷款后无力偿还的风险。防范第一、第三个风险的关键主要在于借款人要有良好的征信,申请时提交的材料真实、全面,后期还款及时。对于第二个风险,借款人难以防范,因不论是P2P平台还是众筹平台,相比其他融资方式而言其效率已经较高了。

本部分主要讨论可能存在的法律风险及其应对措施。不管是P2P借款还是众筹融资,借款人(融资者)与贷款人(投资者)都会签订相关协议,其实质类似《民法典》合同编中的借款合同，当然值得一提的是此类合同是否具有法律效力（后面将详细提及）。因此，如果借款人违反其与贷款人签订的合同，首先要承担民事违约责任。对于合同未约定的内容，同时相关法律或部门规章有规定的，应承担法律规定的责任。甚至，如果触及刑法构成犯罪，则应承担刑事责任。

**1. 典型风险案例（东方创投 P2P 非法集资第一案）**

曾轰动一时、涉案金额1.2亿元的“东方创投案”，在历时9个多月的调查取证后，终于有了初步的判决结果。东方创投两位主要负责人获刑。该案被称为P2P第一案，判决书［（2014）深罗法刑二初字第147号］详细内容如下：

公诉机关：深圳市罗湖区人民检察院。

被告人邓某，男，××××年××月××日出生，汉族，硕士文化。因本案，于2013年11月2日被刑事拘留，同年12月4日被逮捕。现羁押于深圳市罗湖区看守所。

辩护人魏志敏，广东国晖律师事务所律师。

辩护人朱斌，北京市盈科（深圳）律师事务所律师。

被告人线某，曾用名：李某，男，××××年××月××日出生，汉族，大专文化。因本案，于2013年12月18日被刑事拘留，2014年1月14日被逮捕。现羁押于深圳市罗湖区看守所。

辩护人孙静，广东深万鸿律师事务所律师。

深圳市罗湖区人民检察院以深罗检公诉刑诉（2014）1063号起诉书指控被告人邓某、线某犯非法吸收公众存款罪，于2014年4月4日向本院提起公诉。本院依法组成合议庭，公开开庭审理了本案。深圳市罗湖区人民检察院指派检察员黄宇出庭支持公诉。被告人邓某、线某及各自辩护人到庭参加诉讼。本案现已审理终结。深圳市罗湖区人民检察院指控：被告人邓某于2013年5月出资注册成立深圳市某有限公司，由被告人邓某任法人代表及公司负责人，被告人线某任运营总监，负责公司广告投放、人员招聘、客服管理及技术维护等工作。深圳市某有限公司在2013年6月19日创建“东方创投”网络投资平台，向社会公众推广其P2P信贷投资模式，以提供资金中介服务为名，承诺3%～4%月息的高额回报，通过网上平台非法吸收公众存款。截至2013年10月31日，“东方创投”网络投资平台共吸收公众存款人民币126,736,562.39元。2013年11月2日，被告人邓某前往公安机关投案自首；2013年12月18日，被告人线某前往公安机关投案自首。

针对指控的犯罪事实，公诉机关在法庭上宣读或出示了下列证据。

一、物证、书证

1. 借款协议书、借款合同书。

2. 东方创投投资人本金利息划分明细表。

3. 东方创投投资人信息资料。

4. 邓某向线某借款人民币109万元借条复印件。

5. 被告人邓某、线某到案经过、情况说明。

6. 深圳市房地产权登记中心查询结果表。

7. 被告人邓某、线某的户籍资料。

8. 深圳市某有限公司工商登记资料。

9. 邓某与许某之间的借款明细及转账资料。

10. 深圳和记某地产有限公司提供的深圳市房地产买卖合同复印件、收据复印件、银行流水等资料。

11. 深圳市某建筑工程有限公司提供的邓某购买布吉某花园商铺的收款收据、认购书、交易流水等复印件。

12. 陆某关于邓某借还款的书面说明及银行对账单。

13. 协助冻结财产通知书。

14. 涉案银行账户的开户资料、交易明细及相关凭证。

15. 深圳市华夏某有限责任公司等涉案公司工商登记资料。

16. 深圳市公安局罗湖分局出具的情况说明。

17. 涉案投资人的报案材料。

二、证人证言

1. 证人赵某陈述:深圳市某有限公司是一个从事投资管理的公司,负责人和法人代表是邓某,另外还有个运营总经理叫线某,具体分工不是很清楚,因为我来的时候公司已经开始经营了。我在公司中只负责打款,除了周末一般都会打款。邓某会用私人账号打到我的私人账号上,再让我打款给客户,有时候每天多的时候有几百万,少的几万块,反正财务把名单给我,我就按照名单和金额打款。

2. 证人刘某甲陈述:我是今年(2013)7月25日左右来公司上班的,主要是做技术维护工作,是公司总经理李泽明招我进公司的,我的工作就是维护公司投资平台服务器的正常运行及数据统计。导出的数据显示,实际投资人有1325人,投资本金约1.26亿元,现投资人尚未提现的资金有5250万元人民币左右。

3. 证人陈某甲陈述:我是今年(2013)8月28日左右来公司上班的,任职公司财务经理职位，负责公司的财务管理工作。公司收取投资款都是客户打到邓某的私人账号，或者是打到第三方支付平台后再转到邓某的私人账号的，对公账户的资金一般用于公司的开支及员工的工资，邓某私人账号里收取的投资款都是邓某自己在支配，我不清楚。公司返还客户投资款的流程一般都是从公司后台调出应该返还客户的本息数据，然后财务再汇总总数，报给邓某，邓某再将所需的钱打到出纳的个人账号，出纳再根据每个客户实际需打款的金额进行转账。

4. 证人刘某乙陈述：我是在今年(2013)7月18日由线某招聘我进公司任行政助理，主要工作是负责公司的日常活动筹备，另外还有在公司开开车接接人什么的。公司的主要负责人是邓某，也是法人，线某是公司的运营总经理，负责公司的整个运营业务，他们两个都能负责管理公司，但最终决定权在邓某。

5. 证人许某陈述：今年(2013)9月18日，邓某来到我公司，说想买华强北和记黄埔的“世纪汇”楼盘的一层写字楼，想要找我们公司贷款3000万元人民币用于缴纳首期款，同时他将他名下的4套布吉某花园的商铺作为抵押。由于他借款比较急，我就派员去考察了他的商铺，确认产权之后，我就让我们公司的员工万伟强与邓某签订了两份担保借款合同，分别贷款600万元人民币、1400万元人民币，总共抵押3000万元人民币，借款期为一个月，借款方为邓某和他老婆，同时在国土部门办理了抵押登记手续，邓某作了全权公证委托。手续办完后，我在当天用我的个人账户分两笔共转账1600万元给邓某，之后在9月24日、25日又将剩余的1400万元分几笔转给了邓某。借款期限届满之后，我在10月18日左右打电话给邓某要求还款，他告诉我没有钱还，并愿意将抵押的物业偿还这笔3000万元的债务，之后我在10月25日左右到国土部门办理了过户手续，将布吉某花园的4个铺面过户到了我个人名下。

6. 证人易某陈述：2013年7月17日当天，邓某来我们公司在深南中路与中航路交汇的“世纪汇广场”的销售中心，表示想购买写字楼的18层整层物业。当时是我接待的他，邓某当天就在我们公司签订了认购书，当时需交定金500万元，所以邓某在7月17日、7月22日分两笔共计500万元转账到我们公司账号，之后邓某又再陆续交纳了几笔首期款，直到9月18日他总共向我们公司交纳了2200万元人民币的首期款，同时邓某在9月18日来公司再次签订了购房正式合同，合同约定物业购入总价105,380,000元人民币，当时按照合同约定需要在签订合同当天交齐50%的首期款，但邓某当时向公司申请先交纳20%，剩余30%的款项延期交纳，但那之后邓某就再也没有交纳过任何款项了。

7.证人肖某陈述:今年(2013)2月22日,邓某来我们布吉某花园楼盘的售楼处说要买我们楼盘的4个商铺,讨价还价后定好4个商铺总价3680万元人民币,邓某当天就刷卡交了10万元诚意金,后来在3月11日他又过来交纳了60万元的定金,这样到3月26日邓某就与我们公司签订了认购合同,合同约定在60日内交齐全部购房款。后来在4月28日,邓某转来250万元,5月8日又转来150万元。在这期间因为款项一直无法一次到位,我们也与他沟通如果延期交款会追究他违约责任,所以到了5月28日邓某来公司签订了正式的房地产买卖合同,确认要购买这4个铺面,但他必须在正式合同的60日内交齐全款办理过户手续。到了7月2日,邓某就在我们公司将全部的购房款交齐到我公司,分3笔交纳共3210万元人民币尾款。

8.证人高某陈述:我是今年8月时认识的邓某,因为邓某需要借款300万元,担保公司就做担保,由我个人借300万元给邓某,8月27日我通过朋友的账户分两次共转账300万元给邓某。9月25日,我给邓某打电话说钱快到期了,他就从他农行账户转了300万元到我的农行账户,其还提供了转账给邓某人民币300万元的对账单。证人章某陈述了其介绍邓某向高某、陆某借款的经过。证人刘某丙陈述了邓某出借550万元给老乡村餐饮管理有限公司资金过桥的经过。证人陈某乙陈述了其所在公司深圳市老乡村餐饮投资管理有限公司2013年7月向邓某借款550万元的经过,并提供公司向邓某借款与还款的相关资料,证人叶某陈述了邓某向其个人借款3000多万元的经过。并提供了借款的相关明细等资料。

三、被告人供述

被告人邓某供述称:我是在2013年4月注册成立了深圳市某有限公司,我自己任法人及负责人。公司于2013年6月19日正式上线,同时通过互联网、电话及投资人团伙拉全国各地的客户在我的网络平台进行投资,投资的项目主要是房产、企业经营借款、应收款、信用贷款等。投资客户只需要通过身份证实名认证才能注册到平台,并签订“四方共同借款协议”。投资的单笔最低金额为50元,最高不超过99万元。目前网站注册的为2900人左右,真实投资的是1330人,最高投资金额是280万元,最低投资金额是300元。投资回报收益是根据周期不同时间越长利息越高,分别是投资1个月,利息是3.1%;投资2个月,利息是3.5%;3个月的利息是4.0%,投资人在投资期满需要提前一天申请提现,通过后第二天可以本金利息到账,如果没有申请,自动默认续投。申请提现的就由我们公司财务审核,第二天由出纳通过网银转账给提现客户。由于网络各方舆论攻击我们公司,导致投资客户产生恐慌心理,纷纷要求提现,导致公司的资金链无法及时跟进,也无法及时支付客户需要提现的资金。我收取的客户投资款一方面为了扩大企业规模,我在美国成立了一家名为 ALC 的合资公司,同时在深圳成立了深圳市兆融财富、深圳市中环宇基金管理有限公司,成立这三家公司花费了约 600 万元;另一方面在今年(2013)年初,我在布吉街道办布吉某花园购买了 4 个街头铺面,总共花费 3800 万元,其中 2500 万元来自公司客户的投资款。同时我在 9 月初用布吉的 4 个铺面在担保公司做了抵押贷款,贷出 3000 万元人民币,用于支付深南路与华富路交汇的"世纪汇"商业写字楼 18 层整层的首期款 2200 万元,剩余的 800 万元用于日常返还客户投资提现。公司前期是有意向将客户的投资款出借给实际有资金需求的企业,但实际操作后发现坏账会超过 6% 不能按时收回。这个时候为了做到能及时返还投资人的本息,我就决定通过我名下的企业以及我的私人物业来实现增值利润反馈投资人。公司的股东就我一个,公司是我出资筹办的。另外有一个合伙人,也就是公司总经理线某,但他没有出资。他负责全部运营,包括公司人员招聘、对外收集客户资料、做宣传广告等,基本上是他全权管理,我就负责支配投资客户的投资款。我跟线某说过我用钱去买房产了,具体怎么操作他不知情。

被告人线某供述称:深圳市某有限公司是在今年 4 月成立的,法人代表和负责人是邓某。邓某在 5 月找到我,说想从事 P2P 网络投资经营模式,让我帮他招人。我就在网上发布了招聘信息,公司在 6 月初装修完之后,我就找了之前在红领创投的一个同事在网上花了几十万买了个平台,取名叫"东方创投"。然后在 6 月 19 日上线从事 P2P 网贷投资。主要是在平台上设立投资标的,比如企业借款、房产、车辆抵押借款等标的类型,投资客户选择投标,并在网上签订四方借款协议,然后客户就会使用支付平台在线打款,最后款项会转入邓某的私人账号内。标的投资期限一般分为 1 个月、2 个月、3 个月,投资期限到期前客户如果申请提现,后台服务器就会自动计算出应返还的本金及利息,邓某就会将需要返还的资金转给公司出纳,再打给投资客户。平台运作到了 9 月中旬时,邓某的资金就出现了问题,提现也不及时,也出现客户集中提现的情况,无法及时返还投资款,那个时候很多投资人打电话投诉,我看到邓某的资金链出现了问题,可能无法支持下去,我就离开了公司。后期有一些投资人找到公司,邓某又打电话找到我让我出面进行解释,但邓某所承诺的返还款老是无法及时到位,我意识到公司无法坚持下去,所以我没有和他联系就离开了公司。

在公司中,邓某负责财务、资金支配,我负责人员招聘、广告投放、技术维护等。我没有出资,也不是股东。在任职期间,邓某分给了我 337 万元的奖金。这些钱是邓某付给我管理公司的好处费,目前我认为这些钱应该是客户的投资款。邓某在开设公司之前曾向我借款109万元,开具了借条,所以后期以他个人账户还给了我。我当时离开公司后,知道这些钱都是投资客户的投资款,所以我都没有使用过,为了减小他们的损失,我愿意返还318万元。

电子数据:电子数据光盘一张,内含东方创投投资人本金利息划分明细表、投资人信息资料、借款电子协议书等。

四、勘验、检查、辨认笔录

公诉机关认为,被告人邓某、线某违反国家金融管理法规,非法向社会公众吸收资金,数额巨大,其行为已触犯《中华人民共和国刑法》第176条,应以非法吸收公众存款罪追究其刑事责任。被告人邓某、线某犯罪以后自动投案,如实供述自己的罪行,是自首,可以从轻或者减轻处罚。据此,公诉机关诉请本院依法判处。

被告人邓某承认控罪,对指控的事实及证据无异议。其辩护人的主要辩护意见如下:(1)被告人邓某有投案自首情节,并且该行为对降低社会危害,减少投资人的经济损失有重要作用;(2)被告人主观恶性不大,犯罪情节相对轻微;(3)被告人邓某系初犯、偶犯,案发后能积极想办法减少犯罪后果和投资人损失;(4)本案系单位犯罪;(5)被告人邓某在共同犯罪中系从犯;(6)本案起诉书认定的涉案金额存在错误。

被告人线某承认控罪,对指控的事实及证据无异议。其辩护人辩称:(1)被告人线某主动投案并如实供述,应认定为自首;(2)被告人线某无犯罪前科,系初犯;(3)被告人线某归案后积极把全部所得交给公安机关用来弥补投资人的损失,具有悔罪表现;(4)被告人线某受雇于邓某,负责公司的日常行政管理,在共同犯罪中起次要作用,应认定为从犯。经审理查明,公诉机关指控被告人邓某、线某的上述犯罪事实客观、真实;证明上述事实的证据来源合法,且经当庭质证,本院予以采信。另查明,被告人邓某在非法吸收公众存款后,将犯罪所得的人民币2200万元支付给深圳市和记某地产有限公司用于购买房产,该款现已被公安机关冻结(冻结银行:中国银行;账号:777###;户名:深圳市和记某地产有限公司)。被告人线某向公安机关投案自首时提出自愿退赃,并提供收取赃款的银行卡(开户银行:中信银行;卡号:6217###;户名:线某),公安机关据此冻结该卡号内资金人民币3,181,933.58元。又查,本案非法吸收公众存款的金额虽为人民币126,736,562.39元,但东方创投投资人本金利息划分明细表等书证显示,截至2013年10月31日止,投资人已提现金额为人民币74,719,587.96元,该提现金额折抵本金后,投资参与人实际未归还本金为人民币52,503,199.73元。

本院认为,被告人邓某、线某违反国家金融管理法规,非法向社会公众吸收资金,数额巨大,其行为已构成非法吸收公众存款罪。公诉机关对被告人邓某、线某犯非法吸收公众存款罪的指控,事实清楚,证据确实、充分,应予以支持。在共同犯罪中,被告人邓某系公司的法定代表人及负责人,并全面掌控、支配吸收到的资金,起主要作用,是主犯;被告人线某受雇参与犯罪,负责公司运营管理,但对吸收的资金支配无决定权,起次要作用,可以减轻处罚。被告人邓某、线某犯罪以后自动投案,如实供述自己的罪行,是自首,可以从轻处罚。对被告人邓某的辩护人关于本案系单位犯罪的意见,本院认为,本案犯罪虽以单位名义实施,但涉案单位深圳市某有限公司系被告人邓某为实施非法吸收公众存款犯罪而成立,且成立后主要用于实施犯罪,应认定为个人犯罪。对该意见,本院不予采纳。被告人邓某的辩护人关于邓某系从犯、犯罪情节较轻、起诉书认定数额有误等意见与事实不符,本院不予采纳。被告人邓某的辩护人关于邓某具有自首情节的意见与事实及法律相符,本院予以采纳。被告人线某的辩护人的意见与事实及法律相符,本院予以采纳。鉴于被告人邓某归案后提供涉案赃款线索协助公安机关查扣涉案赃款,减少了投资人损失,本院酌情予以从轻处罚。鉴于被告人线某系初犯,在共同犯罪中系从犯,且犯罪后能自首并主动退还全部非法所得,有悔罪表现,本院决定对其适用缓刑,给其一个改过自新的机会。

依照《中华人民共和国刑法》的相关规定,判决如下:

被告人邓某犯非法吸收公众存款罪,判处有期徒刑3年,并处罚金人民币30万元(刑期从判决执行之日起计算。判决执行以前先行羁押的,羁押一日折抵刑期一日。即自2013年11月2日起至2016年11月1日止;罚金于本判决生效之日起30日内缴纳)。被告人线某犯非法吸收公众存款罪,判处有期徒刑2年,缓刑3年,并处罚金人民币5万元(缓刑考验期刑期从判决确定之日起计算;罚金于本判决生效之日起30日内缴纳)。冻结在案的中国银行深圳和记某地产有限公司名下账户(账号为:777###)内资金人民币2200万元、中信银行线某名下账户(卡号为:6217###)内的资金3,181,933.58元及其孳息均系非法所得,均予以追缴并按投资参与人未归还本金的比例返还投资参与人。

**2. 深入剖析**

本案中,被告人行为具有诈骗、自融等性质,符合非法吸收公众存款罪的法律构成要件。根据2010年11月22日最高人民法院审判委员会通过的《最高人民法院关于审理非法集资刑事案件具体应用法律若干问题的解释》第 1 条,同时具备下列 4 个条件的,除刑法另有规定的以外,应当认定为构成《刑法》第 176 条规定的非法吸收公众存款或变相吸收公众存款的行为:

(1)未经有关部门依法批准或者借用合法经营的形式吸收资金;

(2)通过媒体、推介会、传单、手机短信等途径向社会公开宣传;

(3)承诺在一定期限内以货币、实物、股权等方式还本付息或者给付回报;

(4)向社会公众即社会不特定对象吸收资金。

该司法解释同时规定,在具备司法解释第 1 条规定的情况下,自然人借款人借款数额在 20 万元以上或向 30 人以上借款的,单位借款人借款数额在 100 万元以上或向 150 人以上借款的,则借款人可能构成非法吸收公众存款罪。因此,虽然 P2P 公司不直接接纳资金,仅提供中间服务,但借款人构成非法吸收公众存款罪的,作为中间方的 P2P 公司可能构成借款人非法吸收公众存款罪的共犯。虽中国人民银行已会同相关部门对 P2P 网贷进行摸底调查,并正在考虑如何立法规范,但在新政策出台之前,P2P 公司应当遵循现行法律并在该原则范围内开展业务,即 P2P 公司应当结合前述司法解释并根据借款人的身份确定单个融资需求主体的单笔交易最高借款金额限制和资金出借人数的上限。如借款人并未将借款主要用于正常的生产经营活动,且未能够及时清退的,P2P 公司易被认定构成犯罪。

除此之外,对于在创新模式下,如果借款人为公司企业,且拆分后的份额的购买人超过 200 人的,则可能构成《刑法》第 179 条规定的擅自发行股票、公司、企业债券罪。

# 第三章
# 权益融资

## 第一节 天使投资、VC 与 PE

一般来说,一个公司从初步创立到稳定成长,需要三轮融资,作为公司的启动资金,第一轮融资主要来自个人或机构天使投资;第二轮融资往往会有风险投资机构进入为产品的市场化注入资金;最后一轮则是上市前的融资,来自大型风险投资机构或私募基金。直至企业成功上市,仍需不断融资如定向增发等。我们称前三轮融资为上市前融资,企业上市后为上市后的再融资。作为首轮融资,天使投资、VC 与 PE 似乎扮演着主角身份。

本节重点内容是私募股权投资,天使投资与风险投资也将进行对比性介绍。

### 一、天使投资

有人称:当你刷爆了全部的信用卡并榨干了你所有的亲朋好友之后,作为一名创业者,接下来就只能向所谓的"天使"投资人求助了。这一表述,形象地描绘了"天使投资"对处于种子期、初创期的成长性企业或创业者的重要性。

1998 年,两位还没毕业的穷学生向 Sun 公司的共同创始人安迪·托尔斯海姆讲述他们的创业梦想,后者对他们说:我听不懂你们的商业模式,先给你们一张支票,半年之后告诉我你们在做什么。靠着这 20 万美元支票起家,两个人一步步打造出了今天的 Google,而安迪·贝托尔斯海姆的 20 万美元后来变成了近 3 亿美元。

2010年,被美国《时代》杂志评为年度人物的互联网超级明星扎克伯格,Facebook创始人,也是在天使投资人About Face公司20万美元的资助下开始了梦想,其后又获得Accel Partners的1270万美元的风险投资。

在中国,天使投资孵化金蛋的例子也比比皆是。现任搜狐公司董事局主席兼首席执行官张朝阳,曾得到其老师美国麻省理工学院尼古拉·庞帝教授等20多万美元的天使投资,使得其于1996年创立的爱特信发展为今天的搜狐网,如今市值达21亿美元;2000年,李彦宏和徐勇借助120万美元的天使投资,创建了今天的百度,如今市值771.94亿美元。

到底何为天使投资?在我国,并没有明确的法律规定对其进行专门的解释。据称,天使投资一词,起源于百老汇,一般指富人出资帮助演出。因此,最初的天使投资带有公益性质。但是我们所称的天使投资,主要指权益资本投资的一种方式,它是参与型投资,也是增值型投资。投资者拟通过对创业者投以资金而获取收益,同时可能会参与公司的经营管理、战略决策等。只是,与一般投资有所差异,天使投资风险很大,但收益也可能很高,可谓"高风险、高收益"。

该种投资模式下的投资者被称为投资天使,或天使投资人。新东方创始人徐小平,小米科技创始人、董事长兼首席执行官、金山软件公司董事长雷军,曾任Google、微软全球副总裁创新工场董事长兼首席执行官李开复,都是中国著名的天使投资人。除此之外,逐渐兴起以"天使投资俱乐部、天使联盟"等形式组织的天使投资团队,以及天使投资基金等机构化投资天使。2013年天使投资联盟不断涌现,如江苏省天使投资联盟、中国技术创业协会天使投资联盟、广州开发区天使投资联盟、中关村天使投资协会、中关村天使投资百人会、中国青年天使会等。天使投资基金则以真格基金为典型。

由于我国关于天使投资的立法几乎处于空白状态,因此哪些企业能获得投资天使的投资没有特别限制。然而,近几年部分省市地方政府相继出台了一些规范性文件(详见后文"天使投资适用的法律规范"部分),有些规范对融资方或天使投资的对象有所限定。以杭州市为例,根据《杭州市天使投资引导基金管理办法》的规定,天使投资引导基金的投资对象为初创期企业。初创期企业,是指在杭州市注册设立,主要从事高新技术产品研究、开发、生产和服务的科技型中小企业,且应当具备下列条件:具有企业法人资格;职工在300人以下,直接从事研究开发的科技人员占职工总数的比例在10%以上;上一年度年销售额在2000万元人民币以下或净资产在2000万元人民币以下。在实践中,似乎并没有过多限制,甚至很多时候天使投资人不需要经过对项目的审核、缔约磋商等流程，直接将资金打入融资者、创业者的账户。

天使投资与其他融资方式相比，尤其是 VC、PE，有何优势？创业者、初创期企业将怎样获得天使投资人的投资？具体要经过什么流程？当下，中国与国外天使投资现状如何？作为融资方的创业者、初创期企业又是否将面临各种风险？

（一）天使投资概述

**1. 天使投资适用的法律规范**

天使投资在国外发展相对成熟，在我国的逐渐兴起离不开互联网的普及。我国一直以来并没有明确的法律法规对天使投资进行规制，仅部分法律规范有所涉及，2006 年由国家发展和改革委员会、科学技术部、财政部、商务部、中国人民银行、国家税务总局、国家工商行政管理总局、中国银行业监督管理委员会、中国证券监督管理委员会、国家外汇管理局联合出台的《创业投资企业管理暂行办法》、2017 年全国人大常委会修订的《中小企业促进法》，2018 年科学技术部出台的《科技企业孵化器管理办法》。

2013 年以后，中小企业逐渐广泛采用天使投资进行融资，相关发展政策不断出台：2013 年 7 月 23 日发改委发布《发展改革委关于加强小微企业融资服务支持小微企业发展的指导意见》，该政策对于优质天使投资项目后续融资发展起到一定的促进作用；2013 年 8 月 8 日，国务院出台《国务院办公厅关于金融支持小微企业发展的实施意见》；2013 年 10 月 25 日国务院总理李克强主持召开国务院常务会议，此次会议重点讨论了推进公司注册登记制度改革，以进一步降低创业成本，激发社会投资活力。另外，一些地方政府也出台了相应促进天使投资发展的指导办法，例如《江苏省天使投资引导资金管理暂行办法》《扬州市天使投资引导资金管理暂行办法》《青岛市科技技术局天使投资引导资金管理办法》、《宁波市天使投资引导基金管理办法（修订）》《成都市科技创业天使投资引导资金管理暂行办法》《杭州市天使投资引导基金管理办法》等。

与天使投资相关的主要法律规范，见表 3－1。

表3-1 与天使投资相关的主要法律规范

| 序号 | 规范名称 | 生效时间 | 颁布机构 |
| --- | --- | --- | --- |
| 1 | 《创业投资企业管理暂行办法》 | 2006年3月1日 | 国家发展和改革委员会;科学技术部;财政部;商务部;中国人民银行;国家税务总局;国家工商行政管理总局;中国银行业监督管理委员会;中国证券监督管理委员会;国家外汇管理局 |
| 2 | 《国务院办公厅关于金融支持小微企业发展的实施意见》 | 2013年8月8日 | 国务院办公厅 |
| 3 | 《发展改革委关于加强小微企业融资服务支持小微企业发展的指导意见》 | 2013年7月23日 | 国家发展和改革委员会 |
| 4 | 《中小企业促进法》 | 2018年1月1日 | 全国人民代表大会常务委员会 |
| 5 | 《科技企业孵化器管理办法》 | 2019年1月1日 | 科学技术部 |
| 6 | 《关于创业投资企业和天使投资个人有关税收政策的通知》 | 2018年7月1日 | 财政部;税务总局 |
| 7 | 《江苏省天使投资引导资金管理暂行办法》 | 2013年2月1日 | 江苏省财政厅;江苏省科学技术厅 |
| 8 | 《成都市科技创业天使投资引导资金管理暂行办法》 | 2014年9月28日 | 成都市科学技术局;成都市财政局 |
| 9 | 《青岛市科学技术局天使投资引导资金管理办法》 | 2015年11月18日 | 青岛市财政局;青岛市科学技术局 |
| 10 | 《杭州市天使投资引导基金管理办法》 | 2016年3月11日 | 杭州市科学技术委员会;杭州市财政局 |
| 11 | 《宁波市天使投资引导基金管理办法(修订)》 | 2019年4月2日 | 宁波市科学技术局;宁波市经济和信息化局;宁波市财政局 |

**2. 天使投资的特征**

天使投资作为企业首轮融资三种主要方式之一,具有不同于第二轮、第三轮融资的特点。

(1)投资对象比较明确

天使投资的对象主要是处于种子期、初步创立期的企业,此时,企业才刚刚起跑,尚不成熟。而第二轮、第三轮投资往往是已经发展较为成熟的企业,甚至是已经上市的公众公司。

(2)投资者无门槛

天使投资的投资者并没有特别限制,并不要求投资者必须是个人或机构,也不要求个人账户余额必须达到一定值或为机构设置净资产或金融资产门槛。当然,实务操作上,天使投资更多的是个人,虽未必是"大富翁",但曾经可能是创业者,有一定的经验。

(3)高风险、高收益

天使投资对于投资者而言属"高风险、高收益"的一种投资方式,一旦投入的资金使种子期企业茁壮成长,可能将有10倍、20倍甚至更高的收益。当然,投资者自身也能预见到,如果创业计划夭折,投入的资金将付诸东流。也因此,该种类型的投资者被称为"天使"。

(4)参与型投资

天使投资是一种增值型投资、参与型投资。由于投资者更多时候曾经也是创业者,因此投资后可能会参与公司的战略决策和设计,为创业者提供建议、帮渡难关等。当然,也有一些投资天使注入资金后持观望状,Google曾经的投资天使安迪·托尔斯海姆便是典型。

同时,虽然其与VC、PE同为企业创立期较为重要的融资方式,但仍有所差异,也因此形成了天使投资自身的特点。与VC相比,天使投资一般被认为是风险投资的一种,但天使投资的投资者更多的是个人,而VC投资者更多的是机构。与PE相比,天使投资的投资金额一般较小,私募投资的投资者门槛较高,投资于单只私募基金的金额不低于100万元,且机构的净资产不低于1000万元,个人的金融资产不低于300万元或最近3年个人年均收入不低于50万元。虽然三者本质上仍有所差异,但在实务中,相互之间的界限越来越模糊。

**3.天使投资的发展现状**

(1)中国天使投资的发展现状

2000年以后,中国的风险投资快速发展,天使投资人也随之出现。但现阶段,中国仍面临缺少专业的天使投资家的困境。大多数天使投资者喜欢选择短、频、快的项目,因此比较成熟的大型项目(如接近上市的公司)的融资相对容易;但风险系数相对高,而需要全方位扶持的创业型企业,较难获得支持。

虽然起步较晚,但顺应全球发展大潮,经历十几年的发展,中国天使投资进入快速发展期。清华大学全球私募股权研究院出具的《2018 中国天使投资市场发展展望》①显示,我国早期投资市场募资规模自 2014 年以来呈现爆发性增长局面,相关数据显示,在 2014 年以前,我国每年早期投资募集资金规模一般在几亿元到 20 多亿元,但 2014 年迅速增长到 65.68 亿元,2015 年一举达到 203.5 亿元,2017 年募资规模为 199.39 亿元,相对于 2016 年有所增长,与 2015 年的高点持平(见图 3-1)。

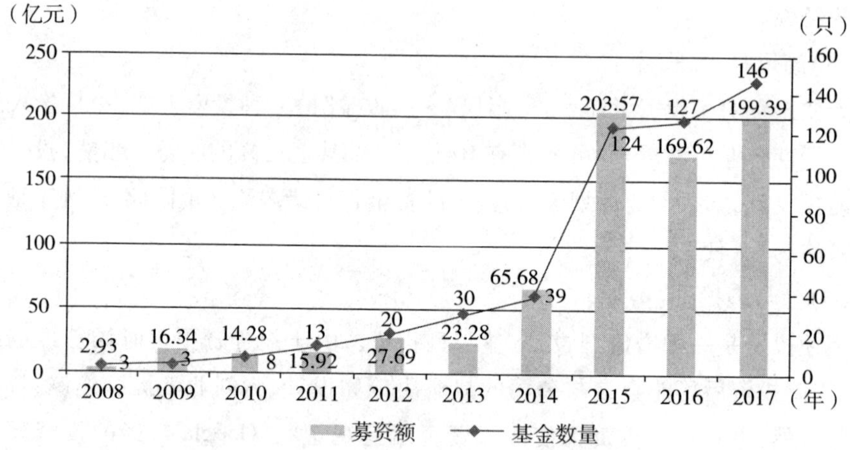


**图 3-1 早期投资募集额及基金数**

从投资角度来看,从 2014 年开始每年投资规模稳步增长,2017 年达到 147.43 亿元,比 2016 年增长 20.4%。另外,从投资案例数量来看,2017 年国内共发生 2012 起投资案例,过去 3 年保持基本稳定甚至略有下降,这意味着单笔投资金额呈现稳步上升态势(见图 3-2)。

① 参见清华大学全球私募股权研究院:《2018 中国天使投资市场发展展望》,载原创力文档网,https://max.book118.com/html/2018/0907/8074071025001123.shtm,2020 年 10 月 27 日最后访问。

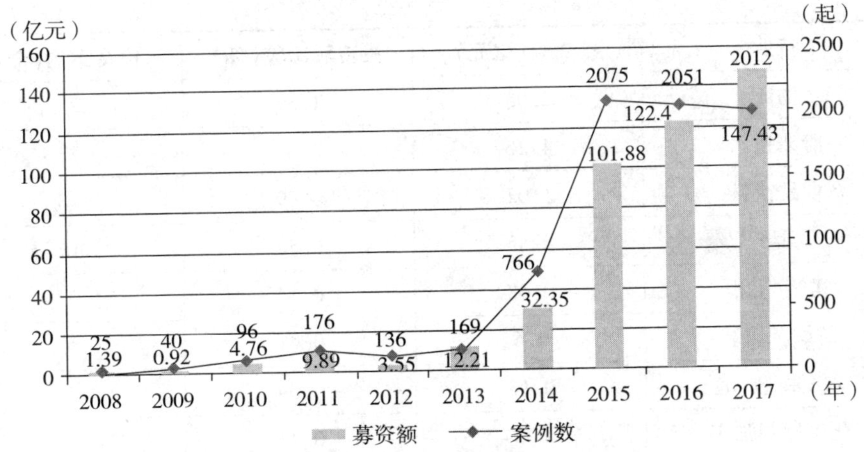


**图 3－2　早期投资投资额及案例数**

可见，天使投资发展态势良好，单只投资额一直呈递增状态。

天使投资行业方面，超过 60% 的资金投向 TMT 及医疗健康行业，其他热门产业包括金融、教育、电子及零售行业，合计超过 20%，其他行业投资比例均无很大份额。这表明，我国早期投资的行业主要倾向于高科技及新兴产业，传统产业除金融以外所占比例较小（见表 3－2）。

**表 3－2　2017 年早期投资市场行业分布**

| 行业 | 投资额（亿元） | 投资额比较（%） | 投资案例（个） |
|---|---|---|---|
| 互联网 | 34.78 | 23.59 | 469 |
| IT | 21.9 | 14.85 | 390 |
| 娱乐传媒 | 15.03 | 10.19 | 236 |
| 电信及服务 | 11.03 | 7.48 | 222 |
| 生物/医疗健康 | 10.1 | 6.85 | 139 |
| 金融 | 15.86 | 10.76 | 124 |
| 教育培训 | 6.05 | 4.10 | 83 |
| 电子及光电设备 | 3.31 | 2.24 | 62 |
| 连锁及零售 | 6.63 | 4.50 | 56 |
| 汽车 | 2.91 | 1.97 | 30 |
| 机械制造 | 1.73 | 1.17 | 25 |

续表

| 行业 | 投资额(亿元) | 投资额比较(%) | 投资案例(个) |
| --- | --- | --- | --- |
| 物流 | 2.05 | 1.39 | 25 |
| 清洁技术 | 4.26 | 2.89 | 23 |
| 食品饮料 | 1.02 | 0.69 | 16 |
| 房地产 | 0.85 | 0.58 | 10 |
| 建筑/工程 | 0.48 | 0.33 | 7 |
| 纺织及服装 | 0.6 | 0.41 | 6 |
| 农/林/牧/渔 | 0.13 | 0.09 | 5 |
| 化工原料加工 | 0.5 | 0.34 | 4 |
| 半导体 | 0.07 | 0.05 | 2 |
| 其他 | 7.3 | 4.95 | 60 |
| 未披露 | 0.85 | 0.58 | 18 |

(2)国外天使投资的发展现状

据美国天使投资协会的统计,从1996年开始,由天使投资人投资的创业企业数量以每年35%的速率增长。从投资总额上讲,天使投资已经占到了风险投资的40%~50%。在欧洲,天使投资人被称为“商业天使”或“有投资技巧的私人投资者”,潜在数量约100万名,其中12.5万名较为活跃,每人平均每笔投资额约2.5万~25万欧元。①

美国《证券交易委员会501号条例》和《1993证券法》D条例中,明确了可成为天使投资家(鉴定为合格投资者)的标准:投资者必须有100万美元的净资产,至少20万美元的年收入,或者在交易中至少投入15万美元,且这项投资在投资者的财产中占比不得超过20%。

全世界最为知名的孵化器为美国硅谷的Y Combinator,扶持初创企业并为其提供创业指南,它不仅吸引了很多知名的天使投资人加入,其中孵化出的初创公司基本被超级天使或VC大力追捧和争相投资。Y Combinator一个项目只投2万~3万美元,占5%左右的股份,会给每个创业者安排教练,并且有创业课程等予以辅助,但是不提供创业场地。除此之外,还有纽约市的高科技孵化器Betaworks,横跨欧美

① 参见经济参考报:《国外的天使投资概况及政府扶持政策》,载中国创业教育网,http://chuangye.cyol.com/content/2009-06/08/content_2700652.htm,2020年4月13日最后访问。

的 Seed Camp 等。

（二）天使投资融资业务介绍

在天使投资适用的法律规定部分，我们提到较高效力位阶的法律法规仍处于空白区。因此，并没有明确的规范对天使投资的流程予以规定。在实务中，形成的一套做法似乎被默认为行业惯例。在双方达成初步意向之前，融资方即创业者会出具创业计划书，向投资者描述投资创意，可以说是否能吸引天使投资人、天使投资机构注资，极为关键的便是体现自创业计划书中创业者的设想是否能打动投资者。

表3－3[①] 较为清晰地反映了一般天使投融资的整个过程。

**表3－3　天使融资的过程**

| 序号 | 办理事项 | 涉及的主要文件 | 是否必经程序 |
|---|---|---|---|
| 1 | 创始人与投资人协商增资事宜 | 无 | 是 |
| 2 | 根据双方对增资事项的初步安排拟定《投资条款清单》 | 《投资条款清单》 | 否 |
| 3 | 双方审阅、讨论并签署《投资条款清单》 | 《投资条款清单》 | 否 |
| 4 | 投资人对企业进行尽职调查 | 《保密协议》 | 否 |
| 5 | 根据《投资条款清单》起草正式的增资法律文件 | 《增资协议》等 | 是 |
| 6 | 双方审阅、讨论并签署正式的增资法律文件 | 《增资协议》等 | 是 |
| 7 | 公司召开股东会，批准本次增资 | 《股东会决议》 | 是 |
| 8 | 正式协议签署后，公司开设入资所需的银行验资账户 | 一般需要公司的各类证照，以及投资人的身份证或营业执照复印件，但不同的开户银行有不同的要求 | 是 |
| 9 | 投资人汇入投资款 | 《汇款证明》 | 是 |
| 10 | 投资款入账后，公司即可委托会计师事务所办理验资报告 | 《验资报告》 | 是 |
| 11 | 申请办理工商变更登记 | 《公司章程》《股东会决议》《营业执照》 | 是 |

① 参见尚伦律师事务所：《天使投融资法律文件与解析》，载尚伦律师事务所官网，http://www.sunlandlaw.com/zixun/128.html，2020年4月13日最后访问。

## 二、风险投资(VC)

VC是Venture Capital的缩写,即风险投资或风投,是股权投资的一种方式。但是股权投资的目的并非通过实际持有公司的股权而控制企业,也不是经营企业,而是通过投资、提供增值服务把企业做大、做强,最终以IPO、并购、股权回购等方式退出,获取相应的利润回报。

于拟融资者而言,其是融资的又一种方式,与天使投资、私募股权投资一起构成上市前企业三种最重要的融资方式。风险投资一词通常被认为起源于20世纪60年代的美国,是一些愿意以高风险换取高收益的投资人发明的。当然,实质上,风险投资与天使投资一样,投融资行为早已存在,只是何时才有"风险投资"的称谓罢了。

风险投资对于创业初期的创业者、初创企业意义重大。首先,帮助企业将技术创新成果、创意点子等转化为现实生产力,助推成长性企业迅速成长。其次,加大科研投入,吸收优秀人才,引入现代化经营模式,建立现代企业管理制度。再次,通过股权投资,减轻企业过高的负债率,调整资产负债结构。又次,进行财务规划,避免重复开发、重复建设,提高资金利用效率。最后,引导企业进行品牌形象建设,提高社会知名度,最终向成熟企业迈进。

### (一)VC概述

#### 1. VC适用的法律规范

1985年,官方文件《中共中央关于科学技术体制改革的决定》第一次提出创业风险投资后,在构建中国特色社会主义法律体系的过程中,我国的立法始终为风险投资的发展留有充足的空间。例如,从早期的《中小企业促进法》《公司法》《合伙企业法》到近些年的《企业所得税法》《就业促进法》《科学技术进步法》,这些法律的制定和实施为风险投资企业的发展提供了一个较为宽松的大环境。

与风险投资直接相关的法律规范具体见表3-4:

**表 3-4　与风险投资相关的主要法律规范**

| 序号 | 名称 | 颁布时间 | 颁布机关 |
|---|---|---|---|
| 1 | 《关于建立风险投资机制的若干意见》 | 1999 年 11 月 16 日 | 科学技术部、国家计划委员会、国家经济贸易委员会、财政部、中国人民银行、国家税务总局、中国证券监督管理委员会 |
| 2 | 《国务院办公厅转发科技部等部门关于建立风险投资机制若干意见的通知》 | 1999 年 12 月 30 日 | 国务院办公厅 |
| 3 | 《创业投资企业管理暂行办法》 | 2005 年 11 月 15 日 | 国家发展和改革委员会、科学技术部、财政部、商务部、中国人民银行、国家税务总局、国家工商行政管理总局、中国银行业监督管理委员会、中国证券监督管理委员会、国家外汇管理局 |
| 4 | 《财政部、国家发展改革委关于产业技术研究与开发资金试行创业风险投资的若干指导意见》 | 2007 年 1 月 31 日 | 财政部与国家发展和改革委员会 |
| 5 | 《产业技术研究与开发资金试行创业风险投资管理工作规程(试行)》 | 2007 年 12 月 20 日 | 财政部与国家发展和改革委员会 |
| 6 | 《关于孵化器与创业风险投资机构开展合作试点工作的通知》 | 2008 年 7 月 11 日 | 国家科学技术部 |
| 7 | 《证券投资基金法》(2015 修正) | 2015 年 4 月 24 日 | 全国人大常委会 |
| 8 | 《外商投资创业投资企业管理规定》 | 2015 年 10 月 28 日 | 商务部 |
| 9 | 《国务院关于促进创业投资持续健康发展的若干意见》 | 2016 年 9 月 16 日 | 国务院 |

**2. VC 的特征**

(1)风险投资主体

风险投资主体主要有三类:风险投资资本金、风险投资公司及产业附属投资公司,分别以投资者个人自有资金投资、以风险投资基金(通过集合在一起的基金的形式)进行投资以及代表母公司的利益进行投资而投向特定行业。

此外,创业风险投资家往往还会主动参与被投资企业的经营并实施监督和管理。创业风险投资家的能力与经验是创业风险投资机构的核心竞争优势,他们在扮演创业风险资本的"投资代理人"角色的同时需要积极主动地参与到企业经营管理中。实践中,创业风险投资家不仅要在投资前对企业进行筛选和考察以决定是否投入资金,更需要在投资后凭借其长期积累的知识、经验、信息网络甚至声誉来帮助创业企业家更好地经营企业,以提升企业的价值并为风险投资者实现投资回报。VC 如果采取风险投资基金的方式运作,则不同于天使投资,具体形式上,一般采用有限合伙的形式,这样可以在税收方面享有一定的优惠。风险投资基金管理公司作为普通合伙人,负责基金的管理、投资运作,投资者则作为有限合伙人。管理者通过管理行为获取报酬,投资者通过投资行为获得收益。

(2)风险投资对象

由于风险投资着眼于企业未来的发展潜能,而不是资产负债状况。因此,一般而言,创业风险投资主要以高新技术、高成长性企业为投资对象。也因此在投资回报上往往具有"高风险、高收益"的特点。具体而言,它通常投资于高新技术产业的创建和新产品的研究开发阶段,而该阶段的投资具备两个典型特征:一是失败概率极高,80% ~90% 的投资均以失败告终;二是一旦获得成功则会带来技术革新从而实现非常可观的投资回报。这两个特征使得创业风险投资兼具了高风险和高收益的特征。

相关数据显示,20 世纪 90 年代,VC 在中国所投资的企业几乎全部是互联网企业,如新浪、搜狐、阿里巴巴等创业之初都得到 VC 的"一臂之力",如今都是互联网行业的领头羊。不难想象,当初投入的风险资本,如今的获益非常可观。当然,不可否认其间"夭折"的项目肯定占绝大多数,只是市场会选择性地将"成功者"广而告之。如今,新一轮风险投资的投向已不再局限于互联网行业,一些传统的项目开始成为"宠儿",以餐饮业、酒店业等服务行业为代表。

(3)风险投资退出途径

风险投资与天使投资的典型差异之一在于,风险资本有较为明确的退出机制,投资者通常可以通过如下方式退出被投资企业,分别是股权回购、股权转让、IPO、并购等。

如果风险企业在渡过了技术风险和市场风险,已经成长为一个有发展潜力的中型企业后,仍然达不到公开上市的条件,它们一般会以要求创始人或公司回购股份的方式实现退出。股权回购对于大多数风险投资者来说,是一个备用的退出方法。当风险企业不是很成功的时候,为了保证已投入资本的安全,便可采用此种方式退出。由于股权回购对投资双方来说都有一定的诱惑力,所以风险企业从风险投资家手中回购股权的方式发展得很快。股权转让对投资者而言也是风险资本退出较为常见的方式之一。

在企业已经发展得相当成熟,并达到公开上市的标准时,则投资者可通过企业IPO,实现投资资本的回收以及资本的增值。

在国内并购重组风生水起的大背景下,因 IPO 关闸而退出不畅的风投机构们也开始转向并购市场寻找"退出之路"。2013 年以来,国内风投机构借道并购渠道,实现了 156 亿元资金的退出,而依靠 IPO 等其他渠道获得的退出额度总计才 34 亿元。以 2013 年上半年风投退出的总金额 190 亿元计算,并购退出的金额占到了82%,并购成为风投最主要的退出渠道。具体通过现金收购、股权转让、定向增发等方式实现退出。

**3. 风险投资的发展现状**

本部分对全球风险投资的发展现状与中国风险投资的发展现状进行介绍,并进行简单的数据比对。数据主要来源于《2017 年 Q4 全球风险投资趋势报告》。①和《中国风险投资行业分析报告》②。

(1)全球发展现状

2017 年第四季度,全球风投基金的总投资额高达 1550 亿美元,从行业分布来看,软件行业继续吸引着大量的风险投资。2017 年全球交易数量排名前五的是:软件服务、商业服务、健康/医疗、HC 设备及用品、消费品和娱乐。

(2)中国发展现状

随着中国市场化进程的推进,风险投资在孵化中小企业方面发挥了越来越重要的作用。在中国市场,2017 年前三季度的投资额为 3182.7 亿元,2016 年整年的投资额为 3406.9 亿元,2017 年前三季度的投资额占 2016 年的 93.42%;2017 年前三季度的投资事件为 3846 件,2016 年整年的投资事件为 6857 件,2017 年前三季度

① 参见毕马威:《2017 年 Q4 全球风险投资趋势报告》,载 199IT,http://www.199it.com/archives/677848.html,2019 年 10 月 8 日最后访问。

② 参见 IT 桔子网数据整理:《中国风险投资行业分析报告》,载看点快报,http://kuaibao.qq.com/s/20180117G0BTBC00,2019 年 10 月 8 日最后访问。

的投资事件数占2016年的56.09%。可见,2017年单笔投资金额呈上升趋势。具体行业分布见图3-3。

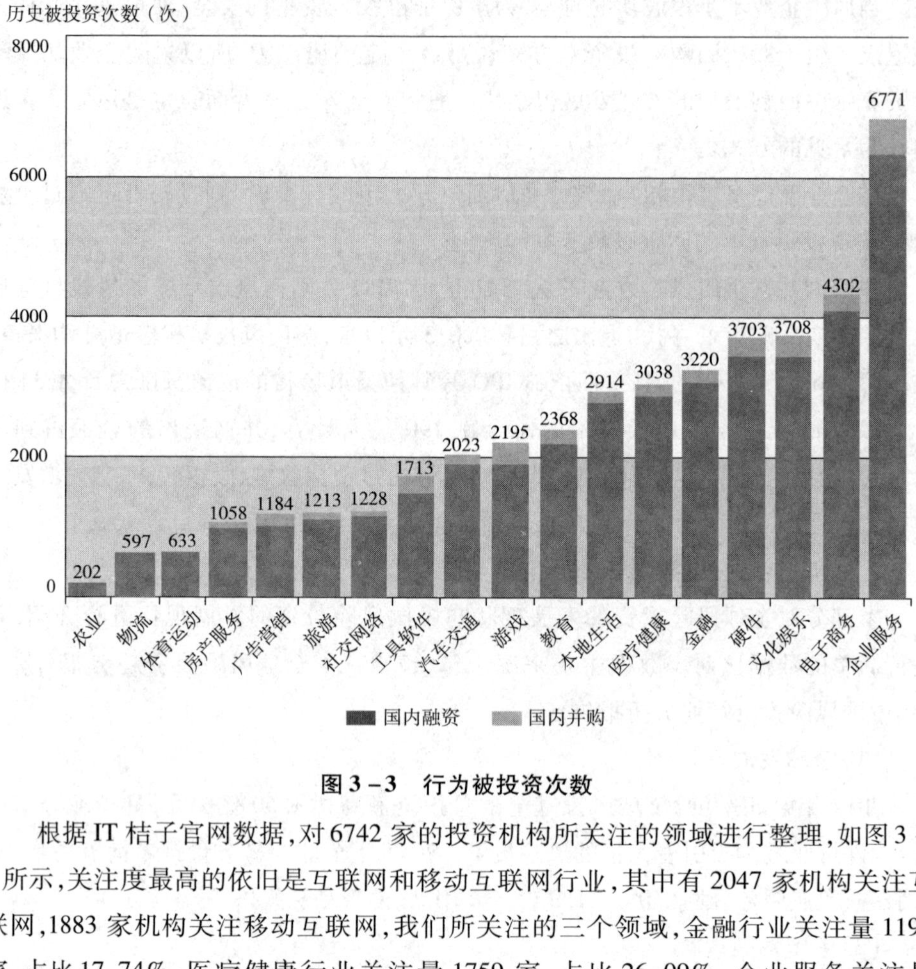


**图3-3 行为被投资次数**

根据IT桔子官网数据,对6742家的投资机构所关注的领域进行整理,如图3-4所示,关注度最高的依旧是互联网和移动互联网行业,其中有2047家机构关注互联网,1883家机构关注移动互联网,我们所关注的三个领域,金融行业关注量1196家,占比17.74%;医疗健康行业关注量1759家,占比26.09%;企业服务关注量1276家,占比18.93%。

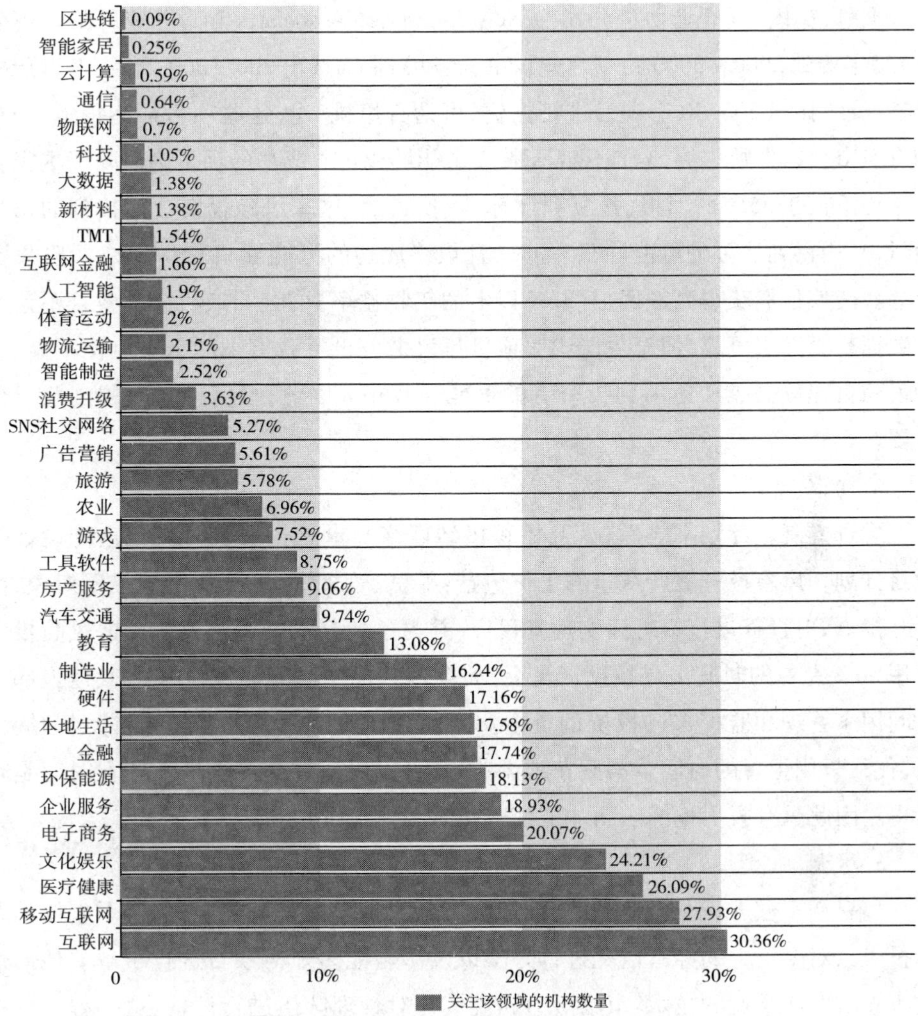


**图 3－4 投资机构关注各领域的数量分布①**

## (二)风险投资业务介绍

### 1. 制定投资计划书

对于融资方而言,开展风险投资的第一步在于搜寻投资机会,投资机会可以来源于风险投资者、自行寻找、企业家自荐或第三人推荐。不论哪种方式,都需要融资方提供投资计划书。计划书类似于“要约邀请”,是拟投资者决定是否投资的关键文件。

① 因投资机构可能关注多个领域,故每个领域投资机构有重叠,相加超过 100%。

据称,美国“新企业协进公司”(New Enterprise Associates Inc,一家风险投资公司)每年接到2000~3000份项目建议书,经过初审筛选出200~300家后,经过严格审查,最终挑出20~30个项目进行投资,可谓百里挑一。这些项目最终每10个平均有5个会以失败告终,3个不赔不赚,2个能够成功。成功的项目为风险资本家赚取年均不低于35%的回报(按复利计算)。换言之,这家风险投资公司接到的每一项目,平均得到认可的可能性只有1%,且最终成功的可能性只有0.2%,风险投资家寻找能使他们获得高额回报(35%以上的年收益率)的公司或机会。暂且不论上述数据是否真实可靠,但至少能说明项目建议书被投资者接纳的概率应该不高,或者说项目建议书成功邀请到投资者的可能性较小。因此,投资计划书的创意十分重要。

**2. 初审**

融资方制定计划书之后,就开始积极地联络与求见投资者,推销、宣传设计的项目计划。风险投资家所从事的工作包括:筹资、管理资金、寻找最佳投资对象、谈判并投资、对投资进行管理以实现其目标,并力争使其投资者满意。以前风险投资家用60%左右的时间去寻找投资机会,如今这一比例已降低到40%。其他大部分时间用来管理和监控自己投资的资金。因此,风险投资家在拿到经营计划和摘要后,往往只用很短的时间走马观花地浏览一遍,以决定在这件事情上花费时间是否值得。因此只有吸引他的东西才能使其花时间仔细研究。

**3. 尽调**

如果初审较为顺利,融资者可稍作放松,因为,第一关基本闯过,接下来便是风险投资家对融资方的经营情况进行考察以及尽可能多地对项目进行了解。他们通过审查对意向企业的技术、市场潜力和规模并对管理队伍进行评估,这一程序包括与潜在的客户接触、向技术专家咨询并与管理队伍举行多轮会谈。这过程通常包括参观公司、与关键人员面谈、对仪器设备和供销渠道进行估价,还可能与企业债权人、客户、相关人员及以前的雇主进行交谈。这些人会帮助风险投资家作出关于企业家个人风险的结论。风险投资对项目的评估是理性与灵感的结合。其理性分析与一般的商业分析大同小异,如市场分析、成本核算的方法以及经营计划的内容等与一般的商业分析基本相同。所不同的是灵感在风险投资中占有一定比重,如对技术的把握和对人的评价。

**4. 条款清单**

审查阶段完成之后,如果风险投资家认为所申请的项目前景较好,那么便可开始进行投资形式和估价的谈判。通常融资方会得到一个条款清单，概括出投资涉及的内容。这个过程可能要持续几个月。因为融资方可能并不了解谈判的内容，他将付出多少，风险投资家希望获得多少股份，还有谁参与项目，对他以及现在的管理队伍会发生什么。对于融资方来讲，要花时间研究这些内容，尽可能地将条款减少。

**5. 签订合同**

在前述步骤完成之后，将落实到签订合同，敲定最终的投融资事宜。在整个融资过程中，一般投资者占据优势地位，因此，风险资本家力图使他们的投资回报与所承担的风险相适应。根据切实可行的计划，风险资本家往往会对未来 3 ~ 5 年的投资价值进行分析，首先计算其现金流或进行收入预测，而后根据对技术、管理层、技能、经验、经营计划、知识产权及工作进展的评估，决定风险大小，选取适当的折现率，计算出其所认为的风险企业的净现值。基于各自对企业价值的评估，投资双方通过谈判达成最终成交价值。

## 三、私募股权投资(PE)

1976 年，华尔街著名投资银行贝尔斯登的三名投资银行家合伙成立了一家投资公司 KKR，专门从事并购业务，这是最早的私募股权投资公司。众多的私募股权投资公司在经过了 20 世纪 90 年代的高峰发展时期和 2000 年后的发展受挫期之后，目前重新进入上升期。①

美国最早设定一个私募股权基金的投资者不能超过 100 个人。投资者的资格是资金实力较为雄厚。最初个人投资者要求年收入在 20 万美元以上，家庭资产也须达到一定的水平；机构投资者的净资产必须在 100 万美元以上。1996 年以后标准进行调整：投资者扩大到 500 人，个人投资者的资产特别是金融资产规模在 500 万美元以上。②

私募股权融资是相对公开发售而言的，是以股权转让、增资扩股等方式通过定向引入投资者，使公司增加新的股东从而获得新的资金的行为。因为大多数股票市场对申请发行股票的企业有一定的条件要求，因此对于大多数中小企业来说，较难达到上市发行股票的门槛，私募成为民营中小企业进行股权融资的主要方式。

---

① 参见中国风险投资研究院、香港理工大学公共政策研究所联合编著：《2008 中国风险投资年鉴》，民主与建设出版社 2008 年版，第 40 页。转引自石育斌：《中国私募股权融资与创业板上市实务操作指南》，法律出版社 2009 年版，第 19 页。

② 参见潘英丽：《私募股权基金：在经济发展中发挥积极作用》，载和讯理财网，http://futures.money.hexun.com/2545742.shtml，2019 年 10 月 8 日最后访问。

随着私募股权投资在中国的流行,尤其是作为企业第一轮融资的最后一个重点渠道,加之2014年《国务院关于进一步促进资本市场健康发展的若干意见》的出台,指导中国资本市场发展的十年规划将“培育私募发展”单独列出,使得私募的政策地位悄然变化。对中国私募界而言,私募股权投资到底该如何定义、是否具有中国特色、其组织形式有多少种、具体又该如何操作、是否伴随有风险都值得进一步深入研究。

(一)私募股权投资概述

私募股权投资英文缩写为PE(Private Equity),欧洲私募股权投资与创业投资协会(EVCA)将其定义为“为非上市企业提供股权资本,可用于开发新产品和新技术、增加营运资本、收购或改善企业的财务状况,也可用来解决所有权和管理问题,例如家族企业的持续经营或管理层收购。严格地讲,VC是私募股权投资的一个子集,是指对创建、早期发展或扩张阶段的股权投资”。

简单而言,私募股权投资就是指拟融资者通过私募而非公募方式吸引少数投资者以股权投资的方式向项目企业注入资金,从而融得资金的一种融资方式。私募股权投资基金(又称“私募投资基金”或“私募基金”),则是以非公开方式面向少数投资者募集资金设立的投资基金。由于私募基金的销售和赎回都是通过基金管理人与投资者私下协商进行的,因此它又被称为向特定对象募集的基金。

前述VC风险投资也是广义上的私募股权投资,甚至并购投资也是私募股权投资。两者都是权益型投资,投资者都具有高逐利性。而且实践中,两者的区别也逐渐缩小。不过,为了使各自的特征突出,本部分将其分别展开论述,仅从狭义角度研究(但在相关案例、数据统计中可能不作明确区分)。根据美国风险投资协会的定义,风险投资是指由专业人士投入新兴的、迅速发展的、具有巨大发展潜力的企业中的一种权益性资本。但是,一般而言,VC投资对象在发展阶段的分类上,可谓发展期的、具有高成长性的企业,不同于天使投资的种子期和初创期。然而,其与私募股权投资的对象相比,后者可能处于前者发展的后一阶段,相对更为成熟的企业。同时,VC的“风险”似乎更高,私募股权投资的风险,往往通过投资者与融资方签订的投资协议得到缓冲。

**1. 适用的法律规范**

私募股权投资适用的相关法律、法规、规章及规范性文件主要如下:全国人大常委会2015年4月24日出台《证券投资基金法》,国务院2014年5月8日出台的《关于进一步促进资本市场健康发展的若干意见》(相对2004年国务院出台的《关于推进资本市场改革开放和稳定发展的若干意见》而言，该意见被称为“新国九条”），证监会2014年8月21日发布的《私募投资基金监督管理暂行办法》、2013年3月15日发布《证券投资基金销售管理办法》，中国证券投资基金业协会2014年6月24日发布的《基金管理公司风险管理指引（试行）》、2014年1月17日发布的《私募投资基金管理人登记和基金备案办法（试行）》，中国证券监督管理委员会2017年6月2日发布的《私募基金监管问答——关于首发企业中创业投资基金股东的认定标准》、2018年10月22日发布的《证券期货经营机构私募资产管理业务管理办法》，以及《公司法》《合伙企业法》。

**2. 私募股权投资的特征**

（1）私下募集性

私募股权投资是以非公开的方式募集资金。根据《证券投资基金法》及《私募投资基金监督管理暂行办法》的规定，私募基金的持有人一般不超过200人，基金的发行不能通过传媒，私募基金管理人、私募基金销售机构不得向合格投资者之外的单位和个人募集资金，不得通过报刊、电台、电视、互联网等公众传播媒体或者讲座、报告会、分析会和布告、传单、手机短信、微信、博客和电子邮件等方式，向不特定对象宣传推介。基金主要通过私人关系、券商、投资银行或投资咨询公司介绍筹集资金。

（2）权益性融资

私募来的基金主要用于企业股权的投资，尤其是对非上市公司的投资。私募股权投资对融资者而言是一种权益性资本的融资，不是债务性融资。融资者以项目企业或公司的股权为对价来换取暂时的资金融通，投资者也不需要融资方提供担保，同时可根据持有的股权对目标公司行使相应的权利。私募股权投资于投资者而言，则是一种权益性投资，可能获取远高于债权性投资的收益回报，同时承担远高于债权性投资的风险。

（3）高风险、高收益

与天使投资、VC一样，私募股权投资更多的是发生在企业IPO之前的融资。因此，投资者投资的对象并非发展相当成熟的企业，甚至更多处于高成长期。将大笔资金注入项目企业，其收益依赖于项目公司的内部治理、资本运作等，必然要承担较高的风险。但是换个角度，作为高成长性的企业，其发展的加速度往往远高于成熟企业，当项目公司最终以IPO或M&A等方式实现高溢价退出时，其收益的可观程度值得期待。

(4)关注人、关注管理

私募股权投资的组织形式一般有三种,分别是公司型、契约型(信托型)及合伙型。其中,合伙型(有限合伙)是最受欢迎的一种。之所以受欢迎,其原因在于合伙型的法律架构具有高度合理性。有限合伙型分为有限合伙人(LP)和普通合伙人(GP),其中,LP一般仅出资,而GP承担管理者的角色。与公司型及契约型相比,有限合伙型不仅能合理地避免高额税收,还能有效地分离出资与管理,同时使激励与约束并存,最大程度盘活资本。此时,私募股权投资的核心落在了“GP”身上,虽然GP可以是机构,但最终都是由人来操作、管理与控制。因此,私募股权投资对“人”与“管理”的关注度很高。

(5)退出途径较多

私募股权投资者的退出渠道和机制通常有四种:①通过IPO,投资者通过股票的抛售退出,该种退出方式投资者通常可获得较高的投资收益;②通过将股权转让退出;③通过企业兼并收购退出;④通过企业清算退出。相比天使投资,其退出方式较为明朗。

(6)监管较宽松

由于私募基金并非公募基金,对公众造成的潜在影响较小,甚至私募基金有“富人基金”之称,投资者一般都具有抗风险能力和自我保护的能力。因此,私募基金的监管环境相对宽松,即政府通常不对其进行严格规制。同时,私募基金的信息披露要求不严格,导致私募基金的保密度较高,反应较为迅速,具有非常灵活自由的运作空间。

**3. 私募股权投资基金的组织形式**

私募股权投资基金的组织形式是指基金所采用的法律确认的组织存在形式,是基金作为整体与投资人等主体发生法律关系的法律资格,是确定基金管理人与投资人关系以及基金内部运行机制的法律基础。简言之,就是指将募集而来的资金以何种方式、何种形式进行管理运作等,但这种组织形式很重要,涉及基金投资者和基金管理人的切身利益,同时能规范和约束私募股权融资活动参与者的权利与义务。从各国的实践来看,私募股权投资基金的组织形式主要是公司型、信托型和有限合伙型。

(1)公司型私募股权投资基金

公司型私募股权投资基金,是指用公司的形式组织和运作而形成的私募基金。欧盟国家和亚洲国家多采用“治理结构完整、便于监管”的公司型。投资者购买一定的基金份额成为公司股东，以其投资额为限承担公司债务，享有相应权利，如有权出席股东（大）会、选举董事、参与公司重大决策等。基金的管理者主要有两种方式，可以以公司高管人员的身份存在，或直接对外委托专门的管理公司担任基金管理者。不论哪种形式，管理者都可以以基金公司名义对外投资。

在此种组织形式下，投资者可以通过行使股东权利对基金管理人进行监管，进而控制投资。同时由于具有完整的公司架构，基金运作比较正式和规范。目前公司式私募基金（多以“某投资公司”的形式存在）在中国能够比较方便地成立。半开放式私募基金也能够以某种变通的方式，比较方便地进行运作，不必接受严格的审批和监管，投资策略也就可以更加灵活。

不过，公司式私募基金也有相应的缺点，存在双重征税的劣势，以及“仅有钱”的投资者对“有技术”的基金管理者盲目地控制导致出资与管理未能有效分离。相关对策如下：

①将私募基金公司注册在税负轻的国家或地区，如英属维尔京群岛（BVI）、开曼群岛、毛里求斯、百慕大、塞舌尔、巴哈马等；

②将公司式私募基金注册为高科技企业（可享受诸多优惠），并注册于税收比较优惠的地方，以上海市为例，将公司注册在各区，税负将不一样、国家其他优惠政策也不同，同时，即使在同一个区，注册在高新技术开发区、经济开发区等也有不同的待遇；

③借壳，即在基金公司的设立运作中联合或收购一家可以享受税收优惠的企业（最好是非上市公司），并把它作为载体，如此可以节约时间成本、注册成本等；

④参考有限合伙的组织形式。

(2)契约型私募股权投资基金

契约型组织形式主要是指通过信托来设计，即通过当事人之间以专门的信托契约明确各自的权利与义务而形成私募基金。实践中，可由一家信托公司（也可以是证券公司）作为发起方，将募集来的资金自行管理投资或另行委托专门的投资顾问。基金管理人以自己的名义对其进行专业化管理和投资决策。

投资者仅作为受益人分享利益，无权参与基金运作的重大决策。双方或三方进行商议一旦达成明确的契约，则双方或三方的权利义务既定。一方面，基金管理人可以更有效地进行投资决策；另一方面，除非受托人即基金管理人在管理基金过程中存在故意或重大过失等行为，投资者一般不可解聘受托人，相关协议有特别约定除外。此时，投资者只能自行选择退出。契约型组织形式的缺陷显露。虽然与公司型组织形式相比,契约型组织形式也能较好地实现出资与管理的有效分离,但是投资者似乎较难约束、监督、控制基金管理人。

(3)有限合伙型股权投资基金

①合伙型私募股权基金的特点

有限合伙型具有“成本低、效率高”的特点。2007 年 6 月 1 日,我国《合伙企业法》正式施行,一批有限合伙企业陆续组建,这些有限合伙企业主要集中在股权投资和证券投资领域,有限合伙型基金的合伙人包括有限合伙人与普通合伙人两种。普通合伙人,一般也称管理人,以合伙企业的名义对基金进行运作,其以部分资金和技能入伙,负责日常的经营管理,对基金承担无限责任,其收益主要来自三个方面,分别是持有份额的收益、管理费及利润分红。有限合伙人,一般也称投资人,主要投入资金,以其持有的基金份额为限承担有限责任,其收入主要来源于基金的利润分红,一般不参与基金的运作。

②合伙型私募股权投资企业的设立步骤

由于有限合伙型的私募最为典型,因此,将这种类型的私募股权投资企业的设立步骤(以在上海市设立为例)详列如下:

1. 审批机关

(1)上海市市场监督管理局负责以下合伙企业的设立登记:

①从事股权投资或股权投资管理的合伙企业;

②上海市市场监督理局规定的其他应由市局负责登记的合伙企业。

(2)上海市市场监督管理局区(县)分局负责除市局登记以外的其他合伙企业的设立登记。

2. 申请条件

(1)有二个以上合伙人。合伙人为自然人的,应当具有完全民事行为能力;

(2)有书面合伙协议;

(3)有合伙人认缴或者实际缴付的出资;

(4)有合伙企业的名称和生产经营场所;

(5)法律、行政法规规定的其他条件。

3. 提交材料目录

(1)全体合伙人签署的《合伙企业设立登记申请书》;

(2)《指定代表或者共同委托代理人的证明》;

(3)全体合伙人签署的合伙协议;

(4)全体合伙人的主体资格证明或者自然人的身份证明；

(5)全体合伙人签署的对各合伙人认缴或者实际缴付出资的确认书；

(6)主要经营场所证明；

(7)全体合伙人签署的委托执行事务合伙人的委托书；执行事务合伙人是法人或其他组织的，还应当提交其委派代表的委托书和身份证明复印件；

(8)合伙人以实物、知识产权、土地使用权或者其他财产权利出资，经全体合伙人协商作价的，提交全体合伙人签署的协商作价确认书；经全体合伙人委托法定评估机构评估作价的，提交法定评估机构出具的评估作价证明；

(9)《企业名称预先核准通知书》；

(10)经营范围中有法律、行政法规或者国务院决定规定在登记前须经批准的项目的，提交有关批准文件；

(11)法律、行政法规规定设立特殊的普通合伙企业需要提交合伙人的职业资格证明的，提交相应证明；

(12)其他有关文件证书。

4. 办理流程

(1)申请人到市场监督管理机关办理企业名称预先核准，领取《企业名称预先核准通知书》；

(2)涉及前置审批的，申请人在领取《企业名称预先核准通知书》后到审批部门办理相应的审批手续，取得批准文件或许可证书；

(3)申请人向市场监督管理机关提交设立登记所需的申请材料，领取收件凭据；

(4)市场监督管理机关在收件后5日内作出是否准予登记的决定；需要对申请文件、材料核实的，应当在受理之日起5日内作出是否准予登记的决定；

(5)市场监督管理机关作出准予登记决定的，申请人在10日内到市场监督管理机关注册大厅领取营业执照。

5. 审批时限

(1)市场监督管理机关收件后5日内决定是否准予登记；需要对申请文件、材料核实的，自受理之日起5日内决定是否准予登记；

(2)市场监督管理机关作出准予登记决定的，于10日内向申请人颁发营业执照。

(4)其他类型

除上述三种主要的组织形式外,还有虚拟式及组合式。私募基金表面看来像委托理财,但它实际上是按基金方式进行运作的。比如,虚拟式私募基金在设立和扩募时,表面上是与每个客户签订委托理财协议,但这些委托理财账户是合在一起进行基金式运作的,在买入和赎回基金单元时,按比例进行结算。组合式,为了发挥上述几种组织形式的优越性,可以设立一个基金组合,将几种组织形式结合起来。如公司式与虚拟式的组合;公司式与契约式的组合;契约式与虚拟式的组合;公司式、契约式与虚拟式的组合等。

私募股权投资基金采取怎样的组织形式,以法律的安排为前提。原则上只要不违反社会公共利益及道德和秩序就都应得到法律的尊重,受到法律的保护。此外,私募股权投资基金高风险与高收益并存的特征直接影响了私募股权基金组织形式的选择,采用何种组织形式组建私募基金是当事人之间基于投资的高风险、高收益作出的利益的均衡与协调;同时,由于投资人是资金的主要提供者和风险的主要承担者,基金组织形式的选择更多的是投资人成本、收益与风险因素权衡的结果。

**4. 私募股权投资的现状及发展趋势**

截至2021年6月末,存续私募基金管理人24,476家,较上月增加49家,环比增长0.20%;管理基金数量108,848只,较上月增加2503只,环比增长2.35%;管理基金规模17.89万亿元,较上月增加652.58亿元,环比增长0.37%。其中,私募证券投资基金管理人8918家,较上月增加12家,环比增长0.13%;私募股权、创业投资基金管理人14,962家,较上月增加40家,环比增长0.27%;私募资产配置类基金管理人9家,与上月持平;其他私募投资基金管理人587家,较上月减少3家,环比下降0.51%。[①] (见图3-5)

① 参见《私募基金管理人登记及私募基金产品备案月报(2021年第6期)》,载中国证券投资基金业协会官网,https://www.amac.org.cn/researchstatistics/report/zgsmjjhysjbg/,2021年8月9日最后访问。

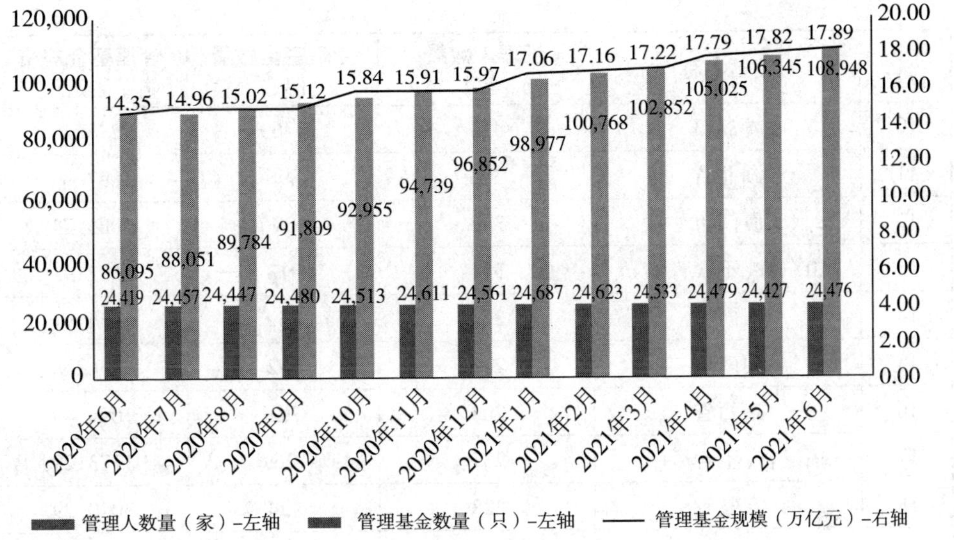


**图 3－5　私募基金管理人存续情况趋势**

截至 2021 年 6 月末，已登记私募基金管理人数量从注册地分布来看（按 36 个辖区），集中在上海市、深圳市、北京市、浙江省（不含宁波）和广东省（不含深圳），总计占比达 70.03%，略低于 5 月的 70.07%。其中，上海市 4603 家、深圳市 4403 家、北京市 4322 家、浙江省（不含宁波）2051 家、广东省（不含深圳）1761 家，数量占比分别为 18.81%、17.99%、17.66%、8.38% 和 7.19%。（见表 3－5）

**表 3－5　存续私募基金管理人按注册地分布情况**

| 辖区序号 | 辖区名称 | 管理人数量（家） | 管理基金数量（只） | 管理基金规模（亿元） |
|---|---|---|---|---|
| 1 | 上海市 | 4603 | 30,910 | 42,799.99 |
| 2 | 深圳市 | 4403 | 18,171 | 21,570.50 |
| 3 | 北京市 | 4322 | 17,607 | 39,050.28 |
| 4 | 浙江省（不含宁波） | 2051 | 9168 | 10,416.87 |
| 5 | 广东省（不含深圳） | 1761 | 7828 | 10,077.17 |
| 6 | 江苏省 | 1177 | 3926 | 8925.59 |
| 7 | 宁波市 | 830 | 4129 | 6344.10 |
| 8 | 天津市 | 460 | 2073 | 8671.89 |
| 9 | 四川省 | 436 | 1146 | 2104.06 |

续表

| 辖区序号 | 辖区名称 | 管理人数量(家) | 管理基金数量(只) | 管理基金规模(亿元) |
|---|---|---|---|---|
| 10 | 青岛市 | 413 | 1263 | 1278.40 |
| 11 | 湖北省 | 390 | 896 | 1897.93 |
| 12 | 厦门市 | 348 | 1396 | 1085.74 |
| 13 | 山东省(不含青岛) | 344 | 918 | 1572.91 |
| 14 | 江西省 | 273 | 769 | 1634.91 |
| 15 | 湖南省 | 270 | 792 | 959.39 |
| 16 | 陕西省 | 264 | 701 | 1094.49 |
| 17 | 福建省(不含厦门) | 237 | 1267 | 1773.29 |
| 18 | 安徽省 | 223 | 924 | 3040.29 |
| 19 | 西藏自治区 | 202 | 1405 | 3624.47 |
| 20 | 重庆市 | 197 | 507 | 1612.18 |
| 21 | 河南省 | 147 | 421 | 811.24 |
| 22 | 新疆维吾尔自治区 | 125 | 335 | 1344.08 |
| 23 | 河北省 | 122 | 234 | 604.41 |
| 24 | 海南省 | 120 | 369 | 655.32 |
| 25 | 贵州省 | 86 | 231 | 1353.94 |
| 26 | 广西壮族自治区 | 85 | 235 | 711.79 |
| 27 | 云南省 | 84 | 170 | 1182.14 |
| 28 | 大连市 | 81 | 227 | 116.03 |
| 29 | 辽宁省(不含大连) | 73 | 140 | 122.74 |
| 30 | 山西省 | 66 | 147 | 1132.09 |
| 31 | 吉林省 | 65 | 116 | 309.54 |
| 32 | 黑龙江省 | 61 | 99 | 118.66 |
| 33 | 内蒙古自治区 | 53 | 133 | 325.64 |
| 34 | 宁夏回族自治区 | 51 | 100 | 218.42 |
| 35 | 甘肃省 | 39 | 60 | 199.85 |
| 36 | 青海省 | 14 | 35 | 132.92 |

（二）私募股权投资的业务介绍

前面概述部分对私募股权的系列介绍，主要是站在一个较为中立的视角予以阐述。但是，回到本书的写作视角，应主要从融资方融资需求、操作及风险等方面切入。因此，该部分主要从融资者的视角介绍私募股权融资的业务流程。

**1. 私募股权融资业务流程**

（1）拟订计划

首先，拟融资企业应内部确定融资的整体战略目标。进而和中介服务机构（如投资银行、律师、会计师或融资顾问）签署服务协议，这个协议包含中介服务机构为企业获得私募股权融资提供的整体服务。中介服务机构立刻开始和融资企业组建专职团队，召开启动工作会议，共同为拟融资企业设立一个目标估值，即企业愿意出让多少股份来获得多少资金。一般而言，企业尽量出让不超过25%的股份，尽量减少股权稀释，以保证原股东对企业的控制权。

（2）着手准备

目标基本明确之后，企业与中介服务机构应着手准备专业的私募股权融资材料。具体包括以下材料：

①私募股权投资商业计划书或融资备忘录——关于公司的简介、公司治理结构、公司产品、业务范围、市场分析、竞争者分析等；

②历史财务数据——企业过去3年已审计的财务报告、年度报告；

③公司发展预测——在融资资金到位后，企业未来3年营业收入和净利润的增长（PE通常依赖该预测进行企业估值，所以该项工作很关键）；

④准备起草保密协定或不披露重要信息协议书。

同时，应积极选择潜在的投资者，锁定主要对象。做好充分的准备向未来的投资者演示、交流项目计划。

（3）项目推介

中介服务机构应开始和相关PE的合伙人沟通，向他们呈递商业计划书、保密协定，介绍公司的基本情况、推介公司，并与他们就该项目的融资事宜展开讨论。该阶段的目标是使最优秀的PE投资者能够对公司产生兴趣。通常，投资银行会代替企业回答PE的第一轮问题，并且与有兴趣的PE进行沟通。目标是决定哪一家或几家PE对公司有最大的兴趣，有可能给出最高估值，有相关行业投资经验，后期能帮助公司成功上市等。然后，过滤、筛选出几家最合适的投资者。

(4)磋商谈判

大致确定合适的投资者之后,中介服务机构将安排PE的合伙人和公司高管面对面会谈。中介服务机构通常会委派核心人员参加所有会议,向企业高管介绍PE的背景,帮助企业优化沟通方式,并且总结和PE的所有会议。磋商谈判的目标是与至少2~3家PE签订投资意向书。投资意向书是PE向企业发出的一份初步的投资意向合同,会定义公司估值和一些条款(包括出让多少股份、股份类型,以及完成最终交易的日程表等),但一般而言不具有法律拘束力。当然,最终由企业决定接受哪个私募股权投资基金的投资,并签订投资意向书。此外,双方还会就价格条款、违约条款等进行谈判。

(5)投资者尽职调查

在双方签订投资意向书之后,投资者会要求对企业进行深入的研究,因此PE会委托律师、审计师、会计师会赴工厂、店铺或者其他公司的办公地点,开展尽职调查,此时企业及其委托的中介服务将配合协助。一般而言,尽职调查包含三个方面:

①财务方面——由PE聘请的会计师事务所完成。他们对企业的历史财务数据进行分析。

②法律方面——由PE聘请的律师事务所完成。他们对企业的法律文件、注册文件、许可证及营业执照进行核实等。

③经营方面——由PE方的人员完成。他们对企业的经营、战略和未来商业计划进行分析。

(6)缔结协议

尽职调查结束后,PE的投资决策委员会将最终决定是否商定、签署投资协议。如果最终决定投资,则双方签署投资协议。

关于投资协议有两点值得注意:一是协议的缔结主体,二是协议的相关条款(后续将专门解析)。虽然私募股权投资也是投、融资的一种方式,由于其具有较高的风险,因此为了保护投资者,2014年出台的《私募投资基金监督管理暂行办法》对其设定了相应的门槛,能跨过门槛的称为“合格投资者”。合格投资者,具体是指具备相应风险识别能力和风险承担能力,投资于单只私募基金的金额不低于100万元且符合下列相关标准的单位和个人:

①净资产不低于1000万元的单位;

②金融资产不低于300万元或者最近3年个人年均收入不低于50万元的个人。

前款所称金融资产包括银行存款、股票、债券、基金份额、资产管理计划、银行理财产品、信托计划、保险产品、期货权益等。

因此,个人投资者与机构投资者均能实施私募股权投资。然而,某些投资者虽不能达到上述明确标准,但仍被视为合格投资者。具体如下:

①社会保障基金、企业年金等养老基金,慈善基金等社会公益基金;

②依法设立并在基金业协会备案的投资计划;

③投资于所管理私募基金的私募基金管理人及其从业人员;

④中国证监会规定的其他投资者。

以合伙企业、契约等非法人形式,通过汇集多数投资者的资金直接或者间接投资于私募基金的,私募基金管理人或者私募基金销售机构应当穿透核查最终投资者是否为合格投资者,并合并计算投资者人数。但是,符合《私募投资基金监督管理暂行办法》第 13 条第 1、2、4 项规定的投资者投资私募基金的,不再穿透核查最终投资者是否为合格投资者和合并计算投资者人数。

同时,私募基金管理人、私募基金销售机构不得向投资者承诺投资本金不受损失或者承诺最低收益。

**2. 投资协议相关主要条款解析**

不论针对投资方还是融资方,决策过程的重中之重在于投资协议的主要条款设置。投资者的投资款以私募股权投资基金的形式体现,基金进入被投资企业的方式主要有两种,分别是增资扩股与股权转让。在企业融资过程中,投资者通常处于较强势的地位,体现在增资协议或股东协议上设置诸多"优先性条款",如优先分红权(dividend preference)、优先清算权(liquidation preference)、赎回权或回购权(redemption)、表决权(voting rights)、转换权(conversion rights)、自动转换(automatic conversion)、共同出售权条款(co - sale right)、强制随售权条款(drag along right)、反稀释条款(anti - dilution protection)、优先认购权(preemptive rights to new issuances)和优先购买权(shareholder's preemptive rights)等。除优先性条款之外,投资方可能还会要求签订对赌协议。以下将分别予以解析:

(1)优先性条款

在股东的优先性权利中,本部分将择"优先分红权、优先认购权、反稀释条款、赎回权及优先清算权"等进行解析。

股息优先权或优先分红权(dividend preference),是指在公司宣告分派股息时,股东或投资人享有的优先取得投资额比例对应股息的权利。该类条款在实践中很多,但法律依据似乎不甚充足。《公司法》第 34 条规定:“股东按照实缴的出资比例分取红利;公司新增资本时,股东有权优先按照实缴的出资比例认缴出资。但是,全体股东约定不按照出资比例分取红利或者不按照出资比例优先认缴出资的除外。”《公司法》第 166 条第 4 款规定:“公司弥补亏损和提取公积金后所余税后利润,有限责任公司依照本法第三十四条的规定分配;股份有限公司按照股东持有的股份比例分配,但股份有限公司章程规定不按持股比例分配的除外。”因此,《公司法》明确可约定不按出资比例分取红利,但并未明确股东可优先分红。不过,根据民商法律精神“法无禁止则可为”,《公司法》未明确禁止此类行为,因此,也就能解释为何此类条款在实践中盛行。

优先认购权(preemptive rights to new issuances),是指目标公司发行新股时投资人作为公司原股东享有优先按照其原持股比例认购的权利。根据前述《公司法》第 34 条规定“公司新增资本时,股东有权优先按照实缴的出资比例认缴出资”,因此该项权利有明确的法律依据。但,该条规定是针对有限责任公司作出的,对股份有限公司是否适用,并不确定。

反稀释条款(anti－dilution protection),也称“反股权摊薄条款”,是指股东或投资者在目标公司进行后续融资过程中,避免自己的股份贬值及份额被过分稀释而采取的保护措施。此类条款在实践中较多。根据《公司法》第 71 条规定:“有限责任公司的股东之间可以相互转让其全部或者部分股权。股东向股东以外的人转让股权,应当经其他股东过半数同意。股东应就其股权转让事项书面通知其他股东征求同意,其他股东自接到书面通知之日起满三十日未答复的,视为同意转让。其他股东半数以上不同意转让的,不同意的股东应当购买该转让的股权;不购买的,视为同意转让。经股东同意转让的股权,在同等条件下,其他股东有优先购买权。两个以上股东主张行使优先购买权的,协商确定各自的购买比例;协商不成的,按照转让时各自的出资比例行使优先购买权。公司章程对股权转让另有规定的,从其规定。”因此,双方之间的约定符合意思自治范畴,并不损害公司利益、债权人利益及其他股东的合法权益。

赎回权(redemption),是指投资者在一定条件下要求目标企业或其股东按照投资额加上一定的溢价赎回其所持有的股权。实质即在目标企业的业绩达不到期望值或在其他事先约定的情况下,投资者有权要求退出的一种方式,旨在收回初期的投资成本,并获得一定的溢价。当然,赎回权其实是站在投资者或者股东的视角定义的,但若从公司的角度而言,又可称为回购权。该种权利的约定,于投资者而言是风险防范的重要举措，于融资者而言则在一定程度上可起到督促、激励的作用，在实践中多有实例。在法律层面，《公司法》针对有限责任公司与股份有限责任公司的回购分别作了规定：根据《公司法》第 74 条的规定，有限责任公司股东在有如下情形时可要求公司回购其股份：公司连续 5 年不向股东分配利润，而公司该 5 年连续盈利，并且符合《公司法》规定的分配利润条件的；公司合并、分立、转让主要财产的；公司章程规定的营业期限届满或者章程规定的其他解散事由出现，股东会会议通过决议修改章程使公司存续的。根据《公司法》第 142 条的规定，公司在有如下情形时可回购本公司股份：减少公司注册资本；与持有本公司股份的其他公司合并；将股份奖励给本公司职工；股东因对股东大会作出的公司合并、分立决议持异议，要求公司收购其股份的等。可见，赎回权或回购权在法律层面虽有依据，但权利本身是附有限制的，股东并非在任何情形下均可主张。

优先清算权（liquidation preference），是指股东或投资者具有的在目标企业清算或结束业务时，优先于其他普通股股东获得分配的权利。《公司法》第 186 条规定，“清算组在清理公司财产、编制资产负债表和财产清单后，应当制定清算方案，并报股东会、股东大会或者人民法院确认。公司财产在分别支付清算费用、职工的工资、社会保险费用和法定补偿金，缴纳所欠税款，清偿公司债务后的剩余财产，有限责任公司按照股东的出资比例分配，股份有限公司按照股东持有的股份比例分配”，可见不论是有限责任公司还是股份有限公司的股东，在公司清算期间都应按照持股比例获得分配。虽然，根据民商事主体处分自己权利自由的原则，该种约定有效，当目标公司开始清算时，走完相应流程直至分配到股东的权利也是相当有限的。

（2）对赌协议

对赌协议，又称估值调整条款（adjustment based on performance），简单而言就是指投资方与融资方就未来不确定性的事项事先作出的一种约定，如果约定的条件成就，投资方可以行使估值调整的权利；如果约定的条件未成就，则由融资方行使权利。一般而言，所约定的不确定的事项，在外国通常涉及公司的财务绩效、非财务绩效、赎回补偿、企业行为、股票发行和管理层去向等，所约定的范围非常广泛，既有财务方面的，也有非财务方面的。所用筹码除了股份外，管理层和投资方还以董事会席位、二轮注资和期权认购权等多种方式实现对赌。

在国内，通常仅涉及公司的财务绩效，而且一般都以单一的净利润为条件，以股权为筹码。根据不同的协议条款，投资方可以有三种不同选择：一是根据单一目标,如公司一年的净利润或者税前利润指标,作为股权调整与否的前提条件;二是设立一系列渐进目标,每达到一个指标,股权相应发生一定的调整;三是设定上下限,股权可依据时间和限制范围进行调整。这种协议或条款是否具有法律效力?该疑问由业界所谓的对赌第一案“海富投资与甘肃世恒股权投资案”再审判决得以解决,如果对赌协议是由投资者与其所投资的公司签订,那么该协议无效;对于股东之间的对赌协议,只要该协议出于双方自由的意思表示,即为有效。其实该案仅为涉讼并经再审第一案,在国内并非最早的案例,如2005年“蒙牛与摩根斯坦利等投资机构对赌案”也是典型案例。对此,后续风险部分将作详细分析。

(三)私募股权投资的风险及其应对

**1.潜在的风险分析及对策**

无论是投资还是融资,都有风险,私募股权投资也难逃此劫。前文已提及在私募过程中,投资者往往处于相对较为强势的地位,通过各种优先条款来规避或转嫁风险;加之本书主要从融资方的视角出发,因此,该部分主要分析融资方面对的法律风险及其应对措施。一般而言,私募股权投资主要存在的三大风险,分别是:融资失败、商业秘密泄露、公司融资后运营困难导致自身违约。

融资失败的原因可能在于:投资者与融资方未能就项目条件达成一致,如对公司商业模式的认同、公司估值、小股东权利、对赌条款等,以致未能签订投资协议;或者存在实质性的法律障碍,如公司股权存在瑕疵、缺乏退出机制、主要资产瑕疵、主要证照瑕疵、其他重大法律问题等,导致投资者“被放弃”投资。这种类型的风险具有一定的客观性,不能完全避免,但是可以采取相关措施,尽量避免发生不必要的融资失败。

针对商业秘密泄露问题,融资方在一定程度上是可以有效避免的,融资方应在与潜在投资者磋商谈判之前签订保密协定,以防商业秘密泄露。当然,对于融资方内部的商业秘密泄露问题,则需要从内部管理、治理机制入手,比如签订保密协定或者加强培训等。

接下来,便是公司融资后运营困难导致自身违约的情形了,如果约定了优先权条款、对赌条款,一旦触及条款约定,融资方将可能处于万劫不复的状态。针对这种情形,对于投资方应采取加强与融资企业沟通、合理选择对赌目标等措施将风险降到最低;融资方在交易中首先要避免盲目性,应合理估计企业价值,其次要通过合理的协议安排锁定风险,如对其独立性设置保障条款,以保证自身对企业最低限度的控股地位,避免丧失对企业的控制权,不能为吸引资金注入,一味妥协,导致最终资不抵债，自身难保。蒙牛与摩根斯坦利的对赌案，①值得借鉴。牛根生当然知道企业缺乏资金，他可能不懂资本市场的所有玄机，但他深知将企业的控制权紧握在手的重要性。因此，有了后续蒙牛的境外上市，有了蒙牛的"牛市"。

**2. 典型案例研究**

(1)"海富投资与甘肃世恒"对赌有效案

①案件当事人

申请再审人(一审被告、二审被上诉人)：甘肃世恒有色资源再利用有限公司(以下简称世恒公司)。

申请再审人(一审被告、二审被上诉人)：香港迪亚有限公司(以下简称迪亚公司)。

被申请人(一审原告、二审上诉人)：苏州工业园区海富投资有限公司(以下简称海富公司)。

一审被告、二审被上诉人：陆某，女，汉族，1963 年 1 月 24 日出生。

②一审事实查明

甘肃省兰州市中级人民法院一审查明：2007 年 11 月 1 日前，甘肃众星锌业有限公司(以下简称众星公司)、海富公司、迪亚公司、陆某共同签订一份《甘肃众星锌业有限公司增资协议书》(以下简称《增资协议书》)，约定：众星公司注册资本为 384 万美元，迪亚公司占投资的 100%。各方同意海富公司以现金 2000 万元人民币对众星公司进行增资，占众星公司增资后注册资本的 3.85%，迪亚公司占 96.15%。依据协议内容，迪亚公司与海富公司签订合营企业合同及修订公司章程，并于合营企业合同及修订后的章程批准之日起 10 日内一次性将认缴的增资款汇入众星公司指定的账户。合营企业合同及修订后的章程，在报经政府主管部门批准后生效。海

① 摩根与蒙牛对赌：2003 年，摩根士丹利等投资机构与蒙牛乳业签署了类似于国内证券市场可转债的"可换股文据"，未来换股价格仅为 0.74 港元/股。通过"可换股文据"向蒙牛乳业注资 3523 万美元，折合人民币 2.9 亿元。"可换股文据"实际上是股票的看涨期权。不过，这种期权价值的高低最终取决于蒙牛乳业未来的业绩。如果蒙牛乳业未来业绩好，"可换股文据"的高期权价值就可以兑现；反之，则成为废纸一张。为了使预期增值的目标能够兑现，摩根士丹利等投资者与蒙牛管理层签署了基于业绩增长的对赌协议。双方约定，从 2003 ~ 2006 年，蒙牛乳业的复合年增长率不低于 50%。若达不到，公司管理层将输给摩根士丹利 6000 万 ~ 7000 万股的上市公司股份；如果业绩增长达到目标，摩根士丹利等机构就要拿出自己的相应股份奖励给蒙牛管理层。2004 年 6 月，蒙牛业绩增长达到预期目标。摩根士丹利等机构"可换股文据"的期权价值得以兑现，换股时蒙牛乳业股票价格达到 6 港元以上；给予蒙牛乳业管理层的股份奖励也都得以兑现。摩根士丹利等机构投资者投资于蒙牛乳业的业绩对赌，让各方都成为赢家。

富公司在履行出资义务时,陆某承诺于2007年12月31日之前将四川省峨边县五渡牛岗铅锌矿过户至众星公司名下。募集的资金主要用于以下项目:1)收购甘肃省境内的一个年产能大于1.5万吨的锌冶炼厂;2)开发四川省峨边县牛岗矿山;3)投入500万元用于循环冶炼技术研究。第7条特别约定第1项:本协议签订后,众星公司应尽快成立"公司改制上市工作小组";着手筹备安排公司改制上市的前期准备工作,工作小组成员由股东代表和主要经营管理人员组成。协议各方应在条件具备时将公司改组成规范的股份有限公司,并争取在境内证券交易所发行上市。第2项业绩目标约定:众星公司2008年净利润不低于3000万元人民币。如果众星公司2008年实际净利润完不成3000万元,海富公司有权要求众星公司予以补偿,如果众星公司未能履行补偿义务,海富公司有权要求迪亚公司履行补偿义务。补偿金额=(1-2008年实际净利润/3000万元)×本次投资金额。第4项股权回购约定:如果至2010年10月20日,由于众星公司的原因造成无法完成上市,则海富公司有权在任一时刻要求迪亚公司回购届时海富公司持有之众星公司的全部股权,迪亚公司应自收到海富公司书面通知之日起180日内按以下约定回购金额向海富公司一次性支付全部价款。若自2008年1月1日起,众星公司的净资产年化收益率超过10%,则迪亚公司回购金额为海富公司所持众星公司股份对应的所有者权益账面价值;若自2008年1月1日起,众星公司的净资产年化收益率低于10%,则迪亚公司回购金额为(海富公司的原始投资金额-补偿金额)×(1+10%×投资天数/360)。此外,还规定了信息披露约定、违约责任等,该协议自各方授权代表签字并加盖公章,于协议文首注明之签署日期生效。协议未作规定或约定不详之事宜,应参照修改后的众星公司章程及股东间的投资合同(若有)办理。

2007年11月1日,海富公司、迪亚公司签订《中外合资经营甘肃众星锌业有限公司合同》(以下简称《合资经营合同》),有关约定为:众星公司增资扩股将注册资本增加至399.38万美元,海富公司决定受让部分股权,将众星公司由外资企业变更为中外合资经营企业。在合资公司的设立部分约定,合资各方以其各自认缴的合资公司注册资本出资额或者提供的合资条件为限对合资公司承担责任。海富公司出资15.38万美元,占注册资本的3.85%;迪亚公司出资384万美元,占注册资本的96.15%。海富公司应于本合同生效后10日内一次性向合资公司缴付人民币2000万元,超过其认缴的合资公司注册资本的部分,计入合资公司资本公积金。在第68、69条关于合资公司利润分配部分约定:合资公司依法缴纳所得税和提取各项基金后的利润,按合资方各持股比例进行分配。合资公司上一个会计年度亏损未弥补前不得分配利润。上一个会计年度未分配的利润,可并入本会计年度利润分配。该合同还规定了合资公司合资期限、解散和清算事宜。此外,还特别约定:合资公司完成变更后,应尽快成立"公司改制上市工作小组",着手筹备安排公司改制上市的前期准备工作,工作小组成员由股东代表和主要经营管理人员组成。合资公司应在条件具备时改组成立为股份有限公司,并争取在境内证券交易所发行上市。如果至2010年10月20日,由于合资公司自身的原因造成无法完成上市,则海富公司有权在任一时刻要求迪亚公司回购届时海富公司持有的合资公司的全部股权。合同于审批机关批准之日起生效。《中外合资经营甘肃众星锌业有限公司章程》(以下简称《公司章程》)第62、63条与《合资经营合同》第68、69条内容相同。之后,海富公司依约于2007年11月2日缴存众星公司银行账户人民币2000万元,其中新增注册资本114.7717万元,资本公积金1885.2283万元。2008年2月29日,甘肃省商务厅甘商外资字〔2008〕79号文件《关于甘肃众星锌业有限公司增资及股权变更的批复》同意增资及股权变更,并批准"投资双方于2007年11月1日签订的增资协议、合资企业合营合同和章程从即日起生效"。随后,众星公司依据该批复办理了相应的工商变更登记。2009年6月,众星公司经甘肃省商务厅批准,到工商部门办理了名称及经营范围变更登记手续,名称变更为世恒公司。另据工商年检报告登记的记载,众星公司2008年度生产经营利润总额26,858.13元,净利润26,858.13元。

③一审判决主文

一审法院认为,根据双方的诉辩意见,案件的争议焦点为:第一,《增资协议书》第7条第2项内容是否具有法律效力;第二,如果有效,世恒公司、迪亚公司、陆某应否承担补偿责任。

经审查,《增资协议书》系双方真实意思表示,但第7条第2项内容即世恒公司2008年实际净利润完不成3000万元,海富公司有权要求世恒公司补偿的约定,不符合《中外合资经营企业法》第8条关于企业利润根据合营各方注册资本的比例进行分配的规定,同时,该条规定与《公司章程》的有关条款不一致,也损害了公司利益及公司债权人的利益,不符合《公司法》第20条第1款的规定。因此,根据《合同法》(已废止)第52条第5项的规定,该条由世恒公司对海富公司承担补偿责任的约定违反了法律、行政法规的强制性规定,该约定无效,故海富公司依据该条款要求世恒公司承担补偿责任的诉请,依法不能支持。由于海富公司要求世恒公司承担补偿责任的约定无效,因此,海富公司要求世恒公司承担补偿责任失去了前提依据。同时,《增资协议书》第7条第2项内容与《合资经营合同》中相关约定内容不一致,依据《中外合资经营企业法实施条例》第10条第2款的规定,应以《合资经营合同》内容为准,故海富公司要求迪亚公司承担补偿责任的依据不足,依法不予支持。陆某虽是世恒公司的法定代表人,但其在世恒公司的行为代表的是公司行为利益,并且《增资协议书》第7条第2项内容中,并没有关于由陆某个人承担补偿义务的约定,故海富公司要求陆某个人承担补偿责任的诉请无合同及法律依据,依法应予驳回。至于陆某未按照承诺在2007年12月31日之前将四川省峨边县五渡牛岗铅锌矿过户至世恒公司名下,涉及对世恒公司及其股东的违约问题,不能成为本案陆某承担补偿责任的理由。

综上,一审法院认为海富公司的诉请依法不能支持,世恒公司、迪亚公司、陆某不承担补偿责任的抗辩理由成立。依照相关法律规定,该院于2010年12月31日作出(2010)兰法民三初字第71号民事判决,驳回海富公司的全部诉讼请求。

海富公司不服一审判决,向甘肃省高级人民法院提起上诉。二审查明的事实与一审一致。

④二审法院判决主文

当事人争议的焦点为《增资协议书》第7条第2项是否具有法律效力。本案中,海富公司与世恒公司、迪亚公司、陆某四方签订的协议书虽名为《增资协议书》,但综观该协议书的全部内容,海富公司支付2000万元的目的并非仅享有世恒公司3.85%的股权(计15.38万美元,折合人民币114.771万元),期望世恒公司经股份制改造并成功上市后,获取增值的股权价值才是其缔结协议书并出资的核心目的。基于上述投资目的,海富公司等四方当事人在《增资协议书》第7条第2项就业绩目标进行了约定,即"世恒公司2008年净利润不低于3000万元,海富公司有权要求世恒公司予以补偿,如果世恒公司未能履行补偿义务,海富公司有权要求迪亚公司履行补偿义务。补偿金额=(1-2008年实际净利润/3000万元)×本次投资金额"。四方当事人就世恒公司2008年净利润不低于3000万元人民币的约定,仅是对目标企业盈利能力提出要求,并未涉及具体分配事宜;且约定利润如实现,世恒公司及其股东均能依据《公司法》《合资经营合同》《公司章程》等相关规定获得各自相应的收益,也有助于债权人利益的实现,故并不违反法律规定。而四方当事人就世恒公司2008年实际净利润完不成3000万元,海富公司有权要求世恒公司及迪亚公司以一定方式予以补偿的约定,则违反了投资领域风险共担的原则,使得海富公司作为投资者不论世恒公司的经营业绩如何,均能取得约定收益而不承担任何风险。参照《最高人民法院〈关于审理联营合同纠纷案件若干问题的解答〉》第4条第2项关于“企业法人、事业法人作为联营一方向联营体投资，但不参加共同经营，也不承担联营的风险责任，不论盈亏均按期收回本息，或者按期收取固定利润的，是明为联营，实为借贷，违反了有关金融法规，应当确认合同无效”之规定，《增资协议书》第7条第2项部分该约定内容，因违反《合同法》(已废止)第52条第5项之规定应认定无效。海富公司除已计入世恒公司注册资本的114.771万元外，其余1885.2283万元资金性质应属名为投资，实为借贷。虽然世恒公司与迪亚公司的补偿承诺亦归于无效，但海富公司基于对其承诺的合理依赖而缔约，故世恒公司、迪亚公司对无效的法律后果应负主要过错责任。根据《合同法》第58条①之规定，世恒公司与迪亚公司应共同返还海富公司1885.2283万元及占用期间的利息，因海富公司对于无效的法律后果亦有一定过错，如按同期银行贷款利率支付利息不能体现其应承担的过错责任，故世恒公司与迪亚公司应按同期银行定期存款利率计付利息。

因陆某个人并未就《增资协议书》第7条第2项所涉补偿问题向海富公司作出过承诺，且其是否于2007年12月31日之前将四川省峨边县五渡牛岗铅锌矿过户至世恒公司名下与本案不属同一法律关系，故海富公司要求陆某承担补偿责任的诉请无事实及法律依据，依法不予支持。

关于世恒公司、迪亚公司、陆某在答辩中称《增资协议书》已被之后由海富公司与迪亚公司签订的《合资经营合同》取代，《增资协议书》第7条第2项对各方已不具有法律约束力的主张。因《增资协议书》与《合资经营合同》缔约主体不同，各自约定的权利义务也不一致，且2008年2月29日，在甘肃省商务厅甘商外资字〔2008〕79号《关于甘肃众星锌业有限公司增资及股权变更的批复》第2条中明确载明“投资双方2001年11月1日签订的增资协议、合资企业合营合同和章程从即日起生效”。故对其抗辩主张不予支持。该院认为一审判决认定部分事实不清，导致部分适用法律不当，应予纠正。依照《民事诉讼法》的规定，该院判决：1）撤销兰州市中级人民法院(2010)兰法民三初字第71号民事判决；2）世恒公司、迪亚公司于判决生效后30日内共同返还海富公司1885.2283万元及利息(自2007年11月3日起至付清之日止按照中国人民银行同期银行定期存款利率计算)。

世恒公司、迪亚公司不服甘肃省高级人民法院(2011)甘民二终字第96号民事

① 参见《民法典》第157条。

判决,向最高人民法院申请再审,请求裁定再审,撤销二审判决,维持一审判决。理由是:1)海富公司的诉讼请求是要求世恒公司、迪亚公司和陆某支付利润补偿款19,982,095元,没有请求将计入合资公司资本金的18,852,283元及利息返还。因此二审判决判令世恒公司、迪亚公司共同返还18,852,283元及利息超出了海富公司诉讼请求和上诉请求,程序违法。同时,18,852,283元及利息已超过2200万元,明显超出诉讼标的。2)二审判决将海富公司缴付并计入合资公司资本公积金的18,852,283元认定为"名为投资实为借贷",没有证据证明,也违反法律规定。3)二审判决参照《最高人民法院关于审理联营合同纠纷案件若干问题的解答》,适用法律错误。海富公司与迪亚公司、世恒公司之间不存在联营关系。4)《合资经营合同》第97条约定:该合同取代双方就上述交易事宜作出的任何口头或书面的协议、合同、陈述和谅解。所以《增资协议书》对各方已不具有约束力。迪亚公司并未依照《增资协议书》第7.2条或《合资经营合同》取得任何款项,判令迪亚公司承担共同返还本息的责任没有事实根据。

海富公司答辩称:1)《增资协议书》是四方当事人为达到上市目的而签订的融资及股份制改造一揽子协议书,不是《合资经营合同》所能容纳得了的。2)二审法院判令世恒公司和迪亚公司返还的是股本金之外的有特别用途的溢价款,不涉及抽逃出资问题。3)陆某在《增资协议书》中只代表其个人,是合同当事人的个人行为,因其违反《增资协议书》的约定应承担补偿责任。4)陆某的行为涉嫌刑事犯罪,其采取虚报注册资本的手段诱使海富公司误信其公司的经济实力,骗取海富公司资金。请求调取证据查证事实或将此案移交公安机关侦查。

最高人民法院审查查明的事实与一、二审查明的事实一致。

⑤再审判决主文

最高人民法院认为:2009年12月,海富公司向一审法院提起诉讼时的诉讼请求是请求判令世恒公司、迪亚公司、陆某向其支付协议补偿款19,982,095元并承担本案诉讼费用及其他费用,没有请求返还投资款。因此二审判决判令世恒公司、迪亚公司共同返还投资款及利息超出了海富公司的诉讼请求,是错误的。

海富公司作为企业法人,向世恒公司投资后与迪亚公司合资经营,故世恒公司为合资企业。世恒公司、海富公司、迪亚公司、陆某在《增资协议书》中约定,如果世恒公司实际净利润低于3000万元,则海富公司有权从世恒公司处获得补偿,并约定了计算公式。这一约定使海富公司的投资可以取得相对固定的收益,该收益脱离了世恒公司的经营业绩,损害了公司利益和公司债权人利益,一审法院、二审法院根据《公司法》第20条和《中外合资经营企业法》第8条的规定认定《增资协议书》中的这部分条款无效是正确的。但二审法院认定海富公司18,852,283元的投资名为联营实为借贷,并判决世恒公司和迪亚公司向海富公司返还该笔投资款,没有法律依据,本院予以纠正。

《增资协议书》中并无由陆某对海富公司进行补偿的约定,海富公司请求陆某进行补偿,没有合同依据。此外,海富公司称陆某涉嫌犯罪,没有证据证明,本院对该主张亦不予支持。但是,在《增资协议书》中,迪亚公司对于海富公司的补偿承诺并不损害公司及公司债权人的利益,不违反法律法规的禁止性规定,是当事人的真实意思表示,是有效的。迪亚公司对海富公司承诺了众星公司2008年的净利润目标并约定了补偿金额的计算方法。在众星公司2008年的利润未达到约定目标的情况下,迪亚公司应当依约应海富公司的请求对其进行补偿。迪亚公司对海富公司请求的补偿金额及计算方法没有提出异议,本院予以确认。

根据海富公司的诉讼请求及本案《增资协议书》中部分条款无效的事实,法院依照《合同法》第60条,①《民事诉讼法》第153条第1款第2项、第186条的规定,判决如下:

一、撤销甘肃省高级人民法院(2011)甘民二终字第96号民事判决。

二、本判决生效后30日内,迪亚公司向海富公司支付协议补偿款19,982,095元。如未按本判决指定的期间履行给付义务,则按《民事诉讼法》第229条的规定,加倍支付延迟履行期间的债务利息。

三、驳回海富公司的其他诉讼请求。

(2)案例评析

该案判决于2012年11月7日生效,最终认定迪亚公司须向投资者支付协议约定的补偿款近2000万元。经查询,迪亚公司工商登记信息现已处于"吊销未注销"状态。显然判决认为对赌条款有效,融资方因未能成就条款约定的条件,导致承担约定的违约责任。

故事虽落幕,仍回味无穷。一审判决驳回海富投资全部诉讼请求,二审判决撤销一审判决,再审又撤销了二审判决。在具体内容上认定世恒公司与海富公司在《增资协议书》中关于公司经营业绩的对赌协议无效,但股东之间即迪亚公司对海富公司的补偿约定有效。作为世恒公司的控股股东迪亚公司由于在签署该增资协

① 参见《民法典》第509条。

议时,未能理性地看待世恒公司的发展,过于盲目乐观,导致未能意识并防范该对赌协议的潜藏风险。

然而,2019年4月3日,江苏省高级人民法院就江苏华工创业投资有限公司与扬州锻压机床股份有限公司、潘某某等请求公司收购股份纠纷作出再审判决,也就是俗称的“华工案”。作为“海富案”以来,首个人民法院认定公司回购的对赌条款有效的案例,“华工案”一举打破了“公司回购的对赌条款无效”的认定。在“华工案”中,法院认为该约定不存在脱离目标公司正常经营下所应负担的经营成本及所能获得的经营业绩的企业正常经营规律,故华工公司、扬锻集团公司及扬锻集团公司全体股东关于华工公司投资收益的约定,不违反国家法律、行政法规的禁止性规定,不存在《合同法》第52条[①]规定的合同无效的情形。

实践中,从订立“对赌协议”的主体来看,有投资方与目标公司的股东或者实际控制人“对赌”、投资方与目标公司“对赌”、投资方与目标公司的股东、目标公司“对赌”等形式。人民法院在审理“对赌协议”纠纷案件时,不仅应当适用《民法典》合同编的相关规定,还应当适用《公司法》的相关规定;既要坚持鼓励投资方对实体企业特别是科技创新企业的投资原则,从而在一定程度上缓解企业融资难问题,又要贯彻资本维持原则和保护债权人合法权益原则,依法平衡投资方、公司债权人、公司之间的利益。对于投资方与目标公司的股东或者实际控制人订立的“对赌协议”,如无其他无效事由,认定有效并支持实际履行,实践中并无争议。但投资方与目标公司订立的“对赌协议”是否有效以及能否实际履行,存在争议。对此,最高人民法院发布的《全国法院民商事审判工作会议纪要》(以下简称《九民纪要》)对于对赌协议的有效性作了明确规定。

《九民纪要》第5条规定,投资方与目标公司订立的“对赌协议”在不存在法定无效事由的情况下,目标公司仅以存在股权回购或者金钱补偿约定为由,主张“对赌协议”无效的,人民法院不予支持,但投资方主张实际履行的,人民法院应当审查是否符合公司法关于“股东不得抽逃出资”及股份回购的强制性规定,判决是否支持其诉讼请求。

投资方请求目标公司回购股权的,人民法院应当依据《公司法》第35条关于“股东不得抽逃出资”或者第142条关于股份回购的强制性规定进行审查。经审查,目标公司未完成减资程序的,人民法院应当驳回其诉讼请求。

---

① 参见《民法典》第144、146、153、154条。

投资方请求目标公司承担金钱补偿义务的，人民法院应当依据《公司法》第35条关于"股东不得抽逃出资"和第166条关于利润分配的强制性规定进行审查。经审查，目标公司没有利润或者虽有利润但不足以补偿投资方的，人民法院应当驳回或者部分支持其诉讼请求。今后目标公司有利润时，投资方还可以依据该事实另行提起诉讼。

《九民纪要》将"对赌条款"的效力问题划分为"合同效力"与"合同可履行性"两个维度，在明确与目标公司的"对赌条款"合同有效的基础上，对是否能够实际履行作出了明确的限制，即想要回购必须履行减资程序，想要现金补偿必须目标公司有利润。否则，即便合同有效，回购和现金补偿的请求也无法得到法院支持。

《公司法》第177条规定，减资程序要向债权人公示，债权人有权要求公司清偿债务或者提供相应的担保。如果作出决议后，目标公司无法满足债权人的要求，无法完成减资程序，目标公司可能因资不抵债而破产。因此，虽然投资人与目标公司签订的对赌协议有效，但实际履行对赌条款，拿到目标公司的回购款项，仍有风险。①

如今，对赌协议的应用越来越广泛。不容置疑，对于投资者而言，此类条款意味着稳妥的期权犹如蜂蜜，对于融资方而言，能吸引投资、注入资金，至少也是糖果。但，不能忘了"糖衣炮弹"的故事，不能忽视对赌协议隐藏和显现的风险。风险主要来源于以下三个方面：②

第一，战略风险。企业发展战略是一项企业长期的综合发展规划，对于企业来说，企业战略应该是整体、长期且稳定的。但是签订对赌协议等于把企业本应长期实现的战略缩短到一个短期内就要实现的目标，而且融资额越大，对赌协议设定的目标也就越高，实现的难度也就越大。

第二，财务风险。对赌协议使企业可能面临的财务风险主要来源于两个方面，一方面是企业为了追求高速增长，导致的财务风险；另一方面是当企业的财务业绩达不到协议要求时，企业赎回投资者持有股份带来的财务压力。

第三，控制权风险。私募股权融资是企业出让一部分固定的股权给机构投资者，以此为代价满足企业的融资需求。在股权融资中签订对赌协议，使得投资者在企业中的股权比例可以是动态变化的。股权的变化依据协议中的条款的执行情况而改变，对赌协议中形成的控制权治理机制，对于企业家来说既有对其经营的激励

---

① 参见雷恩：《九民对赌篇丨新瓶真的能装得下旧酒吗？》，载大队长金融，https://mp.weixin.qq.com/s/Z2OZZlZqsFJ2tX5n9dpLaA，2020年1月30日最后访问。

② 参见徐俊：《对赌协议的三大风险》，载《商情》2011年第46期。

作用,也使其面临控制权的风险。

为了防范此类风险,还应从源头开始。首先,投资方要增强与融资方的信息交换与沟通,减少信息不对称的情况。其次,应适当降低自己的期望,缩小双方在定价期望上的差距,谨慎合理地作出业绩、发展预测。

## 第二节 境内上市

在本章的第一节,我们介绍了企业进行权益融资的第一轮,即天使、风投以及私募。企业发展到一定程度,随之而来的可能是进一步的融资,此时将考虑上市融资。上市又分为境内上市与境外上市,因不同的国家市场发展程度不同,经济体系及制度不同,导致上市要求、条件、程序、效果等方面都有所差异。因此,有必要作进一步的区分介绍。本节重点内容主要为境内上市融资,包括主板上市、中小板上市、创业板上市及科创板上市四种类型,从另一个角度也可分为在上海证券交易所上市与在深圳证券交易所上市两种。本节将对通过上市进行融资的条件要求、具体操作流程,以及融资附随产生的风险及其应对进行较为全面的阐述。

### 一、境内上市概述

#### (一)境内上市现状

根据上海证券交易所公布的数据,截至2021年6月30日,上交所股票成交概况具体如表3-6所示。

**表3-6 截至2021年6月30日上交所股票成交概况**

| 单日情况 | 股票 | 主板A | 主板B | 科创板 | 股票回购 |
|---|---|---|---|---|---|
| 挂牌数(只) | 1974 | 1625 | 48 | 301 | — |
| 市价总值(亿元) | 491,817.53 | 443,853.63 | 713.1 | 47,250.8 | — |
| 流通市值(亿元) | 410,999.61 | 394,591.73 | 713.1 | 15,694.78 | — |
| 成交金额(亿元) | 4154.41 | 3533.25 | 1.17 | 619.99 | 2.7 |
| 成交量(亿股/亿份) | 268.79 | 257 | 0.23 | 11.56 | 1.06 |
| 成交笔数(万笔) | 2293.0426 | 2122.3846 | 1.2656 | 169.3924 | 0.0008 |
| 平均市盈率(倍) | 17.39 | 16.21 | 9.54 | 72.59 | 0 |

续表

| 单日情况 | 股票 | 主板 A | 主板 B | 科创板 | 股票回购 |
|---|---|---|---|---|---|
| 换手率(%) | 0.8447 | 0.7960 | 0.1643 | 1.3121 | 0 |
| 次新股换手率(%) | 1.5258 | 1.8001 | — | 1.3433 | — |
| 流通换手率(%) | 1.0108 | 0.8954 | 0.1643 | 3.9503 | 0 |

注:本栏目发布的股票合计数据自 2019 年 7 月 22 日起,只包含主板 A、主板 B、科创板的数据,不包含股票回购数据。

自 2020 年 5 月 1 日起,换手率和次新股换手率为总市值换手率,流通换手率为流通市值换手率。

根据深圳证券交易所公布的数据,截至 2021 年 6 月深交所股票成交概况具体如表 3－7 所示。

**表 3－7　截至 2021 年 6 月深交所股票成交概况**

| | 交易日数 | 成交金额 | | 成交数量 | | 成交笔数 | |
|---|---|---|---|---|---|---|---|
| | | 人民币元 | 占总计 | 数量 | 单位 | 笔 | 占总计 |
| 股票 | 21 | 11,582,560,419,085 | 74.23 | 830,890,190,458 | 股 | 710,457,165 | 89.51 |
| 主板 A 股 | 21 | 7,010,744,437,388 | 44.93 | 568,670,970,429 | 股 | 450,498,282 | 56.76 |
| 主板 B 股 | 21 | 2,077,586,583 | 0.01 | 487,949,416 | 股 | 253,423 | 0.03 |
| 主板 CDR | 0 | 0 | 0.00 | 0 | 份 | 0 | 0.00 |
| 创业板 A 股 | 21 | 4,569,738,395,114 | 29.29 | 261,731,270,613 | 股 | 259,705,460 | 32.72 |
| 创业板 CDR | 0 | 0 | 0.00 | 0 | 份 | 0 | 0.00 |
| 基金 | 21 | 215,475,008,342 | 1.38 | 126,814,050,984 | 基金单位 | 8,713,995 | 1.10 |
| ETFs | 21 | 194,751,757,332 | 1.25 | 112,735,908,121 | 基金单位 | 6,410,444 | 0.81 |
| LOFS | 21 | 19,108,856,651 | 0.12 | 13,690,601,828 | 基金单位 | 1,910,854 | 0.24 |
| 分级基金 | 0 | 0 | 0.00 | 0 | 基金单位 | 0 | 0.00 |
| 封闭基金 | 21 | 70,726,912 | 0.00 | 725,764 | 基金单位 | 1868 | 0.00 |

续表

| | 交易日数 | 成交金额 | | 成交数量 | | 成交笔数 | |
|---|---|---|---|---|---|---|---|
| | | 人民币元 | 占总计 | 数量 | 单位 | 笔 | 占总计 |
| 基础设施基金 | 8 | 1,543,667,447 | 0.01 | 386,815,271 | 基金单位 | 390,829 | 0.05 |
| 债券 | 21 | 3,799,539,152,865 | 24.39 | 35,843,379,688 | 张 | 73,020,865 | 9.39 |
| 债券现券 | 21 | 750,346,595,230 | 4.81 | 5,342,191,645 | 张 | 44,686,189 | 5.63 |
| 债券回购 | 21 | 3,031,689,905,000 | 19.43 | 30,316,899,050 | 张 | 28,333,972 | 3.57 |
| ABS | 21 | 17,502,652,635 | 0.11 | 184,288,993 | 张 | 704 | 0.00 |
| 期权 | 21 | 5,599,156,240 | 0.04 | 6,206,360 | 张 | 1,503,534 | 0.19 |
| 优先股 | 21 | 2,027,200 | 0.00 | 20,000 | 股 | 1 | 0.00 |
| 合计 | 21 | 15,603,175,763,732 | 100.00 | 993,553,847,490 | | 793,695,560 | 100.00 |

### (二)境内上市相关法律规范

境内上市适用的法律规范主要如下:《证券法》《上海证券交易所股票上市规则》《深圳证券交易所股票上市规则》《上市公司股权激励管理办法》《上市公司治理准则》《股票发行与交易管理暂行条例》《上市公司非公开发行股票实施细则》《上市公司收购管理办法》《上市公司章程指引》《上市公司证券发行管理办法》《上市公司重大资产重组管理办法》《首次公开发行股票并上市管理办法》《创业板首次公开发行股票注册管理办法(试行)》《证券发行上市保荐业务管理办法》《证券发行与承销管理办法》《科创板首次公开发行股票注册管理办法(试行)》《科创板上市公司持续监管办法(试行)》等

### (三)境内上市的方式

企业在中国境内上市,主要通过沪深两所,即上海证券交易所(以下简称上交所)和深圳证券交易所(以下简称深交所),发行上市的股票称为A股。在上交所上市包括主板市场和科创板市场,主要针对大中型企业和科创企业。在深交所平台上市既有主板又有创业板,上市主体既有大中型企业,又有中小企业甚至小微企业。主板、创业板、科创板构成我国资本市场的基本体系架构。

**1. 主板**

主板也称为一板市场,指传统意义上的证券市场。主要为具有较大资本规模以及稳定的盈利能力的大型成熟企业上市提供平台,既可在上交所上市也可在深交所上市。

**2. 创业板**

根据《创业板首次公开发行股票注册管理办法(试行)》的规定,在创业板上市的企业主要是“促进成长型创新创业企业的发展”。创业板是多层次资本市场体系中的一个证券市场类别,往往与主板相对而言。创业板深入贯彻创新驱动发展战略,适应发展更多依靠创新、创造、创意的大趋势,主要服务成长型创新创业企业,支持传统产业与新技术、新产业、新业态、新模式的深度融合。2020 年 6 月 12 日,中国证监会公布了《创业板首次公开发行股票注册管理办法(试行)》,在深交所创业板试点注册制首次公开发行股票相关活动,即创业板试点注册制。

与主板市场相比,创业板是一个高风险和高收益相结合的市场,是主板市场的重要补充。

**3. 科创板**

根据《科创板首次公开发行股票注册管理办法(试行)》的规定,在科创板上市的企业,应当符合科创板定位,面向世界科技前沿、面向经济主战场、面向国家重大需求。优先支持符合国家战略,拥有关键核心技术,科技创新能力突出,主要依靠核心技术开展生产经营,具有稳定的商业模式,市场认可度高,社会形象良好,具有较强成长性的企业。

科创板主要按照国际规则设立,采用试点注册制。作为一个新兴市场,对于助推资本市场改革、科技创新发展、上海金融中心建设意义重大。

四者的区别列表如表 3 - 8 所示。

**表 3 - 8 科创板、创业板、主板的区别**

| 市场 | 科创板 | 创业板 | 主板 |
|---|---|---|---|
| 经营时间 | 持续经营 3 年以上 | 持续经营 3 年以上 | 持续经营 3 年以上 |
| 财务要求 | 预计市值不低于人民币 10 亿元,最近 2 年净利润均为正且累计净利润不低于人民币 5000 万元,或者预计市值不低于人民币 10 亿元,最近 1 年净利润为正且营业收入不低于人民币 1 亿元 | (一)最近 2 年净利润均为正,且累计净利润不低于人民币 5000 万元;(二)预计市值不低于人民币 10 亿元,最近 1 年净利润为正且营业收入不低于人民币 1 亿元;(三)预计市值不低于人民币 50 亿元,且最近 1 年营业收入不低于人民币 3 亿元。净利润以扣除非经常性损益前后的孰低者为准,所称净利润、营业收入均指经审计的数值 | 最近 3 个会计年度净利润均为正数且累计超过 3000 万元 |

续表

| 市场 | 科创板 | 创业板 | 主板 |
| --- | --- | --- | --- |
| | 或者预计市值不低于人民币15亿元,最近1年营业收入不低于人民币2亿元,且最近3年研发投入合计占最近3年营业收入的比例不低于15% | 符合《国务院办公厅转发证监会关于开展创新企业境内发行股票或存托凭证试点若干意见的通知》等相关规定且最近1年净利润为正的红筹企业,可以申请发行股票或存托凭证并在创业板上市。营业收入快速增长,拥有自主研发、国际领先技术,在同行业竞争中处于相对优势地位的尚未在境外上市的红筹企业,申请发行股票或存托凭证并在创业板上市的,市值及财务指标应当至少符合下列上市标准中的一项,发行人的招股说明书和保荐人的上市保荐书应当明确说明所选择的具体上市标准:(一)预计市值不低于人民币100亿元,且最近1年净利润为正;(二)预计市值不低于人民币50亿元,最近1年净利润为正且营业收入不低于人民币5亿元。前款所称营业收入快速增长,指符合下列标准之一:(一)最近一年营业收入不低于5亿元的,最近3年营业收入复合增长率10%以上;(二)最近1年营业收入低于5亿元的,最近3年营业收入复合增长率20%以上;(三)受行业周期性波动等因素影响,行业整体处于下行周期的,发行人最近3年营业收入复合增长率高于同行业可比公司同期平均增长水平。处于研发阶段的红筹企业和对国家创新驱动发展战略有重要意义的红筹企业,不适用“营业收入快速增长”的规定 | 最近3个会计年度经营活动产生的现金流量净额累计超过5000万元,或者最近3个会计年度营业收入累计超过3亿元 |
| | 或者预计市值不低于人民币20亿元,最近1年营业收入不低于人民币3亿元,且最近3年经营活动产生的现金流量净额累计不低于人民币1亿元 | 存在表决权差异安排的发行人申请股票或者存托凭证首次公开发行并在创业板上市的,其表决权安排等应当符合《深圳证券交易所创业板股票上市规则》等规则的规定;市值及财务指标应当至少符合下列上市标准中的一项,发行人的招股说明书和保荐人的上市保荐书应当明确说明所选择的具体上市标准:(一)预计市值不低于人民币100亿元,且最近1年净利润为正;(二)预计市值不低于人民币50亿元,最近1年净利润为正且营业收入不低于人民币5亿元 | 最近一期末不存在未弥补亏损 |

续表

| 市场 | 科创板 | 创业板 | 主板 |
|---|---|---|---|
| | 或者预计市值不低于人民币30亿元,且最近1年营业收入不低于人民币3亿元 | | 最近一期末无形资产占净资产的比例不高于20% |
| | 或者预计市值不低于人民币40亿元,主要业务或产品需经国家有关部门批准,市场空间大,目前已取得阶段性成果,并获得知名投资机构一定金额的投资 | | |
| 股本要求 | 发行后的股本总额不少于3000万元 | 发行后的股本总额不少于3000万元 | 发行前股本总额不少于3000万元 |
| 业务经营 | 科创板将重点支持新一代信息技术、高端装备、新材料、新能源、节能环保以及生物医药等高新技术产业和战略性新兴产业。医药行业企业需取得至少一项一类新药二期临床试验批件,其他符合科创板定位的企业需具备明显的技术优势并满足相应条件 | 发行人业务完整,具有直接面向市场独立持续经营的能力 | 完整的业务体系,直接面向市场独立经营的能力 |
| 公司管理 | 最近2年内主营业务和董事、高管及核心技术人员均没有发生重大不利变化;实际控制人没有发生变更 | 主营业务、控制权和管理团队稳定,最近2年内主营业务和董事、高级管理人员均没有发生重大不利变化;控股股东和受控股股东、实际控制人支配的股东所持发行人的股份权属清晰,最近2年实际控制人没有发生变更,不存在导致控制权可能变更的重大权属纠纷 | 最近3年主营业务、董事和高级管理人员无重大变动,实际控制人没有变更 |
| | 上市公司应当建立健全股东大会、董事会、监事会和经理层制度,形成权责分明、有效制衡的决策机制 | | 董事会下设战略、审计、薪酬委员会,各委员会至少指定一名独立董事会成员担任委员 |
| | | | 至少1/3的董事会成员为独立董事 |

(四)境内上市的优势与不足

企业上市是企业融资的一种重要方式,尤其对于那些已做大做强、实力较为雄厚又希望进一步发展壮大的企业,有诸多优势。

**1.境内上市的优势**

其一,通过上市可融得巨额资金,与此同时企业声誉将增强,有助于企业提高自身信用状况。因此,企业上市可丰富融资渠道、增强融资信誉。

其二,企业上市可规范企业运营、吸引优秀人才,规范企业治理结构、完善各项管理制度、提高运营效率,利用股票期权等方式实现对员工和管理层的有效激励,有助于企业吸引优秀人才,增强企业的发展后劲。

其三,证明企业实力、提升企业形象,上市是对企业管理水平、发展前景、盈利能力的有力证明。通过报纸、电视台等媒介,可提高企业知名度,提升企业形象,扩大市场影响力。

其四,发现股票价值、增加其流动性,借助市场化评价机制发现企业股票的真实价值;增加股票的流动性,是兑现投资资本、实现股权回报最大化的有效途径。

其五,企业上市将带动所在城市或地区的发展,因此,将在一定程度上享受到政府的优惠政策。

**2.境内上市的劣势**

其一,企业通过上市进行融资需要一定的成本,具体包括发行费用、承销费用、会计师费用、律师费用、评估师费用、路演费用、保荐费用、信息披露费用等。而且,一旦上市成功,后续的运营费用也将高于上市之前的运营费用。

其二,能否成功上市也具有一定的风险。由于在境内上市的限制、要求较多,拟上市企业需要达到较高的标准才有资格申请。而且,如果未通过监管部门的审核,那么所有的努力将付诸东流。

其三,企业上市的短期化行为,使企业为了成功上市在短期内冲击利润,导致经营不健康,存在企业成功上市以后业绩突变的风险。

其四,企业信息透明度高。企业通过上市募集的资金使用情况不仅需要严格按照当初招股说明书的内容执行,而且还要接受监管,并定期对外公告。

其五,企业成功上市之后,股权将被稀释,企业的利润也将与众多股东一起分享。因此,仍有不少世界五百强企业至今未选择发行上市,如华为。

## 二、首次公开发行的具体要求及操作流程

### (一)主板市场首次公开发行的一般条件及流程

**1. 首次公开发行的条件**

《证券法》第47条规定,申请证券上市交易,应当符合证券交易所上市规则规定的上市条件。《证券法》修订后相关法律法规也随之相应修订,未来会和证券法保持一致。现阶段根据现行有效的《首次公开发行股票并上市管理办法》的规定,拟上市的企业应符合一定的标准、具备上市的资格才能上市。

(1)发行人的条件

①发行人应当是依法设立且合法存续的股份有限公司。

②发行人自股份有限公司成立后,持续经营时间应当在3年以上,但经国务院批准的除外。有限责任公司按原账面净资产值折股整体变更为股份有限公司的,持续经营时间可以从有限责任公司成立之日起计算。

③发行人的注册资本已足额缴纳,发起人或者股东用作出资的资产的财产权转移手续已办理完毕,发行人的主要资产不存在重大权属纠纷。

④发行人的生产经营符合法律、行政法规和公司章程的规定,符合国家产业政策。

⑤发行人最近3年内主营业务和董事、高级管理人员没有发生重大变化,实际控制人没有发生变更。

⑥发行人的股权清晰,控股股东和受控股股东、实际控制人支配的股东持有的发行人股份不存在重大权属纠纷。

⑦发行人运行规范。

第一,已经依法建立健全股东大会、董事会、监事会、独立董事、董事会秘书制度,相关机构和人员能够依法履行职责。

第二,发行人的内部控制制度健全且被有效执行,能够合理保证财务报告的可靠性、生产经营的合法性、营运的效率与效果,同时有严格的资金管理制度,不得有资金被控股股东、实际控制人及其控制的其他企业以借款、代偿债务、代垫款项或者其他方式占用的情形。

第三,发行人不得有下列情形:最近36个月内未经法定机关核准,擅自公开或者变相公开发行过证券;或者有关违法行为虽然发生在36个月前,但目前仍处于持续状态;最近36个月内违反工商、税收、土地、环保、海关以及其他法律、行政法规,

受到行政处罚,且情节严重;最近36个月内曾向中国证监会提出发行申请,但报送的发行申请文件有虚假记载、误导性陈述或重大遗漏;或者不符合发行条件以欺骗手段骗取发行核准;或者以不正当手段干扰中国证监会及其发行审核委员会审核工作;或者伪造、变造发行人或其董事、监事、高级管理人员的签字、盖章;本次报送的发行申请文件有虚假记载、误导性陈述或者重大遗漏;涉嫌犯罪被司法机关立案侦查,尚未有明确结论意见;严重损害投资者合法权益和社会公共利益的其他情形。

第四,发行人的公司章程中已明确对外担保的审批权限和审议程序,不存在为控股股东、实际控制人及其控制的其他企业进行违规担保的情形。

⑧发行人财务与会计应当符合下列条件:

第一,最近3个会计年度净利润均为正数且累计超过人民币3000万元,净利润以扣除非经常性损益前后较低者为计算依据;

第二,最近3个会计年度经营活动产生的现金流量净额累计超过人民币5000万元;或者最近3个会计年度营业收入累计超过人民币3亿元;

第三,发行前股本总额不少于人民币3000万元;

第四,最近一期末无形资产(扣除土地使用权、水面养殖权和采矿权等后)占净资产的比例不高于20%;

第五,最近一期末不存在未弥补亏损。

中国证监会根据《关于开展创新企业境内发行股票或存托凭证试点的若干意见》等规定认定的试点企业,可不适用⑧中第1项至第5项的规定。

⑨发行人不得有下列影响持续盈利能力的情形:

第一,发行人的经营模式、产品或服务的品种结构已经或者将发生重大变化,并对发行人的持续盈利能力构成重大不利影响;

第二,发行人的行业地位或发行人所处行业的经营环境已经或者将发生重大变化,并对发行人的持续盈利能力构成重大不利影响;

第三,发行人最近1个会计年度的营业收入或净利润对关联方或者存在重大不确定性的客户存在重大依赖;

第四,发行人最近1个会计年度的净利润主要来自合并财务报表范围以外的投资收益;

第五,发行人在用的商标、专利、专有技术以及特许经营权等重要资产或技术的取得或者使用存在重大不利变化的风险;

第六,其他可能对发行人持续盈利能力构成重大不利影响的情形。

(2)发行人董监高的条件

①发行人的董事、监事和高级管理人员已经了解与股票发行上市有关的法律法规,知悉上市公司及其董事、监事和高级管理人员的法定义务和责任。

②发行人的董事、监事和高级管理人员符合法律、行政法规和规章规定的任职资格,且不得有下列情形:被中国证监会采取证券市场禁入措施尚在禁入期的;最近36个月内受到中国证监会的行政处罚,或者最近12个月内受到证券交易所公开谴责;因涉嫌犯罪被司法机关立案侦查或者涉嫌违法违规被中国证监会立案调查,尚未有明确的结论意见。

③发行人及其全体董事、监事和高级管理人员应当在招股说明书上签字、盖章,保证招股说明书的内容真实、准确、完整。保荐人及其保荐代表人应当对招股说明书的真实性、准确性、完整性进行核查,并在核查意见上签字、盖章。

④发行人及其全体董事、监事和高级管理人员应当保证预先披露的招股说明书(申报稿)的内容真实、准确、完整。

(3)募集资金的运用

①募集资金应当有明确的使用方向。原则上应当用于主营业务,除金融类企业外,募集资金使用项目不得为持有交易性金融资产和可供出售的金融资产、借予他人、委托理财等财务性投资,不得直接或者间接投资于以买卖有价证券为主要业务的公司。

②募集资金数额和投资项目应当与发行人现有生产经营规模、财务状况、技术水平和管理能力等相适应。

③募集资金投资项目应当符合国家产业政策、投资管理、环境保护、土地管理以及其他法律、法规和规章的规定。

④发行人董事会应当对募集资金投资项目的可行性进行认真分析,确信投资项目具有较好的市场前景和盈利能力,有效防范投资风险,提高募集资金使用效益。

⑤募集资金投资项目实施后,不会产生同业竞争或者对发行人的独立性产生不利影响。发行人应当建立募集资金专项存储制度,募集资金应当存放于董事会确定的专项账户。

**2. 首次公开发行的程序**

(1)发行准备阶段

发行前期,一系列筹备工作,主要是与各中介机构进行沟通、联络。

(2)内部决议

发行人董事会应当依法就本次股票发行的具体方案、本次募集资金使用的可行性及其他必须明确的事项作出决议,并提请股东大会批准。其中,决议内容包括但不限于:

①本次发行股票的种类和数量;

②发行对象;

③价格区间或者定价方式;

④募集资金用途;

⑤发行前滚存利润的分配方案;

⑥决议的有效期;

⑦对董事会办理本次发行具体事宜的授权;

⑧其他必须明确的事项。

(3)制作申请文件

发行人应当按照中国证监会的有关规定制作申请文件,由保荐人保荐并向中国证监会申报。特定行业的发行人应当提供管理部门的相关意见。应向证监会报送如下文件:公司章程;发起人协议;发起人姓名或者名称;发起人认购的股份数、出资种类及验资证明;招股说明书;代收股款银行的名称及地址;承销机构名称及有关的协议。保荐人出具发行保荐书。

同时,发行人申报文件中不得有下列情形:

①故意遗漏或虚构交易、事项或者其他重要信息;

②滥用会计政策或者会计估计;

③操纵、伪造或篡改编制财务报表所依据的会计记录或者相关凭证。

(4)保荐人保荐

根据证监会的相关规定,企业发行上市需要经具有保荐资格的机构进行保荐。保荐人,即保荐企业发行并上市的机构,一般指证券公司。保荐机构应当尽职推荐发行人证券发行上市。发行人证券上市后,保荐机构应当持续督导发行人履行规范运作、信守承诺、信息披露等义务。

①发行辅导:在推荐发行人首次公开发行股票并上市前,应当对发行人进行辅导,对发行人的董事、监事和高级管理人员、持有5%以上股份的股东和实际控制人(或者其法定代表人)进行系统的法规知识、证券市场知识培训,使其全面掌握发行上市、规范运作等方面的有关法律法规和规则,知悉信息披露和履行承诺等方面的

责任和义务,树立进入证券市场的诚信意识、自律意识和法制意识,以及中国证监会规定的其他事项。

②辅导验收:保荐机构辅导工作完成后,应由发行人所在地的中国证监会派出机构进行辅导验收。发行人所在地在境外的,应当由发行人境内主营业地或境内证券事务机构所在地的中国证监会派出机构进行辅导验收。

③发行保荐书:保荐机构应当确信发行人符合法律、行政法规和中国证监会的有关规定,方可推荐其证券发行上市。保荐机构决定推荐发行人证券发行上市的,可以根据发行人的委托,组织编制申请文件并出具推荐文件。保荐机构推荐发行人发行证券,应当向中国证监会提交发行保荐书、保荐代表人专项授权书以及中国证监会要求的其他与保荐业务有关的文件。发行保荐书应当包括下列内容:

第一,逐项说明本次发行是否符合《公司法》《证券法》规定的发行条件和程序;

第二,逐项说明本次发行是否符合中国证监会的有关规定,并载明得出每项结论的查证过程及事实依据;

第三,发行人存在的主要风险;

第四,对发行人发展前景的评价;

第五,保荐机构内部审核程序简介及内核意见;

第六,保荐机构及其关联方与发行人及其关联方之间的利害关系及主要业务往来情况;

第七,相关承诺事项;

第八,中国证监会要求的其他事项。

④配合审核工作:保荐机构提交发行保荐书后,应当配合中国证监会的审核,并承担下列工作:组织发行人及证券服务机构对中国证监会的意见进行答复;按照中国证监会的要求对涉及本次证券发行上市的特定事项进行尽职调查或者核查;指定保荐代表人与中国证监会职能部门进行专业沟通,保荐代表人在发行审核委员会会议上接受委员质询;中国证监会规定的其他工作。在实施证券发行注册制的板块,保荐机构应当配合证券交易所、中国证监会的发行上市审核和注册工作,并按规定承担相应工作。

(5)制作并披露招股说明书

发行人应当按照中国证监会的有关规定编制和披露招股说明书。招股说明书内容与格式准则是信息披露的最低要求。不论准则是否有明确规定,凡是对投资者作出投资决策有重大影响的信息,均应当予以披露。发行人应当在招股说明书中披露已达到发行监管对公司独立性的基本要求。同时,发行人及其全体董事、监事和高级管理人员应当在招股说明书上签字、盖章,保证招股说明书的内容真实、准确、完整。保荐人及其保荐代表人应当对招股说明书的真实性、准确性、完整性进行核查,并在核查意见上签字、盖章。招股说明书中引用的财务报表在其最近一期截止日后6个月内有效。特殊情况下发行人可申请适当延长,但至多不超过3个月。财务报表应当以年度末、半年度末或者季度末为截止日。招股说明书的有效期为6个月,自中国证监会或国务院授权的部门同意注册申请前招股说明书最后一次签署之日起计算。

申请文件受理后、发行审核委员会审核前,发行人应当将招股说明书(申报稿)在中国证监会网站(www.csrc.gov.cn)预先披露。发行人可以将招股说明书(申报稿)刊登于其企业网站,但披露内容应当完全一致,且不得早于在中国证监会网站的披露时间。此外,预先披露的招股说明书(申报稿)不是发行人发行股票的正式文件,不能含有价格信息,发行人不得据此发行股票。

(6)审核(注册制)

根据《证券法》的规定,公开发行证券,必须符合法律、行政法规规定的条件,并依法报经国务院证券监督管理机构或国务院授权的部门注册。未经依法注册,任何单位和个人不得公开发行证券。证券发行注册制的具体范围、实施步骤,由国务院规定。

(7)正式发行

依据《首次公开发行股票并上市管理办法》(2020修正)的规定,自中国证监会核准发行之日起,发行人应在6个月内发行股票;超过6个月未发行的,核准文件失效,须重新经中国证监会核准后方可发行。

### (二)创业板首次公开发行的一般条件及流程

**1. 首次公开发行的条件**

①发行人是依法设立且持续经营3年以上的股份有限公司,具备健全且运行良好的组织机构,相关机构和人员能够依法履行职责。有限责任公司按原账面净资产值折股整体变更为股份有限公司的,持续经营时间可以从有限责任公司成立之日起计算。

②发行人会计基础工作规范,财务报表的编制和披露符合企业会计准则和相关信息披露规则的规定,在所有重大方面公允地反映了发行人的财务状况、经营成果和现金流量,最近3年财务会计报告由注册会计师出具无保留意见的审计报告。发行人内部控制制度健全且被有效执行,能够合理保证公司运行效率、合法合规和财务报告的可靠性,并由注册会计师出具无保留结论的内部控制鉴证报告。

③发行人业务完整，具有直接面向市场独立持续经营的能力：第一，资产完整，业务及人员、财务、机构独立，与控股股东、实际控制人及其控制的其他企业间不存在对发行人构成重大不利影响的同业竞争，不存在严重影响独立性或者显失公平的关联交易。第二，主营业务、控制权和管理团队稳定，最近2年内主营业务和董事、高级管理人员均没有发生重大不利变化；控股股东和受控股股东、实际控制人支配的股东所持发行人的股份权属清晰，最近2年实际控制人没有发生变更，不存在导致控制权可能变更的重大权属纠纷。第三，不存在涉及主要资产、核心技术、商标等的重大权属纠纷，重大偿债风险，重大担保、诉讼、仲裁等或有事项，经营环境已经或者将要发生重大变化等对持续经营有重大不利影响的事项。

④发行人生产经营符合法律、行政法规的规定，符合国家产业政策。最近3年内，发行人及其控股股东、实际控制人不存在贪污、贿赂、侵占财产、挪用财产或者破坏社会主义市场经济秩序的刑事犯罪，不存在欺诈发行、重大信息披露违法或者其他涉及国家安全、公共安全、生态安全、生产安全、公众健康安全等领域的重大违法行为。董事、监事和高级管理人员不存在最近3年内受到中国证监会行政处罚，或者因涉嫌犯罪正在被司法机关立案侦查或者涉嫌违法违规正在被中国证监会立案调查且尚未有明确结论意见等情形。

**2. 注册程序**

(1)内部决议

发行人董事会应当依法就本次发行股票的具体方案、本次募集资金使用的可行性及其他必须明确的事项作出决议，并提请股东大会批准。发行人股东大会应当就本次发行股票作出决议，决议至少应当包括下列事项：

①本次公开发行股票的种类和数量；

②发行对象；

③定价方式；

④募集资金用途；

⑤发行前滚存利润的分配方案；

⑥决议的有效期；

⑦对董事会办理本次发行具体事宜的授权；

⑧其他必须明确的事项。

(2)制作申请文件

发行人应当按照中国证监会《公开发行证券的公司信息披露内容与格式准则

第29号——首次公开发行股票并在创业板上市申请文件》之规定制作申请文件,依法由保荐人保荐并向交易所申报。交易所收到注册申请文件后,5个工作日内作出是否受理的决定。

(3)交易所审核

交易所设立独立的审核部门,负责审核发行人公开发行并上市申请;设立行业咨询专家库,负责为创业板建设和发行上市审核提供专业咨询和政策建议;设立创业板上市委员会,负责对审核部门出具的审核报告和发行人的申请文件提出审议意见。交易所主要通过向发行人提出审核问询、发行人回答问题方式开展审核工作,判断发行人是否符合发行条件、上市条件和信息披露要求。

(4)中国证监会依法履行发行注册程序

中国证监会依法履行发行注册程序,发行注册主要关注交易所发行上市审核内容有无遗漏,审核程序是否符合规定,以及发行人在发行条件和信息披露要求的重大方面是否符合相关规定。中国证监会认为存在需要进一步说明或者落实事项的,可以要求交易所进一步问询。

中国证监会认为交易所对影响发行条件的重大事项未予关注或者交易所的审核意见依据明显不充分的,可以退回交易所补充审核。交易所补充审核后,认为发行人符合发行条件和信息披露要求的,重新向中国证监会报送审核意见及相关资料,注册期限重新计算。

中国证监会在20个工作日内对发行人的注册申请作出予以注册或者不予注册的决定。发行人根据要求补充、修改注册申请文件,或者中国证监会要求交易所进一步问询,要求保荐人、证券服务机构等对有关事项进行核查,对发行人现场检查,并要求发行人补充、修改申请文件的时间不计算在内。

(5)正式发行

中国证监会的予以注册决定,自作出之日起1年内有效,发行人应当在注册决定有效期内发行股票,发行时点由发行人自主选择。

在深交所发行股票的申请文件:

①股票发行申请书(公司和主承销商盖章);

②中国证监会“证监许可”核准文件(原件及复印件各1份,原件核对后退还公司);

③证券简称及代码申请书(经办人签字,公司盖章);

④发行上市期间报送文件的相关承诺,承诺内容应包括新股发行上市期间报送的电子文件与书面文件一致、报送申请文件中的发行申报文件与在证监会最后

定稿的文件一致，以及对外披露的公告与经交易所审核的公告一致（公司、主承销商盖章）；

⑤股票发行基本情况表（主承销商盖章，请在保荐业务专区发行上市业务栏目填报和下载电子表格）；

⑥行业分类情况表（主承销商盖章）；

⑦主承销商经办人员的身份证复印件、主承销商授权委托书（需主承销商法定代表人签字）及主承销商法定代表人身份证明书（主承销商盖章，需附法定代表人身份证复印件）；

⑧公司经办人员的身份证复印件、公司授权委托书（需公司法定代表人签字）及公司法定代表人身份证明书（公司盖章，需附法定代表人身份证复印件）；

⑨发行方案（主承销商盖章）。

深交所发行流程图如图 3－6 所示。

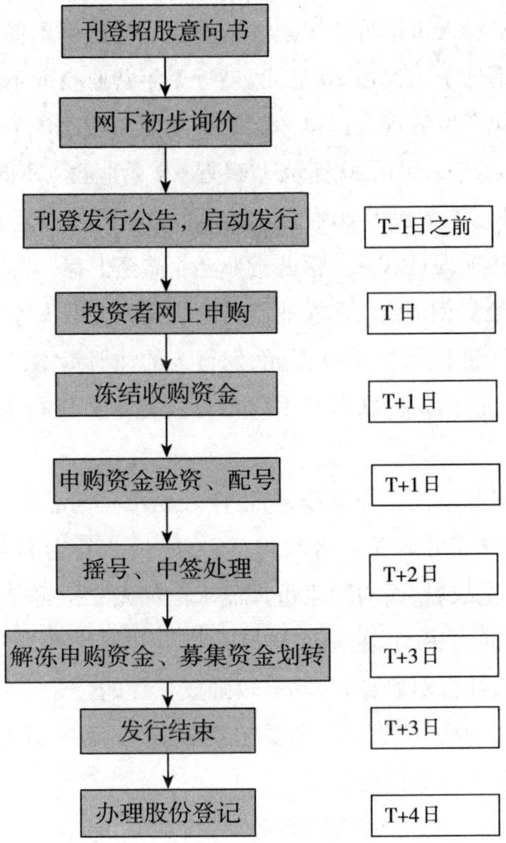


**图 3－6　深交所发行流程图**

（三）科创板首次公开发行的一般条件及流程

《证券法》修订后相关法律法规也将会相应修订，未来会和证券法保持一致，本书暂时引用现行有效的法律法规。

**1. 首次公开发行的条件**

（1）发行人的条件

①发行人是依法设立且持续经营3年以上的股份有限公司。有限责任公司按原账面净资产值折股整体变更为股份有限公司的，持续经营时间可以从有限责任公司成立之日起计算。

②预计市值不低于人民币10亿元，最近2年净利润均为正且累计净利润不低于人民币5000万元，或者预计市值不低于人民币10亿元，最近1年净利润为正且营业收入不低于人民币1亿元。

或者预计市值不低于人民币15亿元，最近1年营业收入不低于人民币2亿元，且最近3年累计研发投入占最近3年累计营业收入的比例不低于15%。

或者预计市值不低于人民币20亿元，最近1年营业收入不低于人民币3亿元，且最近3年经营活动产生的现金流量净额累计不低于人民币1亿元。

或者预计市值不低于人民币30亿元，且最近1年营业收入不低于人民币3亿元。

或者预计市值不低于人民币40亿元，主要业务或产品需经国家有关部门批准，市场空间大，目前已取得阶段性成果。医药行业企业需至少有一项核心产品获准开展二期临床试验，其他符合科创板定位的企业需具备明显的技术优势并满足相应条件。

③发行后股本总额不少于3000万元；发行人的注册资本已足额缴纳，发起人或者股东用作出资的资产的财产权转移手续已办理完毕。发行人的主要资产不存在重大权属纠纷。

④发行人应当主要经营一种业务，其生产经营活动符合法律、行政法规和公司章程的规定，符合国家产业政策及环境保护政策；应当符合科创板定位，面向世界科技前沿、面向经济主战场、面向国家重大需求。优先支持符合国家战略，拥有关键核心技术，科技创新能力突出，主要依靠核心技术开展生产经营，具有稳定的商业模式，市场认可度高，社会形象良好，具有较强成长性的企业。

⑤发行人的股权清晰，控股股东和受控股股东、实际控制人支配的股东所持发行人的股份不存在重大权属纠纷。

⑥发行人资产完整，业务及人员、财务、机构独立，具有完整的业务体系和直接面向市场独立经营的能力。与控股股东、实际控制人及其控制的其他企业间不存

在同业竞争,以及严重影响公司独立性或者显失公允的关联交易。

⑦发行人具有完善的公司治理结构,内部控制制度健全且被有效执行。

(2)发行人董监高的条件

①近2年内董事、高级管理人员无重大不利变化,实际控制人也没有发生变更;

②同时还不存在下列情形:

第一,被中国证监会采取证券市场禁入措施尚在禁入期的;

第二,最近3年内受到中国证监会行政处罚,或者最近1年内受到证券交易所公开谴责的;

第三,因涉嫌犯罪被司法机关立案侦查或者涉嫌违法违规被中国证监会立案调查,尚未有明确结论意见的。

(3)募集资金的运用

发行人募集资金应当用于主营业务,并有明确的用途。募集资金数额和投资方向应当与发行人现有生产经营规模、财务状况、技术水平、管理能力及未来资本支出规划等相适应。

**2. 首次公开发行的程序**

(1)内部决议

发行人董事会应当依法就本次发行股票的具体方案、本次募集资金使用的可行性及其他必须明确的事项作出决议,并提请股东大会批准。发行人股东大会应当就本次发行股票作出决议,决议至少应当包括下列事项:

①发行方式;

②价格区间或者定价方式;

③募集资金用途;

④发行前滚存利润的分配方案;

⑤决议的有效期;

⑥对董事会办理本次发行具体事宜的授权;

⑦其他必须明确的事项。

(2)制作申请文件

发行人应当按照中国证监会《公开发行证券的公司信息披露内容与格式准则第42号——首次公开发行股票并在科创板上市申请文件》之规定制作申请文件,并通过上交所发行上市审核业务系统报送电子文件。

报送的电子文件应和预留原件一致。发行人律师应对报送的电子文件与预留原件的一致性出具鉴证意见。报送的电子文件和预留原件具有同等的法律效力。

(3)保荐人保荐

保荐人保荐发行人发行股票并在科创板上市,应当对发行人符合科创板定位要求出具专项意见。

(4)证监会审核

《证券法》规定,公开发行证券必须依法报经国务院证券监督管理机构或国务院授权的部门注册。未经依法注册,任何单位和个人不得公开发行证券。证券发行注册制的具体范围、实施步骤,由国务院规定。

(5)正式发行

现阶段根据《首次公开发行股票并上市管理办法》的规定,核准制要求发行人应当自中国证监会核准之日起 12 个月内发行股票,发行时点由发行人自主选择;超过 12 个月未发行的,核准文件失效,须重新经中国证监会核准后方可发行。

科创板发行流程如图 3－7 所示。

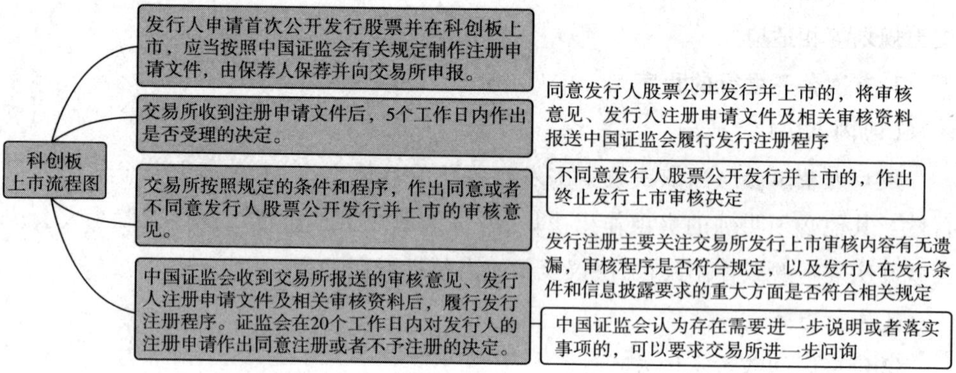


**图 3－7　科创板发行流程图**

## 三、上市条件及程序

### (一)上交所上市的条件及程序

**1. 上交所上市的条件**

发行人首次公开发行股票后申请其股票在上交所上市,应当符合下列条件:

①股票经中国证监会核准已公开发行;

②公司股本总额不少于人民币 5000 万元;

③公开发行的股份达到公司股份总数的 25% 以上;公司股本总额超过人民币 4 亿元的,公开发行股份的比例为 10% 以上;

④公司最近3年无重大违法行为,财务会计报告无虚假记载;

⑤本所要求的其他条件。

**2. 上交所上市的流程**

(1)需递交的材料

企业拟在上交所上市,应向上交所提交如下申请材料:

①上市申请书;

②中国证监会核准其股票首次公开发行的文件;

③有关本次发行上市事宜的董事会和股东大会决议;

④营业执照复印件;

⑤公司章程;

⑥经具有执行证券、期货相关业务资格的会计师事务所审计的发行人最近3年的财务会计报告;

⑦首次公开发行结束后发行人全部股票已经中国证券登记结算有限责任公司上海分公司托管的证明文件;

⑧首次公开发行结束后,具有执行证券、期货相关业务资格的会计师事务所出具的验资报告;

⑨关于董事、监事和高级管理人员持有本公司股份的情况说明和《董事(监事、高级管理人员)声明及承诺书》;

⑩发行人拟聘任或者已聘任的董事会秘书的有关资料;

⑪首次公开发行后至上市前,按规定新增的财务资料和有关重大事项的说明(如适用);

⑫首次公开发行前已发行股份持有人,自发行人股票上市之日起1年内持股锁定证明;

⑬发行人控股股东和实际控制人相关承诺函;

⑭最近一次的招股说明书和经中国证监会审核的全套发行申报材料;

⑮按照有关规定编制的上市公告书;

⑯保荐协议和保荐人出具的上市保荐书;

⑰律师事务所出具的法律意见书;

⑱本所要求的其他文件。

除了递交材料之外,公司在股票首次上市之前应当向上交所申请并签署《证券上市协议》,《证券上市协议》包括以下内容:股票简称、上市日期、上市数量等基本情况;双方的权利与义务和应当遵守的法律、法规和其他相关规定;关于公司及其董事、监事和高级管理人员应当积极配合上交所监管的规定;上市费用以及交纳方式;股票暂停、终止上市和终止上市后进入代办股份转让系统继续交易等相关事项;其他有关内容。

(2)上交所股票首次公开发行并上市的流程图

上交所股票首次公开发行并上市流程图见图3-8。

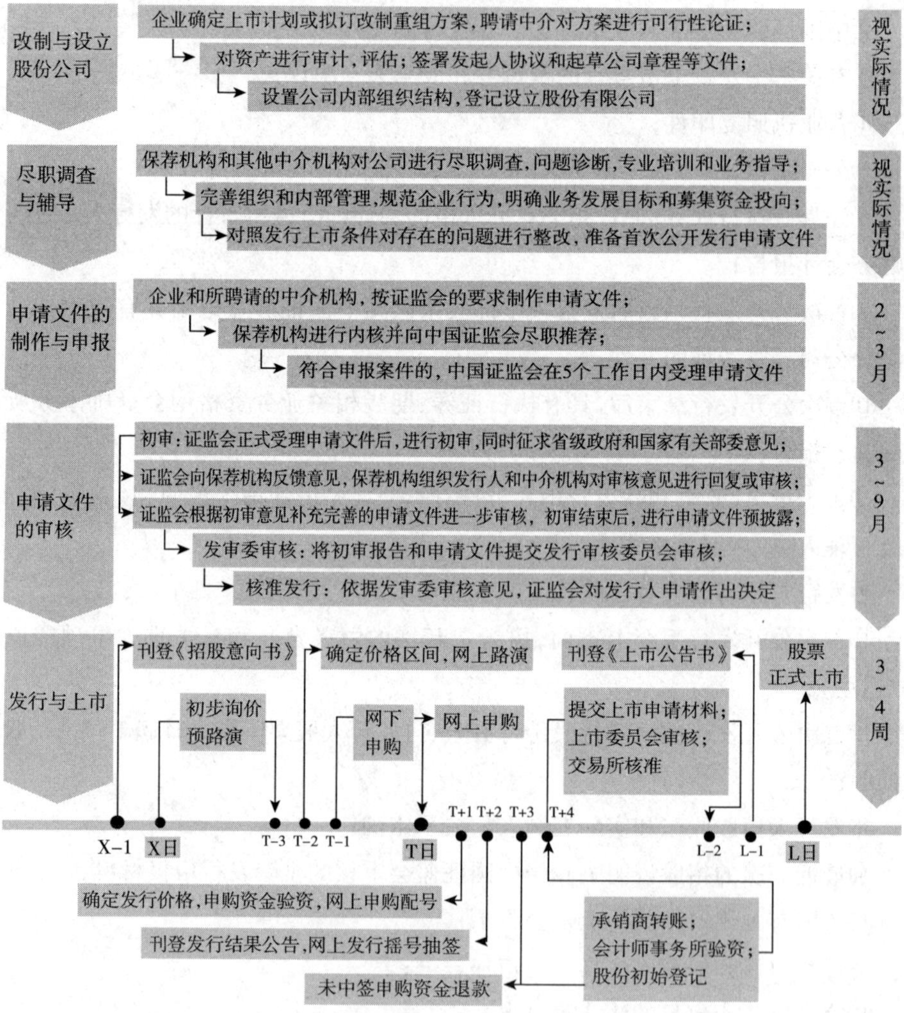


注：XB——初步询价日；TB——网上发行日；LB——股票上市日。

**图3-8 上交所股票首次公开发行并上市流程图**

资料来源：该图来源于上海证券交易所官方网站。

## (二)深交所上市的条件及流程

### 1. 深交所上市条件

(1)深交所主板、中小企业板上市条件

①股票已公开发行。

②公司股本总额不少于5000万元。

③公开发行的股份达到公司股份总数的25%以上;公司股本总额超过4亿元的,公开发行股份的比例为10%以上。

④公司最近3年无重大违法行为,财务会计报告无虚假记载。

⑤本所要求的其他条件。

(2)深交所创业板上市条件

①股票已公开发行。

②公司股本总额不少于3000万元。

③公开发行的股份达到公司股份总数的25%以上;公司股本总额超过4亿元的,公开发行股份的比例为10%以上。

④公司股东不少于200人。

⑤公司最近3年无重大违法行为,财务会计报告无虚假记载。

⑥本所要求的其他条件。

### 2. 深交所上市流程

(1)股票在深交所上市需递交的申请材料:

①上市报告书(上市申请书,公司盖章)。

②申请上市的董事会、股东大会决议(复印件,加盖董事会公章)。

③公司营业执照复印件及本次股票发行完成后3个月内办理完成工商变更登记的承诺(公司盖章)。

④公司章程(草案,公司盖章)。

⑤依法经具有执行证券、期货相关业务资格的会计师事务所审计的发行人最近3年的财务会计报告(复印件加盖公司公章,书面文件的电子版不需要通过业务专区上传)。

⑥公司拟聘任或已聘任的董事会秘书及证券事务代表的资料。发行人已聘任董事会秘书和证券事务代表的,在提供以下材料的同时应提供董事会聘任书,公司拟聘任董事会秘书和证券事务代表的,应同时提供包括被推荐人符合《深圳证券交易所股票上市规则》/《深圳证券交易所创业板股票上市规则》任职资格的说明、董

事会推荐书:

第一,个人简历、学历证明(复印件,学历证明需公司盖章);

第二,联系方式,至少应包括办公电话、住宅电话、移动电话、传真、通信地址及专用电子邮件信箱地址,董事会秘书应当保证本所可以随时与其联系;

第三,董事会秘书资格证书(如有,复印件加盖公司公章)(书面文件的电子版不需要通过业务专区上传)。

⑦需报送的承诺与说明:

第一,控股股东和实际控制人承诺书,内容为自发行人股票上市之日起36个月内,不转让或者委托他人管理其持有的发行人股份,也不由发行人回购其持有的股份(原件,如控股股东和实际控制人为法人,需法定代表人签字);其他股东就所持股份作出的锁定承诺(如有,原件,如相关股东为法人,需法定代表人签字)。

第二,发行人控股股东、持有发行人股份的董事和高级管理人员承诺书,内容为所持股票在锁定期满后2年内减持的,其减持价格不低于发行价;公司上市后6个月内如公司股票连续20个交易日的收盘价均低于发行价,或者上市后6个月期末收盘价低于发行价,持有公司股票的锁定期限自动延长至少6个月。

第三,发行人及其控股股东承诺书,内容为发行人招股说明书有虚假记载、误导性陈述或者重大遗漏,对判断发行人是否符合法律规定的发行条件构成重大、实质影响的,将依法回购首次公开发行的全部新股,且发行人控股股东将购回已转让的原限售股份。

第四,发行人及其控股股东、实际控制人、董事、监事、高级管理人员等相关责任主体的承诺书,内容为发行人招股说明书有虚假记载、误导性陈述或者重大遗漏,致使投资者在证券交易中遭受损失的,将依法赔偿投资者损失。

第五,保荐机构、会计师事务所等证券服务机构承诺书,内容为因其为发行人首次公开发行制作、出具的文件有虚假记载、误导性陈述或者重大遗漏,给投资者造成损失的,将依法赔偿投资者损失。

第六,发行人及其控股股东、公司董事及高级管理人员等责任主体作出公开承诺事项的,应同时提出未能履行承诺时的约束措施说明。

第七,公司董事、监事和高级管理人员持有股份情况及《董事(监事、高级管理人员)声明与承诺书》(请在本指南所附链接下载声明与承诺书的电子文件;声明与承诺书签订须经律师见证,书面文件一式三份,其中报送交易所一份;请注意声明中关于持股情况的项目需填写直接和间接持股股份情况;相关电子文件不需要通过业务专区上传。

第八,《控股股东、实际控制人声明及承诺书》(请在本指南所附链接下载声明与承诺书的电子文件;声明与承诺书签署须经律师见证,书面文件一式三份,其中报送交易所一份;书面文件的电子版不需要通过业务专区上传)。

第九,发行人及其控股股东、公司董事及高级管理人员在发行人上市后3年内公司股价低于每股净资产时稳定公司股价的预案,预案应包括启动股价稳定措施的具体条件、可能采取的具体措施等。

第十,发行人公开发行前持股5%以上股东的持股意向及减持意向说明。

第十一,保荐机构对保荐代表人的专项授权委托书(保荐机构盖章)。

第十二,报送中国证监会的历次反馈意见回复、关于发审委审核意见的函的回复及发行方案备案文件[复印件,需与报送中国证监会的相关文件一致;请同时报送中国证监会正式受理发行申请的通知(复印件)]。

第十三,保荐机构经办人员的身份证复印件、保荐机构授权委托书(需保荐机构法定代表人签字)及保荐机构法定代表人身份证明书(保荐机构盖章,需附法定代表人身份证复印件;如报送发行申请文件时已报送且经办人员相同则不必再次报送)。

第十四,公司经办人员的身份证复印件、公司授权委托书(需公司法定代表人签字)及公司法定代表人身份证明书(公司盖章,需附法定代表人身份证复印件;如报送发行申请文件时已报送且经办人员相同则不必再次报送)。

第十五,公司全部股票已经中国证券登记结算有限责任公司深圳分公司托管的证明文件及相关附件(复印件)。

第十六,新股发行登记申请书及登记申报表(公司盖章)。

第十七,具有执行证券、期货相关业务资格的会计师事务所出具的关于新股募集资金到账的验资报告(原件,书面文件的电子版不需要通过业务专区上传)。

第十八,保荐机构出具的上市保荐书(保荐机构盖章,需附保荐协议原件)。

第十九,律师事务所出具的关于公司股票上市的法律意见书(原件)。

第二十,上市公告书(原件,创业板发行人需同时报送上市公告书的提示性公告)。

第二十一,股票发行后至上市前公司按规定需新增的财务资料和有关重大事项的说明文件(原件)。

第二十二,招股说明书。

第二十三,进入全国中小企业股份转让系统的承诺。

第二十四,保荐机构关于公司首发后上市前股东持股情况的说明(原件)。内容应至少包括:非社会公众、社会公众持股数量及比例情况,社会公众定义参见本所股票上市规则2012年修订版第18.1条或创业板股票上市规则2012年修订版第17.1条规定;以表格形式详细列明非社会公众的信息:如为法人,应列明名称、统一社会信用代码;如为个人,应列明姓名、身份证号码;公司上市后是否因社会公众持股比例较低而存在较大的退市风险。

第二十五,国有股转持批复文件(如适用,复印件)。

第二十六,本所要求的其他文件。

(2)深交所上市流程

保荐机构和保荐代表人应当关注在发行人证券核准发行至上市期间发生的可能对投资者投资决策产生重大影响的事项,并及时向交易所报告。

①T-1日或之前

保荐机构在刊登招股意向书后5日内按照上市申请文件清单要求向深交所上市推广部报送上市申请文件(书面文件),并同时通过保荐业务专区报送电子文件。

②L-2日或之前(L日为新股上市日)

1)8:30前保荐机构在保荐业务专区“发行上市业务-上市数据填报”栏目填写和提交上市数据;

2)保荐机构按照上市文件清单要求向深交所上市推广部报送其他上市申请文件(书面文件),并同时通过保荐业务专区报送电子文件。

③L-2日

——保荐机构到深交所上市推广部领取股票上市通知书;

——保荐机构联系指定媒体披露上市公告书;

——发行人到深交所上市推广部领取股票上市初费交款通知,交纳上市初费。

④L-1日

——披露上市公告书、上市保荐书及法律意见书(创业板发行人还需要同时披露上市公告书的提示性公告);

——保荐机构和公司做好上市准备。

⑤L日

按时参加上市仪式。

深交所上市流程图如图3-9所示。

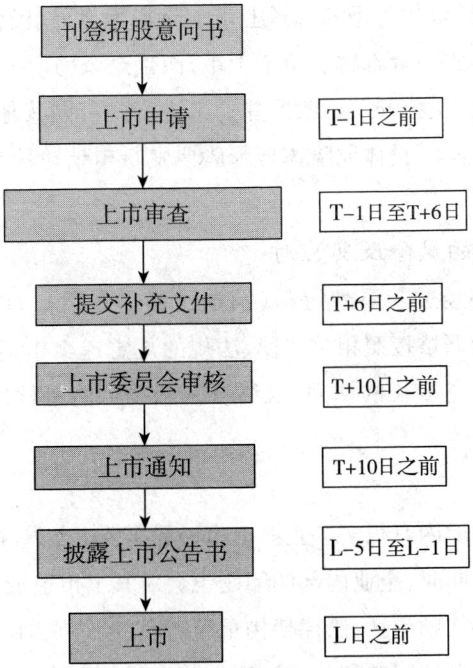


**图 3－9　深交所上市流程图**

## 四、首次公开发行股票并上市的潜在风险及其应对

当下，众多企业纷纷投入 IPO 浪潮之中，仍有部分企业虽跻身于世界五百强，却没有挤入上市公司行列的意愿，最为典型的属华为投资控股有限公司。据称，华为创始人任正非在公司"蓝血十杰"的表彰会上重申华为不会上市。至于不会上市的原因，他的解释是"上市可能会让我们越来越怠惰，失去奋斗者的本质色彩"。① 任正非的回答略带英雄主义的色彩，充满力量。但，上市真的会让华为的员工更加怠惰吗？真的会打击他们奋斗的激情吗？或者说，不上市真的只是基于前述原因吗？显然不是。一方面，不可否认，华为的经营理念、经济实力确实无愧于世界五百强企业这一称谓。换言之，华为对于外部融资的需求较小，既然能"自给自足"，就无须上市融资。另一方面，上市虽然能为企业带来巨额资金，但其弊端包括自身附随的法律风险也是难以预估的，就像硬币的正反两面，收益与风险基本是并存的。

① 参见陈德成：《华为上市不仅会失去奋斗者本质》，载香港商报网，http://www.hkcd.com/content/2014-06/19/content_852391.html，2019 年 10 月 8 日最后访问。

因此,多种原因共同导致华为仍未选择上市。除华为之外,民营企业的另一些代表企业如娃哈哈、方太、立白等都曾表示不上市,而且至今仍未上市。

因此,企业通过首次公开发行股票并上市进行融资同其他融资方式一样,在一定程度上都潜藏有风险。具体风险体现为股票发行申请阶段被证监会不予核准和欺诈发行。

(一)不予核准的风险及其应对

企业上市之前要经过一系列流程(前述已详尽介绍),首先进行前期研讨、验证、辅导等准备,然后严格按照相关法律、法规的规定递交申请发行材料,最后由监管部门作出批复。经过漫长的期间,最终批复结果可能是核准发行也可能是不予核准发行。

**1. 典型案例**

不予核准上市的原因有很多。企业上市一般需要1年甚至几年,其是否成功受很多外在因素限制。同时,企业内部的问题也会对其上市造成影响。企业在上市过程中比较常见的内部问题包括:法律架构重组、独立经营原则、业务剥离、关联交易、同业竞争、税务问题、会计问题和公司治理。其中任何一个问题都可能导致最终不予核准。

运高股份是西藏本地领先的清洁能源供应商,主营业务为太阳能光伏电站的开发、投资、建设和运营。该公司仅有一个客户,29名员工。报告期中,可再生能源电价补贴占主营业务收入的比重较高。上会时,政策和补贴风险被监管重点问询。如公司被要求说明已运营项目持续执行国家发改委规定的西藏地区标杆电价的可行性,相关补贴是否存在持续下降或取消的可能;说明在西藏地区停止新增普通电站项目建设审批以及国家发改委对国家补贴的普通电站实施严控等情况对发行人业务发展的影响等。客户集中度是另一个重要问题。运高股份的营业收入均来自西藏电网,当签署的供电合同约定的上网电量少于实际上网电量,发行人存在由于电网消纳原因而限功率运行的情形。①

2021年一季度IPO企业上会结果出炉。截至3月31日,2021年一季度首发上会公司合计127家,其中创业板62家,被否4家;科创板37家,被否2家;主板28

① 《2021年一季度IPO被否案例分析:创业板被否最多》,载东方财富网,http://finance.eastmoney.com/a/202104131882207163.html,2021年8月17日最后访问。

家，被否2家。其中，通过117家，被否8家，暂缓表决2家，通过率为88%。[①] 对于不被核准发行的企业而言损失可谓巨大。由于未上市成功，因此相关信息并未对外披露。以下将选取IPO成功的企业进行研究，从其对外披露的发行、上市相关费用，可略窥企业IPO通常所需的费用。

义翘股份发行上市费用（见表3-9）。

**表3-9　义翘股份（301047.SZ）发行上市费用**

| 序号 | 项　目 | 金额（万元） |
|---|---|---|
| 1 | 承销及保荐费 | 23,677.55 |
| 2 | 律师费 | 566.04 |
| 3 | 审计费 | 801.89 |
| 4 | 信息披露费 | 420.75 |
| 5 | 发行手续费及其他费用 | 122.35 |
| 合计 | | 25,588.58 |

**2. 深入剖析**

企业上市决策面临的最大风险就是上市申报最终不能得到发审委的通过，这意味着企业上市工作失败。这一失败会给企业带来诸多威胁。严格的信息披露要求，使得公司的基本经营情况被公开，给了竞争对手一个学习的机会。另外，中介机构也掌握着大量企业的重要信息，同样面临泄露的风险。上市工作的失败，还使得改制规范过程中付出的税务成本、社保成本、上市筹备费用、中介费用等前期成本费用支出变成沉没成本，无法在短期内得到弥补。其中，承销费用占比最大。在整个上市过程里，承担最多工作的券商收取的费用是最高的。由前面所列案例可知，企业成功发行并上市所需的费用7000万元以上，承销费用占比约80%甚至更高。虽然并不能直接推出IPO的通常费用，但不难得知发行费用确实不菲。

具体所涉及的费用分析[②]如下：

（1）中介费用

企业上市是企业与中介机构合作才能实现的工作。在市场准入的保护伞下，

① 来源前瞻网：《2021年一季度IPO被否案例分析：创业板被否最多》，载东方财富网，http://finance.eastmoney.com/a/202104131882207163.html，2021年8月17日最后访问。

② 参见普华集团：《企业IPO上市费用都包括哪些呢，一般需要多少？》，载搜狐财经，http://www.sohu.com/a/155252854_451991，2019年10月8日最后访问。

中介服务成为一种稀缺资源,使中介费用成为主要的上市成本之一。企业上市的合作中介包括券商、会计师事务所、资产评估机构、律师事务所、其他咨询机构、财经公关机构等。中介费用的高低取决于合作双方的协商结果,它的主要影响因素包括目标融资额、合作方的规模与品牌、企业基础情况决定的业务复杂程度、市场行情等。当然,部分中介费用可以延迟至成功募资后再实际支付。

(2)上市筹备费用

上市筹备工作是一个系统工程,不仅需要各个职能部门按照上市公司的规范性要求提升管理工作水平,还要求组建一个专业的上市筹备工作团队对整个上市筹备工作进行组织与协调。因此,上市筹备费用对于企业来讲,也是必须考虑的成本因素。上市筹备费用主要包括:上市筹备工作团队以及各部门为加强管理而新增的人力成本;公司治理、制度规范、流程再造培训费用;为加强内部控制规范而新增的管理成本等。

(3)社保成本

在劳动密集型企业中,往往存在劳动用工不规范的问题。如存在降低社保基数、少报用工人数、以综合保险代替城镇社保、少计加班工资、少计节假工资等问题。发审委对企业劳动用工的规范要求异常严格。因此,拟上市公司一般均会因此付出更高的社保成本。

(4)高级管理人员的报酬

资本市场的财富效应使得企业在上市决策过程中必须考虑高级管理人员的报酬问题。除了高管的固定薪资之外,还要考虑符合公司发展战略的高管激励政策。高管固定薪资一般不会因企业上市而带来增量成本,但高管激励政策往往成为拟上市公司新增的高额人力资源成本。因为在市场环境下,大多数企业会采用高管持股计划或期权计划作为对高级管理人员的主要激励手段。

对于中小民营企业,上市需要考虑的高级管理人员报酬问题有时还表现在高级管理人员的增加上。大多数中小民营企业为了满足公司治理的要求,不得不安排更多的董、监事会成员和高级管理人员。

(5)税务成本

拟上市企业如果是有限责任公司的性质,需改制为股份公司。改制之前需补缴大量税款,这是拟上市公司普遍存在的问题。一般情况下,导致企业少缴税款的主要原因如下:

①企业财务人员信息和业务层面的原因导致少缴税款。比如对某些偶然发生

的应税业务未申报纳税；税务与财务在计税基础的规定上不一致时，常导致未按照税务规定申报纳税的情况发生。

②财务管理不规范，收入确认、成本费用列支等不符合税法规定，导致少缴税款。这种现象在企业创立初期规模较小时普遍发生，尤其是规模较小时税务机关对企业实行核定征收、所得税代征等征税方式的情况下，许多企业对成本费用列支的要求不严，使得不合规发票入账、白条入账等情况大量存在。一旦这些情况为税务机关掌握，税务机关有权要求企业补税并予以处罚。

③关联交易处理不慎往往会形成巨额税务成本。新的《企业所得税法》和已出台的《特别纳税调查调整及相互协商程序管理办法》对关联交易提出了非常明确的规范性要求。关联企业之间的交易行为如存在定价明显偏低现象，税务机关有权就其关联交易行为进行调查，一旦确认关联交易行为影响到少缴税款的，税务机关可裁定实施特别纳税调整。

**3. 应对措施**

正如前面已经提及的，外部市场环境、企业内部问题均会对企业上市造成影响。企业在上市过程中比较常见的内部问题包括：法律架构重组、独立经营原则、业务剥离、关联交易、同业竞争、税务问题、会计问题和公司治理。其中任何一个问题都可能导致最终不予核准。因此，具体的应对措施也应从内外两个方面入手。其一，选定上市的最好时机，尽量不要在国家宏观政策对 IPO 持限制态度的时段上市；其二，完善公司治理，注重业务合规，减少和避免较大风险的关联交易并按照要求进行信息披露。

（二）欺诈发行的风险及其应对

由于通过上市可以募集巨额资金，因此，少数企业不惜冒着触碰刑事法律的风险，编造虚假数据、隐瞒重大信息等，企图上市融资。该类案例包括但不限于，国内首例上市公司及其高管因欺诈发行（配股）而被追究刑事责任的案件“2005 年山东巨力欺诈发行刑事诉讼案”、国内首例因欺诈发行被证券交易所公开谴责的案件“2010 年江苏三友欺诈发行公开谴责案”、①2002 年大庆联谊欺诈上市及民事赔偿

① 根据《上海证券交易所股票上市规则》的规定，证券交易所在特定条件下可对上市公司或相关人员给予惩戒。17.2 发行人、上市公司、相关信息披露义务人和其他责任人违反本规则或者向本所作出的承诺，本所可以视情节轻重给予以下惩戒：（一）通报批评；（二）公开谴责。17.3 上市公司董事、监事、高级管理人员违反本规则或者向本所作出的承诺，本所可以视情节轻重给予以下惩戒：（一）通报批评；（二）公开谴责；（三）公开认定其 3 年以上不适合担任上市公司董事、监事、高级管理人员。以上第（二）项、第（三）项惩戒可以一并实施。

案、2002年通海高科欺诈发行撤销上市及刑事诉讼案、2002年红光实业欺诈上市刑事诉讼及民事赔偿案、2009年立立电子欺诈发行撤销上市案、2010年苏州恒久欺诈发行撤销上市案、2011年胜景山河欺诈发行撤销上市案、2013年绿大地欺诈上市案、国内创业板首例因欺诈发行被证券交易所退市的案件、2017年欣泰电气欺诈发行退市案、2018年金亚科技欺诈发行股票案等。

上述欺诈发行的企业至少都受到要么来自证监会部门的行政处罚、要么来自证券交易所的惩戒,如果给股民带来损失将承担民事赔偿责任,更有甚者,将承担刑事法律责任。不仅仅是公司自身,与之相关的公司董、监、高人员也将承担连带责任。以下将选取欺诈发行典型案例进行详细解析。

**1. 欺诈发行之民事法律风险**

(1)典型案例——"万福生科"欺诈发行案

万福生科(湖南)农业开发股份有限公司(以下简称万福生科),主要从事稻米精深加工系列产品的研发、生产和销售。该公司于2011年9月27日于创业板上市。上市前,业绩定期报告的财务数据虚假记载情况可谓触目惊心:2008~2011年公司有近一半的营业收入、几乎全部的营业利润和近九成的归属母公司股东净利润均为虚增。[①] 成为自创业板开板以来首家涉嫌欺诈上市的公司。

2012年9月证监会对万福生科涉嫌财务造假等违法违规行为立案稽查。2013年4月,证监会将万福生科及两名责任人涉刑部分移送公安机关处理,并于当年9月对相关责任主体分别作出警告、罚款、暂停资格等行政处罚。除万福生科及公司有关责任人之外,证监会还对该案涉及的证券公司、保荐人、会计师事务所、律师事务所等中介机构处以警告、罚款、市场禁入等措施。

暂且不论发行人可能承担的刑事法律责任,仅民事赔偿就可能是一笔不菲的费用。此时,对于投资者来说,在法律框架内,以公平的方式迅速获得赔偿是对其最大的公平。20多年来,中国资本市场查处的大案要案不少,如蓝田案、银广夏案等,但投资者真正获得民事赔偿的并不多,除了法律法规不健全外,诉讼周期长、成本高、权益难保障也阻碍了投资者获赔的机会。

监管部门在万福生科案中探索了投资者赔付的新模式。在证监会对万福生科案的查处过程中,督促保荐机构平安证券推出了对适格投资者的先行补偿方案,先行出资设立了"万福生科虚假陈述事件投资者利益补偿专项基金",用基金财产偿

① 参见钟国斌:《万福生科或面临股民集体诉讼》,载全景股票,http://www.p5w.net/stock/news/gsxw/201303/t20130306_56028.htm,2014年12月29日最后访问。

付符合条件的投资者因公司虚假陈述而遭受的投资损失。万福生科实际控制人龚永福和杨荣华夫妇在证监部门的协调下，将3000万股万福生科股票质押给中国证券投资者保护基金有限责任公司管理，作为履行赔偿责任的保证。

正是基于这样的赔偿创新，使得赔偿工作仅用了2个月就顺利完成，1万多名适格投资者获得约1.8亿元的补偿金。"万福生科案"因而成为目前国内同类案件中赔付速度最快、赔偿人数最多、赔付率最高的案例，并且首次实现了对受损投资者的全额赔偿。开创了资本市场投资者保护方式的先河，为进一步探索如何更好地保护投资者提供了新思路。①

(2)案例分析

投资者请求欺诈发行人及其相关人员承担民事损害赔偿责任的法律基础何在？

根据《最高人民法院关于审理证券市场因虚假陈述引发的民事赔偿案件的若干规定》第17条的规定，证券市场虚假陈述，是指信息披露义务人违反证券法律规定，在证券发行或者交易过程中，对重大事件作出违背事实真相的虚假记载、误导性陈述，或者在披露信息时发生重大遗漏、不正当披露信息的行为。虚假记载，是指信息披露义务人在披露信息时，将不存在的事实在信息披露文件中予以记载的行为；误导性陈述，是指虚假陈述行为人在信息披露文件中或者通过媒体，作出使投资人对其投资行为发生错误判断并产生重大影响的陈述；重大遗漏，是指信息披露义务人在信息披露文件中，未将应当记载的事项完全或者部分予以记载；不正当披露，是指信息披露义务人未在适当期限内或者未以法定方式公开披露应当披露的信息。万福生科在发行过程中的行为构成虚假陈述。

此外，根据前述文件第6条的规定，涉及欺诈发行、虚假陈述的生效刑事判决、相关监管部门作出的行政处罚可以作为投资者提起民事索赔的前置程序，故投资者向万福生科以及相关高管发起证券民事赔偿诉讼的条件已经具备。

但是，在正式启动民事索赔程序之前，证监会为了保护投资者，督促发行人、保荐人等设立一项赔偿基金(1.8亿元)。这一方式，可谓证券欺诈发行类纠纷解决的新方向，不仅能够切实保护投资者的权益，还可以尽量克服诉讼程序烦琐、耗时长、取证难的缺点。但是，这笔基金对发行人而言则是一笔巨大的支出，其实际募集到的资金为39,481.0541万元、实际发行费用3018.9459万元，但赔偿费用就达1.8亿元。

① 马婧好：《万福生科多主体获罚　探索赔付新模式》，载中国会计视野，http://news.esnai.com/2014/1110/108002.shtml，2014年12月29日最后访问。

除了实际支付的损害赔偿额外,欺诈发行也在无形之中损害了公司自身的声誉。因此,民事赔偿责任的负面影响不可小觑。

**2. 欺诈发行之刑事法律风险**

(1)典型案例——“欣泰电气”欺诈发行案

丹东欣泰电气股份有限公司(以下简称欣泰电气,股票代码“300372”),成立于1999年,主营业务为生产制造、加工和销售MCR磁控电抗器、磁控消弧线圈、铁心电抗器、空心电抗器、电力电容器及成套装置、环氧树脂干式变压器、35kV及以下油浸式变压器、智能配电设备及仪表、高低压配电柜、整流设备、预装式变电站、智能型地下预装式变电站、矽钢片、电磁线等电气产品。2014年1月27日,欣泰电气在深交所创业板上市。

2016年5月31日,欣泰电气收到证监会《行政处罚和市场禁入事先告知书》。经查,欣泰电气存在如下违法事实:一是IPO申请文件中相关财务数据存在虚假记载,二是上市后披露的定期报告中存在虚假记载和重大遗漏。证监会依法拟对欣泰电气及相关责任人作出行政处罚和市场禁入措施。2016年7月8日晚,欣泰电气公告称,自2016年7月12日起欣泰电气股票复牌交易的30个交易日期间,证券简称将调整为“*欣泰”。2016年7月27日,深交所表示,“欺诈发行”这一违法行为具有不可纠正、不可消除影响的特征。根据有关规则,欣泰电气在暂停上市后无法恢复上市,在终止上市后无法重新上市,即“一退到底”,退市进程已经确定。2017年6月23日,深交所决定终止欣泰电气股票上市,自2017年7月17日起进入退市整理期。退市整理期的交易期限为30个交易日,公司证券简称将变更为“欣泰退”。2017年8月28日,欣泰电气正式退市。①

2017年5月21日,欣泰电气收到丹东市中级人民法院(2017)辽06刑初11号《刑事判决书》。

经审理查明,②欣泰电气因其收购的66kV及以上油浸式变压器业务的有关资产对该公司持续盈利能力构成较大的不利影响,导致其持续盈利能力不符合公开发行股票的条件,被证监会于2011年3月18日驳回上市申请,为达到快速上市的目的,欣泰电气只能铤而走险采用财务造假的手段,虚假包装公司持续盈利能力,

① 参见梧桐兄弟:《欣泰电气造假终局:董事长获刑3年公司被罚832万》,载新浪财经,http://finance.sina.com.cn/stock/hyyj/2019-05-23/doc-ihvhiqay0923521.shtml,2019年10月21日最后访问。

② 参见谢丽媛:《欺诈发行人的“被退市时代”——“欣泰电气欺诈发行案”的法律分析》,载《公司法律评论》2017年第1期。

并于2011年11月再次向中国证监会提交IPO申请。欣泰电气为掩盖应收账款余额过大与持续盈利能力较差等问题,采用的财务造假方式主要有两种:一是通过自制银行进账单、付款单和银行流水的方式,伪造报告期收回账款,并在报告期后进行对冲;二是由董事长温某某对外向第三方借款,将所借款项在财务上冲减应收款项,在报告期后将其转出归还出借方,以此降低报告期应收账款余额。2012年7月,欣泰电气通过创业板发审会的审核。2014年1月,欣泰电气成功登陆深圳证券交易所创业板,发行2144.5万股,发行定价16.31元/股。

2013年12月至2014年12月,欣泰电气在上市后继续通过外部借款、伪造银行单据等方式虚构应收账款的收回,并在年末、半年末等会计期末冲减应收账款,导致其披露的相关年度和半年度报告中存在虚假的财务数据。截至2014年12月31日,实际控制人及董事长温某某以员工名义向公司借款供其个人使用,共计6388万元。欣泰电气未披露该关联交易事项,导致《2014年年度报告》存在重大遗漏。2015年8月,公司将4处房产出售给关联方,但未及时将此次关联交易事项提前提交董事会及监事会审议,亦未及时对外披露,仅在后续补充履行了相应的审批程序及补充公开有关内容。

根据法院判决书,主要判决内容如下:①

1. 被告单位丹东欣泰电气股份有限公司犯欺诈发行股票罪,判处罚金人民币832万元(已缴纳)。

2. 被告人温某某犯欺诈发行股票罪,判处有期徒刑2年6个月;犯违规披露重要信息罪,判处有期徒刑1年,并处罚金人民币10万元;决定执行有期徒刑3年,并处罚金人民币10万元(已缴纳)。

3. 被告人刘某某犯欺诈发行股票罪,判处有期徒刑2年;犯违规披露重要信息罪,判处有期徒刑6个月,并处罚金人民币8万元;决定执行有期徒刑2年,并处罚金人民币8万元(已履行)。

(2)案例分析

①公司治理层面

欣泰电气原董事长和总会计师通过虚构收回应收账款,减少坏账准备计提等手段增加现金流,虚假包装公司持续盈利能力,成功上市,其股票发行2144.5万

① 参见梧桐兄弟:《欣泰电气造假终局:董事长获刑3年公司被罚832万》,载新浪财经,http://finance.sina.com.cn/stock/hyyj/2019-05-23/doc-ihvhiqay0923521.shtml,2019年10月22日最后访问。

股,发行价 16.31 元/股,上市首日暴涨 44.02%,涨至 23.49 元/股。除公司自身一跃成名外,股东也获得巨大收益。可以说,通过上市融得巨额资金是欣泰电气铤而走险的根本原因。同时,公司自身的治理架构设置也不尽合理,监督关系形同虚设。

②法律规定层面

根据《刑法》第 160 条及相关规定,在招股说明书、认股书、公司、企业债券募集办法中隐瞒重要事实或者编造重大虚假内容,发行股票或者公司、企业债券,数额巨大、后果严重或者有其他严重情节的,处五年以下有期徒刑或者拘役,并处或者单处非法募集资金金额 1% 以上 5% 以下罚金。单位犯前款罪的,对单位判处罚金,并对其直接负责的主管人员和其他直接责任人员,处 5 年以下有期徒刑或者拘役。

"欣泰电气案"基本符合本罪的构成要件。其一,主体要件,犯罪主体主要是单位,自然人在一定条件下也能成为犯罪的主体。其二,主观要件,在主观上只能是由故意构成,过失不构成本罪。即行为人明知通过虚构收回应收账款,减少坏账准备计提增加现金流,使自己制作的招股说明书、认股书、债券募集办法等不是对本公司状况或本次股票、债券发行状况的真实、准确、完整的反映,仍然积极为之者,因而本罪行为人的罪过实质是诈欺募股或诈欺发行债券。其三,客体要件,是国家对证券市场的管理制度以及投资者(股东、债权人和公众)的合法权益。其四,客观方面,行为人必须实施在招股说明书、认股书、公司、企业债券募集办法中隐瞒重要事实或者编造重大虚假内容的行为;而且违法行为即制作虚假的招股说明书、认股书、公司债券募集办法发行股票或者公司、企业债券的行为,必须达到一定的严重程度,即达到"数额巨大、后果严重或者有其他严重情节的"。

**3. 欺诈发行风险之应对**

由于欺诈发行导致的民事法律风险、刑事法律风险,与前述不予核准的风险相比,后者可能会由于政策因素、企业的实体情况而爆发,但前者一般不会。前者的可控性更强,风险在一定程度上可以完全避免。所谓"欺诈",表现为故意隐瞒客观事实、故意捏造虚假事实两个方面,但无论是哪一方面,也无论是"绿大地案"还是"万福生科案",根本原因都在于主观上的不诚信、客观上的不真实。因此,应对的措施也应从主观方面入手,严格按照发行上市的要求进行申请、申报,务必保证财务数据的真实可靠等。保持对市场与法律的敬畏,企业才可能展翅高飞。

# 第三节　境 外 上 市

随着越来越多较为成熟的企业纷纷踏上境内主板、中小企业板、创业板、科创板,从而进入沪深两市,在资本市场大展雄风,也有不少企业瞄准了境外的商机,赴美国、中国香港、新加坡等地发行上市,进一步壮大公司,并试图参与国际资本市场的竞争。

企业选择赴境外上市的原因很多,主要有:达不到境内上市的财务指标,企业财务极度不规范或法律上存在硬伤,对国内上市时间不确定的考虑(国内监管审核时间较长),对国内上市过程的误解,境外交易所的积极宣传,财务顾问的积极宣传和不断的努力,募集资金及期权等的灵活运用,持续融资的便利,个人资产的安全性和便利性安排(尤其是针对自然人是企业的实际控制人),个人或家庭的特殊需求以及境内外发审理念的差异等。总结下来,相对而言,境外上市具有门槛较低、融资效率较高、融资额度较大等优势。

那么,当下境内企业境外上市现状如何?现存法律、法规有哪些?境外上市的条件、流程等具体包括哪些?有哪些典型的案例?境外上市是否有潜在的法律风险等?本节主要就境外上市的几个重点问题进行介绍。

## 一、境外上市概述

目前,我国民营企业一般选择在我国香港特区、新加坡、美国、加拿大等国家和地区的资本市场上市。香港资本市场由于语言、文化相同,是中国民营企业上市的首选地,但由于近些年来香港资本市场上市的内地民营企业出事较多,香港联交所加强了对内地民营企业上市的监管力度,上市的审核程序比较严格。阿里巴巴后期之所以选择在美国纽交所上市,主要原因之一在于香港联交所不接受阿里巴巴的合伙人制,认为该制度突破了公司法上传统的股东会职权主义。新加坡市场成为中国民营企业选择较多的上市地,但新加坡市场的资金量较小,只适宜中小型的民营企业上市。中国的民营企业可以根据各个资本市场的情况选择比较适宜自己公司的上市地。

### (一)境外上市现状

截至2021年7月,共有603家中国在美上市公司。根据中国证监会的统计,截至2020年12月31日,境外上市外资股(H股)筹资的情况如表3-10所示。

**表3-10 境外上市外资股(H股)筹资统计简表(截至2020年12月31日)①**

| 年度 | 家数(家) | | | 已退市家数(家) | 合计家数(Listed)(家) | 筹资额(亿美元) |
|---|---|---|---|---|---|---|
| | 首次发行 | 增资发行 | 可转换债券 | | | |
| 1993 | 6 | | | 1 | 5 | 10.49 |
| 1994 | 11 | | | 3 | 8 | 22.34 |
| 1995 | 2 | 1 | | 1 | 1 | 3.79 |
| 1996 | 6 | 1 | 1 | 1 | 5 | 12.12 |
| 1997 | 17 | 2 | 2 | 2 | 15 | 46.85 |
| 1998 | 2 | 2 | | 0 | 2 | 4.57 |
| 1999 | 3 | | | 1 | 2 | 5.69 |
| 2000 | 6 | | | 0 | 6 | 67.90 |
| 2001 | 8 | 1 | | 3 | 5 | 8.82 |
| 2002 | 16 | 1 | | 4 | 12 | 23.23 |
| 2003 | 18 | 3 | 2 | 2 | 16 | 64.92 |
| 2004 | 18 | 8 | 1 | 4 | 14 | 78.26 |
| 2005 | 12 | 12 | | 1 | 11 | 206.47 |
| 2006 | 23 | 11 | | 4 | 19 | 393.48 |
| 2007 | 7 | 15 | 1 | 2 | 5 | 126.97 |
| 2008 | 5 | 6 | | 0 | 5 | 45.56 |
| 2009 | 6 | 8 | | 0 | 6 | 156.36 |
| 2010 | 7 | 15 | | 0 | 7 | 353.80 |
| 2011 | 7 | 6 | | 2 | 5 | 116.24 |
| 2012 | 10 | 6 | | 2 | 8 | 158.75 |
| 2013 | 10 | 10 | | 3 | 7 | 174.18 |
| 2014 | 21 | 17 | | 2 | 19 | 369.59 |

① 参见中国证监会官网:《境外上市外资股(H股)筹资统计简表(截至2020年12月31日)》,载http://www.csrc.gov.cn/pub/newsite/gjb/jwss/jwssgsml/202101/t20210120_390999.html,2021年8月13日最后访问。

续表

| 年度 | 家数(家) | | | 已退市家数(家) | 合计家数(Listed)(家) | 筹资额(亿美元) |
|---|---|---|---|---|---|---|
| | 首次发行 | 增资发行 | 可转换债券 | | | |
| 2015 | 36 | 19 | | 5 | 31 | 454.47 |
| 2016 | 18 | 11 | 2 | 3 | 15 | 245.83 |
| 2017 | 15 | 18 | 1 | 2 | 13 | 277.61 |
| 2018 | 17 | 19 | 1 | 0 | 17 | 209.75 |
| 2019 | 22 | 11 | | 0 | 22 | 135.80 |
| 2020 | 16 | 14 | | 0 | 16 | 219.80 |
| 合计 | | | | 48 | 297 | 3993.64 |

2020年期间，贝壳（BEKE）、趣活科技（QH）、理想汽车（LI）、传奇生物（LEGN）、名创优品（MNSO）、金山云（KC）、陆金所（LU）、小鹏汽车（XPEV）等中国公司在境外上市。据报道，在2020年期间，34家在美国上市的中资公司共募集了122.58亿美元，平均每家募资3.61亿美元。与2019年全年相比，平均融资额同比上升225.23%。但是，2021年6月底，滴滴公司在纽交所上市交易后，据说因滴滴出行App存在严重违法违规收集使用个人信息的问题，滴滴接受了国家监管层的网络安全审查。此后，多家企业传出暂停或延后在美国首次公开募股的消息。

2021年7月6日，“中办、国办”公布了《关于依法从严打击证券违法活动的意见》，明确了要尽快修订关于加强在境外发行证券与上市相关保密和档案管理工作的规定，界定了境外上市公司信息安全主体责任，加强跨境信息提供机制与流程的规范管理。坚持依法和对等原则，进一步深化跨境审计监管合作，要切实采取措施做好中概股公司风险及突发情况应对，推进相关监管制度体系建设。修订国务院关于股份有限公司境外募集股份及上市的特别规定，明确境内行业主管和监管部门职责，加强跨部门监管协同。

### （二）境外上市的相关法律规范

境外上市的主要法律规范如表3－11所示。

**表 3-11 境外上市的主要法律规范**

| 序号 | 名称 | 颁布时间 | 颁布机关 |
| --- | --- | --- | --- |
| 1 | 民法典 | 2020 年 | 全国人大 |
| 2 | 公司法 | 2018 年 | 全国人大 |
| 3 | 证券法 | 2020 年 | 全国人大 |
| 4 | 国务院关于进一步加强证券市场宏观管理的通知 | 1992 年 | 国务院 |
| 5 | 关于境内企业到境外发行股票和上市审批程序的函 | 1994 年 | 证监会 |
| 6 | 到境外上市公司章程必备条款 | 1994 年 | 国家经济体制改革委员会、国务院证券委员会 |
| 7 | 国务院关于进一步加强在境外发行股票和上市管理的通知 | 1997 年 | 国务院 |
| 8 | 关于落实国务院《关于进一步加强在境外发行股票和上市管理的通知》若干问题的通知 | 1998 年 | 证监会 |
| 9 | 关于进一步促进境外上市公司规范运作和深化改革的意见 | 1999 年 | 国家经贸委、证监会 |
| 10 | 境内企业申请到香港创业板上市审批与监管指引 | 1999 年 | 证监会 |
| 11 | 关于规范境内上市公司所属企业到境外上市有关问题的通知 | 2004 年 | 证监会 |
| 12 | 国家外汇管理局关于境内居民通过境外特殊目的公司融资及返程投资外汇管理有关问题的通知 | 2014 年 | 国家外汇管理局 |
| 13 | 境内机构境外直接投资外汇管理规定 | 2009 年 | 国家外汇管理局 |
| 14 | 境外上市公司非境外上市股份登记存管服务指南 | 2013 年 | 中国证券登记结算有限责任公司 |
| 15 | 国家外汇管理局关于境外上市外汇管理有关问题的通知 | 2014 年 | 国家外汇管理局 |

续表

| 序号 | 名称 | 颁布时间 | 颁布机关 |
|---|---|---|---|
| 16 | 会计师事务所从事中国内地企业境外上市审计业务暂行规定 | 2015 年 | 财政部 |
| 17 | 中国证券监督管理委员会行政许可实施程序规定 | 2018 年 | 证监会 |

（三）境外上市地点

企业在境外上市，可选择的地点主要包括美国、我国香港特区、英国、新加坡等国家和地区，具体而言包括纽约证券交易所、美国股票交易所、纳斯达克证券交易所、柜台交易中心，香港联合交易所，英国全国性集中市场、全国性的二板市场、全国性的三板市场、区域性市场，新加坡证券交易所（包括主板和副板）。

**1. 美国**

美国的证券市场体现了立体多层次，为不同融资需求服务的鲜明特征。美国拥有现时世界上比较成熟的资本市场，纽约是世界的金融中心之一，这里聚集了世界上绝大部分的游资和风险基金。其中，世界五百强企业大多数选择在纽约证券交易所（NYSE）上市。美国除了纽约证券交易所外，还有美国证券交易所（AMEX）和纳斯达克自动报价与交易系统（NASDAQ），后者是世界上最大的电子交易市场，具有不限国别、不限行业、不限成立年龄、不限盈利、不限所有权的宽松上市条件特性。此外，还有柜台电子公告榜（OTCBB）等柜台交易市场。不同的市场为不同的企业进行筹融资服务，只要企业符合其中某一个市场的上市条件，就可以向美国证监会申请“登记”挂牌上市。

**2. 我国香港特区**

香港联合交易所立足于亚洲主要国际金融中枢——香港，是全球领先的交易所及结算所营运机构，按市值计是全球其中一家最大交易所集团。香港交易所经营证券及衍生产品市场以及相关的结算所，是香港上市公司的前线监管机构。香港交易所是由远东交易所、金银证券交易所、九龙证券交易所、香港证券交易所 4 家交易所合并而成。香港交易所也有主板与创业板之分，前者是为那些规模较大、成立时间较长，也具备一定盈利能力的公司提供融资的市场，后者则是主要为那些仍处于成长期的企业提供融资机会的市场。

**3. 英国**

英国资本市场也是多层次的资本市场体系，主要包括全国性集中市场（伦敦证券交易所)、全国性的二板市场(AIM:Alternative Investment Market)、全国性的三板市场(未上市证券市场,OFEX:Off - Exchange)、区域性市场(伯明翰、曼彻斯特等地方性交易市场)。

**4. 新加坡**

新加坡证券交易所(SGX:Singapore Exchange)成立于1973年5月24日,其前身可追溯至1930年的新加坡经纪人协会。新交所采用了国际标准的披露标准和公司治理政策,为本地和海外投资者提供了管理良好的投资环境,经过几十年的发展,新加坡证券市场已经成为亚洲主要的证券市场。新交所分两个市场,一个为小规模市场(SES - SESDAQ),另一个为主要市场(SES - Mainboard)。

(四)境外上市的方式

企业在境外上市,有直接上市和间接上市两种方式。直接上市是指在境内注册的公司直接向国外证券主管部门申请发行,向当地的证券交易所申请挂牌上市交易。比如在香港联合交易所IPO(H股),在美国纳斯达克或者纽约交易所IPO(N股),或者在新加坡交易所上市(S股)。在实践中,我国的大型国有企业一般采取直接上市的方式,如中石油、中石化、中国联通等企业。

间接上市与直接上市相反,并非以境内公司的名义在境外交易所上市,而是通过造壳或者借壳来上市,造壳具体是指境内企业在境外注册公司,然后新注册的公司以收购等方式取得国内公司的控制权(或者另设WFOE),最终境外公司在境外交易所上市并交易。借壳或买壳是指内地企业可通过在境外资本市场买壳上市,美国、加拿大等国家的资本市场有一批无资产、无负债的净壳,一般在三板市场交易。境内企业可以通过很小的代价(20万~40万美金)购买一个上市公司的壳,并通过定向增发等方式将内地企业的资产装进去,达到恢复主板上市的条件时,即可重新发行股票并上市。买壳上市的操作时间在9~12个月。

SPAC(Special Purpose Acquisition Company,即特殊目的收购公司)与通过借壳、买壳上市的创新融资方式等不同,是通过自己造壳,即首先在美国设立一个特殊目的公司,这个公司只有现金没有实业和资产,随后这家公司投资并购欲上市的目标企业。目标企业将通过和已经上市的SPAC并购迅速实现上市融资的目的。作为一种为公司上市服务的金融工具,以SPAC形式上市充分符合美证监会规定的最低公开上市标准要求的同时,与直接到海外上市相比,SPAC方式省时省钱;相对于传统的买壳上市,SPAC的壳很干净,没有历史负债及相关法律等问题。

当然,除了上述三种方式外,还可通过存托凭证、可转换债券上市。但其往往是企业在境外已上市，在后续融资时采用的方式。因此，本部分不作重点介绍。

(五)境外上市的优势与不足

越来越多的企业选择境外上市，主要包括我国香港特区、美国、新加坡等国家和地区，这是因为企业境外上市具有得天独厚的优势，具体分析如下：

**1. 境外上市的优势**

(1)上市门槛较低

境内上市对企业连续盈利的要求使得很多亏损的企业对于境内上市可望而不可即。而且，境内上市容量有限，需要排队等待审核。总体而言，境外发达资本市场上市的门槛较低，条件更加灵活。以香港上市为例，首先，监管部门没有连续3年盈利规定，控股公司也能上市等。其次，香港资本市场的发行制度实行注册制，交易所就能够决定企业能否上市；而境内资本市场目前的创业板和科创板实行注册制，主板还是实行核准制。虽然创业板及科创板名义上为注册制，但近年来，上市成功率同样受交易所审核通过率的影响。

(2)上市成功率较高

首先，我国香港特区、美国、新加坡等国家和地区资本市场市场化程度高，较少受政策的干预，上市过程较短，条例清晰，程序便捷，较容易获得审批，可预期性强。其次，由于境外资本市场的政策透明度高，能否上市，企业基本上可以自己预先作出判断，确定性较强。此外，境外上市的时间短，融资成本低。目前，境外的资本市场通过直接上市或买壳上市的时间为9~12个月，而国内主板上市的周期最少也要3年。

因此，综合而言，境外上市的成功率相对较高。

(3)融资灵活便捷

在我国香港特区上市，无论以直接融资(如发行新股或债券等)、间接融资(如银行借贷)还是以增发新股筹集资金，皆可通过资本市场进行。资金供应充盈、法治完备、专业性强、市场人为干预少，形成香港资本市场集资之便利性优势。在香港上市6个月之后，上市发行人就可以进行新股融资。自2000年以来，香港后续融资额占市场总融资额的比例通常超过50%，此一情况虽在2006年和2007年的上市热潮中有所改变。自2008年金融风暴以来，后续融资渠道再次占有极大比重的份额，这一现象一直到2010年才重新变为首发上市占主导地位。

(4)有利于提升国际影响力

境外上市将大大提高公司在国际的知名度和企业形象，扩大企业品牌在国际的影响力，有利于企业打开国际市场，可以让更多的潜在客户了解公司及其产品，建立信任度,为公司各项业务的开展带来便利。

此外,还有助于企业建立风险管理机制,促进企业的可持续性、长远发展。

**2. 境外上市的劣势**

(1)发行及维护成本较高

境外上市的融资成本主要包括保荐费、承销费、会计师费、律师费、公关费、宣传费、印刷费、上市费等。由于上市地和企业发行规模不同,境外资本市场的融资成本没有统一的标准。从近几年的情况来看,首次融资的成本占募集资金的8% ~ 30%。但企业上市后的持续融资成本将大大下降,占企业募集资金的5% ~ 10%。有些中介机构在上市时除收取一定现金外,还要收取企业上市后一定数量的股票,具体收费标准由企业和中介机构协商确定。

此外,上市后维护成本高,高昂的会计师、律师、交易所年费,不管市场是否活跃,这个费用都得支付;此外,语言、文化、制度鸿沟,都会产生巨大的沟通成本,不仅体现在看得见的工资上,更重要的是境外投资者对公司业务不了解,特别是从事制造和消费产业的企业。

所以从整个融资的成本来看,境外总体上的成本是比较高的。

(2)发行市盈率及换手率低

虽然境外上市发行成本较高,但是发行价格较低。境内上市的市盈率很多在10倍以上,甚至在15倍以上,而境外市场,除了一些创新的企业板块以外,绝大多数是做不到的。因此,相对而言,境外上市的市盈率较低,一般不太能进行大规模的资金筹集。而且,境外上市的股票换手率比境内上市股票的换手率低。

(3)与本土市场脱节

企业在境外(包括港澳台)上市以后,在国际资本市场上有了一定声誉,但在国内内地市场的声音就可能变小了。由于近年来中国经济的高速发展,中国的GDP排在世界各国前列,而且随着中国政府对资本市场发展的大力支持,境外上市企业无法及时抓住中国市场,与中国资本市场对接,便可能成为境外上市的劣势之一。①

## 二、境外间接上市的一般条件及流程

### (一)大红筹模式

所谓大红筹模式上市,主要是指上市主体依照1997年6月20日国务院发布的

① 参见祁斌、刘洁:《海外交易所竞争我国潜在上市资源情况分析及有关政策建议》,载《深交所》2006年第9期。

《关于进一步加强在境外发行股票和上市管理的通知》(国发〔1997〕21 号)(该文件又称“97 红筹指引”)的相关规定,依据上市地法律并以设立于境外法律实体上市的模式。

大红筹具有如下特征:

(1)上市主体。发行人为依照境外法律设立并注册于境外的控股公司。实践中多为央企或国企的境外持股平台公司。

(2)控股股东。该上市主体的控股股东或实际控制人多为中国境内的大型央企或国有企业集团,但严格意义上也包括民营企业。

(3)特殊审批要求。须取得省级人民政府或国务院有关主管部门同意,特殊情况下还需报证监会审核后,国务院审批。

关于大红筹的具体规定如下:

在境外注册的中资非上市公司和中资控股的上市公司,以其拥有的境外资产和由其境外资产在境内投资形成并实际拥有 3 年以上的境内资产,在境外申请发行股票和上市,依照当地法律进行,但其境内股权持有单位应当按照隶属关系事先征得省级人民政府或者国务院有关主管部门同意;其不满 3 年的境内资产,不得在境外申请发行股票和上市,如有特殊需要的,报中国证监会审核后,由国务院证券委审批。上市活动结束后,境内股权持有单位应当将有关情况报中国证监会备案。

凡将境内企业资产通过收购、换股、划转以及其他任何形式转移到境外中资非上市公司或者境外中资控股上市公司在境外上市,以及将境内资产通过先转移到境外中资非上市公司再注入境外中资控股上市公司在境外上市,境内企业或者中资控股股东的境内股权持有单位应当按照隶属关系事先经省级人民政府或者国务院有关主管部门同意,并报中国证监会审核后,由国务院证券委按国家产业政策、国务院有关规定和年度总规模审批。

由于大红筹上市需要履行严格的审批程序,实践中通过大红筹模式上市的主体一般是我国内地的大型国有企业,或是具有国务院各部委或地方政府背景的企业,如中国移动、中海油、北京控股、深圳控股、上海实业控股等。

(二)小红筹模式

所谓小红筹模式上市,主要是指上市主体依据《关于外国投资者并购境内企业的规定》(商务部、国务院国有资产监督管理委员会、国家税务总局、国家工商行政管理总局、中国证券监督管理委员会、国家外汇管理局令〔2006〕第10 号,又称10 号文)履行境内的各项审批手续,并且通过注册于开曼群岛等离岸地的境外控股公司实现境外上市的模式。

小红筹模式具有如下特点:

(1)上市主体。上市主体多为注册于开曼等地的离岸控股公司,实践中多为境内民营企业在离岸地设立的壳公司。

(2)控股股东。该发行人的控股股东或实际控制人多为境内自然人或纯境外自然人。

(3)特殊审批要求。上市不需要境内证监会审批,但通过红筹的重组结构和搭建离岸的上市架构,如控股股东为中国籍自然人,则会涉及境内中国籍自然人根据《国家外汇管理局关于境内居民通过特殊目的公司境外投融资及返程投资外汇管理有关问题的通知》登记,境内投资机构的 ODI 登记以及涉及 10 号文关联并购等复杂的境内法律监管要求。

关于小红筹涉及的具体规定如下:

依据 10 号文的规定,境内公司、企业或自然人以其在境外合法设立或控制的公司名义并购与其有关联关系的境内的公司,应报商务部审批。当事人不得以外商投资企业境内投资或其他方式规避前述要求。

特殊目的公司系指中国境内公司或自然人为实现以其实际拥有的境内公司权益在境外上市而直接或间接控制的境外公司。特殊目的公司为实现在境外上市,其股东以其所持公司股权,或者特殊目的公司以其增发的股份,作为支付手段,购买境内公司股东的股权或者境内公司增发的股份的,适用上述规定。特殊目的公司境外上市交易,应经国务院证券监督管理机构批准。

实践中,通过 10 号文的关联并购获得商务部批准的难度非常大。为规避上述关联并购商务部门审批的要求,很多涉及关联并购的交易采取了变通的方法来规避前述要求,如通过“两步走”(slow walk)、变更实际控制人国籍等方式。

除此之外,国家外管局于 2014 年 7 月发布的《国家外汇管理局关于境内居民通过特殊目的公司境外投融资及返程投资外汇管理有关问题的通知》(汇发〔2014〕37 号)规定,境内居民以境内外合法资产或权益向特殊目的公司出资前,应向外汇局申请办理境外投资外汇登记手续。境内居民以境内合法资产或权益出资的,应向注册地外汇局或者境内企业资产或权益所在地外汇局申请办理登记;境内居民以境外合法资产或权益出资的,应向注册地外汇局或者户籍所在地外汇局申请办理登记。

目前实践中,绝大多数民营企业的海外上市采用了小红筹的方式,如保利协鑫、中国忠旺、SOHO 中国、银泰商业等。红筹搭建完成后的经典结构见图 3 - 10。

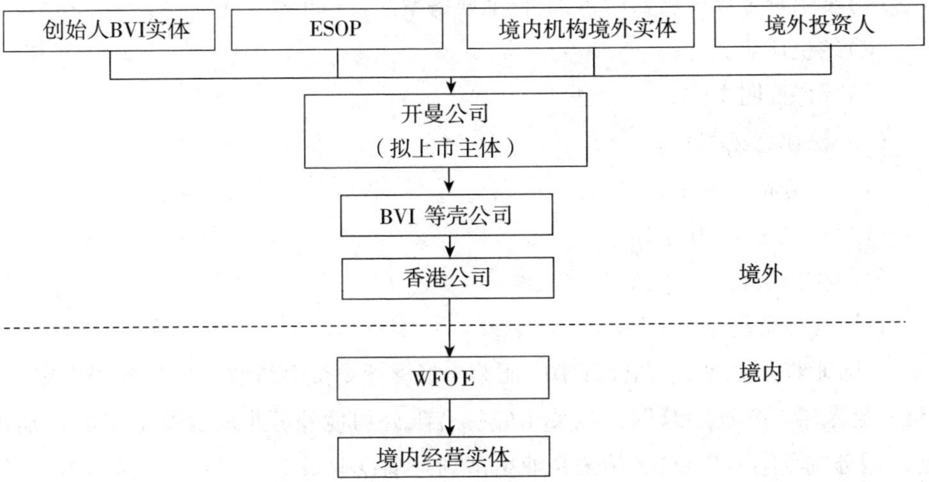


**图 3－10　红筹搭建完成后的经典结构**

## 三、境外直接上市的一般条件及流程

企业境外上市需要符合国内监管法律法规要求（主要参见本节前述相关法律法规），同时符合境外具体上市地监管法律法规要求。企业在符合相关条件、要求的前提下，根据法定流程发行上市。在新加坡上市的公司（如骏马化纤股份有限公司、福建振云塑业股份有限公司等）须符合新加坡的上市条件，在纽约交易所上市的公司（如华能国际电力股份有限公司）须符合纳斯达克上市的条件等。境外上市境内审批的大致流程如下：

**1. 提出申请**

公司申请境外发行股票和上市应向证监会提交下列文件。

（1）申请报告，内容包括：公司演变及业务概况、股本结构、公司治理结构、财务状况与经营业绩、经营风险分析、发展战略、筹资用途、符合境外上市地上市条件的说明、发行上市的方案；

（2）股东大会及董事会相关决议；

（3）公司章程；

（4）公司营业执照、特殊许可行业的业务许可证明（如适用）；

（5）行业监管部门出具的监管意见书（如适用）；

（6）国有资产管理部门关于国有股权设置以及国有股减（转）持的相关批复文件（如适用）；

(7)募集资金投资项目的审批、核准或备案文件(如适用);

(8)纳税证明文件;

(9)环保证明文件;

(10)法律意见书;

(11)财务报表及审计报告;

(12)招股说明书(草稿);

(13)中国证监会规定的其他文件。

**2. 证监会受理**

中国证监会受理部门根据《中国证券监督管理委员会行政许可实施程序规定》(证监会令第138号)和《国务院关于股份有限公司境外募集股份及上市的特别规定》(国务院令第160号)、《境内企业申请到香港创业板上市审批与监管指引》(经国务院批准证监会发布证监发行字〔1999〕126号)、《关于股份有限公司境外发行股票和上市申报文件及审核程序的监管指引》(证监会公告〔2012〕45号)等规定的要求,依法受理境内企业境外发行并上市及境外增发行政许可申请文件,并按程序转证监会国际合作部。

国际合作部对申请材料进行形式审查:需要申请人补正申请材料的,按规定提出补正要求;申请材料形式要件齐备,符合受理条件的,按程序通知受理部门作出受理决定;申请人未在规定时间内提交补正材料,或提交的补正材料不齐备或不符合法定形式的,按程序通知受理部门作出不予受理决定。

公司收到中国证监会的受理通知后,可向境外证券监管机构或交易所提交发行上市的初步申请。

**3. 证监会审核及反馈**

受理后,国际合作部相关审核处室根据申请项目的具体情况、公务回避的有关要求以及审核人员的工作量等因素确定审核人员。审核人员从合规性角度对申报材料进行审阅,并撰写发行概要及初步反馈意见。

证监会官网对外公开了证监会对拟在境外上市的企业进行审核时的关注要点,具体见表3-12。①

① 参见中国证监会:《股份有限公司境外公开募集股份及上市(包括增发)审核关注要点》,载中国证券监督管理委员会官网,http://www.csrc.gov.cn/newsite/gjb/jwss/jwssshjdb/201907/t20190723_359633.html,2019年10月8日最后访问。

**表 3-12　证监会对拟在境外上市的企业进行审核时的关注要点**

| 关注要点 | |
|---|---|
| 外资准入与宏观调控及产业政策 | 1. 发行人及各下属公司业务范围是否涉及国家禁止或限制外商投资的领域，境外发行上市前后是否持续符合有关外资准入政策 |
| | 2. 发行人业务范围是否符合以下情形之一：（1）主营业务为房地产业务，或（2）房地产业务（并表内）占营业收入比重大于或等于 50%，或（3）房地产业务的收入和利润均在所有业务中最高，且均占到公司总收入和总利润的 30% 以上（包含本数）；在符合上述情形之一的情况下，是否存在违反《国务院办公厅关于继续做好房地产市场调控工作的通知》（国办发〔2013〕17 号）与《国务院关于坚决遏制部分城市房价过快上涨的通知》（国发〔2010〕10 号）的情形，是否存在被住房和城乡建设部门公示为"违法违规房地产开发企业和中介机构"的情形 |
| | 3. 发行人及各下属公司是否存在违反《市场准入负面清单》的情形；是否属于产能过剩行业，是否存在违规和未取得合法手续、不符合重点产业调整和振兴规划及相关产业政策要求、未经批准或违规审批的项目等违反《国务院关于化解产能严重过剩矛盾的指导意见》《产业结构调整指导目录》《国务院办公厅关于金融支持经济结构调整和转型升级的指导意见》《中国人民银行、银监会证监会、保监会关于进一步做好金融服务支持重点产业调整振兴和抑制部分行业产能过剩的指导意见》《国务院办公厅关于促进建材工业稳增长调结构增效益的指导意见》等国务院有关文件及有关部门规章的情形 |
| 合规经营 | 4. 发行人及各下属公司近 1 年是否存在违反《国务院关于进一步加强企业安全生产工作的通知》（国发〔2010〕23 号）的情形；是否存在违反国家和地方环境保护相关要求的情形 |
| | 5. 发行人及各下属公司近 2 年是否存在涉嫌违反《证券法》《证券投资基金法》《期货交易管理条例》、《国务院关于股份有限公司境外募集股份及上市的特别规定》（国务院令第 160 号）及《国务院关于进一步加强在境外发行股票和上市管理的通知》（国发〔1997〕21 号）等证券、期货法律法规行为的情形 |
| | 6. 发行人及各下属公司、发行人聘请的相关证券服务机构是否存在因涉嫌违法违规被行政机关立案调查，或者被司法机关侦查，尚未结案的情形；是否存在被中国证监会依法采取限制业务活动、责令停业整顿、指定其他机构托管、接管等监管措施，尚未解除的情形 |
| | 7. 发起人认购的股份是否缴足，发起人用作出资的财产权转移手续是否已办理完毕。发行人是否属于国发〔2016〕33 号文规定的严重失信主体 |
| 股权结构与公司治理 | 8. 发行人是否在公司章程中载明了《到境外上市公司章程必备条款》所要求的内容。发行人现有股东及本次发行对象（如适用）之间是否存在关联关系或一致行动关系。请披露单独或合计持有发行人 5% 及以上的主要股东、本次发行对象（如适用）的股权控制关系（包括但不限于控股股东及实际控制人） |
| | 9. 发行人及各下属公司是否建立健全了完备、规范的保密和档案规章制度并落实到位，是否符合《关于加强在境外发行证券与上市相关保密和档案管理工作的规定》 |

续表

| 关注要点 | |
|---|---|
| 本次发行 | 10. 本次发行并上市是否履行了完备的内部决策程序,是否取得了必要的内部批准和授权;是否取得了行业监管部门出具的监管意见书(如适用)等必要的外部批准程序;发行对象(如适用)及发行币种是否符合《国务院关于股份有限公司境外募集股份及上市的特别规定》(国务院令第160号)的有关要求 |
| | 11. 本次发行募投项目是否取得了必要的审批、核准或备案文件(如适用),是否符合固定资产投资管理的有关规定;是否符合国家和地方环境保护的相关要求。本次境外发行募集资金是否投向《国务院关于促进节约集约用地的通知》(国发〔2008〕3号)规定的违法用地项目;是否投向《产业结构调整指导目录》规定的淘汰类及限制类的产业、《市场准入负面清单》规定的禁止准入事项;如涉及境外投资,是否符合国办发〔2017〕74号文规定的境外投资方向、是否依法履行了境外投资核准或备案程序 |

如审核人员在初审过程中发现需要特别关注的问题,将提交反馈会讨论。反馈会主要讨论有关问题、拟反馈意见及其他需要会议讨论的事项,通过集体决策方式确定反馈意见。反馈会后,审核人员根据会议集体决策意见修改反馈意见,履行内部签批程序后将反馈意见按程序转受理部门告知、送达申请人。自受理材料至反馈意见发出期间为静默期,负责该事项审核的工作人员不得与申请人及其代理人主动接触。

审核过程中,审核人员将根据《证券期货市场诚信监督管理办法》(证监会令第139号)的要求统一查询证监会"证券期货市场诚信档案数据库",如发现申请人以及有关当事人有未履行或未如期履行承诺信息或者有违法失信信息的,将按上述办法的有关规定对行政许可申请人实施诚信约束。此外,审核过程中如发行人发生或发现应予补充、更新的事项,应及时报告国际合作部并补充、修改相关材料。

**4. 申请人落实反馈意见**

申请人收到反馈意见后,应组织相关中介机构按照要求准备回复意见,并在规定时间内向受理部门提交反馈材料。在准备回复意见过程中如有疑问可与审核人员以电话、传真等方式进行沟通。需要当面沟通的,国际合作部将指定2名以上工作人员在办公场所与申请人及其中介机构会谈。

国际合作部收到反馈意见回复材料进行登记后转审核处室。相关审核人员按要求对回复材料进行审核。

**5. 核准及批复**

经受理、审核及反馈等程序后,审核人员应撰写审核报告,履行核准或者不予核准境外首次公开发行并上市或境外增发行政许可的签批程序后,审结发文,受理部门向申请人发出行政许可核准文件,并及时完成申请文件原件的归档工作。

企业收到中国证监会行政许可核准文件后，可向境外证券监管机构或交易所提交发行上市的正式申请。

## 四、我国香港特区上市的具体要求及流程

鉴于相关统计数据表明，大部分企业境外上市的首选地为香港，因此，下文具体的上市条件、流程介绍将重点关注香港联交所。

### （一）我国香港特区上市的具体要求

根据《境内企业申请到香港创业板上市审批与监管指引》的规定，境内企业申请到香港创业板上市的条件如下：

➢ 经省级人民政府或国家经贸委批准、依法设立并规范运作的股份有限公司（以下简称公司）；

➢ 公司及其主要发起人符合国家有关法规和政策，在最近 2 年内没有重大违法违规行为；

➢ 符合香港创业板上市规则规定的条件；

➢ 上市保荐人认为公司具备发行上市可行性并依照规定承担保荐责任；

➢ 国家科技部认证的高新技术企业优先批准。

根据香港《主板上市规则》《创业板上市规则》的规定，在香港联交所上市交易的要求包括财务要求、管辖、特定会计准则、营业记录及管理层、公众持股、股东、市值等方面，[①]具体如下。

财务要求见表 3－13。

**表 3－13　财务要求**

<table>
<tr><th colspan="4">主　板</th><th>创业板</th></tr>
<tr><td colspan="4">主板新申请人须具备不少于 3 个财政年度的营业记录，并须符合下列 3 项财务准则的其中一项</td><td rowspan="3">创业板申请人须具备不少于 2 个财政年度的营业记录，包括：</td></tr>
<tr><td></td><td>盈利测试</td><td>市值/收入测试</td><td>市值/收入/现金流量测试</td></tr>
<tr><td>股东应占盈利</td><td>过去 3 个财政年度至少 5000 万港元（最近 1 年盈利至少 2000 万盈利，以及前 2 年累计盈利至少 3000 万港元）</td><td>—</td><td>—</td></tr>
</table>

① 参见《上市规则与指引》，载香港联合交易所官网，https://sc.hkex.com.hk/TuniS/www.hkex.com.hk/listing/rules-and-guidance/other-resources?sc_lang=zh-hk，2019 年 10 月 8 日最后访问。

续表

<table>
<tr><th colspan="4">主　　板</th><th>创业板</th></tr>
<tr><td>市值</td><td>上市时至少达2亿港元</td><td>上市时至少达40亿港元</td><td>上市时至少达20亿港元</td><td rowspan="4">(1)日常经营业务有现金流入,于上市文件刊发之前两个财政年度合计至少达2000万港元<br>(2)上市时市值至少达1亿港元</td></tr>
<tr><td>收入</td><td>—</td><td>最近1个经审计财政年度至少5亿港元</td><td>最近1个经审计财政年度至少5亿港元</td></tr>
<tr><td>现金流量</td><td>—</td><td>—</td><td>前3个财政年度来自营运业务的现金流入合计至少1亿港元</td></tr>
<tr><td></td><td colspan="3">本交易所可接纳为期较短的营业记录,并/或修订或豁免上述的溢利或其他财务准则规定。有关详情请参阅“股本证券的特别上市规定”一节</td></tr>
</table>

可接受的司法地区见表3-14。

**表3-14　可接受的司法地区**

| |
|---|
| 《主板规则》第19章和《创业板规则》第24章规定了海外公司寻求在联交所作主要上市时的基本要求。《主板规则》第19.05(1)(b)条和《创业板规则》第24.05(1)(b)条及相关解释列明了海外公司寻求在联交所作主要上市时对于股东保护的标准。<br>注册在香港或其他已接纳的司法地区以外的申请人寻求在主板和创业板上市,联交所将根据每个案例的实际情况进行考核,申请人要表明其能为股东提供的保障水准至少相当于香港提供的保障水准。就联交所预期海外公司寻求在联交所作主要上市时对于股东保障水准的主要要求一览表,请参阅2007年3月7日刊登的联合政策声明。 |

会计准则见表3-15。

**表3-15　会计准则**

<table>
<tr><td colspan="2">新申请人的账目必须按《香港财务汇报准则》或《国际财务汇报准则》编制。<br>经营银行业务的公司必须同时遵守香港金融管理局发出的《本地注册认可机构披露财务资料》。</td></tr>
<tr><th>主　　板</th><th>创业板</th></tr>
<tr><td>如属海外注册成立的主板新申请人,在若干情况下,本交易所可接纳其按《美国公认会计原则》或其他会计准则编制的账目。</td><td>创业板新申请人若已经或将会同时在纽约证券交易所或NASDAQ全国市场上市,则其按《美国公认会计原则》编制的账目可获接纳。</td></tr>
</table>

是否适合上市见表3-16。

**表 3－16　是否适合上市**

| |
|---|
| 必须是本交易所认为适合上市的发行人及业务。<br>如发行人或其集团(投资公司除外)全部或大部分的资产为现金或短期证券,则其一般不会被视为适合上市,除非其所从事或主要从事的业务是证券经纪业务。 |

营业记录及管理层见表 3－17。

**表 3－17　营业记录及管理层**

| 主　　板 | 创业板 |
|---|---|
| 新申请人须在大致相若的拥有权及管理层管理下具备至少 3 个财政年度的营业记录。这实际指该公司:<br>在至少前 3 个财政年度管理层大致维持不变;及<br>在至少最近 1 个经审计财政年度拥有权和控制权大致维持不变。<br>豁免:<br>在市值/收入测试下,如新申请人能证明下述情况,本交易所可接纳新申请人在管理层大致相若的条件下具备为期较短的营业记录:<br>董事及管理层在新申请人所属业务及行业中拥有足够(至少 3 年)及令人满意的经验;及<br>在最近 1 个经审计财政年度管理层大致维持不变 | 新申请人必须具备不少于 2 个财政年度的营业记录:<br>(1)管理层在最近 2 个财政年度维持不变;及(2)最近 1 个完整的财政年度内拥有权和控制权维持不变。<br>豁免:<br>在下列情况下,联交所可接纳为期较短的营业记录,及/或修订或豁免营业记录和拥有权及控制权维持不变的要求:<br>开采天然资源的公司;或<br>新成立的「工程项目」公司 |

新申请人上市时证券预期的最低市值见表 3－18。

**表 3－18　最低市值**

| 主　　板 | 创业板 |
|---|---|
| 2 亿港元 | 1 亿港元 |

新申请人预期证券上市时由公众人士持有的股份的最低市值见表 3－19。

**表 3－19　公众持股的市值**

| 主　　板 | 创业板 |
|---|---|
| 5000 万港元 | 3000 万港元 |

公众持股量:无论任何时候公众人士持有的股份须占发行人已发行股本的至少 25%。

若发行人拥有一类或以上的证券,其上市时由公众人士持有的证券总数必须占发行人已发行股本总额的至少 25%;但正在申请上市的证券类别占发行人已发行股本总额的百分比不得少于15%,上市时的预期市值也不得少于如表3－20所示的数值。

**表3－20　上市时的最低预期市值**

| 主　　板 | 创业板 |
| --- | --- |
| 5000万港元 | 3000万港元 |

如发行人预期上市时市值超过100亿港元,则本交易所可酌情接纳一个介乎15%～25%的较低百分比。

股东分布见表3－21。

**表3－21　股东分布**

| 主　　板 | 创业板 |
| --- | --- |
| 持有有关证券的公众股东须至少为300人 | 必须至少有100名公众股东 |

注:持股量最高的3名公众股东实际持有的股数不得占证券上市时公众持股量逾50%。

招股机制见表3－22。

**表3－22　招股机制**

| 主　　板 | 创业板 |
| --- | --- |
| 若公众人士对新申请人证券的需求可能甚大,新申请人不得仅以配售形式上市<br>《主板上市规则》载有首次公开招股有关股份分配的若干程序。有关详情请参阅《主板上市规则》《第18项应用指引》"证券的首次公开招股" | 新申请人可自由决定其招股机制,亦可仅以配售形式于本交易所上市 |

招股价:

《主板上市规则》和《创业板上市规则》都没有规定招股价,但新股不得以低于面值发行。

(二)我国香港特区上市的具体程序

根据《主板上市规则》《创业板上市规则》,境内企业赴我国香港特区上市的流程如表3－23和表3－24所示。①

① 参见《主板上市规则》《创业板上市规则》,载香港联合交易所官网,https://sc.hkex.com.hk/TuniS/cn－rules.hkex.com.hk/tr/chi/browse.php?id＝4416&type＝0&oldnode＝0,2019年10月8日最后访问。

**表 3－23　香港联合交易所(主板)上市程序**

<table>
<tr><th colspan="3">香港联合交易所(主板)上市程序</th></tr>
<tr><td colspan="3">委任保荐人<br>提交申请至少2个月前须委任保荐人并于其委任5个营业日内书面通告知联交所</td></tr>
<tr><td colspan="3">提交上市申请<br>(1)根据《主板上市规则》第9.10A(1)条提交上市申请表格A1、申请版本及所有其他相关文件<br>(2)资料须大致完备<br>(3)申请版本须于联交所网站刊发中英文版本</td></tr>
<tr><th>详尽审阅</th><th></th><th>发回申请</th></tr>
<tr><td>• 质量评估<br>(1)是否符合上市资格<br>(2)是否适宜上市<br>(3)业务是否可持续<br>(4)是否遵守《上市规则》、《公司条例》、《公司(清盘及杂项条文)条例》及《证券及期货条例》<br>(5)是否存在重大披露错漏<br>经初步接受作详尽审阅之上市申请，证监会或香港交易所仍可因资讯非大致完备而发回申请<br>新程序下出具意见的时间表<br>首轮意见：于接获申请后10个营业日内发出<br>保荐人的回复须完整详尽，否则香港交易所不会进行审阅(例如我们不会接受诸如“将稍后提供”之类的回复，涉及指引信GL6－09A所允许需要更新的财务资料除外)<br>合资格人士报告由选自专家小组的一家外聘矿业顾问进行审阅。虽然基本上所有顾问都同意遵循简化上市程序，但延误仍可能出现。<br>上市聆讯时间表<br>上市时间并没有一个预设的时间表，主要取决于保荐人回复的时间及质量</td><td>>>></td><td>快速复核程序<br>(1)适用于要求复核上市部发回申请的决定<br>(2)申请人和保荐人有权要求复核上市部发回申请的决定(“发回决定”)及上市委员会同意该发回决定的裁决<br><br>双重复核：<br>(3)上市部的发回决定由上市委员会复核<br>(4)上市委员会同意发回决定的裁决由上市(复核)委员会复核<br>快速复核程序不适用于须按《主板上市规则》第20.25条提交申请版本的集体投资计划申请人<br>如需更多资料，请参阅指引信GL61－13《有关上市部及上市委员会发回上市申请的裁决之加快复核程序指引》</td></tr>
</table>

续表

<table>
<tr><td>↓</td><td></td><td>↓</td></tr>
<tr><td>上市聆讯</td><td></td><td>8个星期内禁止重新提交申请<br>(发回申请函之日期起计,除非上市委员会推翻发回决定)</td></tr>
<tr><td>↓</td><td></td><td></td></tr>
<tr><td>聆讯后资料集于联交所网站的登载</td><td></td><td></td></tr>
<tr><td>↓</td><td></td><td></td></tr>
<tr><td>股份交易开始</td><td></td><td></td></tr>
</table>

**表3-24　香港联合交易所(创业板)上市程序**

<table>
<tr><th colspan="3">香港联合交易所(创业板)上市程序</th></tr>
<tr><td colspan="3">委任保荐人<br>提交申请至少2个月前须委任保荐人并于其委任5个营业日内书面通知联交所</td></tr>
<tr><td colspan="3">↓</td></tr>
<tr><td colspan="3">提交上市申请<br>1. 根据《创业板上市规则》第12.09条提交上市申请表格5A、申请版本及所有其他相关文件<br>2. 资料须大致完备<br>3. 申请版本须于联交所网站刊发中英文版本</td></tr>
<tr><td>详尽审阅</td><td></td><td>发回申请</td></tr>
<tr><td>↓</td><td></td><td>↓</td></tr>
<tr><td>质量评估<br>(一)是否符合上市资格<br>(二)是否适宜上市<br>(三)业务是否可持续<br>(四)是否遵守《上市规则》、《公司条例》、《公司(清盘及杂项条文)条例》及《证券及期货条例》<br>(五)是否存在重大披露错漏<br>经初步接受作详尽审阅之上市申请,证监会或香港交易所仍可因资讯非大致完备而发回申请<br><br>新程序下出具意见的时间表<br>首轮意见:于接获申请后10个营业</td><td>>>></td><td>快速复核程序<br>适用于要求复核上市部发回申请的决定<br>申请人和保荐人有权要求复核上市部发回申请的决定("发回决定")及上市委员会同意该发回决定的裁决<br><br>双重复核<br>(六)上市部的发回决定由上市委员会进行复核<br>(七)上市委员会同意发回决定的裁决由上市(复核)委员会复核<br><br>如需更多资料,请参阅指引信GL61-</td></tr>
</table>

续表

| | | |
|---|---|---|
| 日内发出<br>保荐人的回复须完整详尽,否则香港交易所不会进行审阅(例如我们不会接受诸如“将稍后提供”之类的回复,涉及指引信 GL6-09A 所允许需要更新的财务资料除外)<br>合资格人士报告由选自专家小组的一家外聘矿业顾问进行审阅。虽然基本上所有顾问都同意遵循简化上市程序,但延误仍可能出现。<br>**上市聆讯时间表**<br>上市时间并没有一个预设的时间表,主要取决于保荐人回复的时间及质量 | | 13《有关上市部及上市委员会发回上市申请的裁决之加快复核程序指引》 |
| 上市聆讯 | | 8 个星期内禁止重新提交申请(发回申请函之日期起计,除非上市委员会推翻发回决定) |
| | | |
| 聆讯后资料集于联交所网站的登载 | | |
| | | |
| 股票交易开始 | | |

## 五、境外上市的法律风险

境内企业境外上市与在境内上市相比,同样都会面临风险,一般而言,境外上市的风险比境内上市的风险要大。其中不可避免的风险包括政治风险、政策和法律风险、安全与健康风险、文化与沟通风险等,上述风险对应的上市成本也将随之增加。本部分我们尚不考虑政治、政策等相对较为客观的风险,重点关注与企业自身相关的在一定程度上能加以预防、应对的风险,主要包括上市失败及上市后被迫退市这两种风险。

一般而言,在境外上市的大潮中,总有人胜出,也总有人败退,并非所有拟登陆境外资本市场的企业都一帆风顺。此外,也有一些企业虽然顺利上市,但因后期运营维护不善,导致最终被迫退市。无论是企业上市不成功,还是上市后又被迫退市,对企业而言都将产生巨大的损失。前已述及,境外上市的费用及后续维护成本都较境内上市更大。因此,这两种风险带来的直接后果便是巨额经济损失,前期的投入在极大程度上都将白费。同时可能附带各类诉讼、仲裁纠纷,在美国尤为突出的是集体诉讼。当然,企业的后续发展也将受到负面影响。

(一)境外上市的失败风险

境外上市失败的企业很多,如下文列举。

**1. 上市失败案例——拉手网止步纳斯达克**

拉手网①于2010年3月18日正式上线,这是一家将团购与位置服务相结合的社会化网站,为消费者提供各类生活团购信息。原计划2011年11月14日赴美国纳斯达克上市的拉手网最终以失败告终。11月8日,拉手网向美国证券交易委员会(SEC)提交的F-1文件修订版显示,该公司将发行5356990美国存托股票(ADS),1ADS折合36股普通股,发行价区间为13~15美元。按最高价15美元计算,拉手网最多可以融资8000万美元。

**2. 案例分析**

关于拉手网止步于纳斯达克,据称直接原因是美国证券交易委员会及投资方收到一封举报邮件,受此影响拉手网需要澄清部分会计问题。这封举报邮件具有“恶意性质”,可能是国内一些团购竞争对手“故意为之”。除此之外,还有如下几点原因。②

①拉手至今未获得“拉手”和“拉手团购”的商标;

②巨额亏损,累计亏损达巨大,据招股书披露,在截至2010年12月31日的这一年中,拉手网净亏损为5350万元人民币(约合830万美元)。在截至2011年6月30日的前6个月中,净亏损为3.913亿元人民币(约合6050万美元),但净营收仅为人民币5782万元,净亏损为净营收的6.8倍。截至2011年二季度末,拉手网持有的现金及等价物为7.49亿元(合1.16亿美元);

③央视曝光的篡改后台数据、“虚报经营资质”、“虚标购买人数”;

④公司CFO张检曾担任被摘牌后遭遇集体诉讼的在美上市公司多元印刷的审计委员会主席和独立董事。

虽然众说纷纭,但上述原因确实都有可能成为拉手成功上市的“拦路虎”。不论是哪种原因,抑或是哪几种原因,都说明一点,虽然境外资本市场对境内企业入

---

① 参见拉手网案例介绍,载凤凰网专题报道,http://tech.ifeng.com/internet/special/lashouipo/,2020年4月13日最后访问。

② 参见时代周报:《拉手网IPO失败 资本退潮团购》,载新浪财经,https://finance.sina.com.cn/chuangye/internet/20111117/073810832523.shtml,2020年4月13日最后访问。

市的门槛要求较低,但企业想随随便便通过境外上市融资、圈钱以解燃眉之急并非易事。

(二)境外退市风险

随着越来越多的企业跨境上市,也有为数不少的企业由于各种原因被要求退市。以在美国上市为例,东南融通、中国生物、新华悦动、西安宝润、瑞达电源、中国高速频道、艾瑞泰克、智能照明、福麒国际、盛大科技、数百亿、纳伟仕、盛世巨龙、多元印刷、岳鹏成电机等企业都纷纷退市。这些企业退市的原因主要在于财务出了问题。① 也有企业退市的原因在于上市维护费用过高,东南数码股份有限公司(以下简称东南数码)是其中的一员。东南数码 2008 年 1 月登陆 AIM(伦敦证交所第二板交易市场,相当于英国创业板),登陆的方式是引入(introduction)。公司不但未曾募集到 1 分钱,反而花了 3000 万元的发行上市和维护费用,4000 万 ~5000 万元的退市费用。② 当然,东南数码的案例有些过于极端,并非所有退市企业最终退市的原因都是融资不成反而花费巨额上市维护费用。

本部分将以凌动智行为例予以介绍并加以分析。

**1. 境外退市案例——凌动智行纽交所退市案**

凌动智行(前称网秦,NYSE:LKM)是领先的品智出行服务提供商。凌动智行成立于 2005 年,于 2011 年 5 月在美国纽交所上市,是第一家成功登陆纽交所的移动互联网企业。公司致力于提供智能汽车技术解决方案和生态系统建设,同时提供面向消费者的其他相关的移动安全、高效的应用服务。公司目前旗下涵盖品智出行和智能汽车平台两大业务,旨在为消费者提供可信智能的服务体验。③ 其中,品智出行业务将通过网约车和分时租赁切入出行市场,通过差异化的车内体验为消费者提供智能出行服务。智能汽车平台业务以凌动车脑为主,通过为自营的出行业务、第三方服务商和汽车设计制造商提供基于智能软硬件集成、车内体验、数据和运算能力的平台,创建智能汽车领域全新的价值链。2017 年以前,公司业务覆盖移动安全和移动娱乐,见证和经历了智能手机与移动互联网产业发展的全过程,后转型智能汽车和出行领域。

---

① 参见王申璐:《东南融通被纽交所要求退市》,载财新网,http://finance.caixin.com/2011-07-26/100284219.html,2019 年 10 月 10 日最后访问。

② 参见潘沩:《中国海外上市公司退市潮解密》,载 15 亿网,http://www.15ss.cn/news/2012816/n39674193.html,2019 年 10 月 10 日最后访问。

③ 参见《凌动智行简介》,载凌动智行官网,http://www.lkmotion.com/about#tab1,2019 年 10 月 10 日最后访问。

2019年1月9日,纽约证券交易所正式通知SEC,因不再符合上市标准,其计划于今年1月22日正式将凌动智行除名退市。①

早在2018年9月24日,凌动智行就收到美国证券交易所纳斯达克(Nasdaq)警告,由于公司股价连续30个交易日低于1美元,已不满足纳斯达克的上市准则。2018年8月24日,凌动智行的股价开始跌破1美元,随着公司创始人林宇和史文勇二人的矛盾公开化,公司的股价持续下挫。

在接到纽约证券交易所的退市通知后,凌动智行曾在公告中强调,公司有权要求纽约证券交易所董事会委员会对退市决定进行审查。"目前凌动智行正在考虑采取这一行动,同时亦在谋求对公司可行的其他选择以维护投资者利益,公司将尽快公布其董事会决定的合理措施。"

但根据规定,被退市公司必须在接获除名决定通知后10个工作日内,向联交所秘书提出书面申请,要求进行复核。由于凌动智行没有在规定的期限内提出请求,因此根据美国证券交易规则第12d2-2(B)条规定,纽约证券交易所提交的除名申请条件均已满足,凌动智行将被除名退市。

**2. 退市案例分析**

(1)相关法律规定

根据《纽约证券交易所上市规则》第八章"暂停上市及终止上市"的规定,上市公司"持续上市标准",具体如下。

• 资本或普通股的分布标准(802.01A)。包括:①股东少于400人;②股东少于1200人并且在最近12个月里月平均交易量低于10万股;③社会公众持有股票少于60万股。

• 资本或普通股的数量标准(802.01B)。上市公司需要满足《纽约证券交易所上市规则》第102.01C和第103.01B条所规定的财务测试。

• 价格标准(802.01C)。若上市公司的股票连续30个交易日收盘价格低于1美元,将被视为低于标准。在收到通知后,公司必须在6个月内将股价和平均每股价格恢复到高于1美元的水平。

• 其他标准(802.01D)。出现下列情况的,交易所可以根据802.02和803.03

① 参见陆一夫:《纽约证券交易所宣布凌动智行退市》,载新京报网,http://www.bjnews.com.cn/finance/2019/01/10/538138.html,2019年10月10日最后访问;吴羽:《凌动智行董事长深陷绑架案 股价暴跌99.5%还要被退市》,载网易财经,http://money.163.com/18/1223/16/E3NNL2S400258169.html,2019年10月10日最后访问。

规定的程序自主作出决定让公司摘牌:①经营资产或经营范围减少:经营资产由于被出售、租赁、没收、充公等原因而大幅度减少,或公司停止经营,或由于各种原因终止了其主要经营活动;②破产或清算:如果公司依据《破产法》提出破产申请或公司已开始清算,或者公司依据《破产法》申请重组,交易所会自行决定公司股票是否继续上市交易;③经证券交易所认可的权威意见认定证券失去投资价值;④证券注册不再生效,即根据《1934 年证券交易法》的注册或豁免注册不再有效;⑤违反协议:公司违反与交易所签订的上市协议的;⑥因为回赎、支付或整体替换;⑦操作违反公共利益的;⑧其他可能导致摘牌的因素,包括:公司没有及时、准确、充分地向股东和公众披露信息,财务报告有虚假,没有依据公共政策行事,经营或财务状况不能令人满意,无条件地使用公司基金购买公司股票等。

根据《纽约证券交易所上市规则》纽约证券交易所的退市流程如下:交易所决定让某只股票退市时,会书面通知上市公司,解释做此决定的依据和采取行动的政策及其依据,交易所会同时做两件事情:第一,公开披露公司的状况,和交易所作退市决定的依据;第二,开始每日发布股票信息和信息通知确认股票的状况,包括交易所网站的相似信息。

如果上市公司不要求在特定期内复核,交易所将停止交易该股票,如果被申请复核,复核程序将在申请被交易所秘书处建档后的至少 25 个交易日开始启动,双方都要提交摘要与相关材料给对方和交易所总委员会办公室。如果委员会决定证券发行者应该退市,一旦实施,交易所将立即停止交易,同时,交易所会将股票退市最后决定的信息在报纸上刊登,并同时在网站上挂出帖子告知公众,这样的公告在决议实际生效之前会一直挂在交易所网站上。如果交易所认为股票不应该退市的话,发行者会得到该决议的通知。

(2)纽交所官方答复

凌动智行退市的主要原因之一是两任董事长绑架案后双方便陷入无尽的纠纷拉锯战。这过程中,公司的投资方入股计划一直没有落地,导致股价大跌。纽约证券交易所认为,根据上市公司规则第 802. 01D 节,由于凌动智行的股价“异常低”,该公司不再适合上市。

China AI Capital 是凌动智行的战略合作伙伴。2018 年 7 月 19 日,凌动智行宣布获得战略投资,China AI Capital 以 2000 万美元总价购买公司 7017. 54 万股 B 类股票,当时凌动智行还宣布任命迟睿及李宇为董事会新成员,迟睿出任凌动智行联席董事长一职。

China AI Capital 最初向 SEC 递交的文件显示,迟睿和李宇分别持有 China AI 各 50% 的股权,如果凌动智行与 China AI Capital 的合作最终达成,后者将约占公司发行所有 A 类普通股和 B 类普通股所代表的投票权的 42.7% ,成为公司的第一大股东。

但由于未能提交 20 - F(年报或季报),凌动智行与 China AI Capital 一直无法达成合作。2017 年 9 月 26 日,凌动智行曾发布公告称,由于公司未能按照认购协议的要求履行相应条件,其中包括提交公司 2017 年财务报告,因此凌动智行与 China AI Capital 同意将交易的关闭日期延长至 2018 年 11 月 19 日。但直至目前,凌动智行尚未能提交 20 - F,这导致双方的交易告吹。公司股价较 2018 年年初跌幅超 96% ,2018 年年底股价为 0.15 美元每股,暴跌 99.5% 。

(三)风险应对

首先,制订可行计划,并择时上市。上市计划的制订是企业顺利实现境外上市的关键所在,这一计划的制订需要结合市场环境和企业自身内部环境多方面因素考虑,资本市场风云变幻,计划的可行性是降低上市风险的主要保障。同时企业要把握正确的上市时机,良好的经济环境是上市的较好时间,这时候市场不缺乏资金来源,因此融资的效果更加突出,正确的上市时机加上正确的上市地点,最终将成为股票发行成功的保障。不合时宜的上市计划、时机都可能直接导致企业上市融资效果大打折扣,等待一个好的上市时机,其实就是规避上市风险的主要举措之一。

其次,全面深入了解上市法规、政策。企业境外上市除了解国内相关政策以及监管机构的要求外,还应充分了解境外市场的法律法规和监管要求,聘请专业的法律顾问,严格遵守上市地法律法规的监管要求。

最后也是最重要的一点,积极加强公司内部治理。内部治理,除了企业正常的运营管理外,还包括体系制度的建立。企业在上市前后最根本的变化之一就是需要建立强有力的公司治理体系。其中包括建立结构性的风险管理体系,设立独立董事制度,良好的内控体系,以及内部审计委员会等。

## 第四节 新 三 板

2019 年 3 月以来,新三板又打响退市潮。数据显示,3 月 8 日和 3 月 11 日分别有 22 家和 20 家公司申请终止挂牌,截至目前,杭州沃趣科技、建研咨询、凯润药业、华谊创星等各领域企业都已成为3月新三板退市大军中的成员。实际上，新三板公司摘牌退市早在2018年就愈演愈烈，全年退市公司达到1500余家。而且按照目前趋势，新三板退市企业在2019年还将持续增加。[①] 另据统计，2019年前三季度已有13家券商彻底挥别做市业务，新三板做市商降至79家。面对做市企业数量持续减少的困局，业界人士呼吁新三板改革要多维度同时进行，其中推出混合做市制度以激活流动性是呼声最高的改革措施之一。[②]

那么，到底什么是新三板？为何是"新三板"，是否有"旧三板"？其与主板、中小企业板、创业板、科创板有何差别？在新三板挂牌上市的企业有何要求、具体如何操作？本节将重点介绍新三板相关内容，包括其涉及的历史渊源、法律规定、特征、具体业务等。

## 一、新三板概述

新三板，即现在的全国股份转让系统，其前世今生随着市场的变化而变化，作为多层次资本市场建设的重要组成部分，其扮演的角色类似基石，为中小企业融资带来巨大的机遇，对我国实体经济的发展起着强大的推动作用。

### （一）新三板的历史渊源

1990年12月5日，STAQ系统（全国证券交易自动报价系统）正式开始运行。STAQ系统是一个基于计算机网络进行有价证券交易的综合性场外交易市场，为会员提供有价证券（包括法人股、国债、金融债、企业债共4大类15种）的买卖价格信息和结算服务。NET系统（中国证券交易系统）是由多家银行和券商共同出资组建的有限责任公司，于1993年4月28日投入运行。

1999年9月9日，为整合中国证券市场多头管理，以及防范亚洲金融危机，有关部门关闭了STAQ网和NET网，这两个系统停止运行。

2001年，为解决STAQ和NET系统历史遗留问题公司的股份流通问题，证券公司代办股份转让系统设立。2002年开始，退市公司的股份转让也通过代办股份转让系统进行。代办股份转让系统是一个以证券公司及相关当事人的契约为基础，依托证券交易所和登记结算公司的技术系统，以证券公司代理买卖挂牌公司股

① 参见《从退市潮看新三板发展现状：成本高、流动性差，改革在即3月份以来，新三板又打响》，载东方财富网，http://guba.eastmoney.com/news,300027,809614478.html，2019年10月8日最后访问。

② 参见新三板论坛：《新三板做市商降至79家！今年做市商退出案例超过千起，新增做市案例仅47起，业界期盼推出混合做市制》，载搜狐财经，http://www.sohu.com/a/345117938_382383，2019年10月8日最后访问。

份为核心业务的股份转让平台。代办股份转让系统由中国证券业协会负责自律性管理,以契约明确参与各方的权利、义务和责任。

2006 年,《证券公司代办股份转让系统中关村科技园区非上市股份有限公司股份报价转让试点办法》出台,“新的代办股份转让系统”将在北京中关村科技园区建立,是专门为中关村科技园区非上市股份公司提供的代办股份转让平台。因为挂牌企业均为高科技企业而不同于原转让系统内的退市企业及原 STAQ、NET 系统挂牌公司,故形象地称为“新三板”。[①] 由此,新三板正式诞生,试点工作开始。新三板与旧三板最大的不同是配对成交,现在设置 30% 的幅度,超过此幅度要公开买卖双方的信息。

2012 年 8 月,国务院批准扩大非上市股份公司股份转让试点,园区扩展为 4 个:中关村科技园区、上海张江高新产业开发区、武汉东湖新技术产业开发区和天津滨海高新区。由此,成立了全国中小企业股份转让系统,这是经国务院批准设立的全国性证券交易场所,与上海证券交易所、深圳证券交易所一起构成资本市场的主要交易平台。对应的全国中小企业股份转让系统有限责任公司为其运营管理机构。2012 年 9 月 20 日,公司在国家工商总局注册成立,注册资本 30 亿元。上海证券交易所、深圳证券交易所、中国证券登记结算有限责任公司、上海期货交易所、中国金融期货交易所、郑州商品交易所、大连商品交易所为公司股东单位。全国中小企业股份转让系统依法对股份公司股票挂牌、定向发行等申请及主办券商推荐文件进行审查,出具审查意见。同时,根据《全国中小企业股份转让系统有限责任公司管理暂行办法》(证监会令第 89 号)的规定,在证券公司代办股份转让系统的原 STAQ、NET 系统挂牌公司和退市公司及其股份转让相关活动,由全国中小企业股份转让系统有限责任公司负责监督管理。股票在全国中小企业股份转让系统挂牌的公司为非上市公众公司,股东可以超过 200 人。

2013 年 6 月,国务院决定将中小企业股份转让系统试点扩大至全国。挂牌公司将不再受高新园区的限制,不受所有制的限制,也不限于高新技术企业。2013 年年底,新三板方案突破试点国家高新区限制,扩容至所有符合新三板条件的企业。

为了对新三板的前世今生有一个更为清晰的了解,列简表如表 3 - 25 所示。

① 以下为行文方便,全国中小企业股份转让系统、全国股转系统、新三板等通用。

表 3-25 新三板的前世今生

| 新三板的前世今生① | |
|---|---|
| **三板前世——STAQ、NET 以及旧三板** | |
| 1992 年 7 月、1993 年 4 月 | STAQ 系统和 NET 系统成立,1998 年关闭 |
| 2000 年 | 多地重建产权交易所 |
| 2001 年 7 月 16 日 | “代办股份转让系统”成立 |
| **三板市场今生——新三板** | |
| 2006 年年初 | 新股份转让系统建立,被称为新三板 |
| 2009 年 7 月 | 《中关村报价转让试点办法》正式实施 |
| 2011 年年初 | 新三板规则制度设计初步完成 |
| 2011 年 5 月 | 新三板进入会签程序 |
| 2011 年 12 月 | 新三板挂牌企业突破 100 家 |
| 2012 年 4 月 | 证监会表示将加快推进新三板建设 |
| 2012 年 7 月 23 日 | 新三板副主办券商制正式实施 |
| 2012 年 8 月 3 日 | 证监会称新三板扩容获国务院批准,首批扩大试点除中关村科技园区外,新增上海张江高新产业开发区、武汉东湖新技术产业开发区和天津滨海高新区 |

新三板与旧三板公司构成的区别在于:新三板公司是指全国中小企业股份转让系统,其雏形是 2006 年年初国家批准可以在三板市场中关村科技园区的高科技企业;而旧三板公司则是指从 STAQ、NET 法人股市场转过来的公司,或者是因为经营不善、连年亏损而从主板、创业板市场退市的公司。

2019 年 11 月 8 日,全面深化新三板改革的各项安排出炉,转板机制、精选层标准、投资者门槛均有涉及。12 月 27 日,全国中小企业股份转让系统有限责任公司发布《全国中小企业股份转让系统分层管理办法》,规定全国股转系统设置基础层、创新层和精选层,符合不同条件的挂牌公司分别纳入不同市场层级管理。

第十一条 挂牌公司进入创新层,应当符合下列条件之一:

(一)最近两年净利润均不低于 1000 万元,最近两年加权平均净资产收益率平均不低于 8%,股本总额不少于 2000 万元;

① 该表格数据载东方财富网,http://topic.eastmoney.com/xsb2013/,2020 年 4 月 13 日最后访问。

(二)最近两年营业收入平均不低于6000万元,且持续增长,年均复合增长率不低于50%,股本总额不少于2000万元;

(三)最近有成交的60个做市或者集合竞价交易日的平均市值不低于6亿元,股本总额不少于5000万元;采取做市交易方式的,做市商家数不少于6家。

第十五条 在全国股转系统连续挂牌满12个月的创新层挂牌公司,可以申请公开发行并进入精选层。

挂牌公司申请公开发行并进入精选层时,应当符合下列条件之一:

(一)市值不低于2亿元,最近两年净利润均不低于1500万元且加权平均净资产收益率平均不低于8%,或者最近一年净利润不低于2500万元且加权平均净资产收益率不低于8%;

(二)市值不低于4亿元,最近两年营业收入平均不低于1亿元,且最近一年营业收入增长率不低于30%,最近一年经营活动产生的现金流量净额为正;

(三)市值不低于8亿元,最近一年营业收入不低于2亿元,最近两年研发投入合计占最近两年营业收入合计比例不低于8%;

(四)市值不低于15亿元,最近两年研发投入合计不低于5000万元。

前款所称市值是指以挂牌公司向不特定合格投资者公开发行(以下简称公开发行)价格计算的股票市值。

新《全国中小企业股份转让系统分层管理办法》的亮点体现在四个方面。① 一是精选层和创新层重点围绕财务和市值指标,综合运用盈利能力、成长性、市场认可度、研发能力等多元化标准。具体来看,精选层的准入门槛包含了“市值—利润—ROE”“市值—收入—成长性—现金流”“市值—收入—研发强度”“市值—研发投入”四套标准,与科创板的上市条件及过往新三板的分层条件均形成一定的衔接。二是公开发行为进入精选层的先决条件,公司进入精选层时,市值标准按公司公开发行价格所计算出的股票市值计算。三是若公司挂牌的同时进行定向增发,且按照定向增发发行价计算的市值满足相应标准,则公司可自挂牌当日起纳入创新层。四是配套完善各层级的调整程序,形成进退有序的市场格局。调整程序相当于新三板不同分层的“退市规则”,不再适格的公司及时退出,有利于保证企业的质量以及其余红利制度的正常实施,避免风险事件。

---

① 参见梁秋燕:《新三板改革细则出炉,精选层落地!业内这样解读》,载新三板论坛微信公众号,https://mp.weixin.qq.com/s/ooms12uba1NpkUpAk8AHsw,2020年2月1日最后访问。

### （二）新三板的相关法律规定

自2012年年底，新三板扩容之后，先前制定的近30部规范性文件被废止。现行有效的规范性文件如表3－26所示。

**表3－26　新三板相关法律规定**

| 序号 | 法律规范 | 生效日期 | 颁布部门 |
| --- | --- | --- | --- |
| 1 | 《国务院关于全国中小企业股份转让系统有关问题的决定》 | 2013－12－13 | 国务院 |
| 2 | 《全国中小企业股份转让系统有限责任公司管理暂行办法》 | 2017－12－07 | 证监会 |
| 3 | 《全国中小企业股份转让系统主办券商推荐业务规定（试行）》 | 2013－02－08 | 全国中小企业股份转让系统公司 |
| 4 | 《全国中小企业股份转让系统投资者适当性管理办法》 | 2019－12－27 | 全国中小企业股份转让系统公司 |
| 5 | 《全国中小企业股份转让系统主办券商管理细则（试行）》 | 2013－02－08 | 全国中小企业股份转让系统公司 |
| 6 | 《全国中小企业股份转让系统业务规则（试行）》 | 2013－02－08 | 全国中小企业股份转让系统公司 |
| 7 | 《非上市公众公司监督管理办法》（2021修正） | 2021－11－15 | 证监会 |
| 8 | 《非上市公众公司监管指引第2号——申请文件》 | 2013－01－04 | 证监会 |
| 9 | 《非上市公众公司信息披露内容与格式准则第3号——定向发行说明书和发行情况报告书》 | 2020－01－13 | 证监会 |
| 10 | 《全国中小企业股份转让系统股票挂牌业务操作指南（试行）》 | 2020－03－06 | 全国中小企业股份转让系统有限责任公司 |
| 11 | 《全国中小企业股份转让系统非上市公众公司重大资产重组业务指引（试行）》 | 2018－10－26 | 全国中小企业股份转让系统公司 |
| 12 | 《全国中小企业股份转让系统股票定向发行业务指南》（2021修订） | 2018－11－15 | 全国中小企业股份转让系统公司 |

续表

| 序号 | 法律规范 | 生效日期 | 颁布部门 |
|---|---|---|---|
| 13 | 《全国中小企业股份转让系统做市商做市业务管理规定(试行)》 | 2019-03-01 | 全国中小企业股份转让系统公司 |
| 14 | 《全国中小企业股份转让系统分层管理办法》 | 2020-05-01 | 全国中小企业股份转让系统公司 |

(三)新三板的特征

新三板对应的全国中小企业股份转让系统于2012年9月正式注册成立。该股份转让系统在场所性质和法律定位上,与上海证券交易所、深圳证券交易所是相同的,是多层次资本市场体系的重要组成部分。但是,新三板设立又有其特殊性。结合证监会就落实《国务院关于全国中小企业股份转让系统有关问题的决定》(以下简称《国务院决定》)有关事宜答记者问及2019年发布的一系列深化改革征求意见稿,笔者总结新三板之特征具体如下:

**1.设立目的**

我国设立新三板,主要是为了缓解中小微企业融资难,试图建设多层次资本市场,以相对更为宽松的监管条件、更为简便的行政程序为中小微企业提供融资平台。让暂时不符合主板及创业板上市标准的公司通过新三板挂牌,可由原股东和愿意购买公司股票的投资者直接交易,实现最快速的股权流通和融资,推进中小微企业的发展壮大和科技进步。

同时,按照《国务院决定》的精神,全国股份转让系统的挂牌公司可以直接转板至证券交易所上市。当然,转板上市的前提是挂牌公司必须符合《证券法》规定的股票上市条件,在股本总额、股权分散程度、公司规范经营、财务报告真实性等方面达到相应的要求。因此,可通过转板机制,使得交易所市场、全国股份转让系统和区域性股权转让市场之间形成上下贯通、有机联系的统一整体。企业可以根据自身发展阶段、股份转让和融资等方面的不同需求,自由选择适合的市场,促进企业的持续健康发展,进一步发挥资本市场优化资源配置的作用。①

**2.服务对象**

根据《国务院决定》之规定,全国股份转让系统的定位主要是为创新型、创业

① 参见中国证监会:《中国证监会就落实〈国务院关于全国中小企业股份转让系统有关问题的决定〉有关事宜答记者问》,载中国证券业协会官网,http://www.sac.net.cn/hyfw/hydt/201312/t20131216_76897.html,2019年10月8日最后访问。

型、成长型中小微企业发展服务。申请挂牌的公司应当业务明确、产权清晰、依法规范经营、公司治理健全,可以尚未盈利,但须依法履行信息披露义务。符合条件的公司可以由主办券商申请在全国股份转让系统挂牌,公开转让股份,进行股权融资、债权融资、资产重组等。因此,与主板、中小企业板、创业板相比,新三板更像是企业孵化器,起到一个过渡的作用。

同时,企业在新三板挂牌之后属于非上市公众公司。在交易所市场(含主板、中小企业板、创业板)上市的公司,按照《证券法》的规定,是经证券监督管理部门核准公开发行股份,并经交易所审核同意上市的公司。

**3. 系统分层**

依据《全国中小企业股份转让系统分层管理办法》(股转系统公告〔2021〕779号)全国股转系统设置基础层、创新层和精选层,将符合不同条件的挂牌公司分别纳入不同市场层级进行管理。申请挂牌公司符合挂牌条件,但未进入创新层的,应当自挂牌之日起进入基础层。挂牌公司未进入创新层和精选层的,应当进入基础层。

挂牌公司进入创新层,应当符合下列条件之一:

(1)最近2年净利润均不低于1000万元,最近2年加权平均净资产收益率平均不低于8%,股本总额不少于2000万元;

(2)最近两年营业收入平均不低于6000万元,且持续增长,年均复合增长率不低于50%,股本总额不少于2000万元;

(3)最近有成交的60个做市或者集合竞价交易日的平均市值不低于6亿元,股本总额不少于5000万元;采取做市交易方式的,做市商家不少于6家。

挂牌公司进入创新层,同时还应当符合下列条件:

(1)公司挂牌以来完成过定向发行股票(含优先股),且发行融资金额累计不低于1000万元。

(2)符合全国股转系统基础层投资者适当性条件的合格投资者不少于50人。

(3)最近1年期末净资产不为负值。

(4)公司治理健全,制定并披露股东大会、董事会和监事会制度、对外投资管理制度、对外担保管理制度、关联交易管理制度、投资者关系管理制度、利润分配管理制度和承诺管理制度;设立董事会秘书。

(5)中国证监会和全国股转公司规定的其他条件。

挂牌公司或其他相关主体最近12个月内或层级调整期间出现下列情形之一

的,挂牌公司不得进入创新层:

(1)挂牌公司或其控股股东、实际控制人存在贪污、贿赂、侵占财产、挪用财产或者破坏社会主义市场经济秩序的刑事犯罪;存在欺诈发行、重大信息披露违法或者其他涉及国家安全、公共安全、生态安全、生产安全、公众健康安全等领域的重大违法行为。

(2)挂牌公司或其控股股东、实际控制人、董事、监事、高级管理人员被中国证监会及其派出机构采取行政处罚;或因证券市场违法违规行为受到全国股转公司等自律监管机构公开谴责。

(3)挂牌公司或其控股股东、实际控制人、董事、监事、高级管理人员因涉嫌犯罪正被司法机关立案侦查或涉嫌违法违规正被中国证监会及其派出机构立案调查,尚未有明确结论意见。

(4)挂牌公司或其控股股东、实际控制人被列入失信被执行人名单且情形尚未消除。

(5)未按照全国股转公司规定在每个会计年度结束之日起4个月内编制并披露年度报告,或者未在每个会计年度的上半年结束之日起2个月内编制并披露半年度报告。

(6)最近2年财务会计报告被会计师事务所出具非标准审计意见的审计报告;仅根据《全国中小企业股份转让系统分层管理办法》第11条第2项规定标准进入创新层的,最近3年财务会计报告被会计师事务所出具非标准审计意见的审计报告。

(7)中国证监会和全国股转公司规定的其他情形。

**4.投资者门槛**

我国交易所市场的投资者结构以中小投资者为主,而全国股份转让系统实行了较为严格的投资者适当性制度。参与新三板股票转让的投资者(无论是机构投资者还是自然人投资者),应当具备一定的证券投资经验和相应的风险识别与承担能力,了解熟悉相关业务规则。2019年的改革降低了合格投资者门槛,《全国中小企业股份转让系统投资者适当性管理办法》中的具体要求如下:

(1)申请参与精选层股票发行和交易的投资者

①实收资本或实收股本总额100万元人民币以上的法人机构;

②实缴出资总额100万元人民币以上的合伙企业;

③申请权限开通前10个交易日,本人名下证券账户和资金账户内的资产日均

人民币100万元以上(不含该投资者通过融资融券融入的资金和证券),且具有本办法第7条规定的投资经历、工作经历或任职经历的自然人投资者。

(2)申请参与创新层股票发行和交易的投资者

①实收资本或实收股本总额150万元人民币以上的法人机构;

②实缴出资总额150万元人民币以上的合伙企业;

③申请权限开通前10个交易日,本人名下证券账户和资金账户内的资产日均人民币150万元以上(不含该投资者通过融资融券融入的资金和证券),且具有本办法第7条规定的投资经历、工作经历或任职经历的自然人投资者。

(3)申请参与基础层股票发行和交易的投资者

①实收资本或实收股本总额200万元人民币以上的法人机构;

②实缴出资总额200万元人民币以上的合伙企业;

③申请权限开通前10个交易日,本人名下证券账户和资金账户内的资产日均人民币200万元以上(不含该投资者通过融资融券融入的资金和证券),且具有本办法第7条规定的投资经历、工作经历或任职经历的自然人投资者。

**5.转板上市制度**

依据《全国中小企业股份转让系统挂牌公司转板上市监管指引》,全国股转系统挂牌公司向上海证券交易所或者深圳证券交易所可以申请转板上市有关事宜。

挂牌公司董事会应当就公司拟申请转板上市相关事宜作出决议,并提请股东大会批准。

挂牌公司股东大会就公司拟申请转板上市相关事宜作出决议,至少应当包括下列事项:

(1)转板上市板块;

(2)转板上市的证券种类和数量;

(3)以获得转板上市同意为生效条件的股票终止挂牌事项;

(4)决议有效期;

(5)对董事会办理本次转板上市具体事宜的授权;

(6)其他应当明确的事项。

挂牌公司董事会和股东大会作出决议时,应当按照全国股转公司信息披露有关规定,及时披露董事会和股东大会决议公告,并在披露董事会决议公告的同时披露相关临时公告,内容至少应当包括:

(1)董事会审议拟申请转板上市相关事宜的时间、审议结果等基本情况;

(2)对照交易所规定的拟转入板块上市条件,结合挂牌公司已披露信息,逐项说明是否符合拟转入板块的上市条件;

(3)挂牌公司就转板上市事宜已开展的各项工作及后续主要的工作安排;

(4)挂牌公司就转板上市事宜尚待审核、是否可转板上市存在不确定性等事项作出充分风险揭示;

(5)其他应当说明的事项。

挂牌公司应当在审议通过拟申请转板上市相关事宜的董事会决议披露之日起的10个交易日内,向全国股转公司提交下列内幕信息知情人报备文件:

(1)内幕信息知情人登记表;

(2)相关人员买卖挂牌公司股票的自查报告,自查期间为首次披露拟申请转板上市相关信息的前6个月至董事会决议披露之日;

(3)进程备忘录;

(4)挂牌公司全体董事对内幕信息知情人报备文件真实性、准确性和完整性的承诺书;

(5)全国股转公司要求的其他文件。

## 二、新三板具体业务介绍

### (一)新三板挂牌的条件

企业拟通过新三板挂牌融得资金,虽与IPO上市融资相比条件较为宽松,但仍然需具备特定的条件。根据《全国中小企业股份转让系统股票挂牌条件适用基本标准指引》的规定,主要包括公司存续期限、盈利能力、公司治理机制、股权清晰度、券商推荐及督导等方面。具体内容如下:

**1.依法设立且存续满2年**

(1)依法设立

公司依法设立,是指公司依据《公司法》等法律、法规及规章的规定向公司登记机关申请登记,并已取得《企业法人营业执照》。

①公司设立的主体、程序合法、合规

国有企业需提供相应的国有资产监督管理机构或国务院、地方政府授权的其他部门、机构关于国有股权设置的批复文件;外商投资企业须提供商务主管部门出具的设立批复或备案文件;《公司法》修改(2006年1月1日)前设立的股份公司,须取得国务院授权部门或者省级人民政府的批准文件。

②公司股东的出资合法、合规，股东出资方式及比例应符合《公司法》的相关规定。

以实物、知识产权、土地使用权等非货币财产出资的，应当评估作价，核实财产，明确权属，财产权转移手续办理完毕。以国有资产出资的，应遵守有关国有资产评估的规定。

(2)存续2年

公司存续2年，是指存续两个完整的会计年度。如果是有限责任公司，按原账面净资产值折股整体变更为股份有限公司的，存续时间可以从有限责任公司成立之日起计算。整体变更不应改变历史成本计价原则，不应根据资产评估结果进行账务调整，应以改制基准日经审计的净资产额为依据折合为股份有限公司股本。申报财务报表最近一期截止日不得早于改制基准日。

**2. 业务明确，具有持续经营能力**

(1)业务明确

公司业务明确，是指公司能够明确、具体地阐述其经营的业务、产品或服务、用途及其商业模式等信息。公司可同时经营一种或多种业务，每种业务应具有相应的关键资源要素，该要素组成应具有投入、处理和产出能力，能够与商业合同、收入或成本费用等相匹配。

公司业务在报告期内应有持续的营运记录。营运记录包括现金流量、营业收入、交易客户、研发费用支出等。公司营运记录应满足下列条件：

①公司应在每一个会计期间内形成与同期业务相关的持续营运记录，不能仅存在偶发性交易或事项。

②最近2个完整会计年度的营业收入累计不低于1000万元；因研发周期较长导致营业收入少于1000万元，但最近一期末净资产不少于3000万元的除外。

③报告期末股本不少于500万元。

④报告期末每股净资产不低于1元/股。

(2)具有持续经营能力

持续经营能力，是指公司基于报告期内的生产经营状况，在可预见的将来，有能力按照既定目标持续经营下去。

公司存在以下情形之一的，应认定为不符合持续经营能力要求。

①存在依据《公司法》第180条规定解散的情形，或法院依法受理重整、和解或者破产申请。

②公司存在《中国注册会计师审计准则第1324号——持续经营》应用指南中列举的影响其持续经营能力的相关事项或情况,且相关事项或情况导致公司持续经营能力存在重大不确定性。

③存在其他对公司持续经营能力产生重大影响的事项或情况。

**3.公司治理机制健全,合法规范经营**

(1)公司治理机制健全

公司治理机制健全,是指公司按规定建立由股东大会、董事会、监事会和高级管理层(以下简称"三会一层")组成的公司治理架构,制定相应的公司治理制度,并能证明有效运行,保护股东权益。公司依法建立"三会一层",并按照《公司法》、《非上市公众公司监督管理办法》及《非上市公众公司监管指引第3号——章程必备条款》等规定建立公司治理制度。公司"三会一层"应按照公司治理制度进行规范运作。在报告期内的有限公司阶段应遵守《公司法》的相关规定。公司董事会应对报告期内公司治理机制执行情况进行讨论、评估。

(2)合法合规经营

合法合规经营,是指公司及其控股股东、实际控制人、下属子公司(下属子公司是指公司的全资、控股子公司或通过其他方式纳入合并报表的公司或其他法人)须依法开展经营活动,经营行为合法、合规,不存在重大违法违规行为。

①公司及其下属子公司未发生重大违法违规行为

公司及其下属子公司的重大违法违规行为是指公司及其下属子公司最近24个月内因违反国家法律、行政法规、规章的行为,受到刑事处罚或适用重大违法违规情形的行政处罚。行政处罚,是指经济管理部门对涉及公司经营活动的违法违规行为给予的行政处罚。

重大违法违规情形,是指凡被行政处罚的实施机关给予没收违法所得、没收非法财物以上行政处罚的行为,属于重大违法违规情形,但处罚机关依法认定不属于的除外;被行政处罚的实施机关给予罚款的行为,除主办券商和律师能依法合理说明或处罚机关认定该行为不属于重大违法违规行为的外,都视为重大违法违规情形。

公司及其下属子公司最近24个月内不存在涉嫌犯罪被司法机关立案侦查,尚未有明确结论意见的情形。

②公司高层未发生重大违法违规行为

控股股东、实际控制人合法合规,最近24个月内不存在涉及以下情形的重大违法违规行为:控股股东、实际控制人受刑事处罚;受到与公司规范经营相关的行政处罚，且情节严重；情节严重的界定参照前述规定；涉嫌犯罪被司法机关立案侦查，尚未有明确结论意见。公司及其法定代表人、控股股东、实际控制人、董事、监事、高级管理人员、下属子公司，在申请挂牌时应不存在被列为失信联合惩戒对象的情形。

③其他

公司财务机构设置及运行应独立且合法合规，会计核算规范。公司及下属子公司应设有独立财务部门，能够独立开展会计核算、作出财务决策。

**4. 股权明晰，股票发行和转让行为合法合规**

(1)股权明晰

股权明晰，是指公司的股权结构清晰，权属分明，真实确定，合法合规，股东特别是控股股东、实际控制人及其关联股东或实际支配的股东持有公司的股份不存在权属争议或潜在纠纷。

公司的股东不存在国家法律、法规、规章及规范性文件规定不适宜担任股东的情形。申请挂牌前存在国有股权转让的情形，应遵守国资管理规定。申请挂牌前外商投资企业的股权转让应遵守商务部门的规定。

(2)股票发行和转让合法合规

股票发行和转让合法合规，是指公司及其下属子公司的股票发行和转让依法履行必要的内部决议、外部审批(如有)程序。

公司股票发行和转让行为合法合规，不存在下列情形：最近36个月内未经法定机关核准，擅自公开或者变相公开发行过证券；违法行为虽然发生在36个月前，目前仍处于持续状态，但《非上市公众公司监督管理办法》实施前形成的股东超200人的股份有限公司经中国证监会确认的除外。

公司股票限售安排应符合《公司法》和《全国中小企业股份转让系统业务规则(试行)》的有关规定。

公司曾在区域股权市场及其他交易市场进行融资及股权转让的，股票发行和转让等行为应合法合规；在向全国中小企业股份转让系统申请挂牌前应在区域股权市场及其他交易市场停牌或摘牌，并在全国中小企业股份转让系统挂牌前完成在区域股权市场及其他交易市场的摘牌手续。

**5. 主办券商推荐并持续督导**

(1)公司须经主办券商推荐

拟在新三板挂牌的公司，与IPO类似，须经主板券商推荐，双方签署《推荐挂牌并持续督导协议》。主办券商应完成尽职调查和内核程序，对公司是否符合挂牌条件发表独立意见,并出具推荐报告。

(2)主办券商后续督导

公司挂牌成功之后,主板券商还需对挂牌公司进行持续性督导。

(二)新三板挂牌的流程

为规范申请挂牌公司、主办券商在全国股转系统办理股票挂牌业务,全国中小企业股份转让系统有限责任公司根据相关法律法规、《全国中小企业股份转让系统业务规则(试行)》等有关规定,制定《全国中小企业股份转让系统股票挂牌业务操作指南》,对挂牌业务进行了详细的介绍和引导,具体内容如下:

**1. 股东开户**

主办券商应协助申请公司在向全国中小企业股份转让系统有限责任公司(以下简称全国股转公司)报送挂牌及发行(如有)申请文件前,完成现有股东证券账户的开立工作。如股东属于境外机构或个人、境内个人独资企业等特殊情形的,应根据中国证券登记结算有限责任公司的有关规定办理。

**2. 中国结算在线业务平台注册**

申请公司在收到全国股转公司出具的申请材料受理通知书后,应当按照中国证券登记结算有限责任公司北京分公司(以下简称中国结算北京分公司)关于证券登记的相关要求,通过中国结算北京分公司在线业务平台办理注册,取得中国结算北京分公司发放的 USB - KEY,用于办理股份登记等相关业务。

**3. 申请证券简称和代码**

申请公司在向全国股转公司报送挂牌及发行(如有)申请文件时,应当一并提交《证券简称及证券代码申请书》,并由主办券商协助申请公司将拟定的证券简称填报在全国股转系统业务支持平台(以下简称 BPM 系统)申请公司基本情况中。证券简称原则上应当从公司名称中选取不超过 8 个字符(单字节字符),且应避免与挂牌公司和上市公司重复。

**参考格式:证券简称及证券代码申请书**

**________股份有限公司股票**

**证券简称及证券代码申请书**

全国中小企业股份转让系统有限责任公司:

我公司股票拟在全国中小企业股份转让系统挂牌公开转让。

特向贵公司申请证券简称及证券代码,挂牌公开转让的证券简称拟定为

________。

请予核定。

申请挂牌公司经办人签名：

联系电话：

传真：

________股份有限公司

（公章）

年 月 日

说明：证券简称原则上应当从公司名称中选取不超过8个字符（单字节字符），且应避免与挂牌公司和上市公司重复。

**4. 领取同意挂牌函、证券简称及证券代码**

全国股转公司向申请公司出具同意挂牌的函或同意挂牌及发行的函（以下统称同意函）后，主办券商应当协助申请公司在BPM系统“挂牌审核管理”模块中的“待确认归档”任务栏找到已经获得同意的项目，完成项目归档后，在“挂牌项目”栏目中查询并下载同意函。

申请公司应当在同意函的有效期内完成股票定向发行（如有）及股票挂牌程序。

全国股转公司按照当日获得同意函的申请公司受理编号顺序由BPM系统生成证券代码，并由BPM系统对申请的证券简称进行自动校验。完成前述事项后，申请公司可以在BPM系统“股票初始登记管理”模块中的“待提交初始登记申请列表”任务栏取得证券简称和证券代码。

**5. 办理挂牌前首次信息披露**

信息披露无论在IPO还是新三板挂牌阶段，都是必须履行的义务。

（1）披露时间

取得同意挂牌函、证券简称和代码的当日，主办券商应当及时协助申请公司在财务报表有效期内的交易日20:00前通过BPM系统完成首次信息披露。

（2）披露文件

➢ 公开转让说明书；

➢ 财务报表及审计报告；

➢ 法律意见书；

➢ 补充法律意见书（如有）；

➢ 公司章程;

➢ 主办券商推荐报告;

➢ 定向发行说明书(如有);

➢ 设置表决权差异安排的股东大会决议(如有);

➢ 全国股转公司同意挂牌的函或全国股转公司同意挂牌及发行的函;

➢ 中国证监会核准文件(如有);

➢ 其他公告文件(如有)。

(3)具体操作

在确认申请文件已归档的前提下,主办券商应当协助申请公司在BPM系统"挂牌前信息披露"模块中的"待首次信息披露"任务栏,找到待披露的项目,打开并点击"处理"进入传送公告页面。

在传送公告页面,BPM系统将自动抓取披露文件"(1)-(8)"列示的归档稿文件,主办券商应当协助申请公司上传同意函等其他披露文件;确认无误后,选择披露日期,点击"报告报送",披露文件将于选定的交易日15:30后在www.neeq.com.cn或www.neeq.cc上进行披露。

**6. 定向发行认购程序(如有)**

公司申请挂牌同时定向发行的,在取得同意函并完成首次信息披露后,主办券商应当协助申请公司按照《全国中小企业股份转让系统股票定向发行指南》的要求完成认购与缴款、签订募集资金专户三方监管协议与验资等发行程序。

**7. 上传股票初始登记申请表**

完成首次信息披露及定向发行认购程序(如有)后,主办券商应当协助申请公司根据《公司法》《证券法》《全国中小企业股份转让系统业务规则(试行)》《全国中小企业股份转让系统股票定向发行规则》等法律法规、业务规则的规定及自愿限售情况准确计算挂牌当日可进入全国股转系统交易的股票数量;主办券商应当协助申请公司在BPM系统"股票初始登记管理"模块中的"待提交初始登记申请列表"上传股票初始登记申请表,该表格为办理股票初始登记的依据。表格信息填写有误被驳回的,申请公司需修改后重新上传。

申请挂牌同时定向发行的,应在股票初始登记申请表中根据定向发行前后股票情况分别填报。

申请挂牌同时定向发行的,主办券商在协助申请公司上传初始登记申请表的同时,应当按照《全国中小企业股份转让系统股票定向发行指南》的要求,上传下列附件:验资报告、募集资金专户三方监管协议、自愿限售申请材料(如有)、定向发行重大事项确认函等文件。

**8. 披露发行情况报告书、进入创新层意见(如有)**

公司申请挂牌同时定向发行的,主办券商在协助申请公司上传股票初始登记申请表的同时,应当按照《全国中小企业股份转让系统股票定向发行指南》的要求,上传并披露发行情况报告书、主办券商关于申请公司是否符合创新层条件的专项意见(如有),上述文件经全国股转公司确认后披露。

**9. 完成缴费**

(1)缴费时限

全国股转公司对申请公司提交的股票初始登记申请表及相关附件予以确认后,按照初始登记的股份情况为申请公司生成缴费通知单。在缴费通知单生成后,主办券商应当及时协助申请公司完成缴费。实行暂免征收挂牌费用的申请公司按照相关政策执行。

(2)具体操作

主办券商应当协助申请公司在BPM系统"挂牌缴费管理"模块中的"待缴费"任务栏找到已经获得同意函的项目,首先确认纳税人识别号、银行账号等涉税信息,然后点击"缴费编号"确认缴费信息。完成缴费是办理股票挂牌手续的前提,如未完成缴费,在办理挂牌手续环节BPM系统会提示"挂牌项目未完成缴费,请完成缴费后重新提交"。

全国股转公司收到挂牌费用后为申请公司开具发票并转交其主办券商,主办券商应当及时将发票转交申请公司。

**10. 办理股票初始登记**

(1)全国股转公司将申请公司的同意函和股票初始登记数据通过BPM系统传送至中国结算北京分公司在线业务平台。

(2)申请公司在取得同意函、证券简称和证券代码,并完成定向发行认购程序(如有)及发行情况报告书等文件的披露(如有)后,应当及时向中国结算北京分公司申请办理股票初始登记,取得电子版的《股份登记确认书》等证明文件。中国结算北京分公司通过其在线业务平台将股票初始登记数据回传至全国股转系统BPM系统。

**11. 办理股票挂牌**

在中国结算北京分公司在线业务平台取得《股份登记确认书》等证明文件后,

主办券商应当协助申请公司及时办理股票挂牌手续,在每个交易日 11:00 前,通过 BPM 系统“股票初始登记管理”模块中的“待提交公开转让列表”任务栏提交《公开转让记录表》及《股票挂牌重大事项确认函》等材料。表格信息填写有误被驳回的,申请公司需修改后重新上传。

主办券商应根据《股票挂牌重大事项确认函》中列示的内容,对申请公司做首次信息披露后至股票挂牌前的全面核查。

全国股转公司对《公开转让记录表》及《股票挂牌重大事项确认函》等材料确认后,主办券商可在 BPM 系统查询到股票挂牌日期(T 日),挂牌日期为全国股转公司确认股票挂牌信息当日算起的第 3 个交易日,主办券商应协助申请公司准备办理挂牌前的第二次信息披露。

**12. 挂牌前的第二次信息披露**

(1)披露时间

挂牌日的前一个交易日(T-1 日)

(2)披露文件

①关于股票挂牌的提示性公告(附件 3);

②关于完成工商变更登记手续的公告(如有)(附件 4);

③其他公告文件(如有)。

主办券商应当协助申请公司在 BPM 系统“挂牌前信息披露”模块中的“待二次信息披露”任务栏,找到待披露的项目,在 T-1 日 15:00 前上传披露文件,15:30 后相关文件将在 www.neeq.com.cn 或 www.neeq.cc 上进行披露。

(三)挂牌后股票发行

一般而言,企业前期新三板挂牌阶段,主要是资金输出。挂牌之后,通过向符合规定的投资者发行股票才能融得资金。当然,挂牌的同时申请发行股票也可以。挂牌之后,根据《全国中小企业股份转让系统股票定向发行规则》及《全国中小企业股份转让系统股票定向发行指南》,企业定向发行股票流程如下:

**1. 董事会、股东大会审议环节**

(1)发行人应当按照《全国中小企业股份转让系统股票定向发行规则》的规定召开董事会、股东大会,对股票定向发行等事项作出决议。董事会应当审议确定本次股票发行后股东累计是否超过 200 人。

(2)发行人股东大会作出决议时,应当明确授权董事会办理股票发行有关事项的有效期,前述有效期至多不超过 12 个月,期满后仍决定继续发行股票的,应当将定向发行说明书等发行有关事项重新提请股东大会审议。

**2. 中介机构出具专项意见**

主办券商、律师事务所应当在发行人股东大会审议通过定向发行有关事项后，按照《内容与格式准则第3号》等规定，针对本次发行事项发表专项意见，相关专项意见应当分别纳入主办券商的挂牌推荐报告和律师事务所关于挂牌的法律意见书。

**3. 提交发行申请文件**

发行人应当在公开转让说明书中对发行事项进行专章披露，主要包括定向发行的审议程序、发行对象、发行价格、发行数量、募集资金金额及用途等内容的简要介绍。

发行申请文件中由律师事务所出具的《关于申请电子文件与预留文件一致的鉴证意见》应当与挂牌申请文件中《申请挂牌公司、主办券商对电子文件与书面文件保持一致的声明》合并提交。

全国股转公司收到申请文件后，对申请文件的齐备性进行核对。申请文件齐备的，出具受理通知；申请文件不齐备的，告知发行人需要补正的事项。申请文件一经受理，发行人应当在符合《证券法》规定的信息披露平台予以披露，未经全国股转公司同意，不得增加、撤回或变更。

**4. 发行申请文件审查**

全国股转公司对发行申请文件进行自律审查，需要反馈的，通过业务系统向发行人及中介机构发出反馈意见。

发行人及其主办券商、律师事务所、会计师事务所及其他证券服务机构原则上应当在10个交易日内按照反馈意见要求进行必要的补充核查，及时、逐项回复反馈意见，补充或者修改相关文件。有特殊情况的，发行人等相关主体可以通过业务系统申请延期回复。

发行人及其主办券商、律师事务所、会计师事务所及其他证券服务机构对全国股转公司反馈意见的回复是申请文件的组成部分，发行人及其主办券商、律师事务所、会计师事务所及其他证券服务机构应当保证回复的真实、准确、完整。

**5. 出具自律审查意见及与核准程序的衔接**

（1）经全国股转公司自律审查，发行人符合挂牌条件及《全国中小企业股份转让系统股票定向发行规则》要求的，根据定向发行后股东累计是否超过200人区分处理：

定向发行股票后股东累计不超过200人的,全国股转公司出具同意挂牌及发行的函。发行人董事会决议时发行对象确定的,发行人取得同意挂牌及发行的函后即可安排认购与缴款事项;发行人董事会决议时发行对象未确定的,发行对象确定后,发行人应当按照《内容与格式准则第3号》等规定更新定向发行说明书,主办券商和律师事务所应当按照《内容与格式准则第3号》等规定对发行对象、认购合同等法律文件的合法合规性分别出具专项核查意见。更新后的定向发行说明书以及主办券商的补充核查意见、律师事务所的补充法律意见书应当通过业务系统一并提交,经全国股转公司确认后由发行人披露。

定向发行股票后股东累计超过200人的,全国股转公司出具同意挂牌公开转让及定向发行的自律监管意见后,根据发行人的委托,将自律监管意见、挂牌公开转让和发行申请文件及相关审查材料报送中国证监会核准。中国证监会作出核准决定后,全国股转公司出具同意挂牌的函。

(2)经全国股转公司自律审查,发行人不符合发行相关要求的,全国股转公司按照《全国中小企业股份转让系统股票定向发行规则》的相关规定对其定向发行作出终止自律审查决定;如果申请挂牌公司仍符合挂牌条件,其股票可以在全国股转系统挂牌。

(3)发行人取得全国股转公司就定向发行事项作出的中止自律审查、终止自律审查决定,或中国证监会就定向发行事项作出的中止审核、终止审核、核准或不予核准的决定后,应当予以披露。

**6. 认购与缴款**

发行人取得全国股转公司同意挂牌及发行的函或中国证监会核准文件及全国股转公司同意挂牌的函,且确定具体发行对象后,应当按照以下要求安排发行对象认购缴款。

(1)发行人最迟应当在缴款起始日前3个交易日通过业务系统提交定向发行认购公告,经全国股转公司确认后披露。认购公告中应当包括股东大会股权登记日、现有股东优先认购安排、发行对象名称、认购数量、认购价格、认购方式、缴款账户、缴款时间等内容。

(2)发行对象应当依据认购公告安排,在缴款期内向缴款账户缴款认购。如需延长缴款期的,发行人最迟应当于原缴款截止日披露延期认购公告。延期认购公告应当通过业务系统提交,经全国股转公司确认后披露。

(3)发行人最迟应当在缴款期限届满后两个交易日内通过业务系统提交认购

结果公告，经全国股转公司确认后披露。认购结果公告中应当包括最终认购对象名称、认购数量、认购价格、认购金额、募集资金总额等内容。

**7. 签订募集资金专户三方监管协议与验资**

发行人应当在认购结束后，与主办券商、存放募集资金的商业银行签订募集资金专户三方监管协议。

发行人应当在认购结束后10个交易日内，聘请符合《证券法》规定的会计师事务所完成验资。

**8. 提交股票初始登记申请表**

发行人应当在验资完成且签订募集资金专户三方监管协议后10个交易日内，通过业务系统分别上传按照本次发行前和本次发行的股份情况编制的股票初始登记申请表，以及验资报告、募集资金专户三方监管协议、自愿限售申请材料（如有）、定向发行重大事项确认函等文件。

**9. 披露发行情况报告书**

发行人在提交股票初始登记申请表的同时，应当通过业务系统上传发行情况报告书、主办券商关于发行人是否符合创新层条件的专项意见（如有），经全国股转公司确认后披露。

**10. 办理股份登记和股票挂牌**

全国股转公司对发行人提交的股票初始登记申请表及相关附件予以确认后，按照发行后的股份情况为发行人生成缴费通知单；并将股票初始登记相关信息送达中国结算北京分公司，通知发行人和主办券商办理股票登记手续。

主办券商应当协助发行人及时缴费，并按照全国股转系统股票挂牌业务的相关要求办理挂牌前信息披露、股票初始登记（定向发行前后股票一并办理）和股票挂牌，确定挂牌交易日期，并在挂牌交易日的前一交易日披露股票挂牌的提示性公告等文件。

## 三、新三板挂牌的风险及其应对

### （一）新三板挂牌的风险及案例

企业通过新三板上市有诸多好处，由于对企业盈利性无要求导致亏损企业也可以申请挂牌，挂牌成功之后企业声誉将扩大导致议价能力提升、融资渠道也将拓宽，通过券商的督导公司的治理水平将提升，同时可进入政府视野获取更大的扶持力度，最后还为转板至主板、创业板打下基础。但是，不可否认，新三板挂牌也有其风险,最为典型的是挂牌失败的风险。

根据《全国中小企业股份转让系统股票定向发行规则》的规定,以及《全国中小企业股份转让系统股票定向发行指南》的相关规定,拟申请挂牌公司需向全国股转系统公司报送材料,履行备案程序。全国股转系统公司对相关文件进行审查,如发行问题将通过主办券商发送问题清单,然后券商将协助公司对问题清单进行回复。

据统计,新三板挂牌企业的问题主要有以下几个方面:出资问题、资产问题、公司设立期限问题、同业竞争问题、公司运营问题等。

**1. 出资问题**

由于出资问题导致挂牌受影响的案例有:技术出资超比例且未评估(风格信息);无形资产出资瑕疵,现金补正(奥特美克);无形资产出资瑕疵,先减资再现金增资(金日创);专利技术出资比例违反《公司法》规定(铜牛信息);无形资产出资瑕疵,作减资处理(奥尔斯);以人力资源、管理资源出资(联动设计)。

**2. 资产问题**

土地取得方式与证载信息不一致(成科机电);无发票,资产未入账(蓝天环保)。

**3. 公司设立期限问题**

反馈要求对是否符合"公司依法设立"发表明确意见(昌盛股份);反馈要求说明并披露是否符合"依法设立且存续满两年"的挂牌条件(新华通)。

**4. 同业竞争问题**

出具承诺,解决潜在同业竞争问题(普华科技);[①]不存在同业竞争的说明:划分业务专属行业(东软慧聚)。

**5. 公司运营问题**

使用员工个人账户收取货款(美兰股份);将子公司出售给股东交易款项未支付完毕(盛世光明);未办理环保相关许可手续(大树智能)。

(二)应对措施

与主板、中小企业板、创业板相比,企业在新三板挂牌无论是条件还是流程都

---

① 参见上海普华科技发展股份有限公司:《普华科技:2013 年年度报告》,载东方财富网,http://xinsanban.eastmoney.com/Article/NoticeContent? id = AN201404250005527307,2020 年 4 月 13 日最后访问。截至本说明书签署日,公司实际控制人除控制本公司外,未控制其他企业。持有公司股份 5% 以上的主要股东除持有本公司股份外,未控制其他企业。公司股东、董事会秘书石淑珍除持有本公司股份外,还控制长沙普兴。长沙普兴基本情况详见本说明书"第四节公司财务关联方、关联方关系及重大关联方交易情况 4 其他关联方情况"。为避免今后出现同业竞争情形,上述人员均出具了《避免同业竞争承诺函》。

相对简便，而且效率较高、成本较低，甚至审批监管程度也较低。但是，挂牌门槛相对较低并不意味着企业可随意提交申请文件，更不能提供虚假文件。通过上述问题案例可以看出，最主要的问题还是企业达不到挂牌的基本条件，尤其是以下几项：依法设立且存续满2年；业务明确，具有持续经营能力；公司治理机制健全，合法规范经营；股权明晰，股票发行和转让行为合法合规等。其中，似乎牵涉问题最多的要属财务相关问题。解决此类问题除了主办券商的督导、尽责外，更重要的还在于企业自身，尽可能规范公司治理结构及运营状态、检查历史遗留问题并尽量弥补等。

## 第五节 区域性股交中心挂牌融资

与新三板一样，各地股权交易中心都属于证券场外交易市场，而交易所市场则属于场内市场，由主板、中小板、创业板、科创板构成。股权交易中心和新三板同属一个层级，是比交易所市场较低层次的资本市场，它们与交易所市场通过转板机制建立起企业在不同层次市场之间的流动，构成我国的多层次资本市场。主板、中小板、创业板、新三板及区域股权交易中心、产权交易市场之间的关系如图3－11所示。

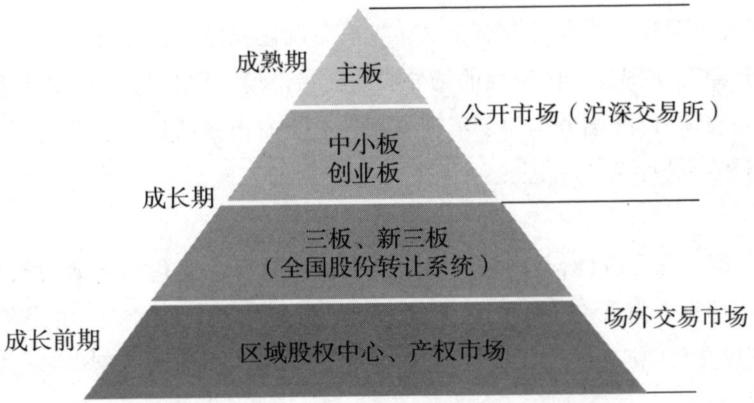


**图3－11 主板、中小板、创业板、新三板及区域股权交易市场之间的关系**

《上海市人民政府关于本市推进股权托管交易市场建设的若干意见》规定：“股权托管交易市场要坚持与统一监管的全国性场外市场相对接，努力成为我国多层次资本市场体系的重要补充，为多层次资本市场储备企业资源。”由此可知，区域性股权托管或交易中心并未被视作多层次资本市场的组成部分，而是重要补充。区域性股权交易中心似乎扮演着向多层次资本市场储备、输送企业资源的角色。

暂且不论区域性股权交易市场是否为多层次资本市场的组成部分,没有疑问的是,当下中国的场外交易市场以全国中小企业股份转让系统即所谓的新三板为主,区域性的股权交易中心、产权市场为辅。建设区域性股权交易市场,有利于促进多层次资本市场体系的发展,进一步拓展金融市场;有利于加快培育和壮大战略性新兴产业,提升自主创新能力;有利于为股权投资、风险投资提供有效退出机制,拓宽投融资渠道,完善企业公司治理,规范企业股权托管转让行为,促进科技型、中小型企业的创新发展和持续健康成长。

## 一、区域性股交中心概述

2015 年全国两会证监系统代表委员召开媒体见面会,全国人大代表、深圳证券交易所总经理宋丽萍出席并与媒体进行交流,她表示发展中小企业区域性股权市场,也就是通常说的"四板"具有重要的现实意义。因为在我们国家这样一个区域发展不平衡的大国,区域发展水平差距大,贴合区域经济特点的四板具有非常现实的必要性。区域性股权市场不仅对于促进资本与早期创业企业相结合具有重要的意义,而且还可以自下而上地弥补资本市场对区域内中小企业,特别是科技型中小企业的服务短板。①

我国曾出现几乎所有省份都要设立或正在设立或已经设立股权交易中心的一派"繁荣景象",试图建立区域性的场外股权交易市场。但是自 2011 年年底到 2012 年,国务院连续出台《国务院关于清理整顿各类交易市场所切实防范金融风险的决定》《国务院办公厅关于清理整顿各类交易场所的实施意见》,繁荣背后也潜藏乱象。

当下,据不完全统计,全国较为活跃的股权交易所主要包括上海股权托管交易中心(以下简称上海股交中心)、天津股权交易所、②前海股权交易中心③等,另外还有广州股权交易中心、北京股权交易中心、浙江股权交易中心、福建海峡股权交易

① 参见新华网:《宋丽萍:深交所将发挥人才经验系统优势　大力支持四板建设》,载人民网,http://finance.people.com.cn/stock/n/2015/0308/c67815-26656527.html,2019 年 10 月 9 日最后访问。

② 参见天津股权交易所:《2018 年 6 月天交所市场统计月报》,载天津股权交易所官网,http://www.tjsoc.com/article/detail/id/95104.html,2019 年 10 月 9 日最后访问。截至 2018 年 6 月,在天交所挂牌企业为 1435 家,累计各类融资总额为 312.46 亿元,股权直接融资额为 97.08 亿元。

③ 数据载深圳前海股交中心官网,https://www.qhee.com/,2019 年 10 月 9 日最后访问。截至 2019 年 10 月 9 日,在前海股权交易中心挂牌的企业有 7052 家,已为企业融资 538.05 亿元。

中心、海西股权投资中心、重庆市股份转让中心、武汉股权托管交易中心等。目前并没有统一的全国性的股权交易所、交易中心相应的法律规定、规则,因此,每个地域的股交中心或股交所对企业挂牌、融资的具体要求可能不一样,各有特点(比如前海股交中心要求拟挂牌的企业净利润或营业收入达到一定要求,而上海股交中心设Q板和E板,都没有对净利润或营业收入设定要求)。因而本部分将以上海股交中心为例,重点介绍通过股交所或股交中心挂牌、融资的特点、优势,企业需具备的条件、具体的流程,以及可能存在的法律风险等。

(一)上海股交中心的基本情况

上海股交中心,即上海股权托管交易中心股份有限公司,成立于2010年11月3日。经国务院同意,由上海市人民政府批准设立,遵循中国证监会对中国多层次资本市场体系建设的统一要求,是上海市国际金融中心建设的重要组成部分,也是中国多层次资本市场体系建设的重要环节。其与中国证监会监管的证券市场实现对接,除为挂牌公司提供定向增资、重组购并、股份转让、价值挖掘、营销宣传等服务外,还对挂牌公司规范运作、信息披露等市场行为予以监管,为挂牌公司实现转主板、中小板、创业板上市发挥培育、辅导和促进作用。上海市人民政府于2011年12月28日出台了《上海市人民政府关于本市推进股权托管交易市场建设的若干意见》,上海市财政局、市金融服务办公室于2012年5月30日出台了《关于印发〈本市鼓励中小企业开展股权托管交易有关财政专项扶持办法〉》,鼓励中小企业改制挂牌等。

但由于中小企业数量巨大,在实际操作中,仍有相当部分中小企业因诸多原因,暂不具备在上海股交中心股份转让系统挂牌条件,错失了与资本市场对接的机会。为完善上海股交中心的服务体系,进一步满足中小企业多元化需求,上海股交中心以创新的思维、精细的论证,在市金融办的具体指导下,隆重推出“中小企业股权报价系统”。2013年8月7日,上海股交中心中小企业股权报价系统(www. china - seeq. com)正式启动。

当下,上海股交中心已形成“一市四板”的新格局:在一个市场——上海股权托管交易市场的基础上,构建非上市股份有限公司股份转让系统(以下简称转让系统或E板)、中小企业股权报价系统(以下简称报价系统或Q板)、科技创新板(以下简称N板)和托管企业板,为不同类型、不同状态、不同阶段的企业提供对接资本市场的机会及相适应的资本市场服务。

(二)上海股交中心融资业务现状

根据上海股交中心官网披露,截至2021年8月15日,上海股交中心N板挂牌

382家,E板挂牌465家,上线展示9838家,纯托管企业237家。①

(三)在上海股交中心进行挂牌的优势

上海股交中心与新三板一样,都是面向所有有意愿进入资本市场的非上市公司,只要其符合相关条件即可挂牌,不受区域、行业的限制。在中心挂牌的企业在条件成熟的情况下,可以直接到更高级的资本市场上市。

非上市股份有限公司在上海股交中心挂牌后,给企业带来的直接变化是:第一,形成了有序的股份退出机制;第二,企业法人治理机构的规范运作程度将显著提高。这些变化将给企业在带来如下好处:

(1)有利于建立现代企业制度,规范企业运作,完善法人治理结构,促进企业健康发展;

(2)有利于提高股份的流动性,完善企业的资本结构,提高企业自身抗风险的能力,增强企业的发展后劲;

(3)有利于企业扩大宣传,树立品牌,促进企业开拓市场;

(4)有利于企业吸收风险资本投入,引入战略投资者,进行资产并购与重组等资本运作;

(5)通过规范运作、适度信息披露、相关部门监管等,可以促进企业尽快达到创业板、中小板及主板上市的要求;

(6)开展股份报价转让业务,完善了股份退出的机制,使企业定向增资更容易实现;

(7)公司在公共平台上挂牌,增加了企业的信用等级,更利于获得银行贷款。

看似在股交中心进行挂牌与在其他平台进行挂牌效果都差不多,但是在股交中心挂牌成本相对低廉,而且挂牌成功率高,之后融资更为便捷。挂牌Q板企业的适应性要求与新三板及E板相近,但要求会相对较低,同时挂牌Q板的费用较新三板和E板少得多,挂牌费用6万~10万元,每年督导费用约1万元。

## 二、上海股交中心挂牌的条件与流程

虽然上海股交中心属地方性的平台,但其与新三板一样都是多层次资本市场的组成部分。因此,具备不同条件、有不同发展策略的企业可以选择不同的平台。一般而言,在上海股交中心Q板挂牌条件相对最为简单,只要求有固定办公场所、满

① 数据载上海股交中心官网,http://www.china-see.com/index,2019年10月9日最后访问。

足企业正常运行的人员等,甚至不要求企业一定是股份有限责任公司。如果是股份公司,则可根据存续时限等相关条件选择在新三板上市还是E板上市。具体如图3-12所示。

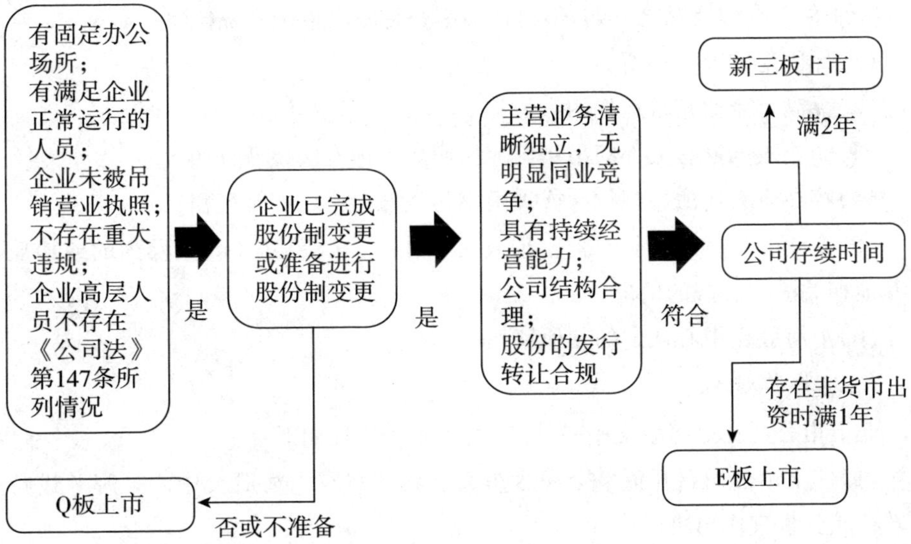


**图3-12　Q板、E板、新三板上市条件**

### (一)E板挂牌条件

非上市股份有限公司(股东数<200名)申请在上海股交中心挂牌,应具备以下条件:

(1)业务基本独立,具有持续经营能力;

(2)不存在显著的同业竞争、显失公允的关联交易、额度较大的股东侵占资产等损害投资者利益的行为;

(3)在经营和管理上具备风险控制能力;

(4)治理结构健全,运作规范;

(5)股份的发行、转让合法合规;

(6)注册资本中存在非货币出资的,应设立满一个会计年度;

(7)上海股交中心要求的其他条件。

此外,股份有限公司将进一步分类:①注册资本、实收资本和净资产均不低于500万元的股份有限公司;②注册资本、实收资本或净资产低于500万元的股份有限公司。这两种类型的股份有限公司均可进入股份转让系统挂牌,为区分起见将在股份转让系统中使用不同的股份代码。

(二)Q 板挂牌条件

拟挂牌的非上市企业(股东数 <200 名)形式不限,包括但不限于有限责任公司、股份有限公司,以及上海股交中心认定的其他组织与机构。

企业存在下列情况之一的,不得在中小企业股权报价系统挂牌:

(1)无固定的办公场所;

(2)无满足企业正常运作的人员;

(3)企业被国家有关部门吊销营业执照或其他合法执业证照;

(4)存在重大违法违规行为或被国家相关部门予以严重处罚;

(5)企业的董事、监事、经营管理人员存在《公司法》第 146 条所列的或违反国家其他相关法律法规的情形;

(6)上海股交中心认定的其他情形。

(三)挂牌流程

非上市公司在上海股交中心挂牌,主要业务流程如下:

(1)非上市公司召开董事会和股东大会就同意在上海股交中心挂牌并进行股份转让相关事宜作出决议;

(2)非上市公司委托上海股交中心推荐机构会员,聘请经上海股交中心认定的会计师事务所、律师事务所、资产评估事务所(必要时)为其挂牌提供专业服务;

(3)推荐机构会员向上海股交中心报送预审材料;

(4)会计师事务所进行独立审计并出具审计报告、律师事务所进行独立调查并出具法律意见书、推荐机构会员进行尽职调查并形成相关尽职调查文件;

(5)推荐机构会员向上海股交中心报送申请文件;

(6)上海股交中心对申请文件进行审核;

(7)上海股交中心审核同意的,获得上海股交中心出具同意挂牌的通知后,拟挂牌公司向上海股交中心申请股份简称和代码,与上海股交中心签订挂牌协议书,办理股份的集中登记;

(8)拟挂牌公司在上海股交中心办理挂牌手续;

(9)挂牌前三日,拟挂牌公司在上海股交中心指定网站披露《股份转让说明书》《公司章程》《审计报告》《法律意见书》;推荐机构会员在上海股交中心指定网站发布拟挂牌公司挂牌公告。

## 三、挂牌后的融资条件与流程

### (一)一般融资方式

企业成功挂牌最主要的目的便是提高知名度、获得融资,具体可通过如下渠道募集资金:

(1)企业在挂牌上市后能获得相应市场的机构投资者的关注,可以引入战略投资者;

(2)公司的股票价值更容易得到市场的认可,由此可以获得银行的授信额度(一般为企业股价估值的50%),还可以进行股份质押贷款;

(3)企业还可以通过发行公司债方式进行融资;

(4)企业通过股权转让、定向增发等方式实现融资。

### (二)定向增发的条件与流程

上述几种融资方式中,被企业采用的概率更大的方式为定向增发。

**1. 前期准备**

挂牌公司拟进行定向增资的,应与推荐机构会员协商后,聘请经上海股交中心认定的会计师事务所、律师事务所(必要时)、资产评估事务所(必要时)等专业服务机构为其定向增资提供有关专业服务。

**2. 项目预审**

推荐机构会员开展定向增资业务前,应向上海股交中心报送预审材料,具体包括以下几项:

➢ 定向增资方案(草案);

➢ 推荐机构会员立项报告;

➢ 推荐机构会员项目小组成员;

➢ 会计师事务所及其项目成员;

➢ 资产评估事务所及其项目成员(必要时);

➢ 律师事务所及其项目成员(必要时);

➢ 上海股交中心要求的其他文件。

**3. 尽职调查**

推荐机构会员应对拟进行定向增资的挂牌公司开展尽职调查,尽调的内容包括定向增资的必要性,增资价格的合法性、合理性和公允性,募投项目资金需求量、可行性和收益前景等事项。推荐机构会员应督促拟定向增资的挂牌公司及时披露信息并保证披露信息的真实、准确、完整。

**4. 报送文件**

同意定向增资的,应出具尽职调查报告,并向上海股交中心报送定向增资申请文件(包括但不限于)。

- 定向增资方案;
- 董事会、股东大会有关定向增资事项的决议及股东大会授权董事会处理有关事宜的决议;
- 推荐机构会员与挂牌公司就定向增资事宜签订的协议;
- 挂牌公司定向增资申请;
- 挂牌公司定向增资涉及国有资产管理、外资管理、环境保护、土地管理等事项,取得的有关部门批准文件;
- 新增认购人与挂牌公司签订的以挂牌公司获得上海股交中心同意其定向增资为生效条件的认购协议;
- 新增认购人遵守认购协议条款,遵守《公司法》和公司章程的规定,不损害所增资挂牌公司利益和该挂牌公司其他认购人利益的声明;
- 最近1年经审计的财务报告;
- 尽职调查报告;
- 盈利预测审核报告,盈利预测期间为定向增资完成当年及下一个会计年度;
- 上海股交中心要求的其他文件。

**5. 文件审核**

上海股交中心对推荐机构会员报送的申请文件进行审核,审核的事项如下:

- 申请文件是否齐备;
- 推荐机构会员是否已对拟定向增资的挂牌公司进行了勤勉尽责尽职调查;
- 拟定向增资的挂牌公司披露的信息是否符合信息披露规则的要求;
- 拟定向增资的挂牌公司是否符合基本定向增资条件;
- 上海股交中心认定的其他事项。

上海股交中心一般在收到预审材料5个工作日内进行审核,并向推荐机构会员反馈预审核意见,推荐机构会员收到上海股交中心无异议意见后,方可启动后续工作。

**6. 上报备案**

上海股交中心审核同意后报送上海市金融服务办公室备案。

**7. 实施增资**

上海股交中心出具同意挂牌公司定向增资的通知后，挂牌公司可实施定向增资，完成验资后，推荐机构会员应向上海股交中心报送下列文件：

➢ 定向增资结果报告书；

➢ 验资报告；

➢ 挂牌公司与认购人签署的认购协议；

➢ 新增股东名单及股东身份证明文件；

➢ 推荐机构会员对挂牌公司定向增资出具的专项意见；

➢ 挂牌公司向上海股交中心申请股份登记的文件；

➢ 上海股交中心要求的其他文件。

**8. 信息披露**

根据《上海股权托管交易中心挂牌公司定向增资业务规则》的规定，挂牌公司应积极履行信息披露义务，包括董事会决议、增资方案、增资结果报告书、推荐机构的专项意见等。具体应披露的内容如下：

挂牌公司应在董事会通过本次定向增资决议之日起两个转让日内，披露董事会决议和定向增资方案。定向增资方案包括但不限于下列内容：

➢ 增资的股份种类及数量；

➢ 增资价格或价格区间及定价依据；

➢ 向本次定向增资前股权登记日在册股东优先配售增资股份的方案；

➢ 定向增资新增意向认购人名单、基本情况、与挂牌公司及主要股东的关联关系；

➢ 意向认购人出资方式，以非货币资产出资的，说明该资产的基本情况、评估情况、交易价格、定价依据以及该资产对挂牌公司的必要性；

➢ 本次募集资金用途及募投项目是否有利于挂牌公司的长远发展，是否符合国家产业政策及有关国有资产管理、外资管理、环境保护、土地管理等法律法规，是否获得相关部门批准；

➢ 前次募集资金的使用情况（如有）；

➢ 防止增资后股东累计超过 200 人的措施；

➢ 新增股份的登记及限售安排；

➢ 本次增资前滚存未分配利润的处置方案。

挂牌公司应在完成定向增资股份登记之日起两个转让日内，披露定向增资结

果报告书,包括但不限于下列内容:

- 定向增资履行的相关程序;
- 定向增资股份的种类和数量;
- 定向增资价格及定价依据;
- 定向增资前挂牌公司原有股东优先认购的情况;
- 募集资金情况、用途及相关管理措施;
- 认购人情况及认购股份数量;
- 定向增资后的股东人数;
- 定向增资后的股本变动情况;
- 定向增资后的主要财务指标变化及管理层讨论与分析;
- 定向增资股份的登记限售情况。

推荐机构会员应披露关于挂牌公司定向增资的专项意见,包括但不限于下列内容:

- 定向增资过程的合法、合规性;
- 挂牌公司是否符合定向增资条件;
- 定向增资对象的合规性;
- 定向增资价格是否显失公允;
- 定向增资结果是否公平、公正,是否符合定向增资的有关规定;
- 募集资金投向是否符合国家产业政策并有利于挂牌公司的长远发展;
- 定向增资对挂牌公司财务状况的影响;
- 定向增资过程中挂牌公司是否规范履行信息披露义务;
- 推荐机构会员认为需说明的其他事项。

## 四、区域性股交中心挂牌融资风险

企业通过区域性的股交中心进行挂牌,可能面临的首要风险是挂牌失败。一旦挂牌不成功,前期投入的发行费用、时间成本、人力成本等将成为企业的损失重地。以上海市股交中心为例,E 板与 Q 板相比,Q 板挂牌的费用相对低很多。E 板的发行费用一般为 120 万~200 万元,Q 板的费用可能是其 1/10 甚至更少。

此外,挂牌后可能还会面临的风险与信息披露有关。进入资本市场后,企业的信息必须进行一定程度的披露:公司难有暗箱操作,如果公司存在一定的历史问题,一旦被披露,将会对公司造成较大的影响(由于 Q 板的信息披露是选择性的,因此对企业的影响较小)。同时由于资本市场的敏感性,公司的业绩将受到市场的关注,运营承受较大压力。

总体而言,企业通过地方性的、区域性的股权交易市场进行挂牌,面临的风险与企业通过IPO、新三板挂牌的风险相似,应对措施也相差不大,只是前者产生的风险可能相对较低。因此,本节不再赘述。

## 第六节　再　融　资

### 一、再融资概述

这里的再融资主要是指公司通过首次公开发行并在交易所市场上市后,上市公司后续在资本市场的融资行为。

从发行方式上划分,公司上市后的发行证券,可以向不特定对象公开发行,也可以向特定对象非公开发行。

从证券品种上划分,广义的再融资公司可以通过股票、公司债券、可转换公司债券、优先股、存托凭证等多种方式融资;而狭义的再融资仅指依据《上市公司证券发行管理办法》的股票、可转换公司债券及中国证监会认可的其他品种融资。

为限定范围,本部分讨论的再融资仅指上市公司的股票公开发行和非公开发行。

(一)再融资

**1.公开发行股票**

公开发行证券的行为,还包括配售股票(配股)及公开发行募集两类。

配股股票(配股),是指向原股东配售股份。配售有如下要求:①拟配售股份数量不超过本次配售股份前股本总额的30%;②控股股东应当在股东大会召开前公开承诺认配股份的数量;③采用证券法规定的代销方式发行。控股股东不履行认配股份的承诺,或者代销期限届满,原股东认购股票的数量未达到拟配售数量70%的,发行人应当按照发行价并加算银行同期存款利息返还已经认购的股东。

公开增发股票(增发),是指向不特定对象公开募集股份。增发有如下要求:①最近3个会计年度加权平均净资产收益率平均不低于6%,扣除非经常性损益后的净利润与扣除前的净利润相比,以低者作为加权平均净资产收益率的计算依据;②除金融类企业外,最近一期末不存在持有金额较大的交易性金融资产和可供出售的金融资产、借予他人款项、委托理财等财务性投资的情形;③发行价格应不低于公告招股意向书前20个交易日公司股票均价或前1个交易日的均价。

除此之外,无论配售还是公开发行股票,均应当满足如下要求:

(1)上市公司的组织机构健全、运行良好

①公司章程合法有效,股东大会、董事会、监事会和独立董事制度健全,能够依法有效履行职责;

②公司内部控制制度健全,能够有效保证公司运行的效率、合法合规性和财务报告的可靠性;内部控制制度的完整性、合理性、有效性不存在重大缺陷;

③现任董事、监事和高级管理人员具备任职资格,能够忠实和勤勉地履行职务,不存在违反《公司法》第147、148条规定的行为,且最近36个月内未受到过中国证监会的行政处罚、最近12个月内未受到过证券交易所的公开谴责;

④上市公司与控股股东或实际控制人的人员、资产、财务分开,机构、业务独立,能够自主经营管理;

⑤最近12个月内不存在违规对外提供担保的行为。

(2)上市公司的盈利能力具有可持续性

①最近3个会计年度连续盈利,扣除非经常性损益后的净利润与扣除前的净利润相比,以低者作为计算依据;

②业务和盈利来源相对稳定,不存在严重依赖于控股股东、实际控制人的情形;

③现有主营业务或投资方向能够可持续发展,经营模式和投资计划稳健,主要产品或服务的市场前景良好,行业经营环境和市场需求不存在现实或可预见的重大不利变化;

④高级管理人员和核心技术人员稳定,最近12个月内未发生重大不利变化;

⑤公司重要资产、核心技术或其他重大权益的取得合法,能够持续使用,不存在现实或可预见的重大不利变化;

⑥不存在可能严重影响公司持续经营的担保、诉讼、仲裁或其他重大事项;

⑦最近24个月内曾公开发行证券的,不存在发行当年营业利润比上年下降50%以上的情形。

(3)上市公司的财务状况良好

①会计基础工作规范,严格遵循国家统一会计制度的规定;

②最近3年及一期财务报表未被注册会计师出具保留意见、否定意见或无法表

示意见的审计报告；被注册会计师出具带强调事项段的无保留意见审计报告的，所涉及的事项对发行人无重大不利影响或者在发行前重大不利影响已经消除；

③资产质量良好，不良资产不足以对公司财务状况造成重大不利影响；

④经营成果真实，现金流量正常，营业收入和成本费用的确认严格遵循国家有关企业会计准则的规定，最近 3 年资产减值准备计提充分合理，不存在操纵经营业绩的情形；

⑤最近 3 年以现金方式累计分配的利润不少于最近 3 年实现的年均可分配利润的 30%。

(4)上市公司最近 36 个月内财务会计文件无虚假记载，且不存在下列重大违法行为

①违反证券法律、行政法规或规章，受到中国证监会的行政处罚，或者受到刑事处罚；

②违反工商、税收、土地、环保、海关法律、行政法规或规章，受到行政处罚且情节严重，或者受到刑事处罚；

③违反国家其他法律、行政法规且情节严重的行为。

(5)上市公司募集资金的数额和使用应当符合下列规定

①募集资金数额不超过项目需要量；

②募集资金用途符合国家产业政策和有关环境保护、土地管理等法律和行政法规的规定；

③除金融类企业外，本次募集资金使用项目不得为持有交易性金融资产和可供出售的金融资产、借予他人、委托理财等财务性投资，不得直接或间接投资于以买卖有价证券为主要业务的公司；

④投资项目实施后，不会与控股股东或实际控制人产生同业竞争或影响公司生产经营的独立性；

⑤建立募集资金专项存储制度，募集资金必须存放于公司董事会决定的专项账户。

(6)上市公司存在下列情形之一的，不得公开发行证券

①本次发行申请文件有虚假记载、误导性陈述或重大遗漏；

②擅自改变前次公开发行证券募集资金的用途而未作纠正；

③上市公司最近 12 个月内受到过证券交易所的公开谴责；

④上市公司及其控股股东或实际控制人最近 12 个月内存在未履行向投资者作

出的公开承诺的行为;

⑤上市公司或其现任董事、高级管理人员因涉嫌犯罪被司法机关立案侦查或涉嫌违法违规被中国证监会立案调查;

⑥严重损害投资者的合法权益和社会公共利益的其他情形。

**2. 非公开发行股票**

非公开发行股票,是指上市公司采用非公开方式,向特定对象发行股票的行为。非公开发行股票的特定对象应当符合下列规定:①特定对象发行股票符合股东大会决议规定的条件;②发行对象不超过10名。发行对象为境外战略投资者的,应当遵守国家的相关规定。

(1)上市公司非公开发行股票,应当符合下列规定

①发行价格不低于定价基准日前20个交易日公司股票均价的80%;

②本次发行的股份自发行结束之日起,6个月内不得转让;控股股东、实际控制人及其控制的企业认购的股份,18个月内不得转让;

③募集资金使用符合相关规定;

④本次发行将导致上市公司控制权发生变化的,还应当符合中国证监会的其他规定。

(2)上市公司存在下列情形之一的,不得非公开发行股票

①本次发行申请文件有虚假记载、误导性陈述或重大遗漏;

②上市公司的权益被控股股东或实际控制人严重损害且尚未消除;

③上市公司及其附属公司违规对外提供担保且尚未解除;

④现任董事、高级管理人员最近36个月内受到过中国证监会的行政处罚,或者最近12个月内受到过证券交易所的公开谴责;

⑤上市公司或其现任董事、高级管理人员因涉嫌犯罪正被司法机关立案侦查或涉嫌违法违规正被中国证监会立案调查;

⑥最近1年及一期财务报表被注册会计师出具保留意见、否定意见或无法表示意见的审计报告,保留意见、否定意见或无法表示意见所涉及事项的重大影响已经消除或者本次发行涉及重大重组的除外;

⑦严重损害投资者合法权益和社会公共利益的其他情形。

**3. 创业板的特殊要求**

创业板公司的公开和非公开发行股票,与一般主板或中小板上市公司发行股票略有不同,基本情况如下:

(1)创业板发行证券的基本要求

对于创业板上市的公司,其发行证券应符合以下要求:

①具备健全且运行良好的组织机构;

②现任董事、监事和高级管理人员符合法律、行政法规规定的任职要求;

③具有完整的业务体系和直接面向市场独立经营的能力,不存在对持续经营有重大不利影响的情形;

④会计基础工作规范,内部控制制度健全且有效执行,财务报表的编制和披露符合企业会计准则和相关信息披露规则的规定,在所有重大方面公允反映了上市公司的财务状况、经营成果和现金流量,最近3年财务会计报告被出具无保留意见审计报告;

⑤最近2年盈利,净利润以扣除非经常性损益前后孰低者为计算依据;

⑥除金融类企业外,最近一期末不存在金额较大的财务性投资。

(2)创业板上市公司存在下列情形之一的,不得向不特定对象发行股票

①擅自改变前次募集资金用途未予纠正,或者未经股东大会认可;

②上市公司及其现任董事、监事和高级管理人员最近3年受到中国证监会的行政处罚,或者最近1年受到证券交易所的公开谴责,或者因涉嫌犯罪正在被司法机关立案侦查或者涉嫌违法违规正在被中国证监会立案调查;

③上市公司及其控股股东、实际控制人最近1年存在未履行向投资者作出的公开承诺的情形;

④上市公司及其控股股东、实际控制人最近3年存在贪污、贿赂、侵占财产、挪用财产或者破坏社会主义市场经济秩序的刑事犯罪,或者存在严重损害上市公司利益、投资者合法权益、社会公共利益的重大违法行为。

(3)创业板上市公司存在下列情形之一的,不得向特定对象发行股票

①擅自改变前次募集资金用途未予纠正,或者未经股东大会认可;

②最近一年财务报表的编制和披露在重大方面不符合企业会计准则或者相关信息披露规则的规定;最近1年财务会计报告被出具否定意见或者无法表示意见的审计报告;最近1年财务会计报告被出具保留意见的审计报告,且保留意见所涉及事项对上市公司的重大不利影响尚未消除,本次发行涉及重大资产重组的除外;

③现任董事、监事和高级管理人员最近3年受到中国证监会的行政处罚,或者最近1年受到证券交易所的公开谴责;

④上市公司及其现任董事、监事和高级管理人员因涉嫌犯罪正在被司法机关

立案侦查或者涉嫌违法违规正在被中国证监会立案调查;

⑤控股股东、实际控制人最近3年存在严重损害上市公司利益或者投资者合法权益的重大违法行为;

⑥最近3年存在严重损害投资者合法权益或者社会公共利益的重大违法行为。

(4)科创板上市公司募集资金的使用要求

①符合国家产业政策和有关环境保护、土地管理等法律、行政法规规定;

②除金融类企业外,本次募集资金使用不得为持有财务性投资,不得直接或者间接投资于以买卖有价证券为主要业务的公司;

③募集资金项目实施后,不会与控股股东、实际控制人及其控制的其他企业新增构成重大不利影响的同业竞争、显失公平的关联交易,或者严重影响公司生产经营的独立性。

**4. 发行股票程序**

(1)董事会程序

上市公司申请发行证券,董事会应当依法就下列事项作出决议,并提请股东大会批准:①本次证券发行的方案;②本次募集资金使用的可行性报告;③前次募集资金使用的报告;④其他必须明确的事项。

上市公司董事会拟引入战略投资者的,应当将引入战略投资者的事项作为单独议案,就每名战略投资者单独审议,并提交股东大会批准。

董事会依照前2款作出决议,董事会决议日与首次公开发行股票上市日的时间间隔不得少于6个月。

(2)股东大会程序

股东大会就发行股票作出的决定,至少应当包括下列事项:①本次发行证券的种类和数量;②发行方式、发行对象及向原股东配售的安排;③定价方式或价格区间;④募集资金用途;⑤决议的有效期;⑥对董事会办理本次发行具体事宜的授权;⑦其他必须明确的事项。

股东大会就发行证券事项作出决议,必须经出席会议的股东所持表决权的2/3以上通过。向本公司特定的股东及其关联人发行证券的,股东大会就发行方案进行表决时,关联股东应当回避。

上市公司就发行证券事项召开股东大会,应当提供网络或者其他方式为股东参加股东大会提供便利。

### (二)相关法律规范

上市公司发行证券的相关法律规范见表3-27。

表 3－27　上市公司发行证券的相关法律规范

| 序号 | 文件名称 | 生效时间 | 颁布机关 |
|---|---|---|---|
| 1 | 《上市公司证券发行管理办法》(2020 修正) | 2020.02.14 | 证监会 |
| 2 | 《创业板上市公司证券发行注册管理办法(试行)》 | 2020.06.12 | 证监会 |
| 3 | 国务院关于开展优先股试点的指导意见 | 2013.11.30 | 国务院 |
| 4 | 《上市公司非公开发行股票实施细则》(2020 修正) | 2020.02.14 | 证监会 |
| 5 | 《中国银保监会、中国证监会关于商业银行发行优先股补充一级资本的指导意见》(2019 修订) | 2019.06.11 | 证监会 |
| 6 | 《优先股试点管理办法》(2021 修正) | 2021.06.11 | 证监会 |
| 7 | 《国务院办公厅转发证监会关于开展创新企业境内发行股票或存托凭证试点若干意见的通知》 | 2018.03.22 | 国务院 |
| 8 | 《存托凭证发行与交易管理办法(试行)》 | 2018.06.06 | 证监会 |
| 9 | 《试点创新企业境内发行股票或存托凭证并上市监管工作实施办法》 | 2018.06.06 | 证监会 |

注:本部分列举的相关法规仅涉及上市公司,不包含非上市公众公司。

除上述法律法规、证监会颁布的规章制度外,还包括一些规范性文件以及信息披露准则制度等。《证券法》修订后相关法律法规也将会相应修订,未来会和证券法保持一致。

(三)再融资的现状

截至 2019 年 9 月,在上海证券交易所及深圳交易所两家交易所的再融资情况如表 3－28 至表 3－30 所示。

**表 3-28　2009~2019 年 9 月增发及配股情况统计**

| 年份 | 增发统计 | | 配股统计 | |
|---|---|---|---|---|
| | 增发家数(家) | 增发募集资金(亿元) | 配股家数(家) | 配股募集资金(亿元) |
| 2019 | 171 | 4834.555 | 9 | 133.876 |
| 2018 | 267 | 7523.525 | 15 | 228.316 |
| 2017 | 540 | 12,705.309 | 7 | 162.964 |
| 2016 | 813 | 16,879.071 | 11 | 298.513 |
| 2015 | 813 | 12,253.070 | 6 | 42.337 |
| 2014 | 471 | 6785.102 | 13 | 137.970 |
| 2013 | 267 | 3584.256 | 13 | 475.728 |
| 2012 | 152 | 3214.066 | 6 | 51.918 |
| 2011 | 175 | 3462.020 | 14 | 338.500 |
| 2010 | 149 | 3088.520 | 18 | 1438.218 |
| 2009 | 117 | 2672.319 | 10 | 105.969 |

注:数据来源 wind 资讯,时间截至 2019 年 9 月 24 日。

**表 3-29　2009~2019 年 9 月增发及配股按照行业分类统计**

| 行业名称 | 融资总额/发行规模(亿元) | | 融资家数(家) | |
|---|---|---|---|---|
| | 增发 | 配股 | 增发家数 | 配股家数 |
| 运输 | 3788.87 | 47.10 | 99 | 4 |
| 资本货物 | 10,768.82 | 362.34 | 803 | 27 |
| 耐用消费品与服装 | 1648.53 | 24.82 | 147 | 4 |
| 材料Ⅱ | 10,211.53 | 364.38 | 581 | 26 |
| 制药、生物科技与生命科学 | 3218.65 | 105.03 | 218 | 7 |
| 技术硬件与设备 | 5212.56 | 55.47 | 346 | 7 |
| 软件与服务 | 4112.62 | 15.33 | 330 | 3 |
| 半导体与半导体生产设备 | 1303.54 | 88.38 | 94 | 6 |
| 医疗保健设备与服务 | 1140.78 | 9.36 | 77 | 2 |
| 食品、饮料与烟草 | 2192.43 | 15.08 | 156 | 2 |

续表

| 行业名称 | 融资总额/发行规模(亿元) | | 融资家数(家) | |
|---|---|---|---|---|
| | 增发 | 配股 | 增发家数 | 配股家数 |
| 汽车与汽车零部件 | 2907.41 | 55.18 | 130 | 7 |
| 零售业 | 2105.49 | 5.80 | 86 | 1 |
| 银行 | 4351.64 | 1804.01 | 20 | 9 |
| 商业和专业服务 | 1095.60 | 18.51 | 103 | 1 |
| 媒体Ⅱ | 2693.13 | — | 154 | — |
| 能源Ⅱ | 2366.35 | 40.61 | 75 | 2 |
| 多元金融 | 5067.82 | 336.42 | 76 | 7 |
| 房地产Ⅱ | 4629.97 | 28.75 | 120 | 2 |
| 食品与主要用品零售Ⅱ | 466.29 | 6.11 | 21 | 1 |
| 消费者服务Ⅱ | 881.01 | — | 61 | — |
| 公用事业Ⅱ | 4320.74 | 20.45 | 146 | 2 |
| 家庭与个人用品 | 39.45 | — | 8 | — |
| 电信服务Ⅱ | 645.75 | — | 4 | — |
| 保险Ⅱ | 283.76 | — | 4 | — |

注:数据来源 wind 资讯,时间截至 2019 年 9 月 24 日。

**表 3-30　2009~2019 年 9 月增发及配股按照区域分类统计**

| 省(直辖市、自治区) | 融资总额/发行规模(亿元) | | 融资家数(家) | |
|---|---|---|---|---|
| | 增发 | 配股 | 增发家数 | 配股家数 |
| 上海 | 7561.65 | 194.47 | 246 | 3 |
| 浙江 | 6362.16 | 48.34 | 428 | 7 |
| 江苏 | 5804.41 | 119.79 | 386 | 8 |
| 福建 | 2234.88 | 402.58 | 139 | 10 |
| 广东 | 9360.60 | 587.76 | 581 | 14 |
| 北京 | 12,090.63 | 1063.71 | 417 | 14 |
| 湖北 | 2424.21 | 98.49 | 134 | 7 |
| 西藏 | 199.44 | — | 12 | — |
| 辽宁 | 1880.78 | 4.70 | 70 | 1 |

续表

| 省(直辖市、自治区) | 融资总额/发行规模(亿元) | | 融资家数(家) | |
|---|---|---|---|---|
| | 增发 | 配股 | 增发家数 | 配股家数 |
| 山东 | 2938.87 | 99.89 | 197 | 6 |
| 海南 | 1067.33 | | 35 | |
| 贵州 | 251.08 | 4.91 | 23 | 1 |
| 湖南 | 1810.71 | 42.60 | 105 | 4 |
| 天津 | 1287.79 | — | 53 | — |
| 河南 | 2014.87 | 65.00 | 118 | 6 |
| 陕西 | 1498.08 | 118.85 | 62 | 5 |
| 四川 | 1812.48 | 47.74 | 109 | 4 |
| 山西 | 961.02 | — | 49 | — |
| 安徽 | 2078.65 | — | 143 | — |
| 河北 | 1477.92 | 55.56 | 75 | 3 |
| 新疆 | 2337.23 | 158.99 | 63 | 6 |
| 甘肃 | 764.85 | 26.18 | 42 | 3 |
| 吉林 | 679.10 | 63.67 | 47 | 4 |
| 云南 | 1345.74 | 127.09 | 50 | 6 |
| 黑龙江 | 911.95 | 4.87 | 41 | 1 |
| 江西 | 604.98 | 15.22 | 54 | 3 |
| 广西 | 832.91 | 37.38 | 50 | 2 |
| 重庆 | 1146.29 | — | 54 | — |
| 宁夏 | 203.63 | 15.35 | 14 | 2 |
| 内蒙古 | 1147.82 | — | 41 | — |
| 青海 | 360.69 | — | 21 | — |

注:数据来源 wind 资讯,时间截至 2019 年 9 月 24 日。

## 二、再融资具体业务介绍

### (一)非公开发行对象与认购条件

发行股票所称“定价基准日”,是指计算发行底价的基准日。定价基准日为本次非公开发行股票发行期的首日。上市公司应按不低于发行底价的价格发行股票。

“定价基准日前20个交易日股票交易均价”的计算公式为:定价基准日前20个交易日股票交易均价=定价基准日前20个交易日股票交易总额/定价基准日前20个交易日股票交易总量。

“发行对象不超过35名”,是指认购并获得本次非公开发行股票的法人、自然人或者其他合法投资组织不超过35名。证券投资基金管理公司以其管理的2只以上基金认购的,视为一个发行对象。信托公司作为发行对象,只能以自有资金认购。

发行对象属于下列情形之一的,具体发行对象及其定价原则应当由上市公司董事会的非公开发行股票决议确定,并经股东大会批准;认购的股份自发行结束之日起18个月内不得转让:(1)上市公司的控股股东、实际控制人或其控制的关联人;(2)通过认购本次发行的股份取得上市公司实际控制权的投资者;(3)董事会拟引入的境内外战略投资者。

发行对象属于《上市公司非公开发行股票实施细则》第7条第2款规定以外的情形的,上市公司应当在取得发行核准批文后,按照上述细则的规定以竞价方式确定发行价格和发行对象。发行对象认购的股份自发行结束之日起6个月内不得转让。

(二)董事会与股东大会决议

上市公司申请非公开发行股票,应当按照相关规定召开董事会、股东大会,并按规定及时披露信息。董事会决议确定具体发行对象的,上市公司应当在召开董事会的当日或者前1日与相应发行对象签订附条件生效的股份认购合同。

认购合同应载明该发行对象拟认购股份的数量或数量区间、定价原则、限售期,同时约定本次发行一经上市公司董事会、股东大会批准并经中国证监会核准,该合同即应生效。

上市公司董事会作出非公开发行股票决议,应当符合下列规定:(1)应当按照上述细则的规定确定本次发行的定价基准日,并提请股东大会批准。(2)董事会决议确定具体发行对象的,董事会决议应当确定具体的发行对象名称及其定价原则、认购数量或者数量区间、限售期;发行对象与公司签订的附条件生效的股份认购合同应当经董事会批准。(3)董事会决议未确定具体发行对象的,董事会决议应当明确发行对象的范围和资格,定价原则、限售期。(4)本次非公开发行股票的数量不确定的,董事会决议应当明确数量区间(含上限和下限)。董事会决议还应当明确,上市公司的股票在董事会决议日至发行日期间除权、除息的,发行数量是否相应调整。(5)董事会决议应当明确本次募集资金数量的上限、拟投入项目的资金需要总数量、本次募集资金投入数量、其余资金的筹措渠道。募集资金用于补充流动资金或者偿还银行贷款的,应当说明补充流动资金或者偿还银行贷款的具体数额;募集资金用于收购资产的,应当明确交易对方、标的资产、作价原则等事项。

董事会决议经表决通过后,上市公司应当在2个交易日内披露。董事会应当按照《公开发行证券的公司信息披露内容与格式准则第25号——上市公司非公开发行股票预案和发行情况报告书》的要求编制非公开发行股票预案,作为董事会决议的附件,与董事会决议同时刊登。

本次发行涉及资产审计、评估或者上市公司盈利预测的,资产审计结果、评估结果和经审核的盈利预测报告至迟应随召开股东大会的通知同时公告。上市公司股东大会就非公开发行股票作出的决定,至少应当包括须提交股东大会批准的事项。

应当回避表决的"特定的股东及其关联人",是指董事会决议已确定为本次发行对象的股东及其关联人。

(三)核准发行

股东大会批准本次发行后,上市公司可向中国证监会提交发行申请文件。申请文件应当按照《上市公司非公开发行股票申请文件目录》的有关规定编制。保荐人和发行人律师应当各司其职,勤勉尽责,对本次非公开发行股票申请的合规性审慎地履行尽职调查职责。保荐人出具的发行保荐书和发行人律师出具的法律意见书,应当对照中国证监会的各项规定逐项发表明确的结论性意见,并载明得出每项结论的查证过程及事实依据。

中国证监会按照《上市公司证券发行管理办法》和《创业板上市公司证券发行管理暂行办法》规定的程序审核非公开发行股票申请。

上市公司收到中国证监会发行审核委员会关于本次发行申请获得通过或者未获通过的结果后,应当在次一交易日予以公告,并在公告中说明,公司收到中国证监会作出的予以核准或者不予核准的决定后,将另行公告。

上市公司取得核准批文后,应当在批文的有效期内,按照《证券发行与承销管理办法》(证监会令第144号)的有关规定发行股票。上市公司收到中国证监会予以核准决定后作出的公告中,应当公告本次发行的保荐人,并公开上市公司和保荐人指定办理本次发行的负责人及其有效联系方式。上市公司、保荐人对非公开发行股票进行推介或者向特定对象提供投资价值研究报告的，不得采用任何公开方式，且不得早于上市公司董事会关于非公开发行股票的决议公告之日。

董事会决议确定具体发行对象的，上市公司在取得核准批文后，应当按照相关规定和认购合同的约定发行股票。

董事会决议未确定具体发行对象的，在取得中国证监会的核准批文后，由上市公司及保荐人在批文的有效期内选择发行时间；在发行期起始的前 1 日，保荐人应当向符合条件的特定对象提供认购邀请书。认购邀请书发送对象的名单由上市公司及保荐人共同确定。

认购邀请书发送对象的名单除应当包含董事会决议公告后已经提交认购意向书的投资者、公司前 20 名股东外，还应当包含符合《证券发行与承销管理办法》规定条件的下列询价对象：(1)不少于 20 家证券投资基金管理公司；(2)不少于 10 家证券公司；(3)不少于 5 家保险机构投资者。

认购邀请书应当按照公正、透明的原则，事先约定选择发行对象、确定认购价格、分配认购数量等事项的操作规则。认购邀请书及其申购报价表参照范本制作，发送时由上市公司加盖公章，由保荐代表人签署。

认购邀请书发出后，上市公司及保荐人应当在认购邀请书约定的时间内收集特定投资者签署的申购报价表。在申购报价期间，上市公司、保荐人应当确保任何工作人员不泄露发行对象的申购报价情况，申购报价过程应当由发行人律师现场见证。

申购报价结束后，上市公司及保荐人应当对有效申购按照报价高低进行累计统计，按照价格优先的原则合理确定发行对象、发行价格和发行股数。发行结果确定后，上市公司应当与发行对象签订正式认购合同，发行对象应当按照合同约定缴款。发行对象的认购资金应先划入保荐人为本次发行专门开立的账户，验资完毕后，扣除相关费用再划入发行人募集资金专项存储账户。

验资完成后的次一交易日，上市公司和保荐人应当向中国证监会提交《证券发行与承销管理办法》规定的备案材料。发行情况报告书应当按照《公开发行证券的公司信息披露内容与格式准则第 25 号——上市公司非公开发行股票预案和发行情况报告书》的要求编制。

保荐人关于本次发行过程和认购对象合规性的报告中应当详细记载本次发行的全部过程，列示发行对象的申购报价情况及其获得配售的情况，并对发行结果是否公平、公正，是否符合非公开发行股票的有关规定发表意见。

报价在发行价格之上的特定对象未获得配售或者被调减配售数量的,保荐人应当向该特定对象说明理由,并在报告书中说明情况。

发行人律师关于本次发行过程和认购对象合规性的报告中应当详细认证本次发行的全部过程,并对发行过程的合规性、发行结果是否公平、公正,是否符合非公开发行股票的有关规定发表明确意见。发行人律师应当对认购邀请书、申购报价表、正式签署的股份认购合同及其他有关法律文书进行见证,并在报告书中确认有关法律文书合法有效。

(四)发行期间股票停牌要求

非公开发行股票的发行期间无须停牌,公开增发及配股的发行期间停牌要求如表3-31和表3-32所示。

**表3-31 公开增发**

| 阶段 | 工作内容 | 停牌要求 |
| --- | --- | --- |
| T-1日 | 提交《增发提示性公告》和停牌申请 | |
| T日 | 刊登《增发提示性公告》,网上、网下申购日,网下申购定金缴款日 | 全天停牌 |
| T+1日 | 网下申购定金验资日 | |
| T+2日 | 网上申购资金验资日,确定网上、网下发行数量,计算配售比例;提交"增发结果公告" | |
| T+3日 | 在媒体刊登增发结果公告 | 复牌 |

注:T为网上申购日。

**表3-32 配 股**

| 阶段 | 工作内容 | 停牌要求 |
| --- | --- | --- |
| R+1至R+5日 | 配股缴款期(应至少刊登三次《配股提示性公告》) | 全天停牌(公司股票及其衍生品) |
| R+6日 | 登记公司网上清算 | |

注:R为股权登记日。

(五)上市时间的安排

再融资发行完成后,发行人需办理上市申请等手续(承销保荐机构协助),主要有变更公司注册登记、办理股份登记手续、申请上市、签订上市协议书等。发行人上市申请需要交易所的核准,在相关手续办理完毕,上市申请经交易所核准后,即可披露上市公告书,新增股份上市。具体要求见表3-33和表3-34。

表 3－33　公开增发

| 阶段 | 时间 | 工作内容 | 责任方 |
|---|---|---|---|
| 增发股票上市申请 | L－3 日内 | 1. 在中国结算分公司办理验资、股份登记等相关手续<br>2. 在交易所办理增发上市申请相关手续 | 上市公司（或保荐机构） |
| | L－2 日内 | 刊登股份变动及增发股票上市公告（最晚需在L－1日刊登股份变动及增发股票上市公告） | 上市公司 |

注：L 为上市日。

表 3－34　配　股

| 阶段 | 时间 | 工作内容 | 责任方 |
|---|---|---|---|
| 配股上市申请 | L－4 日内 | 1. 在中国结算分公司办理余股认购、验资、股份登记等相关手续<br>2. 在交易所办理配股上市申请相关手续 | 上市公司（或保荐机构） |
| | L－3 日内 | 刊登股份变动及获配股票上市公告（最晚需在L－1 日刊登股份变动及获配股票上市公告） | 上市公司 |

注：L 为获配股份上市日。

# 第四章

# 融资新发展

将融资简单进行“二分法”划分，即“股权融资”“债权融资”已经远远无法满足公司融资以及市场上投资者的各种融资及投资需求。随着金融创新的发展，越来越多介于“股债”之间模糊地带的金融产品或融资工具开始大规模地引入融资市场，如可转债、可交债、优先股、永续债、REITs等。我们挑选较为典型的四种融资工具，即明股实债、可转换债券、可交换债券、有限合伙融资进行系统的梳理及介绍。

## 第一节　明股实债类融资

### 一、明股实债融资概述

明股实债并非一个标准化的融资产品，而是市场对特定以股权形式进行债务融资的一种统称，即在形式上以股权方式进行投资，但实质上通过协议方式又约定了保底、刚兑等条款，保证其投资本金及收益，变相起到了债权投资的效果。

参照银监会2013年3月发布的《关于规范商业银行理财业务投资运作有关问题的通知》（银监发〔2013〕8号）（已失效）。虽然该文件已经失效，但该文件中第一次明确提出了非标准化债权的概念，并指出未在银行间市场及证券交易所市场交易的债权性资产，包括但不限于信贷资产、信托贷款、委托债权、承兑汇票、信用证、应收账款、各类受（收）益权、带回购条款的股权性融资等。其中的“带回购条款的股权性融资”可以视为明股实债的一种典型方式。

中国证券投资基金业协会于2017年2月13日公布的《证券期货经营机构私募资产管理计划备案管理规范第4号——私募资产管理计划投资房地产开发企业、项目》(以下简称《备案管理规范第4号》),其中对明股实债有非常明确的定义。

本规范所称名股实债,是指投资回报不与被投资企业的经营业绩挂钩,不是根据企业的投资收益或亏损进行分配,而是向投资者提供保本保收益承诺,根据约定定期向投资者支付固定收益,并在满足特定条件后由被投资企业赎回股权或者偿还本息的投资方式,常见形式包括回购、第三方收购、对赌、定期分红等。

由上述定义可知,明股实债具有如下特征:

(1)投资回报不与被投资企业的经营业绩挂钩,不是根据企业的投资收益或亏损进行分配;

(2)向投资者提供保本保收益承诺,根据约定定期向投资者支付固定收益;

(3)在满足特定条件后由被投资企业赎回股权或者偿还本息。

除明股实债的上述特征外,《备案管理规范第4号》文件还对明股实债所采取的交易方式进行了较为简要的列举,如回购、第三方收购、对赌、定期分红等。

### (一)明股实债融资的政策限制

由上述定义可知,名股实债是指投资回报不与被投资企业的经营业绩挂钩,不是根据企业的投资收益或亏损进行分配,而是向投资者提供保本保收益承诺,根据约定定期向投资者支付固定收益,并在满足特定条件后由被投资企业赎回股权或者偿还本息的投资方式。

但从财务报表的角度分析,股权融资被列入权益类科目,而非负债类科目,这就会导致通过明股实债融资的融资主体,如果仅仅从财务报表角度分析公司的资产和负债情况,与实际情况相比是严重失真的,无法真实体现公司的资产负债率。此外,明股实债可以绕开一些授信的额度限制及放贷限制,因此通过明股实债方式融资也规避了很多的信贷政策。换言之,如果某些融资主体或行业不能直接通过银行贷款、发债等进行债务融资,而期望通过明股实债方式进行变相债务融资,理论上会受到各种政策的限制。

我国传统司法实践中,对以股权形式进行债务融资即持否定态度,参照1990年11月12日发布的《最高人民法院关于审理联营合同纠纷案件若干问题的解答》(法〔经〕发〔1990〕27号)第4条,关于联营合同中的保底条款问题的规定中,(1)联营合同中的保底条款,通常是指联营一方虽向联营体投资,并参与共同经营,分享联营的盈利,但不承担联营的亏损责任,在联营体亏损时,仍要收回其出资和收取固定利润的条款。保底条款违背了联营活动中应当遵循的共负盈亏、共担风险的原则,损害了其他联营方和联营体的债权人的合法权益,因此,应当确认无效。(2)企业法人、事业法人作为联营一方向联营体投资,但不参加共同经营,也不承担联营的风险责任,不论盈亏均按期收回本息,或者按期收取固定利润的,是明为联营,实为借贷,违反了有关金融法规,应当确认合同无效。除本金可以返还外,对出资方已经取得或者约定取得的利息应予收缴,对另一方则应处以相当于银行利息的罚款。

**1. 对房地产行业融资主体的融资限制**

2008 年 10 月 28 日发布的《中国银监会办公厅关于加强信托公司房地产、证券业务监管有关问题的通知》(银监办发〔2008〕265 号)第 1 条指出,严禁向未取得国有土地使用证、建设用地规划许可证、建设工程规划许可证、建设工程施工许可证("四证")的房地产项目发放贷款,严禁以投资附加回购承诺、商品房预售回购等方式间接发放房地产贷款。严禁向房地产开发企业发放流动资金贷款,严禁以购买房地产开发企业资产附回购承诺等方式变相发放流动资金贷款。

2009 年 3 月 25 日中国银监会发布的《关于支持信托公司创新发展有关问题的通知》(银监发〔2009〕25 号)规定,申请贷款的房地产开发项目资本金比例应不低于 35%(经济适用房除外)。信托公司以投资附加回购承诺方式对房地产开发项目的间接融资适用上述规定。严禁信托公司以商品房预售回购的方式变相发放房地产贷款。

2009 年 9 月 1 日发布的《中国银监会关于信托公司开展项目融资业务涉及项目资本金有关问题的通知》(银监发〔2009〕84 号)规定,信托公司不得将债务性集合信托计划资金用于补充项目资本金,以达到国家规定的最低项目资本金要求。前述债务性集合信托计划资金包括以股权投资附加回购承诺(含投资附加关联方受让或投资附加其他第三方受让的情形)等方式运用的信托资金。

2010 年 8 月 5 日发布的《中国银监会关于规范银信理财合作业务有关事项的通知》(银监发〔2010〕72 号)中规定,信托公司信托产品均不得设计为开放式。上述信托公司融资类银信理财合作业务包括但不限于信托贷款、受让信贷或票据资产、附加回购或回购选择权的投资、股票质押融资等类资产证券化业务。

**2. 对政府融资平台主体的融资限制**

2017 年 5 月 30 日,国务院公布的《关于开展第四次大督查的通知》(国发明电〔2017〕1 号)规定,防范重点领域风险。防范化解不良资产风险,严密防范流动性风险，有效防控影子银行风险，防范处置债券违约风险情况。稳妥推进地方政府存量债务置换，降低政府债务成本，查处违法违规融资担保，严控"明股实债"等变相举债行为。

**3. 金融行业对回购的融资限制**

2013年3月25日发布的《中国银监会关于规范商业银行理财业务投资运作有关问题的通知》（银监发〔2013〕8号）（已失效）中明确规定，商业银行不得为非标准化债权资产或股权性资产融资提供任何直接或间接、显性或隐性的担保或回购承诺。

2016年4月12日，国务院办公厅关于印发《互联网金融风险专项整治工作实施方案》的通知（国办发〔2016〕21号）规定，股权众筹平台不得发布虚假标的，不得自筹，不得"明股实债"或变相乱集资，应强化对融资者、股权众筹平台的信息披露义务和股东权益保护要求，不得进行虚假陈述和误导性宣传。

2018年4月27日，中国人民银行、中国银行保险监督管理委员会、中国证券监督管理委员会、国家外汇管理局发布《关于规范金融机构资产管理业务的指导意见》（银发〔2018〕106号），规定主营业务不包括资产管理业务的金融机构应当设立具有独立法人地位的资产管理子公司开展资产管理业务，强化法人风险隔离，暂不具备条件的可以设立专门的资产管理业务经营部门开展业务。金融机构不得为资产管理产品投资的非标准化债权类资产或者股权类资产提供任何直接或间接、显性或隐性的担保、回购等代为承担风险的承诺。

（二）相关法律规范

明股实债类融资需符合相应法律法规及其他规范性文件的规定，主要涉及中国银监会（已撤销）颁布的部门规范，见表4－1。

**表4－1　明股实债融资相关法律规范**

| 序号 | 文件名称 | 生效时间 | 颁布机关 |
|---|---|---|---|
| 1 | 中国银监会办公厅关于加强信托公司房地产、证券业务监管有关问题的通知 | 2008.10.28 | 银监会 |
| 2 | 中国银监会关于支持信托公司创新发展有关问题的通知 | 2009.03.25 | 银监会 |
| 3 | 中国银监会关于信托公司开展项目融资业务涉及项目资本金有关问题的通知 | 2009.09.03 | 银监会 |

续表

| 序号 | 文件名称 | 生效时间 | 颁布机关 |
|---|---|---|---|
| 4 | 中国银监会关于规范银信理财合作业务有关事项的通知 | 2010.08.05 | 银监会 |
| 5 | 关于贯彻国务院关于加强地方政府融资平台公司管理有关问题的通知相关事项的通知 | 2010.07.30 | 财政部、国家发展和改革委员会、中国人民银行、银监会 |
| 6 | 中国银监会非银部关于进一步落实信托公司、金融租赁公司地方政府融资平台清查工作的通知 | 2011.03.02 | 银监会 |
| 7 | 互联网金融风险专项整治工作实施方案 | 2016.04.12 | 国务院办公厅 |

(三)明股实债融资的主要模式

由于明股实债的约定为当事人之间意思自治的范畴,因此其类型较难归纳,不过通常来说可以划分为以下几种类型:

**1. 股权收益转让附回购**

股权收益转让附回购,是指转让方(母公司)将因持有子公司股权而享有的取得标的股权产生的全部收入(扣除相应税费等必要支出)的财产性权利(股权的收益权)转让给受让方,并且转让方在约定期限内向受让方回购。股权收益转让附回购中各方关系如图4-1所示,实践中该操作不变更在工商行政管理部门的股权权属登记,但会将该股权质押给受让方,融资主体是母公司。

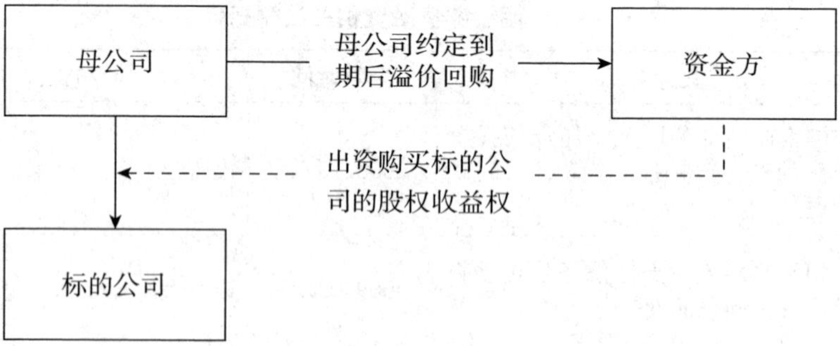


**图4-1　股权收益转让附回购**

**2. 股权转让附股权回购**

股权转让附回购，是指转让方将持有的子公司股权转让给受让方，并约定转让方在约定期限内回购股权。股权转让附股权回购中各方关系如图 4－2 所示，实践中该操作须变更在市场监督管理部门的股权权属登记，并且会将该股权质押给受让方，融资主体是母公司。

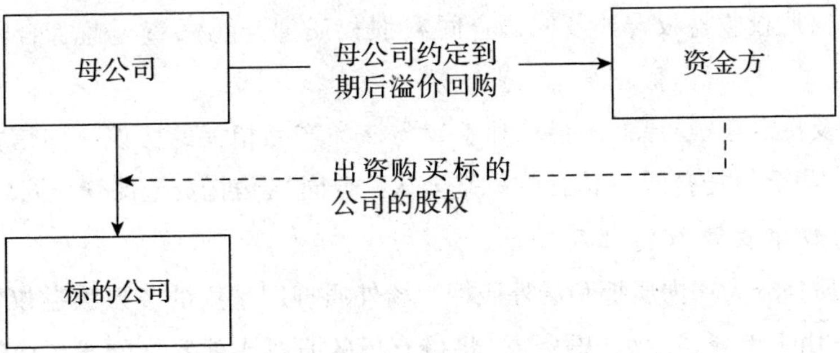


**图 4－2 股权转让附股权回购**

**3. 增资附股权回购**

增资附股权回购，是指增资方对母公司持有的子公司（项目公司）进行增资，并约定母公司在约定期限内向增资方回购增资部分的股权。增资附股权回购中各方关系如图 4－3 所示，实践中该操作变更在市场监督管理部门的股权权属登记，但融资主体为项目公司。

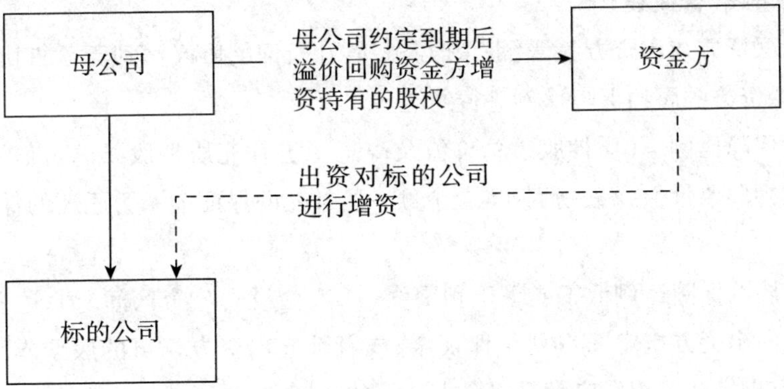


**图 4－3 增资附股权回购**

当然，明股实债模式不仅限于上述三种方式，且投资当中可能附带有很多变种性条款，如有可能涉及优先股、股转债、定期分红、对赌条款、业绩承诺、附带关联方借款等。此外，回购方的远期回购一般为在原本金基础上的溢价回购，溢价金额通常为各方事先约定的固定收益。

## 二、明股实债具体业务介绍

### (一)股权收益权转让附回购

实践中,如双方拟采用股权收益权转让及回购方式进行融资,一般会签署如下法律文件:《股权收益权转让及回购合同》《股权质押合同》《资金监管合同》《保证合同》等。

如涉及特定金融产品,还会单独签署与该类产品相关的协议。如信托项目会单独签署《集合信托合同》《信托保障基金认购合同》《信托资金保管合同》等。

### (二)股票收益权转让及回购

股票质押分为场内质押和场外质押。场外质押即采用的股票收益权转让及回购的方式,由上市公司股东(融资方)将持有标的股票或处置标的股票而产生的收入、股息红利等收益性权利转让给出资方,并约定一定期限内融资方溢价回购。同时,融资方会在约定期限内将其持有的标的股票质押给出资方,并在证券登记机构办理质押登记。

由于股票具有较高的流动性,且价格波动大的特点,相比一般的股权收益权转让及回购业务,股票收益权转让及回购业务有其自身特殊的风控要求,如会对质押的股票设置预警线及平仓线,用以控制出资方的风险。

**1. 预警线(警戒线)**

一般融资方与出资方签署《股票收益权转让及回购协议》《股票质押协议》等文件,并对融资方的履约保障比例进行约定。

履约保障比例 =(质押股票总价值及孳息 + Σ补充质押股票的价值 - Σ解除质押的质押股票价值)/(主债权本金余额 - Σ补充的保证金 + Σ返还的保证金)× 100%。

如果履约保障比例低于或等于预警线(一般会设立一个区间)时,融资方应当按照约定向出资方指定账户划付保证金,或者补充出资方认可的股票作为质押担保,融资方提供补充担保应满足出资方认可的程度。

**2. 平仓线**

平仓线全称为“最低维持担保比例平仓线”,是指在配资合作过程中,现有证券账户资金与初始证券账户资金亏损达到一定的比例时,出资方有权按照合同约定强行平仓,以达到止损的目的。

**3. 维持担保比例**

维持担保比例=(现金+信用证券账户内证券市值总和)/(融资买入金额+融券卖出证券数量×当前市价+利息及费用总和)。一般券商允许的这个比例最高是200%,也就是50万元最多融资融券100万元。

**4. 其他特殊事项**

一般情况下,融资方不会提前回购其质押的股票,但遇到特殊情形可以提前赎回,例:

(1)标的股票涉及跨市场吸收合并;

(2)标的股票被ST、*ST处理或被作出终止上市决定;

(3)融资方质押标的证券来源不合法;

(4)该股票因送股、公积金转增、配股、拆分股权等形成的派生股票或权益。

## 第二节　债转股类融资

### 一、债转股的发展历程

根据《公司注册资本登记管理规定》,债权转股权,是指债权人以其依法享有的对在中国境内设立的有限责任公司或者股份有限公司(以下统称公司)的债权,转为公司股权,增加公司注册资本的行为。

我国债转股的发展历程,以《关于市场化银行债权转股权的指导意见》(以下简称"54号文")的颁布作为分水岭,可以将债转股的发展分为两轮:第一轮为1999年年末,债转股被用于处理国有商业银行的不良资产,可称为"政策性债转股",是国有商业银行与国有企业的出资人(政府国有资产管理部门)通过核销债权和划转股份的方式实施的,即以行政划拨的方式实现商业银行对国有企业的债权向企业股权的转换。第二轮为2016年9月至今,侧重点转移到了降低企业负债率上,强调以市场化的手段实施债转股。两轮债转股在转股目的、转股主体、实施机构、标的债权、资金来源及退出机制等方面均有所不同,具体如表4-2所示。

**表4-2　政策性债转股与市场化债转股的区别**

| 不同之处 | 政策性债转股 | 市场化债转股 |
|---|---|---|
| 目的 | 处理国有商业银行不良资产 | 降低企业杠杆率、助推供给侧结构性改革 |
| 债转股企业 | 由国家经贸委草拟相关企业名单;再由资产管理(AMC)公司进行评审得出初审名单;由国家经贸委联合中国人民银行、财政部等审查;最后报国务院审批 | 由各相关主体自主协商而定("三鼓励""四禁止") |
| 实施机构 | 四大资产管理公司(AMC) | 金融资产管理公司、保险资管、国有资本投资运营公司、金融资产投资公司等多类型实施机构 |
| 标的债权 | 不良资产 | 以银行对企业发放贷款形成的债权为主(正常类、关注类和不良类贷款) |
| | | 适当考虑其他类型债权,包括但不限于财务公司贷款债权、委托贷款债权、融资租赁债权、经营性债权等 |
| | | 不包括民间借贷形成的债权 |
| 债权的价格 | 账面原值 | 公允价值 |
| 资金来源 | AMC向中国人民银行贷款以及向国有商业银行发行债券筹集资金 | 由实施机构充分利用各种市场化方式和渠道筹集 |
| 债转股后企业管理 | 不参与企业管理 | 保障实施机构享有的股东权利,在法律和公司章程规定范围内参与公司治理和企业的重大经营决策 |
| 退出机制 | 股权退出以企业回购为主 | 上市公司:可以依法转让退出;非上市公司:鼓励利用并购、全国中小企业股份转让系统挂牌、区域性股权市场交易、证券交易所上市等渠道实现转让退出 |

## 二、债转股相关法律法规

债转股可分为两个阶段,政策性债转股阶段和市场化债转股阶段。两个阶段颁布的主要法律法规见表4-3。

表 4－3　债转股相关法律法规

| 序号 | 生效日期 | 法律法规 |
|---|---|---|
| ➢ 政策性债转股阶段(1999 年开始) | | |
| 1 | 1999.07.30 | 《国家经贸委、中国人民银行关于实施债权转股权若干问题的意见》(国经贸产业(1999)727 号) |
| 2 | 2000.11.06 | 《国家经贸委关于债转股企业规范操作和强化管理的通知》 |
| 3 | 2001.06.14 | 《国家经济贸易委员会关于进一步规范债转股工作加强债转股企业改革管理的通知》(国经贸产业〔2001〕597 号) |
| 4 | 2002.05.28 | 《财政部关于部分债转股企业申请破产问题的意见》(财金函〔2002〕55 号) |
| 5 | 2003.02.23 | 《国务院办公厅转发国家经贸委财政部人民银行关于进一步做好国有企业债权转股权工作意见的通知》(国办发〔2003〕8 号) |
| 6 | 2004.10.29 | 《国务院国有资产监督管理委员会关于对债转股企业进行全面清理检查的通知》(国资发改组〔2004〕321 号) |
| 7 | 2004.12.30 | 《国务院办公厅转发财政部等部门关于推进和规范国有企业债权转股权工作意见的通知》(国办发〔2004〕94 号) |
| 8 | 2014.03.01 | 《公司注册资本登记管理规定》(国家工商行政管理总局令第 64 号)(已失效) |
| ➢ 市场化债转股阶段(2016 年开始) | | |
| 1 | 2016.09.22 | 《国务院关于积极稳妥降低企业杠杆率的意见》(国发〔2016〕54 号) |
| 2 | 2016.09.22 | 国发〔2016〕54 号附件:《关于市场化银行债权转股权的指导意见》 |
| 3 | 2016.12.19 | 《市场化银行债权转股权专项债券发行指引》(发改办财金〔2016〕2735 号) |
| 4 | 2017.07.15 | 《国家发展改革委办公厅关于发挥政府出资产业投资基金引导作用推进市场化银行债权转股权相关工作的通知》(发改办财金〔2017〕1238 号) |
| 5 | 2018.01.01 | 《金融资产管理公司资本管理办法(试行)》(银监发〔2017〕56 号) |
| 6 | 2018.01.19 | 《关于市场化银行债权转股权实施中有关具体政策问题的通知》(发改财金〔2018〕152 号) |
| 7 | 2018.04.27 | 《关于规范金融机构资产管理业务的指导意见》(银发〔2018〕106 号) |

续表

| 序号 | 生效日期 | 法律法规 |
| --- | --- | --- |
| 8 | 2018.06.29 | 《金融资产投资公司管理办法(试行)》(中国银行保险监督管理委员会2018年第4号) |
| 9 | 2018.07.05 | 《关于做好市场化债转股项目信息报送平台上线相关工作的通知》(发改办财金〔2018〕826号) |
| 10 | 2018.07.05 | 《关于做好市场化债转股意向企业信息填报展示相关工作的通知》(发改办财金〔2018〕835号) |
| 11 | 2018.11.13 | 《关于鼓励相关机构参与市场化债转股的通知》(发改办财金〔2018〕1442号) |
| 12 | 2019.07.26 | 《2019年降低企业杠杆率工作要点》(发改财金〔2019〕1276号) |

## 三、市场化债转股企业应具备的条件

根据现有法律法规及实践经验,一般情况下市场化债转股企业应具备的条件及禁止性规定如表4-4所示。

**表4-4　市场化债转股企业应具备的条件**

| | |
| --- | --- |
| 应具备的条件 | 发展前景较好,具有可行的企业改革计划和脱困安排 |
| | 主要生产装备、产品、能力符合国家产业发展方向,技术先进,产品有市场,环保和安全生产达标 |
| | 信用状况较好,无故意违约、转移资产等不良信用记录 |
| 三个鼓励(发展前景良好但遇到暂时困难) | 因行业周期性波动导致困难但仍有望逆转的企业 |
| | 因高负债而财务负担过重的成长型企业,特别是战略性新兴产业领域的成长型企业 |
| | 高负债居于产能过剩行业前列的关键性企业以及关系国家安全的战略性企业 |
| 四个禁止 | 扭亏无望、已失去生存发展前景的"僵尸企业" |
| | 有恶意逃废债行为的企业 |
| | 债权债务关系复杂且不明晰的企业 |
| | 有可能助长过剩产能扩张和增加库存的企业 |

## 四、债转股操作模式

### (一)收债转股模式

收债转股模式,是指先承接债权再将债权转为股权。它是在债务人与债权人当前债务关系的存量基础上进行的会计调整,是双方关系的一种重新定义。在上一轮政策性债转股时,财政部出资的四大资产管理公司对口承接四家国有大型商业银行的不良贷款,针对尚不需要破产清算的债务企业,资产管理公司对其实施债转股,即以股抵债。从目前签约和落地的市场化债转股方案来看,收债转股模式不太受债转股实施机构的青睐。其主要原因在于,如果采用该模式,银行往往要先将债权折价出售给债转股实施机构,实施机构再以债权入股企业;而在大型企业债权人众多、谈判周期长、成本高的背景下,银行的积极性自然不是太高。《关于市场化银行债权转股权实施中有关具体政策问题的通知》指出:“允许采用股债结合的综合性方案降低企业杠杆率,鼓励以收债转股模式开展市场化债转股,方案中含有以股抵债或发股还债安排的按市场化债转股项目报送信息。”因此,“收债转股”模式值得在后续债转股工作中予以进一步关注。

收债转股涉及债权折价问题,不良贷款折扣率一般为3~4折,银行需要用已计提拨备核销资产转让所造成的损失。

### (二)入股还债模式

入股还债模式是指债转股实施机构先以股权投资的形式给高负债企业增资扩股,企业再以该笔注资偿还银行债务。入股还债比较有代表性的是基金模式,即由商业银行债转股实施主体、转股企业、社会资金等成立债转股私募股权投资基金,然后以基金形式入股企业,置换出银行债权。在入股还债的模式下,企业拿新增资本金全额偿还银行贷款,各方均不需计提损失。目前银行实施市场化债转股大部分采用入股还债的基金模式。

其中,比较有代表性的是并表基金模式,即由债转股实施主体(一般为商业银行)、被转股企业和社会资金三方共同发起设立基金,并以有限合伙的形式入股企业,通过合伙协议将基金并入少数股东权益,用于偿还债务,降低企业的资产负债率。从目前签约和落地的市场化债转股方案来看,入股还债模式已成为主流。需要强调的是,不同于收债转股模式,入股还债模式是在具体实践操作过程中,通过引入新股东(通常是社会资金),实现三方的重新安排。

入股还债模式之所以成为本轮市场化债转股的主流模式,有以下三个主要原因:一是该模式下实施机构通常选择正常类或关注类贷款,银行债权按照账面价值全部转换为股权,企业新增的资本金按照1:1的比例全额偿还银行贷款,一般不涉及银行债权的折价问题。这不但减少了道德风险和操作风险,也最大限度地保护了各方推进转股工作的积极性。二是发起设立有限合伙基金的模式有利于市场化募集资金,可以针对不同风险和回报水平,对不同类型的投资者加以隔离和区分。三是增强了操作便利性,减少了众多债权人集体协商谈判折价条款等环节,也有利于促进银行交叉实施债转股。从实践来看,对象企业增资扩股后往往倾向于优先偿还他行贷款,以维护自身在优质企业信贷市场的份额。

(三)股债结合模式

股债结合模式一般是指银行债转股实施机构在跟企业签订债转股协议时,通常还会为其新增授信,并提供综合性金融服务。例如,工商银行与山东黄金集团的债转股方案中,包括200亿元的战略合作融资额度。再如,2018年1月初,陕西建工集团按照市场化原则完成债转股81.03亿元,其中资金来源包括通过向机构投资者发行永续债等企业债,筹集股权性资金34亿元。

(四)债转优先股模式

债转优先股模式是指债转股实施机构将债权转换为被转股企业的优先股。优先股是在清偿阶段针对公司剩余财产和利润等优先于普通股股东分配,但参与公司治理的权利受到限制的一种介于股权和债权两者之间的股份种类,也是在发达国家资本市场,尤其是并购市场上十分常用的"混合型"权益融资工具。

## 第三节　可转换债券(CB)融资

### 一、可转换债券融资概述

可转换公司债券(以下简称可转换债券或可转债),是指发行公司依法发行,在一定期间内依据约定的条件可以转换成股份的公司债券。

从发行主体划分,发行可转换公司债券可以是上市公司,也可以是非上市公众公司。

从发行方式划分,发行可转债公司债券可以是非公开发行,也可以是公开发行。

除此之外,依据《上市公司证券发行管理办法》的规定,可转换公司债券的期限最短为1年,最长为6年。可转换公司债券每张面值100元。其利率由发行公司与主承销商协商确定,但必须符合国家的有关规定。可转换公司债券自发行结束之日起6个月后方可转换为公司股票,转股期限由公司根据可转换公司债券的存续期限及公司财务状况确定。

(一)何为可转换债券融资

可转换债券,是指在一定时间内可以按照既定的转股价格转换为指定股票(所谓"正股")的债券。转股权是可转债持有者的权利,而非义务,投资者可以选择转股也可以选择继续持有转债。除了转股权外,可转债还包含了发行人赎回条款、回售条款和向下修正等条款。

可转换公司债券的构成大致如下:

可转换债券 = 债底 + 转股权 + 赎回条款 + 回售条款 + 下修条款

**1. 上市公司公开发行可转换公司债券的条件**

上市公司公开发行可转换公司债券的一般规定,与上市公司公开发行股票的条件相同。除此之外,上市公司公开发行可转换债券,还有一些特殊的条件。

(1)财务指标

公开发行可转换公司债券的公司,应当符合下列规定。

①最近3个会计年度加权平均净资产收益率平均不低于6%,扣除非经常性损益后的净利润与扣除前的净利润相比,以低者作为加权平均净资产收益率的计算依据;

②本次发行后累计公司债券余额不超过最近一期末净资产额的40%;

③最近3个会计年度实现的年均可分配利润不少于公司债券1年的利息。

(2)期限要求

可转换公司债券的期限最短为1年,最长为6年。

(3)发行利率

可转换公司债券每张面值100元。可转换公司债券的利率由发行公司与主承销商协商确定,但必须符合国家的有关规定。

(4)评级要求

公开发行可转换公司债券,应当委托具有资格的资信评级机构进行信用评级和跟踪评级。资信评级机构每年至少公告一次跟踪评级报告。

(5)担保要求

公开发行可转换公司债券,应当提供担保,但最近一期末经审计的净资产不低于人民币15亿元的公司除外。提供担保的,应当为全额担保,担保范围包括债券的本金及利息、违约金、损害赔偿金和实现债权的费用。以保证方式提供担保的,应当为连带责任担保,且保证人最近一期经审计的净资产额应不低于其累计对外担保的金额。证券公司或上市公司不得作为发行可转债的担保人,但上市商业银行除外。设定抵押或质押的,抵押或质押财产的估值应不低于担保金额。估值应经有资格的资产评估机构评估。

(6)转股期限及转股选择权

可转换公司债券自发行结束之日起6个月后方可转换为公司股票,转股期限由公司根据可转换公司债券的存续期限及公司财务状况确定。债券持有人对转换股票或者不转换股票有选择权,并于转股的次日成为发行公司的股东。

(7)转股价格及调整机制

转股价格应不低于募集说明书公告日前20个交易日该公司股票交易均价和前一交易日的均价。转股价格,是指募集说明书事先约定的可转换公司债券转换为每股股份所支付的价格。

募集说明书应当约定转股价格调整的原则及方式。发行可转换公司债券后,由于配股、增发、送股、派息、分立及其他原因引起上市公司股份变动的,应当同时调整转股价格。

(8)赎回条款

募集说明书可以约定赎回条款,规定上市公司可按事先约定的条件和价格赎回尚未转股的可转换公司债券。

(9)回售条款

募集说明书可以约定回售条款,规定债券持有人可按事先约定的条件和价格将所持债券回售给上市公司。募集说明书应当约定,上市公司改变公告的募集资金用途的,赋予债券持有人一次回售的权利。

(10)下修条款

募集说明书约定转股价格向下修正条款的,应当同时约定:转股价格修正方案须提交公司股东大会表决,且须经出席会议的股东所持表决权的2/3以上同意。股东大会进行表决时,持有公司可转换债券的股东应当回避。修正后的转股价格不低于前项规定的股东大会召开日前20个交易日该公司股票交易均价和前一交易日的均价。

**2. 优先配售权**

公司发行可转债可以全部或者部分向原持有公司股票的股东(原股东)优先配

售，优先配售比例应当在发行方案中披露。原股东优先配售后，余额部分用于网上、网下申购。原股东除可参与优先配售外，还可参与优先配售后的余额申购。

**3. 可转换债券持有人会议要求**

公开发行可转换公司债券，应当约定保护债券持有人权利的办法，以及债券持有人会议的权利、程序和决议生效条件。

存在下列事项之一的，应当召开债券持有人会议：拟变更募集说明书的约定；发行人不能按期支付本息；发行人减资、合并、分立、解散或者申请破产；保证人或者担保物发生重大变化；其他影响债券持有人重大权益的事项。

**4. 可转换债券的核心条款对比**

参考上市公司披露的可转换债券募集说明书，可转换债券中会有涉及转股条款、下修条款、回售条款、赎回条款等内容，示例如表4－5所示。

**表4－5　可转债的核心条款**

| 可转债涉及条款 | 具体内容/参考条款 |
|---|---|
| 纯债相关条款 | 可转债票息一般远低于相似公司发行的纯债；票息多为递增结构，首年票息一般较低 |
| 转股相关条款 | 转股价不得低于募集说明书公布前20日均价和前一交易日均价（孰高原则）；可转债有转股期的，进入转股期后可转股。目前可转债的转股期一般为可转债发行完成6个月后。进入转股期后，投资者可随时转股；募集说明书中载明转股价，投资者在转股时以面值转股，即每张转债可转为“100/转股价”份正股。转股所得股票为公司新发行的股票，因而对股价有稀释效应；发生分红、送转等事件时，可转债的转股价将随之进行调整 |
| 下修条款 | 当公司股票在任意连续20个交易日中至少有10个交易日的收盘价低于当期转股价格85%时，公司董事会有权提出转股价格向下修正方案并提交本公司股东大会表决 |
| 回售条款 | 在本可转债的最后2个计息年度，如果公司股票收盘价连续30个交易日低于当期转股价格的70%，可转债持有人有权将其持有的可转债全部或部分按面值的108%（含当期应计利息）回售给公司 |
| 赎回条款 | 在转股期内，如果公司A股股票在任何连续30个交易日中至少15个交易日的收盘价格不低于当期转股价格的130%（含130%），公司有权决定按照债券面值加当期应计利息赎回全部或部分未转股的可转债 |

## (二)相关法律规范

**表4-6 可转债相关法律规范**

| 序号 | 文件名称 | 发布时间 | 颁布机关 |
|---|---|---|---|
| 1 | 《上市公司证券发行管理办法》(2020修订) | 2020.02.14 | 证监会 |
| 2 | 《公司债券发行与交易管理办法》(2021修订) | 2021.02.26 | 证监会 |
| 3 | 《上海证券交易所上市公司可转换公司债券发行实施细则》(2018修订) | 2018.12.28 | 上海证券交易所 |
| 4 | 《深圳证券交易所可转换公司债券业务实施细则》(2018修订) | 2018.12.28 | 深圳证券交易所 |
| 5 | 《非上市公司非公开发行可转换公司债券业务实施办法》 | 2019.08.30 | 上海证券交易所、全国中小企业股份转让系统有限责任公司、中国证券登记结算有限责任公司 |
| 6 | 《非上市公司非公开发行可转换公司债券业务实施办法》 | 2019.08.30 | 深圳证券交易所、全国中小企业股份转让系统有限责任公司、中国证券登记结算有限责任公司 |

## (三)可转换债券的融资现状

截至2019年9月,在上海证券交易所及深圳证券交易所的可转债发行情况见表4-7至表4-9。

**表4-7 2009~2019年9月可转债统计**

| 年份 | 可转债家数(家) | 可转债募集资金(亿元) |
|---|---|---|
| 2019 | 78 | 1658.546 |
| 2018 | 77 | 1071.097 |
| 2017 | 23 | 602.723 |
| 2016 | 12 | 226.516 |

续表

| 年份 | 可转债家数(家) | 可转债募集资金(亿元) |
| --- | --- | --- |
| 2015 | 3 | 93.800 |
| 2014 | 12 | 311.188 |
| 2013 | 9 | 551.310 |
| 2012 | 4 | 157.052 |
| 2011 | 9 | 413.200 |
| 2010 | 8 | 717.300 |
| 2009 | 6 | 46.610 |

数据来源:wind 数据库。

**表4－8　可转债的行业分布情况**

| 行业名称 | 可转债发行(亿元) | 可转债家数(家) |
| --- | --- | --- |
| 运输 | 206.80 | 9 |
| 资本货物 | 555.64 | 35 |
| 耐用消费品与服装 | 123.47 | 11 |
| 材料Ⅱ | 512.41 | 50 |
| 制药、生物科技与生命科学 | 108.19 | 13 |
| 技术硬件与设备 | 347.26 | 27 |
| 软件与服务 | 91.74 | 10 |
| 半导体与半导体生产设备 | 42.61 | 3 |
| 医疗保健设备与服务 | 14.44 | 3 |
| 食品、饮料与烟草 | 119.31 | 11 |
| 汽车与汽车零部件 | 144.62 | 15 |
| 零售业 | 8.21 | 1 |
| 银行 | 2240.00 | 13 |
| 商业和专业服务 | 59.87 | 8 |
| 媒体Ⅱ | 125.91 | 8 |
| 能源Ⅱ | 230.00 | 1 |

续表

| 行业名称 | 可转债发行(亿元) | 可转债家数(家) |
|---|---|---|
| 多元金融 | 226.50 | 5 |
| 房地产Ⅱ | 27.80 | 2 |
| 食品与主要用品零售Ⅱ | 34.30 | 4 |
| 消费者服务Ⅱ | 7.00 | 1 |
| 公用事业Ⅱ | 363.25 | 10 |
| 家庭与个人用品 | | |
| 电信服务Ⅱ | | |
| 保险Ⅱ | 260.00 | 1 |

数据来源:wind 数据库。

**表4-9　各地区可转债发行情况**

| 省(直辖市、自治区) | 可转债发行(亿元) | 可转债家数(家) |
|---|---|---|
| 上海 | 355.65 | 12 |
| 浙江 | 480.26 | 33 |
| 江苏 | 602.42 | 30 |
| 福建 | 105.51 | 9 |
| 广东 | 927.79 | 45 |
| 北京 | 2220.61 | 28 |
| 湖北 | 128.13 | 9 |
| 西藏 | 6.40 | 1 |
| 辽宁 | 97.15 | 3 |
| 山东 | 199.56 | 13 |
| 海南 | 3.20 | 1 |
| 贵州 | 16.00 | 1 |
| 湖南 | 70.28 | 5 |
| 天津 | 68.90 | 4 |
| 河南 | 92.12 | 5 |
| 陕西 | 39.40 | 3 |

续表

| 省(直辖市、自治区) | 可转债发行 | 可转债家数(家) |
| --- | --- | --- |
| 四川 | 175.63 | 10 |
| 山西 | 3.40 | 1 |
| 安徽 | 96.37 | 10 |
| 河北 | — | — |
| 新疆 | 18.76 | 2 |
| 甘肃 | 13.81 | 2 |
| 吉林 | 56.73 | 3 |
| 云南 | 6.03 | 1 |
| 黑龙江 | 9.58 | 3 |
| 江西 | 13.48 | 2 |
| 广西 | 4.30 | 1 |
| 重庆 | 19.14 | 3 |
| 宁夏 | — | — |
| 内蒙古 | 18.75 | 1 |
| 青海 | — | — |

数据来源:wind 数据库。

## 二、可转换债券发行规则

### (一)可转债发行的基本要求

**1. 原股东优先配售且可参与余额申购**

上市公司发行可转债可以全部或者部分向原持有公司股票的股东优先配售,优先配售比例应当在发行方案中披露。原股东优先配售后的余额部分用于网上、网下申购。原股东除可参与优先配售外,还可参与优先配售后的余额申购。

**2. 网上发行采取信用申购**

除原股东优先配售的部分外,投资者网上申购日(T 日,下同)当天无须缴纳申购资金。T+2 日,网上投资者应根据中签结果公告准备足额认购资金。

**3. 网上信用申购违约惩戒机制**

投资者连续 12 个月内累计出现 3 次中签但未足额缴款的情形时,自中国证券登记结算有限责任公司(以下简称中国结算)上海分公司收到弃购申报的次日起 6

个月(按180个自然日计算,含次日)内不得参与新股、可转债、可交换公司债券的申购;且放弃认购的次数按照投资者实际放弃认购的新股、可转债与可交换公司债券次数合并计算。

**4.网下发行保证金缴纳方式**

机构投资者可以参与主承销商自行组织的网下申购,网下申购保证金缴纳金额、违约时申购保证金的处理方式由主承销商在发行方案中明确并披露,承销商可向网下单一申购账户收取不超过50万元的申购保证金。

**5.投资者账户管理与申购行为**

投资者参与网上公开发行可转债的申购,只能使用一个证券账户。同一投资者使用多个证券账户参与同一可转债申购的,以及投资者使用同一证券账户多次参与同一只可转债申购的,以该投资者的第一笔申购为有效申购,其余申购均为无效申购。不合格、休眠和注销的证券账户不得参与可转债的申购。因违反信用申购违约惩戒机制纳入黑名单的账户,交易所对其申购作无效处理。

**6.交易所可依实际情况调整申购方式**

可转债申购最小单位为1手(1000元),网上申购数量应当为1手或1手的整数倍。为保证申购的有序进行,防止市场过热给技术系统造成巨大压力,同时规定上交所可根据市场情况和技术系统承载能力调整申购单位、最大申购数量、申购时间,并向市场公告。

(二)可转换公司债券发行前的准备工作

可转换债券的发行前的相关工作如下:

**1.沟通发行方案**

根据《证券发行与承销管理办法》的相关规定,上市公司发行证券,存在利润分配方案、公积金转增股本方案尚未提交股东大会表决或者虽经股东大会表决通过但未实施的,应当在方案实施后发行。相关方案实施前,主承销商不得承销上市公司发行的证券。

可转换公司债券发行工作正式开始前(披露发行公告之前),发行人及保荐人应在发行方案基本确定时作出初步判断,如果拟订的发行方案与深圳市场上已实施过的发行方式有所不同,发行人及保荐机构应当至少在披露发行公告3个交易日前与交易所业务负责人联系,尽早与交易所就发行方案的要点进行充分沟通,以确保发行方案的顺利实施。公司管理部门负责创新方案实施的内部协调,并与结算公司沟通。根据方案的不同,在经过充分的内部协调后,告知发行人及保荐机构该方案是否可行,如可行,交易所完成系统准备的最后时间。

**2. 网上可转债发行业务有关要点**

(1)主板、中小板上市公司可转债申购代码为"07××××",其中"××××"为上市公司股票代码后四位;申购简称为"××发债",其中"××"取自上市公司股票简称。

创业板上市公司可转债申购代码为"37××××",其中"××××"为上市公司股票代码后四位;申购简称为"××发债",其中"××"取自上市公司股票简称。

(2)主板、中小板上市公司可转债老股东优先配售代码为"08××××",其中"××××"为上市公司股票代码后四位;配售简称为"××配债",其中"××"取自上市公司股票简称。

创业板上市公司可转债老股东优先配售代码为"38××××",其中"××××"为上市公司股票代码后四位;配售简称为"××配债",其中"××"取自上市公司股票简称。

(3)投资者参与可转债网上申购只能使用一个证券账户。同一投资者使用多个证券账户参与同一只可转债申购的,或投资者使用同一证券账户多次参与同一只可转债申购的,以该投资者的第一笔申购为有效申购,其余申购均为无效申购。

确认多个证券账户为同一投资者持有的原则为证券账户注册资料中的"账户持有人名称""有效身份证明文件号码"均相同。证券账户注册资料以T-1日日终为准。

(4)如本次发行安排对原股东优先配售,原股东均可通过网上申购行使优先认购权。原股东由于发行可交换公司债券将股份划转至质押专户等导致无法通过网上行使优先认购权的,可联系上市公司和承销商通过网下行使优先认购权,并由上市公司向中国结算深圳分公司发行人业务部申请办理网下优先认购获得的可转换公司债券的登记事宜。

原股东在股权登记日持有的有优先认购权的股票托管在两个或两个以上的证券营业部的,优先认购权按其托管的证券营业部分别申购"××配债"。

(5)可转债发行不向投资者收取手续费。

(6)主承销商根据发行规模合理设置单个账户网上申购上限。

(7)机构投资者可以同时选择网上、网下两种申购方式参与本次发行,发行公告对此应予以明确。

(8)投资者网上申购可转债中签后,应依据中签结果履行资金交收义务,确保其资金账户在T+2日日终有足额的认购资金。投资者认购资金不足的,不足部分视为放弃认购,由此产生的后果及相关法律责任,由投资者自行承担。

对于因投资者资金不足而全部或部分放弃认购的情况,结算参与人(包括证券公司及托管人等,下同)应当认真核验,并在T+3日15:00前如实向中国结算深圳分公司申报。放弃认购的张数以实际不足资金为准,最小单位为1张,可不为10张的整数倍。投资者放弃认购的可转债由主承销商负责包销或根据发行人和主承销商事先确定并披露的其他方式处理。

(9)投资者连续12个月内累计出现三次中签但未足额缴款的情形时,自结算参与人最近一次申报其放弃认购的次日起6个月(按180个自然日计算,含次日)内不得参与网上新股、存托凭证、可转换公司债券及可交换公司债券的申购。

放弃认购情形以投资者为单位判断。放弃认购的次数按照投资者实际放弃认购的新股、存托凭证、可转换公司债券、可交换公司债券累计计算;投资者持有多个证券账户的,其任何一个证券账户发生放弃认购情形的,放弃认购次数累计计算。不合格、注销证券账户等所发生过的放弃认购情形也纳入统计次数。

证券公司客户定向资产管理专用账户以及企业年金账户,证券账户注册资料中"账户持有人名称"相同且"有效身份证明文件号码"相同的,按不同投资者统计。

(10)当出现网下和网上投资者缴款认购的可转换公司债券数量合计不足本次公开发行数量的70%情形,发行人或主承销商可在T+3日17:00前向本所提出中止发行的申请,发行人与主承销商应对可能发生此情形时向本所提出中止发行申请的法律主体进行约定,募集说明书与发行公告应载明相关安排。

**3. 与中国结算深圳分公司联系办理发行前的相关手续**

上市公司及保荐机构应当提前与中国结算深圳分公司发行人业务部、结算业务部等有关部门联系,了解可转债发行的相关工作。

(三)可转债发行期间的工作

**1. 刊登《可转债发行获准公告》**

上市公司应当在取得中国证监会可转债核准文件后两个交易日内刊登《可转债发行获准公告》,刊登《可转债发行获准公告》应向交易所报送以下文件。

(1)中国证监会可转债核准文件复印件;

(2)可转债发行获准公告。

**2. 刊登《可转债募集说明书》及网上(网下)发行公告、路演公告**

上市公司取得中国证监会可转债发行核准通知后,应当在可转债发行核准通知有效期内刊登《可转债募集说明书》，以保证可转的债顺利发行。

上市公司及保荐机构在刊登《可转债募集说明书》前一个交易日之前应向交易所公司管理部门报送以下发行申请文件：

(1)中国证监会核准文件(复印件)；

(2)经中国证监会审核的全套发行申报文件(封卷稿，复印件)；

(3)可转债发行申请书；

(4)拟发行人证券简称及证券代码申请书；

(5)发行上市时间安排(公司和主承销商盖章)；

(6)可转债定价发行方案要点；

(7)主承销商经办人员的身份证复印件、主承销商授权委托书(需主承销商法定代表人签字)及主承销商法定代表人身份证明书(主承销商盖章，需附法定代表人身份证复印件)；

(8)公司经办人员的身份证复印件、公司授权委托书(需公司法定代表人签字)及公司法定代表人身份证明书(公司盖章，需附法定代表人身份证复印件)；

(9)可转债募集说明书全文、摘要、路演公告、网上发行公告、网下发行公告、发行保荐书、法律意见书、资信评级报告、担保合同(如有)等。

上述第9项中文件的电子版应当于募集说明书刊登前一交易日15:30前通过业务专区上传。经交易所审查后，相关公告于次一交易日刊登。其中主板、中小板可转债募集说明书摘要、路演公告、网上和网下发行公告在报纸和指定网站上披露。其余文件在指定网站披露。

**3. 刊登《可转债发行提示性公告》**

上市公司应当在可转债发行申购日刊登《可转债发行提示性公告》，在可转债发行申购日前一交易日15:00前通过业务专区上传《可转债发行提示性公告》后披露。

《网上及网下发行公告》及《可转债发行提示性公告》至少应当包括以下内容：

(1)可转债募集说明书及网上网下发行公告的刊登日；

(2)股权登记日(如有)、网上申购日(T日)；

(3)网下发行日程安排(不得晚于T日)；

(4)发行数量、发行价格；

(5)申购代码(07××××、37××××)、申购简称(××发债)；

(6)申购方式；

(7)配售代码(08××××、38××××)、配售简称(××配债)(如有);

(8)配售方式(如有);

(9)中止发行安排;

(10)交易所要求的其他内容。

**4. 网下发行**

网下发行相关事宜由主承销商及上市公司自行组织实施,主承销商可向网下单一申购账户收取不超过50万元的申购保证金。

**5. 刊登《网上发行中签率及网下发行配售结果公告》**

可转债网上申购结束后的当日,保荐机构在收到公司管理部门的发行结果数据后确定网上、网下最终发行数量、配售比例,并应将回拨情况于17:30前告知公司管理部门。

上市公司及保荐机构将可转债发行网上认购资金划款申请表交中国结算深圳分公司结算业务部。

上市公司应于可转债网上申购结束当日18:00前通过业务专区向交易所提交《网上发行中签率及网下发行配售结果公告》(主承销商盖章),同时报备《律师关于网下发行的见证意见》。《网上发行中签率及网下发行配售结果公告》至少应当包括以下内容:

(1)发行数量、网上网下配售比例;

(2)网上网下有效申购数量;

(3)发行与配售结果;

(4)募集资金总额。

若发行失败,发行人及其保荐机构、主承销商应于17:00前提交《可转债中止发行公告》,并于次日刊登。

**6. 摇号并刊登《可转换公司债券中签号码公告》**

可转债网上申购结束后的第一个交易日(T+1),保荐人联系信息公司组织摇号,并于当日10:30前将经公证的摇号结果送达公司管理部门。发行人于当日15:00前将《可转换公司债券中签号码公告》通过业务专区上传。

**7. 刊登《可转换公司债券发行结果公告》**

发行人于可转债网上申购结束后的第三个交易日(T+3)当日17:00前通过业务专区上传《可转换公司债券发行结果公告》,披露网上、网下以及老股东比例配售的最终发行认购结果。

如因发生网下和网上投资者缴款认购的可转换公司债券数量合计不足本次公开发行数量的70%的情形，主承销商或发行人申请中止本次发行的，应在T+3当日17:00前向交易所提出申请，并安排发布《可转债中止发行公告》。

（四）可转债登记及上市的相关工作

**1. 可转债登记**

发行结束后，上市公司及保荐机构应在两个交易日内向中国结算深圳分公司发行人业务部提交登记材料申请办理可转债登记。如有网下发行、网下配售或余债包销的，应及时提供网下申购、网下配售或余债包销登记数据，以便办理网下申购、网下配售或余债包销的登记托管手续。

中国结算深圳分公司发行人业务部在完成债券登记托管手续及确认发行登记费足额缴纳后，向上市公司出具登记结果确认文件。

**2. 申请可转债上市**

登记业务完成后两个交易日内，上市公司及保荐机构申请可转债上市，并向交易所提交以下申请文件：

（1）可转债上市报告书（申请书）；

（2）申请可转换公司债券上市的董事会决议；

（3）保荐协议（原件）和保荐机构出具的上市保荐书（原件，以季度为单位，结合发行人最近一期业绩情况、未来一期业绩预告，对于发行人盈利能力是否符合债券发行条件发表明确意见）；

（4）法律意见书；

（5）发行完成后经具有执行证券、期货相关业务资格的会计师事务所出具的验资报告（原件）；

（6）中国结算深圳分公司对可转债已登记托管的书面确认文件（复印件，包括附件）；

（7）可转债募集办法（募集说明书）（如发行时已报送，上市无须重复报送）；

（8）公司关于可转换公司债券的实际发行数额的说明；

（9）可转债上市公告书（注：以季度为单位，在上市公告书中需披露最近一期业绩情况、预告未来一期业绩，及时揭示业绩下降风险）；

（10）公司仍符合法定的可转债发行条件的说明，说明截至上市申请日，公司仍符合法定的可转债发行条件（主承销商、发行人盖章）；

（11）交易所要求的其他文件。

**3. 刊登《可转债上市公告书》**

上市公司应当在可转债上市流通前5个交易日内刊登《可转债上市公告书》,该公告至少应当包括以下内容:

(1)重要声明与提示。

(2)可转债上市情况。应披露可转债发行的数量、上市时间、债券期限、转股安排、付息日等。

(3)发行人、股东和实际控制人情况。

(4)本次可转债发行情况。本次发行方案的主要内容及发行基本情况,包括本次发行履行的相关程序,本次发行方案,本次发行相关保荐机构、律师、验资机构等;本次发行后公司可转债前10名持有人情况,募集资金情况。

(5)发行人资信和担保情况。

(6)偿债措施。

(7)上市保荐机构及其意见。

(8)本次可转债转股后对公司股权的影响。

(9)公司业绩情况(披露最近一期业绩情况、预告未来一期业绩,及时揭示业绩下降风险。对业绩出现重大变化的,应逐条说明是否符合可转债发行条件。)。

(10)本次可转债是否参与质押式回购交易业务。

(11)中国证监会及交易所要求披露的其他事项。

**4. 可转债上市**

上市公司可转债发行上市参考流程如表4-10所示。

**表4-10 上市公司可转债发行上市参考流程**

| 阶段 | 时间 | 具体工作内容 | 责任方 | 备注 |
|---|---|---|---|---|
| 刊登《可转债发行获准公告》 | 取得证监会可转债发行核准通知后两个交易日内 | 报送《可转债发行获准公告》,可经业务专区直接披露 | 发行人 | |
| | 次日 | 刊登《可转债发行获准公告》 | | |
| 发行安排 | 取得证监会核准通知后至刊登《可转债募集说明书》前三个交易日 | 与公司管理部门沟通发行方案,特别应明确发行方案的创新部分 | 发行人(或保荐机构) | |

续表

| 阶段 | 时间 | 具体工作内容 | 责任方 | 备注 |
|---|---|---|---|---|
| 刊登《可转债募集说明书》准备 | T-3日前（刊登《可转债募集说明书》前一个交易日及之前） | 1.通过业务专区上传《可转债募集说明书》及相关发行公告的有关文件，书面和电子版需同时报送；<br>2.联系报社刊登招股意向书摘要、网上（网下）发行公告、路演公告。联系巨潮网站刊登招股意向书全文摘要、路演公告、网上（网下）发行公告、发行保荐书、法律意见书等文件 | 发行人（或保荐机构） | |
| 刊登《可转债募集说明书》 | T-2日 | 刊登《可转债募集说明书》等公告 | 发行人（或保荐机构） | |
| 网上申购准备 | T-1日 | 向公司管理部门报送《可转债发行提示性公告》 | 发行人（或保荐机构） | 股权登记日（如有） |
| 网上申购 | T日 | 1.刊登《可转债发行提示性公告》；<br>2.接收公司管理部门的《可转债发行初步结果》《可转债发行配号区间清单》《可转债认购情况汇总表》（如有），确定网上、网下最终发行数量、配售比例，如有回拨，17:30前告知公司管理部门；<br>3.18:00前向公司管理部门提交《网上发行中签率及网下发行配售结果公告》；<br>4.若发行失败，发行人及其保荐机构、主承销商应于当日17:00前向公司管理部门提出申请，并提交《可转债中止发行公告》；<br>5.向结算业务部提交《网上认购资金划款申请表》 | 发行人（或保荐机构） | |
| 摇号 | T+1日 | 1.刊登《网上发行中签率及网下发行配售结果公告》；<br>2.保荐人联系信息公司组织摇号，上午10:30前将经公证的摇号结果送达公司管理部门，同时通过业务专区上传《可转换公司债券中签号码公告》 | 发行人（或保荐机构） | |
| 网上申购中签缴款 | T+2日 | 1.刊登《可转换公司债券中签号码公告》；<br>2.网上申购中签的投资者按照中签数量缴款 | 发行人（或保荐机构） | |

续表

| 阶段 | 时间 | 具体工作内容 | 责任方 | 备注 |
|---|---|---|---|---|
| 确定发行结果 | T+3日 | 1.投资者未缴款视为放弃认购;<br>2.发行人通过业务专区上传《可转换公司债券发行结果公告》。如投资者缴款认购不足70%,发行人或主承销商申请中止本次发行的,应于当日17:00前向公司管理部门提出申请 | 发行人(或保荐机构) | |
| 发行结束 | T+4日 | 1.刊登《可转换公司债券发行结果公告》;<br>2.保荐人将从中国结算深圳分公司划来的募集资金划至发行人处 | 发行人(或保荐机构) | |
| 登记准备 | T+6日前 | 1.保荐人向中国结算发行人业务部提供网下申购和配售数据、办理网下申购登记托管手续及余债数量包销手续;<br>2.发行人向中国结算发行人业务部提供可转债托管材料 | 发行人(或保荐机构) | |
| 上市准备 | 登记业务完成后两个交易日内 | 1.发行人到中国结算深圳分公司发行人业务部领取十大债券持有人名册、登记证明;<br>2.发行人(或保荐人)向公司管理部门报送书面和电子版的上市申请文件 | 发行人(或保荐机构) | |
| 刊登上市公告 | L-1日 | 《可转债上市公告》登报上网、上市保荐书、法律意见书上网 | 发行人(或保荐机构) | |
| 上市 | L日 | 可转债上市交易 | | |

注:T日:上网发行申购日;L日:可转债上市日。

## 三、可转换债券融资风险及其应对

### (一)可转换债券的融资风险[①]

任何一种金融衍生工具,在为人们带来收益的同时必然伴随风险,可转换债券也不例外。对此发行企业必须有清醒的认识,绝不能只看到可转换债券融资优越性的一面,而无视它可能给企业带来的风险。对发行企业而言,利用可转换债券融资存在着如下风险。

① 参见蒋伟东、杨玉凤:《可转换公司债券融资的风险与防范》,载《财务与会计》2000年第3期。

**1. 因投资者不认可导致发行失效风险**

尽管可转换债券对投资者有相当大的吸引力，但投资可转换债券尤其是未上市国有企业发行的可转换债券却存在很大的风险。

一是一般情况下，可转换债券利率远低于同期普通公司债券利率和银行存款利率，投资者的利息收益相当低；二是企业未来股票市价如果低于转换价格，投资者转股后将遭受转换损失；三是发行可转换债券的未上市企业没有上市公司那样严格的信息披露制度，可转换债券投资者与发行企业存在着严重的信息不对称问题；四是发行可转换债券的未上市企业未来能否上市存在一定的不确定性。这些风险的存在，使投资者在投资可转换债券之前持谨慎态度。

**2. 股票上市失败风险**

这是针对股票未上市重点国有企业而言的。未上市重点国有企业发行可转换债券，从发行到股票上市存在一定的时间间隔，在这段时间里，可能会发生种种不利于企业的情况，致使其股票不能按计划上市。

一是企业未能真正进行股份制改造，不能满足股票上市条件；二是国内外经济形势发生突变，企业经营环境与财务状况恶化，使股票无法上市；三是企业由于种种原因未能申请到股票发行额度，使股票上市失败。一方面，投资者因转换权利不能行使，预期的转股利益不能获得而蒙受损失；另一方面，发行企业的债务不能按计划转为股权，会造成债务负担过重、资本结构失衡、财务风险增加等不良后果，严重的甚至会导致企业重组或破产倒闭。此外，企业发行可转换债券，实际上暗含着对投资者股票上市的承诺，如今承诺不能兑现，会严重损害企业的形象和信誉。

**3. 可转换债券转换失败风险**

可转换债券发行后，发行企业资本结构中的债务资本比例增加，股权资本比例相对下降。如果以后可转换债券在约定期限内顺利转股，债务和股权资本的比例则会发生相反的变化。从长远来看，企业发行可转换债券的最终目的是转换债券筹集股权资本，因此可转换债券的股权特征要多于债务特征。但是有如下因素会影响企业转股计划的成功。

一是在可转换债券转换期内企业股票市价持续低迷或涨幅很小，股价低于转换价格，投资者为了避免损失不愿行使转换权利，这时就会出现“呆滞转债”。“呆滞”债券的存在，使企业资本结构中的债务资本比例居高不下，大大增加了企业的财务风险。轻则企业的股价与资信等级下降，导致未来融资成本增加，加大了经营困难；重则将被迫进行企业重组，甚至被兼并或破产，代价是巨大的。

二是在企业经营不佳,股票市价远低于转换价格时,投资者不仅不选择转换,而且会根据可转换债券发行契约规定的回售条款将债券回售给企业,使企业在短期内不得不支付巨额债券本息。此时若企业现金存量不足,将会面临支付困难而陷入困境。

三是在转换期内企业股票市价持续上升,涨幅高于转换价格,这时投资者预期股价会继续走强而迟迟不愿行使转换权,将会使企业蒙受损失。股价越高,企业可能遭受的损失越大。在这种情况下,企业还不如当初直接发行普通公司债券筹资。在此时发行普通股票,以所得资金赎回债券,筹集的资金量必然会多一些。

另外,如果企业此时依据可转换债券发行契约中的赎回条款以现金赎回可转换债券,可能会导致企业资金周转上的困难。

(二)可转换债券的风险防范

**1. 谨慎选择发行时机**

发行时机选择不当,会直接导致可转换债券发行和转股失败,因此企业在选择发行时机时既要考虑可转换债券发行的成功,又要考虑日后转股的成功。

一般来说,可转换债券的发行以宏观经济由谷底开始启动、股市由熊走牛、市场利率下降时为较佳时机。因为此时投资者对股票正开始由逃避、害怕转向靠近、欢迎,并对股价预期看好,作为与股票紧密相连的可转换债券也会因此而受到青睐,因而此时发行可转换债券较顺利。

随后随着经济运行速度的加快,股市也逐步进入牛市,股价高涨,此时投资者便会纷纷将可转换债券转为股份。市场利率同可转换债券市价成负相关关系,利率下调,可转换债券市价就会上升,从而使可转债易于投资者接受。

需要特别注意的是,企业应避免在经济繁荣、股市处于牛市顶峰时发行可转换债券,因为随后的经济衰退、股市下滑很可能会导致可转换债券在到期前转股的困难。在国内首次发行可转换债券的深圳宝安公司就是失败的一例,可转换债券发行时正处于股市大牛市,尽管在投资者狂热的投机心理驱使下发行取得了成功,但随后股市的长期低迷使宝安公司可转换债券的转换率最终只有2.7%,债转股彻底失败。

**2. 合理设计可转换债券要素**

(1)合理确定转换价格

可转换债券能否转换,主要决定于预期股票市价是否高于转换价格,而发行企业股票市价受未来市场走势和企业经营业绩影响，带有很大的不确定性，因此转换价格的设计就显得很重要。

一般来说，为了吸引投资者，减少企业风险，转换价格应尽可能设计得低一些。但要注意的是，转换价格定得过低，会减少企业融资量，影响企业现有股东权益。因此在设计转换价格时，应均衡发行企业和投资者双方的利益，以“双赢”为目标。

（2）合理确定票面利率

因为可转换债券附有股票期权，其票面利率要低于不可转换债券，从而减少了发行企业的融资成本。但票面利率过低会使可转换债券吸引力下降，相应地增加了发行和转股风险。企业应依据未来证券市场行情和投资者的期望市场收益率来设计票面利率，使可转换债券风险和收益的组合实现最优化。

（3）合理确定转换期限

转换期限较长，有利于持券人选择时机行使转换权，也有利于发行企业比较主动地应付期限内的各种情况，从而有利于吸引投资者，回避风险。

（4）合理设计赎回和回售条款

在赎回条款中，发行企业可以规定明确的赎回条件，如设置随时间推移逐步降低的阶梯式赎回价格，促使持券人为了避免更大损失选择转换；规定当股票市价达到或超过转换价格一定幅度时企业有权赎回转债；约定赎回时以现金、普通股、认股权证或其他工具支付可转换债券本息以防范现金支付困难等。在回售条款中，发行企业可以规定较短的回售期和较低的回售价格，以尽量避免这一条款给企业带来的巨大风险。

**3. 发行企业必须具备良好的经营业绩和乐观的发展潜力，这是可转换债券融资风险防范的根本**

企业尤其是未上市重点国有企业发行可转换债券融资的最终目的，是转换股份获得股权资本，以降低资产负债率，优化资本结构，壮大企业实力，而可转换债券的发行风险、转换风险及未上市国有企业上市失败风险的存在，使企业可能无法实现这一目标。可转换债券发行时机的选择和要素的设计可以有效防范风险，但并不能阻止风险的产生。为了铲除风险产生的土壤，实现企业的终极目标，企业必须致力于增强自身的经营能力、盈利能力和偿债能力，努力改善经营环境，提高经营业绩，这些才是治本之道。具体来说，要做到以下几个方面：

（1）建立规范的现代企业制度和公司治理结构，真正转变经营机制，改善管理质量,提高企业整体素质。

尤其是未上市重点国有企业,按照有关规定,有明确可行的企业改制和上市计划,也就是说必须进行公司制改造。企业如果只是简单地将发行可转换债券视作“圈线”解困,而不认真地转机建制,提高效益,那么上述风险将无法回避,企业目标也将无法实现。

(2)企业可转换债券的资金投向应符合国家产业政策,应是国家扶持和鼓励发展、前景看好的朝阳产业。

因可转换债券期限较长,很适合一些资金投入量大、建设周期长、见效较慢的大中型投资项目的资金需求。这就要求企业在选择投资项目时,必须结合我国产业结构的调整方向、金融改革的趋势及市场利率的变化等考虑投资项目的市场风险,保证未来投资项目的盈利性,降低企业风险。

(3)企业应保持一定的资产规模,主业明确,股本较大,资产负债比例适中,净资产收益率高于同期银行储蓄存款利率。

如此可以使企业保持一定的抵御风险的能力,在债券未转换为股票时还可以有效利用财务杠杆效应提高企业净收益,增加企业价值。总之,企业只有经营业绩优良,发展前景乐观,股票才可能上市,可转换债券发行和转换才可能成功。

## 第四节　可交换债券(EB)融资

### 一、可交换债券融资概述

可交换公司债券,是指上市公司的股东依法发行、在一定期限内依据约定的条件可以交换成该股东所持有的上市公司股份的公司债券。

(一)何为可交换债券融资

对于上市公司股东公开发行可交换公司债券,还应当符合以下要求:

**1.可交换债的基本要求**

(1)申请人应当是符合《公司法》《证券法》规定的有限责任公司或者股份有限公司;

(2)公司组织机构健全,运行良好,内部控制制度不存在重大缺陷;

(3)公司最近一期末的净资产额不少于人民币3亿元;

(4)公司最近3个会计年度实现的年均可分配利润不少于公司债券一年的

利息；

(5)本次发行后累计公司债券余额不超过最近一期末净资产额的40%；

(6)本次发行债券的金额不超过预备用于交换的股票按募集说明书公告日前20个交易日均价计算的市值的70%，且应当将预备用于交换的股票设定为本次发行的公司债券的担保物；

(7)经资信评级机构评级，债券信用级别良好；

(8)不存在《公司债券发行试点办法》第8条规定的不得发行公司债券的情形。

**2. 预备用于交换的上市公司股票要求**

(1)该上市公司最近一期末的净资产不低于人民币15亿元，或者最近3个会计年度加权平均净资产收益率平均不低于6%。扣除非经常性损益后的净利润与扣除前的净利润相比，以低者作为加权平均净资产收益率的计算依据。

(2)用于交换的股票在提出发行申请时应当为无限售条件股份，且股东在约定的换股期间转让该部分股票不违反其对上市公司或者其他股东的承诺。

(3)用于交换的股票在本次可交换公司债券发行前，不存在被查封、扣押、冻结等财产权利被限制的情形，也不存在权属争议或者依法不得转让或设定担保的其他情形。

**3. 存续期限、赎回条款、回售条款**

可交换公司债券的期限最短为1年，最长为6年，面值每张人民币100元，发行价格由上市公司股东和保荐人通过市场询价确定。募集说明书可以约定赎回条款，规定上市公司股东可以按事先约定的条件和价格赎回尚未换股的可交换公司债券。募集说明书可以约定回售条款，规定债券持有人可以按事先约定的条件和价格将所持债券回售给上市公司股东。

**4. 换股要求**

可交换公司债券自发行结束之日起12个月后方可交换为预备交换的股票，债券持有人对交换股票或者不交换股票有选择权。

公司债券交换为每股股份的价格应当不低于公告募集说明书日前20个交易日公司股票均价和前一个交易日的均价。募集说明书应当事先约定交换价格及其调整、修正原则。若调整或修正交换价格，将造成预备用于交换的股票数量少于未偿还可交换公司债券全部换股所需股票的，公司必须事先补充提供预备用于交换的股票，并就该等股票设定担保，办理相关登记手续。

**5. 预备用于交换的股票**

预备用于交换的股票及其孳息（包括资本公积转增股本、送股、分红、派息等），是本次发行可交换公司债券的担保物,用于对债券持有人交换股份和本期债券本息偿付提供担保。

在可交换公司债券发行前,公司债券受托管理人应当与上市公司股东就预备用于交换的股票签订担保合同,按照证券登记结算机构的业务规则设定担保,办理相关登记手续,将其专户存放,并取得担保权利证明文件。

当债券持有人按照约定条件交换股份时,从作为担保物的股票中提取相应数额用于支付;债券持有人部分或者全部未选择换股且上市公司股东到期未能清偿债务时,作为担保物的股票及其孳息处分所得的价款优先用于清偿对债券持有人的负债。可交换公司债券持有人申请换股的,应当通过其托管的证券公司向证券交易所发出换股指令,指令视同为债券受托管理人与发行人认可的解除担保指令。

**6. 控制权限制**

拥有上市公司控制权的股东发行可交换公司债券的,应当合理确定发行方案,不得通过本次发行直接将控制权转让给他人。持有可交换公司债券的投资者因行使换股权利增持上市公司股份的,或者因持有可交换公司债券的投资者行使换股权利导致拥有上市公司控制权的股东发生变化的,相关当事人应当履行《上市公司收购管理办法》(证监会令第35号)规定的义务。可交换公司债券的上市交易、换股、回售、赎回、登记结算等事项,按照证券交易所和证券登记结算机构的有关规定办理。

**7. 发行可交换公司债券申请文件目录**

(1)相关责任人签署的募集说明书;

(2)保荐人出具的发行保荐书;

(3)发行人关于就预备用于交换的股票在证券登记结算机构设定担保并办理相关登记手续的承诺;

(4)评级机构出具的债券资信评级报告;

(5)公司债券受托管理协议和公司债券持有人会议规则;

(6)本期债券担保合同(如有)、抵押财产的资产评估文件(如有);

(7)其他重要文件。

## (二)相关法律规范

可交换债券的相关法律规范见表4-11。

**表4-11　可交换债券的相关法律规范**

| 序号 | 文件名称 | 发布时间 | 颁布机关 |
|---|---|---|---|
| 1 | 《上市公司证券发行管理办法》(2021修订) | 2020.02.26 | 证监会 |
| 2 | 《上市公司股东发行可交换公司债券试行规定》 | 2008.10.17 | 证监会 |
| 3 | 《上海证券交易所可交换公司债券业务实施细则》 | 2014.06.17 | 上海证券交易所 |
| 4 | 《深圳证券交易所可转换公司债券业务实施细则》(2018修订) | 2018.12.28 | 深圳证券交易所 |
| 5 | 《公司债券发行与交易管理办法》(2021修订) | 2021.02.26 | 证监会 |
| 6 | 《中国证监会关于开展创新创业公司债券试点的指导意见》 | 2017.07.04 | 证监会 |
| 7 | 《上海证券交易所公司债券上市规则》 | 2018.12.28 | 上海证券交易所 |

## (三)可交换债券的融资现状

2013~2019年可交换债券统计见表4-12。

**表4-12　2013~2019年可交换债券统计**

| 年份 | 可交换债家数(家) | 可交换债募集资金(亿元) |
|---|---|---|
| 2019 | 42 | 658.908 |
| 2018 | 38 | 556.505 |
| 2017 | 93 | 1251.780 |
| 2016 | 58 | 572.628 |
| 2015 | 11 | 134.135 |
| 2014 | 3 | 55.600 |
| 2013 | 1 | 2.565 |

数据来源:wind数据库。

可交换债的行业分布情况见表4－13。

**表4－13　可交换债的行业分布情况**

| 行业名称 | 可交换债(亿元) | 可交换债家数(家) |
|---|---|---|
| 运输 | 74.95 | 11 |
| 资本货物 | 595.36 | 46 |
| 耐用消费品与服装 | 78.36 | 19 |
| 材料Ⅱ | 566.83 | 38 |
| 制药、生物科技与生命科学 | 111.76 | 14 |
| 技术硬件与设备 | 170.92 | 23 |
| 软件与服务 | 34.32 | 8 |
| 半导体与半导体生产设备 | 132.41 | 11 |
| 医疗保健设备与服务 | 72.90 | 8 |
| 食品、饮料与烟草 | 66.25 | 12 |
| 汽车与汽车零部件 | 73.22 | 6 |
| 零售业 | 54.49 | 3 |
| 银行 | 57.45 | 3 |
| 商业和专业服务 | 4.50 | 2 |
| 媒体Ⅱ | 105.20 | 4 |
| 能源Ⅱ | 411.06 | 12 |
| 多元金融 | 39.76 | 6 |
| 房地产Ⅱ | 185.76 | 4 |
| 食品与主要用品零售Ⅱ | 1.88 | 1 |
| 消费者服务Ⅱ | 9.43 | 2 |
| 公用事业Ⅱ | 315.30 | 10 |
| 保险Ⅱ | 70.00 | 3 |

数据来源:wind数据库。

各地区可交换债分布情况见表4－14。

表4－14　各地区可交换债分布情况

| 省(直辖市、自治区) | 可交换债(亿元) | 可交换债家数(家) |
|---|---|---|
| 上海 | 312.05 | 14 |
| 浙江 | 321.80 | 40 |
| 江苏 | 194.50 | 24 |
| 福建 | 51.79 | 6 |
| 广东 | 497.66 | 42 |
| 北京 | 1023.18 | 27 |
| 湖北 | 46.20 | 10 |
| 西藏 | 10.00 | 1 |
| 辽宁 | 61.47 | 8 |
| 山东 | 197.98 | 15 |
| 海南 | 13.00 | 3 |
| 贵州 | | |
| 湖南 | 49.09 | 7 |
| 天津 | 15.20 | 2 |
| 河南 | 79.00 | 8 |
| 陕西 | | |
| 四川 | 20.00 | 2 |
| 山西 | 14.40 | 2 |
| 安徽 | 66.57 | 7 |
| 河北 | 84.00 | 6 |
| 新疆 | 39.52 | 11 |
| 甘肃 | 5.00 | 1 |
| 吉林 | | |
| 云南 | | |
| 黑龙江 | | |
| 江西 | 68.60 | 5 |
| 广西 | 20.00 | 1 |
| 重庆 | | |

续表

| 省(直辖市、自治区) | 可交换债 | 可交换债家数(家) |
| --- | --- | --- |
| 宁夏 | | |
| 内蒙古 | 35.50 | 2 |
| 青海 | 5.60 | 2 |

数据来源:wind 数据库。

## 二、可交换债券具体业务介绍

### (一)可转债上市的基本要求

**1. 上市条件**

参考《上海证券交易所可交换公司债券业务实施细则》,发行人申请可交换债券在交易所上市,应当符合下列条件:

(1)经中国证监会核准并公开发行;

(2)债券的期限为 1 年以上;

(3)实际发行额不少于人民币 5000 万元;

(4)申请上市时仍符合法定的可交换债券发行条件;

(5)交易所规定的其他条件。

**2. 上市提交的材料**

发行人申请可交换债券上市,应当向交易所提交下列文件:

(1)可交换债券上市申请书;

(2)中国证监会核准发行的文件;

(3)可交换债券发行申请相关文件;

(4)同意债券上市的发行人决议;

(5)发行人章程;

(6)发行人营业执照;

(7)募集说明书;

(8)债券实际募集数额的证明文件;

(9)上市公告书;

(10)发行人最近 3 个完整会计年度审计报告及最近一期的财务报告;

(11)发行人出具的关于债券上市时仍符合法定的可交换债券发行条件;

(12)交易所规定的其他文件。

### （二）国有企业发行可交易债券的特别规定

依据《关于规范上市公司国有股东发行可交换公司债券及国有控股上市公司发行证券有关事项的通知》（国资发产权〔2009〕125 号）的规定，上市公司国有股东发行的可交换公司债券是指上市公司国有股东依法发行、在一定期限内依据约定的条件可以交换成该股东所持特定上市公司股份的公司债券。

## 三、可交换债券融资风险及其应对

### （一）典型案例

2018 年 10 月 8 日，深圳市飞马国际供应链股份有限公司（002210. SZ，以下简称飞马国际）发布提示公告，称其控股股东飞马投资控股有限公司（以下简称飞马投资）发行的可交换公司债（“16 飞投 01”和“16 飞投 02”）未能如期兑付，涉及金额超过 8. 15 亿元。这成为 A 股市场首例可交换债实质性违约。①

飞马投资成立于 1996 年，飞马国际随后于 1998 年成立，主营业务为供应链管理服务，包括综合供应链服务、煤炭供应链服务、塑化供应链服务和有色金属供应链服务。飞马控股为飞马国际的第一大股东，占股比例为 48. 48%。

飞马投资共发行了 4 只可交换债券“16 飞马债”，分别是：“16 飞投 01”“16 飞投 02”“16 飞投 03”“16 飞投 E4”，债券票面利率均为 3%。

“16 飞投 01”于 2016 年发行，当初设置的换股价为 14. 88 元，后调整为 8. 66 元，发行总额为 3 亿元；“16 飞投 01”的回售日是 2018 年 9 月 6 日，本次回售有效申报数量为 30 万手，回售金额 3. 09 亿元，飞马投资本应于 9 月 6 日兑付，但延至 9 月 28 日，依然没有兑付。“16 飞投 02”于 2017 年发行，当初设置的换股价为 14. 82 元，后调整为 8. 62 元，发行总额为 5 亿元。飞马投资应于 2018 年 9 月 28 日偿付“16 飞投 02”登记回售的本金和利息。

截至 2018 年 9 月 28 日，飞马投资未能支付“16 飞投 01”已登记回售的剩余本息合计 30,048. 28 万元以及“16 飞投 02”已登记回售的本息合计 5. 15 亿元。

除了上述两只违约债券外，“16 飞投 03”当初设置的换股价为 16 元，后调整为 9. 32 元，规模为 5 亿元，到期日 2019 年 10 月 18 日；“16 飞投 E4”最初设置的换股价为 15. 34 元，后调整为 8. 93 元，规模 7 亿元，到期日 2019 年 11 月 23 日。

---

① 经济观察报：《飞马国际“上演”A 股首例实质性违约　可交换债市场遇冷》，载新浪财经，https://finance. sina. cn/2018 - 10 - 14/detail - ifxeuwws4013296. d. html，2019 年 11 月 25 日最后访问。

(二)可交换债券的风险

**1. 信用风险**

信用风险又被称为违约风险,指的是可交换债券的发行人不能按照条款约定按时支付债券利息或者偿还本金等行为,从而给可交换债券持有人带来损失的风险。可交换债券的信用风险主要受其发行人经营能力、盈利水平等因素的影响。一般来说,信用风险越高,发行人需要支付的风险溢价越高,可交换债券的票面利率越高。

**2. 流动性风险**

流动性风险,指的是在可交换债券发行上市后,持有人可能无法随时或足额地交易其所持有债券的风险。这种风险能够反映出可交换债券变现的难易程度,主要受到宏观经济环境、投资者偏好、投资者分布等因素的影响。对于打算进行换股或者将债券持有至到期的持有人来说,流动性风险并不是十分重要。通常,可交换债券的买卖差价越小,流动性风险越低。

**3. 经营风险**

经营风险,指的是可交换债券发行人的决策管理人员在经营管理的过程中出现失误而使公司盈利水平变化,持有人的预期收益下降的可能性。经营风险受外部因素和内部因素两方面的影响。外部因素包括宏观经济水平、行业发展、竞争对手等,内部因素包括生产经营决策失误、忽视技术更新等。

**4. 标的股票价格风险**

有的可交换债券没有设置有条件回售条款或提前赎回条款,如果该可交换债券预备用来换股的股票价格持续性下跌且跌至换股价格以下,投资者可能无法通过提前将可交换债券卖回给债务人来防范自身投资利益的风险。有的可交换债券未设置换股价格向下修正条款,如果该可交换债券预备用来换股的股票价格持续性下跌,则可能使可交换债券的换股价值发生不利变化,持有人在换股期内遭遇换股不经济的风险。

(三)发行可交换债券的建议

**1. 提高经营水平,合理利用周期性**

可交换债券发行人应当对其经营状况进行充分分析,全面认识自身的发展优势和劣势。在公司的经营决策中,发挥优势,选择性地弥补劣势,降低企业的经营风险。对于周期性行业,可交换债券发行人应当结合有关行业指标和行业政策对周期进行预测和把控。结合自身优势和劣势,制订中长期资金使用计划,根据计划策略性地对发行可交换债券进行规划，利用可交换债券进行低成本融资，使企业能够平稳地渡过行业周期低潮，规避相关风险。

**2. 进行合理担保，优化债务结构**

可交换债券发行人在确定用于担保、交换的标的股票及其数量时，应当结合债券条款设置慎重选择，以保证双方的利益。同时，根据自身的现金流、或有债务等情况，进行长期负债和短期负债的比例调整，优化债务结构，控制债务规模，避免出现可交换债券到期时由于现金流紧张造成违约的情形。

**3. 重视条款设置，完善信息披露**

在可交换债券发行之时，发行人应当结合发债目的考虑与持有人就提前赎回条款、回售条款、特别修正条款等进行约定，以保护投资双方的利益。此外，由于目前尚未对私募可交换债券的信息披露作出要求，应当鼓励私募可交换债券的发行人主动接受机构评级，披露债券相关信息。一方面，可以提升投资者对于该可交换债券的投资信心，保护投资者投资利益；另一方面，有助于及时帮助可交换债券发行人识别风险，并采取相应措施规避风险。

## 第五节　有限合伙融资

### 一、一般有限合伙企业的结构

根据《合伙企业法》第2条第3款之规定，有限合伙企业由普通合伙人和有限合伙人组成，普通合伙人对合伙企业债务承担无限连带责任，限合伙人以其认缴的出资额为限对合伙企业债务承担责任。

《合伙企业法》对有限合伙企业的表述十分清晰：由普通合伙人和有限合伙人组成；普通合伙人对合伙企业债务承担无限连带责任，有限合伙人对合伙企业债务以其认缴的出资额为限承担有限责任。正是有限合伙企业所具有的该项特征，才使得有限合伙成为私募基金投资者最为青睐的选择方式。

根据有限合伙的基本原理，普通合伙人是有限合伙企业的实际运作者，是企业的决策者和执行者，在合伙协议授权的范围内，企业的投资决策完全由普通合伙人完成，不受其他有限合伙人的干涉和影响。

### 二、特殊有限合伙模式——结构化基金

考虑到资金募集便利及杠杆效应，私募基金管理人通常会设计结构化的基金

产品。不同于平层基金设计,结构化基金产品中区分了优先级LP和劣后级LP。对于优先级LP,其优先的表现,体现在其具有固定收益或者保底,不严密的说法即为"保本保收益"。因此,固定收益、保底条款构成了优先级LP的优先权的实现路径。很多人将固定收益条款和保底条款混淆,甚至在一些司法判例中也是如此。固定收益,是以静态为特征,即无论被投企业效益如何,投资人将获得固定的回报。保底条款,具有动态特征,即首先设定最低回报限额,当被投企业给予的实际回报超出该限额的,投资人按实获取;被投企业给予的回报低于该限额的,投资人按限额获取,保底的"底"可以是本金,也可以是本金加一定的收益,所以保底和保本有一定的区分。①

可见,固定收益条款情况下的投资,其投资回报是确定的,即本金加一定的回报率;保底条款情况下的投资,其投资回报是不确定的,但一定是在预设的底线之上。

当然,两者也有相互融合之处,对于固定收益条款,隐含了保底的含义(为了安全起见,建议投资人在固定收益协议中明确保底,其合法性将在下文探讨);对于保底条款,除了约定保本金之外,双方也可以约定固定收益式的保底,此种保底条款将更具有诱惑力。

某些私募基金管理人将上述固定收益、保底条款,作为实现优先级LP权利的工具。根据这类工具,优先级LP通常有权获得固定收益,有些更加激进的管理人更是将固定回报作为保底条款。与优先级相对应的是劣后级的LP,此类LP是整个私募基金的发起人或未来投资的受益人,如地方政府发起的产业投资基金,其在优先级LP享受权利后再按约定享受其收益;在亏损出现时,其承担较大的亏损额。

如何保障优先级LP使用保底、固定收益的权利得到实现?实践中有两种保障方式:一类是基于LP与合伙企业之间的法律关系,对其予以保障;另一类是基于GP、其他劣后LP或第三人对优先级LP的法律关系,对其予以保障。

### 三、司法实践中对于有限合伙人保底条款效力的认定

实践中,有限合伙型私募股权投资基金有限合伙人为了确保在项目投资结束后实现投资本金及预期收益的回收,往往通过合伙协议等形式约定有限合伙企业对其固定收益的按期分配、投资本金无条件足额退出及普通合伙人或第三方必要

① 参见朱纭:《有限合伙型私募基金中固定收益、保底条款及优先权的法律适用》,载杭州朱纭律师网,http://www.13857171759lawyers.com/lswj/75288/,2019年12月2日最后访问。

的差额补足条款。此类条款作为当事人意思自治的表现，理应按当事人约定执行，但实践中，因约定的内容和当事人的不同，受《民法典》《合伙企业法》等相关法律的影响，保底条款的效力并不确定，不同法院对合同条款效力的判定也有所不同，需要投资人在签订有限合伙协议时加以注意。

（一）判决认定有效[①]

**1. 蔡某、许某某等15名当事人与安徽永顺房地产开发集团有限公司、胡某开合同纠纷案[（2016）皖0102民初1001号等15起判决]**

本案中当事人通过协议作出“融信投资为普通合伙人（执行事务合伙人）、蔡某为有限合伙人”“预期税后年化收益率为12.5%”“基金存续期限及分配：按基金成立起计算存续期为12个月，每6个月分配收益，期满后10个工作日内，以到期日基金财产为限计算投资者应得本金及最后一次收益，并进行兑付”等保底约定。在延期兑付时，基金管理人、第三方通过承诺函等形式对当事人的本金及收益作出保底收益承诺。

法院判决认为，第一，当事人的有限合伙人地位合法存在。依据协议，双方形成一种投资人通过向融信金世缴纳投资款，并在一定期限后返还本金获得收益的合同关系。融信金世确认蔡某投资本金、投资期限、预期收益率及收益分配周期，并未对蔡某本金和收益的偿付设置任何必经的清算程序和先决条件。蔡某实际并不参与融信金世的日常经营，仅仅是按照约定的投资期限和预期收益率获取可兑付债权，此类债权债务合法、确定、有效。第二，第三方等出具的承诺函，构成单方允诺的债务加入及新的债务承担。第三，因投资项目的收益提前可预期，协议中约定预期税后收益合理，且当事人之间约定的收益比例为预期收益而非固定收益，在投资期限届满后，对基金收益比例确认后，基金收益才能确定，管理人、第三方等承诺对当事人的债务也才得以确定。

**2. 闵某与夏某某合伙协议纠纷上诉案[（2016）沪01民终12898号]**

本案中当事人约定夏某某将其个人经营的××店的全部资产包括装修一并转让给闵某，并将××店经营管理权也交于闵某，夏某某转让上述资产及经营权的对价是20万元折旧费和××店15%的股份。协议另有约定“因全店在合作之前一切正常盈利经营之中，合作之后经营若有亏损与夏某某无关、分红是以当月的所有现金收入分红”。法院判决认为，夏某某不承担亏损约定的前提是夏某某在签订合同

---

① 参见法融汇俱乐部：《关于有限合伙人（LP）保底条款效力的案例分析》，载搜狐财经，http://www.sohu.com/a/191945355_481798，2019年11月27日最后访问。

之前××店处于正常盈利经营中,该约定并没有违反我国法律、法规中效力性强制性规定。

根据相关案例分析可知,法院判决保底条款有效的依据主要包括:第一,合伙关系的确定存在,获得保底利益的合伙人不参与企业的经营管理;第二,合伙企业项目投资收益的确定性导致约定的预期收益有合理的依据;第三,约定在合伙企业亏损前作出。

(二)判决认定为借贷

**1. 北京同鑫汇投资基金管理有限公司与周某某等民间借贷纠纷案[(2015)三中民(商)终字第15594号]**

本案中当事人在协议中约定投资期限为12个月,固定年化收益为10%,资金起息日为2013年11月29日,每半年支付一次投资收益,投资收益及本金将于付息日及到期日后10个工作日内分配。法院判决认为:当事人享受固定收益,不承担企业风险,名为合伙实为借贷,期限届满,应当偿还本金及收益。

**2. 冯某、陈某生、张某平与黄某军、侯某梅、黄某夏、蒋某定、浏阳市万利娱乐会所、黄某军民间借贷纠纷案[(2016)湘0181民初7564号]**

本案中当事人约定"保证丙方投资款100万元自丙方投入之日起(20个月内)享受全部投资数额相等的红利回报,即丙方每月收取固定分红50000元,丙方的投资分红不受乙方经营状态影响,丙方只享受固定回报,乙方盈亏全部由甲方负责""丙方的权利义务为:根据协议足额支付投资款,按月收取固定分红,不参加管理,不负任何责任和不承担任何损失"。法院判决认为,原告投入资金,不参加共同经营管理,不参加成本和利润核算,按期收取固定回报而不承担风险责任,且协议约定若原告要求退回投资款时应全额退还,该协议显然不具有合伙投资利益共享、风险共担的基本特征,故法院认定原、被告之间的关系名为投资入股,实为借贷,投资款作为借贷本金应予返还。

综合上述案例,法院判决保底条款为借贷的依据为当事人仅享受固定收益而不承担企业风险或不参与管理,违背了合伙投资利益共享、风险共担的基本特征。

(三)判决认定无效

**1. 王某某诉北京恒业泰和投资中心(有限合伙)等合同纠纷案[(2016)京0108民初25541号]**

本案中当事人约定王某某为有限合伙人,出资额为360万元,年化收益率11%,合伙企业取得项目投资的现金收入不得用于再投资,应按照约定向合伙人分配，收益分配期间为正式投资后每满半年进行一次分配。法院判决认为，合伙协议是指两个以上合伙人为明确出资数额、盈余分配、债务承担、入伙、退伙、合伙终止等事项所订立的协议，协议内容强调的是合伙人之间的权利义务关系。合伙企业以合伙协议为成立前提，要求合伙人必须共同出资、共同经营、分享收益，具有较强的人合性。本案《合伙协议》系王某某与目标合伙企业恒业泰和签署，华夏恒业于签字页以管理人身份签章。有限合伙人相互之间仅有资金集合的事实，并没有共同成立有限合伙、经营管理合伙企业的合意，协议内容强调的也不是合伙人之间的权利义务分配，而是投资人投资数额、投资期限、收益分配等内容，不符合合伙的法律特征。

**2. 上诉人马某某与被上诉人吕某某合伙协议纠纷案[（2016）吉02民终1353号]**

本案中当事人约定如亏损由吕某某一人承担，保证马某某不受经济损失。法院判决认为，个人合伙是指两个以上公民按照协议，各自提供资金、实物、技术等生产要素合伙经营，共同劳动、共同担风险、共享收益。虽然合作协议约定如亏损由吕某某一人承担，但参照《合伙企业法》第33条之规定，该条款因违反法律规定而无效。

综合上述案例，法院判决保底条款为无效的依据主要包括：第一，合伙协议未包含体现合伙关系及合伙人权利义务的主要条款，如出资数额、盈余分配、债务承担、入伙、退伙、合伙终止，则合伙关系不存在；第二，违反风险共担，收益共享的特征；第三，在合伙企业清算前对合伙企业财产进行分配；第四，合伙协议约定因违反《合伙企业法》第33条而无效。

## 四、有限合伙企业实际控制权认定

### （一）相关规定

有限合伙企业内部两类合伙人之间“此消彼长”的权力配置模式值得深入研究。一般而言，作为有限合伙人享受有限责任的对价，有限合伙人将放弃执行合伙事务的权利。

《合伙企业法》第67条规定：“有限合伙企业由普通合伙人执行合伙事务。……”第68条规定：“有限合伙人不执行合伙事务，不得对外代表有限合伙企业。……”这两条内容形成极为鲜明的对比。我国对于有限合伙人执行合伙事务的立法思路十分明晰，即“原则禁止+部分例外”。《合伙企业法》第68条原则上禁

止有限合伙人执行合伙事务,但同时在第2款列举了8种不视为执行合伙事务的行为,即著名的"安全港"条款,分别是:

"(一)参与决定普通合伙人入伙、退伙;

(二)对企业的经营管理提出建议;

(三)参与选择承办有限合伙企业审计业务的会计师事务所;

(四)获取经审计的有限合伙企业财务会计报告;

(五)对涉及自身利益的情况,查阅有限合伙企业财务会计账簿等财务资料;

(六)在有限合伙企业中的利益受到侵害时,向有责任的合伙人主张权利或者提起诉讼;

(七)执行事务合伙人怠于行使权利时,督促其行使权利或者为了本企业的利益以自己的名义提起诉讼;

(八)依法为该企业提供担保。"

### (二)有限合伙人拥有实际控制权案例

**1. 案情介绍**

A有限合伙企业由B公司(系上市公司)与C公司共同出资设立(其中B公司为有限合伙人,出资比例为99.8%;C公司为普通合伙人,执行合伙企业事务,出资比例为0.2%),主要从事投资性业务,投资于具有发展潜力的先进制造、互联网、新材料、新能源等行业的公司,通过帮助这些公司项目登陆主板、创业板然后转让股权或者直接由B公司收购等方式获利。

A企业的合伙协议规定企业最高权力机构为合伙人大会,各项决策按照实缴出资比例行使表决权,其中对于修改或者补充合伙协议、改变合伙企业的经营范围、合伙人向合伙人以外的人转让其在合伙企业中的全部或者部分财产份额、新合伙人入伙及合伙人以合伙协议约定以外的事由要求退伙等特殊事项须经全体合伙人一致同意。

另外,合伙协议约定合伙人有下列情形之一的,经其他合伙人一致同意,可以决议将其除名:

(1)未履行或未完全履行出资义务;

(2)因故意或者重大过失给合伙企业造成重大损失;

(3)发生合伙协议约定的事由。

A企业对外投资、决策由投资决策委员会决策。投资决策委员会由各合伙人指派(共3名委员,其中B公司指派1名),合伙企业所投资项目作出的投资决策、退出决策必须经出席投委会会议有投票权的全体委员通过方为有效(要求获得全体投委会委员的一致同意)。

合伙企业每年要按照合伙企业实缴出资总额的2%向执行合伙人(也就是普通合伙人)支付管理费,对于合伙企业所实现的收益,合伙协议约定其中的20%由执行合伙人独享,剩余80%由各出资者按照出资比例享有。

**2. 深入分析**

根据《企业会计准则第33号——合并财务报表(2014年修订)》中的规定,投资方可控制被投资方的三要素为:

(1)拥有对被投资方的权力;

(2)通过参与被投资方的相关活动而享有可变回报;

(3)有能力运用对被投资方的权力影响其回报金额。

本案例中的被投资方是有限合伙形式的私募基金,其最主要的相关活动是投资的进入和退出决策。根据合伙协议约定,对投资的进入和退出的决策由投资决策委员会作出,其表决规则为"经出席投委会会议有投票权的全体委员通过方为有效",即GP和LP双方都有否决权。单从投资决策委员会的表决机制看,似乎GP和LP(B公司)都不能单独主导投资决策委员会的表决,从而控制该有限合伙企业。

但是,在分析此类合伙企业的治理结构时,应关注GP是属于"代理人"还是"主要责任人"。《企业会计准则第33号——合并财务报表(2014年修订)》第18条规定:"投资方在判断是否控制被投资方时,应当确定其自身是以主要责任人还是代理人的身份行使决策权,在其他方拥有决策权的情况下,还需要确定其他方是否以其代理人的身份代为行使决策权。代理人仅代表主要责任人行使决策权,不控制被投资方。投资方将被投资方相关活动的决策权委托给代理人的,应当将该决策权视为自身直接持有。"第19条规定:"在确定决策者是否为代理人时,应当综合考虑该决策者与被投资方以及其他投资方之间的关系。(一)存在单独一方拥有实质性权利可以无条件罢免决策者的,该决策者为代理人。(二)除(一)以外的情况下,应当综合考虑决策者对被投资方的决策权范围、其他方享有的实质性权利、决策者的薪酬水平、决策者因持有被投资方中的其他权益所承担可变回报的风险等相关因素进行判断。"

在本案例中,LP不享有无条件罢免GP的权力,因此根据上述准则第19条第2项的规定,应综合考虑决策者对被投资方的决策权范围、其他方享有的实质性权利、决策者的薪酬水平、决策者因持有被投资方中的其他权益所承担可变回报的风险等相关因素进行判断。从该有限合伙企业的权益结构看,总共只有一名GP和一名LP,GP出资0.2%,LP出资99.8%,且GP从该有限合伙企业中可获得的经济利益主要为按合伙企业实缴出资额2%收取的管理费,以及按投资利润收取的20%业绩分成,剩余收益和风险全部归属于LP,因此LP所享有的剩余收益和风险,无论是从绝对金额(量级)还是可变动性来衡量,都远远高于GP;同时该GP的报酬水平(2%管理费+20%业绩分成)与市场上同类私募基金管理人的报酬水平基本一致。根据《企业会计准则第33号——合并财务报表(2014年修订)》中对于判断决策者是代理人还是主要责任人的上述指引,该GP是典型的代理人。相应地,因为该合伙企业总共只有2个合伙人,在其中一个已被确定为代理人的情况下,另一合伙人(B公司作为LP)自然成为主要责任人。根据合并报表准则规定,在判断是否存在控制关系时,代理人所行使的决策权也应当被视为归属于主要责任人,纳入主要责任人的权力范围。据此,我们认为B公司虽然在法律上属于LP,但凭借其自身作为主要责任人直接行使的决策权和通过代理人行使的决策权,完全控制了该合伙企业的相关活动,且享有或承担其绝大部分剩余风险和回报。因此,可以得出结论,即B公司实质控制该有限合伙企业。

另外,目前很多上市公司为了给其并购活动融资,会引入外部第三方资金设立并购基金。我们认为,上市公司(或其子公司,下同)参与并购基金,同时具有以下特征的,通常应认为上市公司对该并购基金具有控制权。

(1)上市公司是该基金的唯一劣后级LP(或持有绝大部分劣后级LP份额),其他LP都是寻求有保证的固定回报的财务投资者(优先级LP),由此上市公司享有或承担了该基金运作中的全部(或绝大部分)剩余风险和报酬,该基金回报的可变动性基本集中于上市公司所持基金份额,其他LP的本金安全和约定收益可获得较高程度的保障。

(2)该并购基金的设立目的就是服务于上市公司的并购需求,为上市公司的对外并购提供杠杆融资,上市公司主导和参与了其设立和架构设计,该基金的投资方向集中于上市公司的同行业和上下游行业(或者上市公司拟进入的其他行业),可以为上市公司实现并购的协同效应。

(3)虽然设有普通合伙人,但GP所占份额很低,基本可以认为GP属于《企业会计准则第33号——合并财务报表(2014年修订)》所指的"代理人"。虽然名义上GP拥有广泛的决策权力,包括在投资决策委员会或类似机构的多数表决权或否决权,但其权力实际上归属于作为主要责任人的上市公司。上市公司通过其自身作为劣后级 LP 的权力,以及作为代理人的 GP 所持有的权力,实质上主导了该基金的投资进入和退出决策。

(4)上市公司能够控制该基金的投资退出渠道,例如约定基金一旦投资,则过一段时间后上市公司应向基金收购该投资,或者在基金退出时拥有优先购买权等。其退出时的收购作价安排足以保证优先级 LP 的出资本金安全和获取约定收益。

# 第五章

# 政府作用

上文主要从市场自身角度,对公司融资途径予以介绍。事实上,由于金融行业在国民经济发展中的特殊地位,政府对金融行业有着较强的控制力度,政府政策对公司融资有着深远的影响。因此,有必要讨论政府在公司融资中的重要作用。

对于政府在公司融资过程中的作用,下文主要从政策性融资、基金融资、政策性补助、政府项目融资以及政府救助等方面予以论述。

## 第一节　政策性融资

在当前经济发展状况下,各国经济发展或多或少遇到了困难,政策性融资已经成为各国政府对中小企业进行资金扶助的重要支持途径。由于不同经济体中存在着不同的经济发展体制,各国社会环境及发展利益存在较大差异,政策性融资的表现形式及其支持力度各有不同。但可以肯定的是,政策性融资的完善,对各国社会经济的发展起到了重要的推动作用,在公司融资尤其是在中小企业的融资格局中,占有重要地位。

下文首先对政策性融资予以概述,分析我国现有政策性融资状况,结合国外发达国家不同政策性融资机制的比较,探讨适合我国实际情况的政策性融资机制。

### 一、政策性融资概述

政策性融资方式的出现与发展,与经济发展水平有着密切的关系。一般而言,政策性融资的涉猎范围随着经济发展层次的提高而扩大。同时,政策性融资方式的出现是对市场机制运行的必要补充,有较强的国家干预性。下文将从政策性融资的基本理解(定义)、特征及功能等方面予以论述。

(一)基本理解

一般认为,政策性融资是在政府的支持与鼓励下,以国家信用为基础,按照国家法律规定的范围及目标对象,用优于一般商业性金融机构的存贷利率和条件,以直接或间接的方式贯彻国家规定的经济和发展政策,该方式执行的是一种特殊性资金融通行为。①

(二)主要特点

作为一种以政府为主导的融资机制,政策性融资具有如下特点:

**1. 政策性**

政策性也可以称为“公共性”,指政策性融资具有政府导向的特点,通常服务于政府意在扶持的特殊产业,或实现政府的社会政策目标。与一般的市场融资活动不同,政策性融资的主要目的并非在于实现盈利,而是作为政府的一种政策手段,贯彻政府政策、实现政府目标,从而实现对宏观经济的管理与调节。②

例如,对于一些投资期限长、收益见效慢但是对国家经济发展有着基础性作用的设施投资,一般的商业性融资机构往往不愿意介入,政策性融资则在此发挥着巨大的作用。

**2. 安全性**

政策性融资的安全性特征,可以从两方面来看:首先,作为一种政策性手段,政策性融资在贯彻国家意志层面,与货币政策及财政政策具有重叠之处;但在实施政策性融资时,并不会提高财政债务依存度,一般不存在财政风险的问题,在经济的宏观发展层面上看,具有较大的安全性。其次,从信用保障层面上看,政策性融资以国家信用作为支撑,具有较高的安全保障,可以很好地吸引社会闲散资金。③

**3. 有偿性**

虽然政策性融资不以营利为目的,但与国家公共财政资金不同的是,政策性融资具有有偿性的特点,即让渡资金使用权的同时,须支付一定的对价。当然,与一般的商业性融资相比,政策性融资对价更低,条件也相对宽松。

---

① 参见王伟:《政策性金融与开发性金融的理论与实践》,载《金融教学与研究》2006 年第 5 期。

② 参见胡学好:《中国政策性金融理论与实践》,经济科学出版社 2006 年版,第 56 页。

③ 参见赵惠敏、李琦、宫婷:《政策性投融资的特征》,载《经济研究参考》2011 年第 12 期。

## 二、政策性融资存在的必要性

政策性融资机制的存在,既有其理论上的依据,也有实践中的必要性。

(一)理论必要性

政策性融资是政府对市场运行机制的必要干预,这种干预机制的出现,根源在于市场运行机制的缺陷,即由于市场本身具有滞后性等缺陷,无法实现市场自由在各个领域内的合理配置,市场机制对市场经济的发展难以起到均衡作用,放任市场机制的发展会出现"市场失灵"的现象。① 因此,为了合理分配市场资源,必须结合政府调控这只"无形的手",保证整个市场资源得到有效、合理配置。② 政策性融资,便是政府对市场进行调控的重要手段。例如,在一些提供社会公共产品的领域,由于成本投入与收益不成正比,市场机制便会促使资源远离这些领域,使这些领域得不到应有的供给,出现市场失衡现象。③

(二)实践必要性

从根本上说,政策性融资之所以有其存在之必要性,在于社会经济发展实践的需求。具体来说,是现行融资渠道不足以满足公司发展实践中对资金的需求,"融资难"的现象较为普遍。对此,中小型企业具有代表性意义。由于其自身的特殊性,在我国现行金融机制下,中小型企业"融资难"的情形更是十分突出。下文主要以我国中小型企业融资现状为重点,阐释政策性融资在我国公司发展实践中的迫切必要性。

**1. 中小型企业融资现状**

据调查,我国90%的中小型企业从未获得银行的信贷支持,95%的微型企业甚至没有与银行发生过任何借贷关系。④ 中小企业的融资体系在很大程度上依赖于商业性融资以及企业投资人资金渠道(包括民间借贷等),政策性融资没有发挥其应有的作用。

---

① 参见高鸿业主编:《西方经济学》(第3版),中国人民大学出版社2004年版,第42~43页。

② 参见亚当·斯密:《国富论》(下),伦敦丹特公司1995年版,第246~247页。转引自尹群:《市场化转型期政策性银行对小微企业的融资扶持问题研究》,湖北工业大学会计学系2012年硕士学位论文,第14页。

③ 典型如邮政行业,在沿海发达地区,快递业发展迅速,竞争力远超邮政机构;但是在内陆边远地区,由于物流成本急剧上升,而收益却不明显,快递行业明显没有介入,此时需要借助国家干预,通过财政政策以及政策性融资等手段,对其加以调控,完善基础设施建设。

④ 参见尹群:《市场化转型期政策性银行对小微企业的融资扶持问题研究》,湖北工业大学会计学系2012年硕士学位论文,第11页。

与之相对应的是，中小型企业在我国经济发展中起到了重要的作用。据统计，我国有近6000万家中小微企业，创造了60%的GDP，贡献了50%的税收收入，提供了75%以上的就业岗位。①

两组数据的对比，使人强烈感受到中小型企业融资难的境地，完善政策性融资对中小型企业的扶持有着迫切的实践必要性。虽然近年来，政府加强了对中小企业的政策性融资支持，但由于中小企业数量庞大，仍不足以有力促进中小企业的发展。

**2. 现状成因探析**

中小企业之所以存在上述“融资难”的问题，原因是多方面的，既有其内在的不足，也有外部因素的制约。总而言之，中小企业“融资难”主要存在如下因素：

（1）中小企业“先天不足”

首先，中小企业一般规模较小，资产较少，②一方面抵押能力、负债能力低，另一方面其抵御风险的能力也差；其次，中小企业管理模式不够规范，财务状况透明度有限，较难获得银行贷款。③

（2）中小企业融资渠道狭窄

中小企业初创期，其主要资金来源为内部融资。内部融资可以减轻负债代价，但其融资能力有限，尤其是在中小企业发展到一定规模以后，内部融资往往难以满足企业发展需求。与之相对的是，我国对中小企业的金融支持力度并不充分。证券市场是公司融资的重要平台，但我国证券市场设立了较高的门槛，中小企业由于

① 参见刘娜、李秀红、吴纬地：《构建中小企业政策性融资体系的探析》，载《现代商业》2010年第29期。

② 参见工业信息化部、国家统计局：《关于印发中小企业划型标准规定的通知》，载中央人民政府官网，http://www.gov.cn/zwgk/2011-07/04/content_1898747.htm，2020年4月13日最后访问。对于中小型企业的认定，工业和信息化部、国家统计局、国家发展和改革委员会及财政部在2011年出台过《关于印发中小企业划型标准规定的通知》（工信部联企业〔2011〕300号），从企业从业人员、营业收入、资产总额等指标，结合不同行业特点，分别制定了不同的认定标准。总共涉及农、林、牧、渔业，工业（包括采矿业，制造业，电力、热力、燃气及水生产和供应业），建筑业，批发业，零售业，交通运输业（不含铁路运输业），仓储业，邮政业，住宿业，餐饮业，信息传输业（包括电信、互联网和相关服务），软件和信息技术服务业，房地产开发经营，物业管理，租赁和商务服务业，其他未列明行业（包括科学研究和技术服务业，水利、环境和公共设施管理业，居民服务、修理和其他服务业，社会工作，文化、体育和娱乐业等）共13个行业大类。

③ 参见刘娜、李秀红、吴纬地：《构建中小企业政策性融资体系的探析》，载《现代商业》2010年第29期。

"先天不足",往往无法进入证券市场融资,极大地限制了中小企业的融资渠道与能力。①

(3)中小企业负债成本较高

由于中小企业自身融资渠道有限,在遇到融资困难时,中小企业不得不求助于民间借贷。我国民间借贷存在的范围之大、深度之广,不容小觑。但对于民间借贷市场,缺乏有效的监管与规范,中小企业通过民间借贷的融资成本远高于同期银行信贷,承担了很高的信贷成本。

(4)现行金融体制不够完善

我国现有金融体制存在较多问题,需要尽快予以改善。从宏观层面来看,主要在于现有金融体制下,资金多流向大型企业,银行向中小企业发放贷款的意向不够强烈;从微观层面来看,对中小企业的金融支持体系没有完整构建起来,包括为中小企业提供金融担保的企业发展不成熟、创业板市场及风险退出机制不够完善,未能充分发挥对中小企业融资的支持作用。

**3. 小结**

中小企业存在显著的"融资难"问题,此类问题的形成有着深刻的内外因。就内因而言,这是中小企业发展中必然存在的问题,难以回避。因此,解决中小企业融资难的问题,主要从外部着手。具体到政策性融资方面而言,应完善我国现有金融融资体系,加强对中小企业的金融支持。

## 三、我国政策性融资的现状

政策性融资是随着社会经济发展的需要而产生的。在计划经济时代,所有的生产活动都处在国家统一计划之下,一切都取决于国家政策,不存在单独的政策性金融问题。随着市场经济的深入改革与进一步发展,现代金融体系逐步建立并不断完善,政策性融资体系才逐渐建立起来,并对市场经济的发展起到了重要的作用。

在认识到政策性融资的基本特征与必要性之后,有必要对我国政策性融资的现状加以归纳,发现其中存在的问题及不足,从而为解决问题奠定必要的基础。

---

① 参见王书贞:《基于"银企博弈"视角的中小企业融资分析》,载《南京大学学报》2007年第6期,第137页。我国企业融资渠道,主要有四种传统途径:第一,上市发行股票融资;第二,发行债券;第三,银行贷款;第四,民间借贷。其中前两种由于存在较高门槛,中小企业几乎无融资可能;第三种渠道是较为理想的中小企业融资途径,但由于商业银行以盈利为目的,对风险控制有较高要求,因此更倾向于向实力强大的大型企业发放贷款(据统计,中小企业贷款申请遭拒率高达56%)。如此一来,民间借贷成为诸多中小企业融资的不二选择。中小企业融资渠道之窄,可见一斑。

## (一)宏观层面:我国政策性金融体系的基本构成

1993 年 11 月的十四届三中全会明确提出了建设政策性银行。[①] 随后,国家开发银行、中国进出口银行及中国农业发展银行应运而生,在宏观上构成我国政策性金融体系的支撑。

**1. 国家开发银行**

国家开发银行(以下简称国开行)成立于 1994 年,是直属中国国务院领导的政策性金融机构。2008 年 12 月改制为国家开发银行股份有限公司。2015 年 3 月,国务院明确国开行的定位为开发性金融机构。国开行主要通过开展中长期信贷与投资等金融业务为国民经济重大中长期发展战略服务。

国开行的主要使命是增强国力、改善民生,国开行顺应全面建成小康社会的形势要求,把基础设施领域的成功经验拓展到中低收入住房、扶贫开发"三农"、教育医疗、中小微企业等民生领域,以普惠金融服务社会建设,促进社会和谐与全面进步。

**2. 中国进出口银行**

中国进出口银行成立于 1994 年,其主要职责是"为扩大我国机电产品、成套设备和高新技术产品进出口,推动有比较优势的企业开展对外承包工程和境外投资,促进对外关系发展和国际经贸合作,提供金融服务",其主要业务范围如下:

(1)办理出口信贷和进口信贷;

(2)办理对外承包工程和境外投资贷款;

(3)办理中国政府对外优惠贷款;

(4)提供对外担保;

(5)转贷外国政府和金融机构提供的贷款;

(6)办理本行贷款项下国际国内结算业务和企业存款业务;

(7)在境内外资本市场、货币市场筹集资金;

(8)办理国际银行间贷款,组织或参加国际、国内银团贷款;

(9)从事人民币同业拆借和债券回购;

(10)从事自营外汇资金交易和经批准的代客外汇资金交易;

(11)办理与本行业务相关的资信调查、咨询、评估和见证业务;

---

① 《中共中央关于建立社会主义市场经济体制若干问题的决定》在"加快金融体制改革"部分中明确指出,"建立政策性银行,实行政策性业务与商业性业务分离。组建国家开发银行和进出口信贷银行,改组中国农业银行,承担严格界定的政策性业务"。"国家重大建设项目,按照统一规划,由国家开发银行等政策性银行,通过财政投融资和金融债券等渠道筹资,采取控股、参股和政策性优惠贷款等多种形式进行。"《中共中央关于建立社会主义市场经济体制若干问题的决定》是我国政策性金融发展的里程碑。

(12)经批准或受委托的其他业务。[①]

**3. 中国农业发展银行**

中国农业发展银行成立于1994年,注册资本570亿元,直属国务院领导,是我国唯一一家农业政策性银行。其主要任务是以国家信用为基础,以市场为依托,筹集支农资金,支持"三农"事业发展,发挥国家战略支撑作用。经营宗旨是紧紧围绕服务国家战略,建设定位明确、功能突出、业务清晰、资本充足、治理规范、内控严密、运营安全、服务良好,具备可持续发展能力的农业政策性银行。

**4. 小结**

上述三家政策性银行是我国政策性金融的主要实现机构,各自有着自己的职责与使命,在相应领域内发挥了重要的作用,促进了经济的平稳发展与产业结构的优化调整,促进了金融体系的改革与完善,探索出了政策性融资机构的运作模式。

但相对而言,三大政策性银行的业务范围较为狭窄,不能满足现阶段国民经济发展中对政策性融资的全面需要。

### (二)微观层面:对中小企业的政策性融资支持体系

在当前经济运行态势下,企业融资难度增加,对于中小企业的政策性融资逐渐受到各级政府的重视。从中央政府层面到地方各级政府,相应出台了一系列规范性文件,支持、促进中小企业政策性融资制度的发展。

**1. 中小企业政策性融资的主要法律及政策支持**

(1)法律法规、部门规章

从法律构造上看,对于中小企业发展的支持,我国现有层级最高的法律规定是《中小企业促进法》(2002年6月29日全国人民代表大会第二十八次会议通过,2017年9月1日第十二届全国人民代表大会常务委员会第二十九次会议修订)。该法的通过,表明在国家层面对中小企业发展的关注与支持。但现实的坎在于《中小企业促进法》是一部基本性、纲领性的法律,从宏观上构造了中小企业的支持框架,各项规定过于模糊、宽泛,可操作性并不够强。[②]

在《中小企业促进法》精神的指引下,各地方政府先后出台了系列法规及部门规章,细化了《中小企业促进法》的各项规定,增强了该法的可操作性。如表5-1所示。

---

① 《中国进出口银行章程》,载中国进出口银行官网,http://www.eximbank.gov.cn/aboutExim/profile/zczy/201902/t20190225_8813.html,2020年4月13日最后访问。

② 该法共有十章,分别为总则、财税支持、融资促进、创业扶持、创新支持、市场开拓、服务措施、权益保护、监督检查以及附则。以财税支持为例,该章规定了中央财政应当在本级预算中设立中小企业科目、国家应设立中小企业发展基金、国家应实行有利于小型微型企业发展的税收政策。

**表5－1 中央层面对中小企业发展的鼓励文件**

| 文件名称 | 文号 | 发文部门 |
|---|---|---|
| 《国务院关于进一步促进中小企业发展的若干意见》 | 国发〔2009〕36号 | 国务院 |
| 《国务院办公厅关于当前金融促进经济发展的若干意见》 | 国办发〔2008〕126号 | 国务院办公厅 |
| 《国务院办公厅转发国家经贸委关于鼓励和促进中小企业发展若干政策意见的通知》 | 国办发〔2000〕59号 | 国务院办公厅 |
| 《财政部、工业和信息化部、银监会、国家知识产权局、国家工商行政管理总局、国家版权局关于加强知识产权质押融资与评估管理支持中小企业发展的通知》 | 财企〔2010〕199号 | 财政部、工业和信息化部、银监会、国家知识产权局、国家工商行政管理总局、国家版权局 |
| 《中国人民银行、银监会、证监会、保监会关于进一步做好中小企业金融服务工作的若干意见》 | 银发〔2010〕193号 | 中国人民银行 |
| 《中国人民银行关于中小企业信用担保体系建设相关金融服务工作的指导意见》 | 银发〔2006〕451号 | 中国人民银行 |
| 《工业和信息化部关于做好中小企业金融服务合作工作的通知》 | 2010年 | 工业和信息化部 |
| 《国家发展改革委、国家税务总局关于中小企业信用担保机构免征营业税有关问题的通知》 | 2006年 | 国家发展改革委 |
| 《国家开发银行、科学技术部关于推动科技型中小企业融资工作有关问题的通知》 | 2005年 | 国家开发银行 |

(2)地方政府政策

为了响应中央政府及各组成部门的号召，地方政府层面，也制定了一系列中小企业政策性融资的扶持性政策，笔者在万律上检索关键词“中小企业”“政策性融资”字眼，出现检索结果70余则。其中较具代表性的规范文件如表5－2所示。

**表 5-2 地方政府促进中小企业发展的规范文件**

| 发文地区 | 文号 | 文件名称 |
|---|---|---|
| 上海市 | 沪府办发〔2010〕31 号 | 《上海市人民政府办公厅转发〈关于本市加快融资性担保行业发展进一步支持和服务中小企业融资若干意见〉的通知》 |
| | 沪府发〔2010〕11 号 | 《上海市人民政府贯彻国务院关于进一步促进中小企业发展的若干意见的实施意见》 |
| | 沪府办发〔2010〕36 号 | 《上海市人民政府办公厅转发市金融办等十六部门关于推进本市中小企业上市工作实施意见的通知》 |
| | 沪府办发〔2009〕52 号 | 《上海市人民政府办公厅转发市金融办等八部门关于本市加大对科技型中小企业金融服务和支持的实施意见的通知》 |
| | 沪府办发〔2009〕5 号 | 《上海市人民政府办公厅关于印发上海市鼓励创业带动就业三年行动计划(2009—2011 年)的通知》 |
| | 沪财税〔2014〕72 号 | 《上海市财政局、上海市国家税务局、上海市地方税务局关于转发的通知》(已失效) |
| | 沪经信企〔2009〕287 号 | 《上海市经济和信息化委、市地方税务局关于做好本市中小企业信用担保机构免征营业税申报工作的通知》 |
| | 沪财企一〔2002〕6 号 | 《上海市财政局关于进一步做好当前中小企业贷款信用担保工作的通知》 |
| | 徐府办发〔2010〕5 号 | 《关于转发区发展改革委等九部门的〈徐汇区加大对科技型中小企业金融服务和支持的实施方案〉的通知》 |
| 浙江省 | 浙政发〔2004〕55 号 | 《浙江省人民政府关于印发〈温台沿海产业带发展规划〉的通知》 |
| 江苏省 | 宁政发〔2014〕172 号 | 《南京市人民政府关于全面深化金融改革创新发展的若干意见》 |
| | 宁政发〔2013〕7 号 | 《南京市人民政府关于印发南京区域金融中心建设规划(2011—2020)的通知》 |
| 安徽省 | 皖政办〔2015〕15 号 | 《安徽省人民政府办公厅关于扶持小型微型企业健康发展的实施意见》 |
| | 阜政办〔2015〕1 号 | 《阜阳市人民政府办公室关于加强农村创业就业群体金融服务工作的意见》 |

续表

| 发文地区 | 文号 | 文件名称 |
| --- | --- | --- |
| 广西壮族自治区 | 桂政办发〔2014〕121 号 | 《广西壮族自治区人民政府办公厅关于建立健全广西中小微企业融资担保体系的意见》 |
| | 桂政发〔2012〕67 号 | 《广西壮族自治区人民政府关于中国—马来西亚钦州产业园区开发建设优惠政策的通知》 |
| 江西省 | 赣府厅字〔2013〕131 号 | 《江西省人民政府办公厅关于金融支持小微企业发展的若干措施》 |
| | 赣府发〔2014〕19 号 | 《江西省人民政府关于加快产业集群发展促进工业园区发展升级的意见》 |
| | 余府发〔2012〕8 号 | 《新余市人民政府关于促进小型微型企业发展的意见》 |
| 四川省 | 川办函〔2009〕230 号 | 《四川省人民政府办公厅关于加强融资性担保业务监管工作的通知》 |
| 福建省 | 厦府办〔2015〕59 号 | 《厦门市人民政府办公厅关于进一步扶持小微企业加快发展八条措施的通知》 |
| 山东省 | 青政发〔2012〕7 号 | 《关于进一步支持小微企业发展的若干意见》 |
| 山西省 | 并政发〔2014〕34 号 | 《太原市人民政府关于支持小型微型企业健康发展的实施意见》 |
| 甘肃省 | 甘政办发〔2014〕175 号 | 《甘肃省人民政府办公厅关于着力缓解企业融资成本高问题的实施意见》 |
| 陕西省 | 陕政发〔2013〕31 号 | 《陕西省人民政府关于金融支持民营经济持续健康发展的意见》 |

**2. 中小企业政策性融资面临的主要问题**

虽然各级政府陆续出台系列规范性文件，对中小企业政策性融资问题分别予以关注。但就当前情势而言，仍未形成完整的中小企业政策性融资扶持体系，这主要体现在两方面：政策体系的缺失与机构设置的缺位。

(1)中小企业政策性融资体系性与完整性不足

从宏观金融政策上看，我国目前尚未形成完整的中小企业政策性融资扶持体系，现有金融政策仍然有利于大企业，包括银行贷款在内的大多数社会资源仍然流向了大型企业(尤其是国有企业)。①

① 参见张润林：《中小企业政策性融资探析》，载《经济问题》2004 年第 1 期。

从对中小企业的政策性融资角度看,加大对中小企业的融资支持成为当前各级政府的共识,但是仍未出台全局性的规范性文件,尤其是较少从政策性融资角度提高中小企业的融资能力。因此,虽然各级政府纷纷颁布一些新政策,但未形成完整的、全方位的中小企业政策性融资体系,中小企业的融资能力仍然受到很大的约束。

(2)中小企业政策性融资机构的缺位

虽然中小企业在推进国家产业结构升级和保证经济的可持续发展等方面起到了重要的作用,但商业银行的现有信贷模式并不利于中小企业信贷。虽然我国构建了政策性金融机构的主要框架,但上述我国三大政策性银行由于分工及职责的界定(主要与大型企业尤其是国有企业相匹配),并未将中小企业作为其信贷对象。目前并不存在以中小企业作为支持对象的政策性金融机构,对中小企业的政策性融资支持缺乏固定平台。随着经济体制改革的深入以及产业结构的进一步优化,与中小企业配套的政策性金融机构越来越显现出存在的必要性。①

## 四、完善我国政策性融资体系的思考

我国中小企业融资难是一个现实而紧迫的问题。尤其在经济发展不稳定时期,国有商业银行更倾向于向大型企业尤其是国有企业发放贷款,以降低风险。对于处在成长期的中小企业而言,资金需求往往较为迫切。虽然互联网融资等新兴融资方式的出现,可以在一定程度上缓解中小企业融资难的问题,但仍不能从根本上予以解决。在此背景下,政策性融资支持对于中小企业而言,尤为重要。

结合我国中小企业融资难的实际情形,参考发达经济体发展过程中对中小企业支持的现状,笔者认为,完善我国政策性融资,可以从以下方面着手。

### (一)完善政策性融资制度的顶层设计

我国现有政策性金融体制的构建,是建立在三大政策性银行的基础之上,而一如上文所述,三大政策性银行各有其使命,其主要职责范围多旨在服务于宏观经济的发展与协调,对于中小企业的政策性融资,尽管已经引起政府部门的重视,并出台了一些政策,但不可否认的是,已有政策仍不免有“头痛医头、脚痛医脚”之嫌,缺乏全局性的顶层设计。②

① 参见阮敏:《中国政策性金融研究》,中央财经大学经济学院2006年硕士学位论文,第35页。

② 我国虽然出台《中小企业促进法》,但该法更多的还停留在宏观层面,没有相应的配套设施,可操作性不强。

政策性金融的顶层设计，从制度上来说，首先需要有一整套完备的法律规范体系。制定和完善法律规范，是保持政策稳定性的需要。具体来说，对中小企业政策性融资支持的法律包括三大类：其一，促进中小企业正常运行和发展的基本法律体系；其二，为支持中小企业发展而设置相关组织机构的法律体系；其三，支持中小企业发展的具体规范体系，包括税收、财政等。[①]

（二）健全政策性融资的机构设置

设置专门的行政管理部门负责对中小企业管理与支持，是多数发达经济国家的共识。我国中小企业司原属发改委，后并入工业和信息化部。[②] 统一的中小企业管理机构，便于贯彻对中小企业融资的政策性支持。从实践来看，我国中小企业司的管理单向性较为明显，政策措施的制定、实施与反馈不够紧密。中小企业服务机构应涵盖如下职责：其一，加强与中小企业间的联系，充分了解中小企业在不同阶段的需求，针对不同地区、不同行业中小企业特点，制定相应的中小企业扶持机制；其二，以促进中小企业融资为主要宗旨，大力吸引外部投资，减轻中小企业融资成本。

除了在行政管理层面健全机构设置外，还应该着力完善行业协会组织制度。在政府放权的行政改革背景之下，传统行政权力逐渐退出市场管理机制，市场机制本身所承担的监管任务越来越重，行业协会是政府放权的重要承接机制，可以很好地在政府与企业之间起到沟通桥梁作用，既有助于落实政府部门的监督管理职能，也能够很好地了解中小企业发展动态、了解中小企业发展需求，更好地"对症下药"，便于为中小企业发展提供更加贴切的政策性扶持。

（三）灵活运用政策性融资手段

就发达国家的政策金融而言，对中小企业的政策性融资各有不同倾向。结合我国实际情况，笔者认为，应从如下几方面着手，灵活运用不同的政策性融资手段，为中小企业融资提供支持。

第一，直接融资支持。直接向中小企业发放贷款，是对中小企业融资有力的支持手段之一。发达经济国家中的政策性金融机构，很多是由中央政府进行直接资

---

① 参见白钦先、薛誉华：《各国中小企业政策性金融体系比较》，中国金融出版社 2001 年版，第 84 页。

② 中小企业司的机构职责是："承担中小企业发展的宏观指导，会同有关方面拟订促进中小企业发展和非国有经济发展的相关政策和措施；促进对外交流合作，推动建立完善服务体系，协调解决有关重大问题。"

金补充。[①] 对于如何进行直接融资支持,有观点主张设立中小企业政策性银行,[②]本书认为,另外建立一家独立的中小企业政策性银行牵涉面过广,可行性不高。更可行的方法是,通过现有国有商业银行及股份制商业银行来实施中小企业政策性融资支持。这些金融机构吸收了大量存款,只是由于缺乏政策性措施的配合,对于风险较高的中小企业融资支持力度不够。因此,可以通过完善政策层面的规范支持,撬动商业银行对中小企业的资金支持。[③]

第二,完善担保信用体系。企业信用是企业获得银行信贷的重要考量因素之一。中小企业预期偿债能力弱,信用资源匮乏,是其难以通过正常渠道获得商业信贷的重要原因。因此,可以通过引入第三方信用,弥补中小企业在借贷担保中的不足。具体而言,中小企业服务机构可以在中小企业申请信贷时提供保证,降低商业银行信贷风险,使中小企业更容易获得融资支持。

第三,充分发挥资本市场的融资效用。风险投资、创业投资及二板市场是近年来发展较快的新兴融资渠道。我国中小企业基数大,对资金的需求量大,传统融资渠道难以满足其实际需要。因此,可以通过完善资本市场融资机制,适当对中小企业开放证券发行融资,构建多层次的中小企业融资体系,完善对中小企业的政策性融资支持。[④] 实践表明,资本市场的融资渠道对高科技型和高成长型的中小企业融资,具有重要意义。

第四,发挥财产、税收政策的作用。通过优惠的税收政策及财政补贴政策,减轻中小企业负担,是对中小企业进行政策性支持的传统机制,也是一种极为有效的模式。财政与税收政策具有很强的灵活性特点,可以根据区域特点、行业特性,有针对性地提供政策性支持。我国幅员辽阔,不同地区经济发展水平差异很大,不同行业之间的发展也不尽规范,对中小企业融资的政策性支持,应该体现出这种地区与行业的差异,构建全方位、多层次及高协调性的中小企业政策性融资机制。

### (四)注重政策的时效性

在不同经济发展情形下,中小企业对融资的需求可能有不同体现。尤其在经

---

① 例如,德国复兴信贷银行成立资本中,联邦政府占80%,地方政府占20%。

② 参见贾立:《论中小企业政策性融资体系的现状及完善》,载《河南财政税务高等专科学校学报》2011年第1期,第22页。

③ 国家开发银行虽然也涉及中小企业融资业务,但其支持重点在于国家基础设施建设、基础产业及支柱产业,如电力、公路、铁路、煤炭、邮电通讯、农林水利以及公共设施等。无法满足中小企业需求。

④ 参见李庚寅、周显志等:《中国发展中小企业支持系统研究》,经济科学出版社2003年版,第199页。

济发展波动期,中小企业的资金需求往往难以得到保障。因此,政策性融资的特点与优势在于,可以根据具体经济运行情况,调整融资政策,真正落实对中小企业的融资支持。此外,中小企业在不同发展阶段,对资金的需求也有所不同,应根据中小企业的不同行业属性、不同发展阶段历程予以区别对待,加强政策性融资支持的针对性。

## 第二节 政府创业投资引导基金

从既有国际经验看,政府创业投资引导基金(以下简称"引导基金"或"产业基金")具有杠杆作用,通过政府的政策性引导,可以有效地对民间资金加以引导,从而使闲散资金流向迫切需要的领域。政府引导基金的设立,对于解决中小企业融资难的问题有着巨大的帮助和推动意义。

### 一、概述

政府引导基金(government guiding fund),又称政府风险投资基金或创业引导基金(venture capital guiding fund),一般指的是由财政或其他具有政府背景的机构出资,利用政府信用担保,吸引民间资金加入,共同设立创业投资基金,将资金引入迫切需要资金的产业领域或政府意在扶持的领域,尤其是处于初创期的中小企业、高科技中小企业,从而促进高科技产业技术的发展,提高整体产业竞争能力。①

#### (一)主要特点

《国务院办公厅转发发展改革委等部门关于创业投资引导基金规范设立与运作指导意见的通知》(国办发〔2008〕116 号)中,将政府创业投资引导基金定义为"由政府设立并按市场化方式运作的政策性基金,主要通过扶持创业投资企业发展,引导社会资金进入创业投资领域。引导基金本身不直接从事创业投资业务"。这一界定包含几层不同含义,可以看出政府引导基金的基本特点。

① 《创业投资企业管理暂行办法》(发展改革委 2005 年第 39 号)称之为"创业投资",指"向创业企业进行股权投资,以期所投资创业企业发育成熟或相对成熟后主要通过股权转让获得资本增值收益的投资方式"。《创业投资企业管理暂行办法》同时对创业企业有所定义,所谓创业企业,指"在中华人民共和国境内注册设立的处于创建或重建过程中的成长性企业,但不含已经在公开市场上市的企业"。

**1. 非营利性**

政府引导基金的首要特点在于,政府出资非以盈利为旨趣,而是从产业结构调整、产业竞争力提高角度出发,旨在带动本国或本地区行业的综合、健康发展;一旦该地区或该行业发展成熟,引导基金即逐步从该地区或该行业退出,将资金流引向其他地区或产业。这是政府引导基金与商业性基金的重要区别。

**2. 市场化运作**

政府引导基金有很强的政策导向性,但这主要反映在基金的成立及目标层面;就引导基金的运作而言,大多数仍采用市场化运作。对此,可以从两方面加以观察:第一,引导基金的使用方式为有偿使用,有偿使用可以对相关企业起到一定的财务约束效力,与引导基金自身的非营利性并不冲突;第二,引导基金的扶持对象,并非由行政主管部门单方面决定,必须由引导基金管理机构综合考虑市场状况(投资风险、投资回报、投资目标等)全面确定。

**3. 目的特定性**

政府引导基金与其他商业化的根本性区别在于,政府引导基金有其特定之使命:以扶持特定地区、特定产业发展为宗旨,通过发挥财政资金的杠杆效应,对社会资金施以政策性影响。其最终目标在于引导社会资金进入特定领域,而不是专注于直接投资业务。这点与其非营利性之目标有异曲同工之处。

(二)主要功能优势

政府引导基金,克服了分散的单个投资计划的缺点(投资人精力、知识技能上的不足),通过集合化投资,谋取更高收益。与单个的投资制度相比,组合型的政府引导基金具有如下优势。

**1. 提高资本运作效率、降低交易成本**

资本市场中信息高度不对称,这种不对称的根源在于知识、技能经验等方方面面,是单个的投资主体难以应对的。政府引导基金作为一种集合型的投资制度,具备经验及知识技能上的优势,通过对创业投资项目加以筛选,降低信息的不对称性,从而有效降低投资成本。

**2. 降低投资风险**

集合型的投资,可以提高项目筛选与投资决策的准确性,尽快缩小目标对象范围,确定目的对象。专业化的投资可以通过降低信息的不对称性,增强投资方的谈判能力,最大限度实现各种资源的整合,从而降低投资风险。

此外,政府引导基金以政府信用作为担保,通过对社会资本的引导,为社会资金提供了投资渠道,可以推动形成创业资本的聚集机制,从而在整体上降低资本风险。①

**3. 调整资本流动方向**

政府引导基金具有较强的政策导向,往往是对有成长潜力的中小企业的有力扶持。政府设立创业引导基金,在于实现一定的政策目标,通过对投资方向的引导,实现产业结构的升级。通常情形下,需要政府引导基金加以扶持的企业都是处在初创期或成长期的中小企业,这些企业在资本市场上引入资金的难度较大。与之相对的是,我国民间资金的投资渠道有限,存在大量的闲散资金,通过设立政府引导基金,可以对这些闲散基金加以利用,加大对新型高技术性的中小企业的扶持力度,从而促进产业结构的调整与升级,提高整体产业竞争力。

另外,资本的流动差异不仅存在于不同行业之间,在不同区域之间也有明显的体现。以《中国创业风险投资发展报告 2012》为例,我国创业风险投资无论是在数量上还是管理资本总额上,都集中在北京、上海、浙江、江苏及广东 5 个经济发达的省市;与之相对,内陆地区的创业风险投资明显不足,这是市场经济规律发挥作用的必然后果,但是如果放任这种情形的发展,区域间的不平衡将进一步加剧,不利于国家宏观经济的协调发展。政府引导基金的设立,可以有效地对这种情形加以干预,平衡区域发展。②

## 二、我国政府引导基金的发展历程

我国政府引导基金在较短的时间内,经历了一个从无到有、再到迅速发展的历程。引导基金随着对市场规律的认识的深化,以及市场经济发展的深度而深入。十几年来,我国的政府引导基金规模不断扩大,取得了较大的成就,但作为一个新生事物,在不断发展的同时,其也暴露出了方方面面的问题。对此,有必要对我国政府引导基金的发展历程进行梳理,以便更好地立足于我国实际需要,为我国政府引导基金的进一步发展提供思路。

### (一)萌芽阶段(2001 年以前)

政府引导基金的提出,首见于《中共中央关于科学技术体制改革的决定》(中发〔1985〕6 号),其中指出:"对于变化迅速、风险较大的高技术开发工作,可以设立创

① 参见李希义:《创业投资引导基金的运行状况和实施成效》,载《中国科技投资》2011 年第 4 期。

② 参见庞国存:《中国创业投资引导基金运行模式研究》,辽宁大学 2013 年投资经济学专业硕士学位论文,第 6 页。

业投资给以支持。"这是笔者阅读范围内,国家层面最早对政府引导基金的有关论述,为我国风险投资发展提供了政策上的依据。

随后,1991年国务院出台《国家高新技术产业开发区若干政策的暂行规定》,其中明确指出,"有关部门可在高新技术产业开发区建立风险投资基金,用于风险较大的高新技术产品开发。条件成熟的高新技术开发区,可创办风险投资公司"。在此之后,我国先后出台《国务院关于批准国家高新技术产业开发区和有关政策规定的通知》(1991年)、《中共中央、国务院关于加速科学技术进步的决定》(1995年)、《促进科技成果转化法》(1996年)、《国务院关于"九五"期间深化科学技术体制改革的决定》(1996年)等法律法规、政策规定,为投资基金的发展提供了充分的政策依据。1998年,民建中央在全国政协九届一次会议上提出了《关于尽快发展我国风险投资事业的提案》(当年两会的"一号提案"),明确提出"借鉴国外风险投资的成功经验,大力发展风险投资事业,推动科技进步""明确把发展风险投资作为推动科技和经济发展特别是高科技产业发展的基本政策"。

在此期间,相关的政府引导基金先后建立起来,包括中国新技术创业投资公司、广东技术创业公司、江苏省高新技术创业投资公司等主体。截至1999年,全国各级政府设立的创业基金达100多家。这一时期投资基金的特点在于,进入创业投资领域的是单一性的国有资本,其投资对象也以国有企业为主。总体而言,这一阶段是我国政府引导基金的萌芽阶段,其地位、作用、发展方向,均较模糊,引导基金难以发挥其对自己的杠杆作用。[①] 当然,这既是政府引导基金自身发展的阶段性特征,更是受到当时社会经济环境的约束。

### (二)起步阶段(2002~2006年)

直至2002年,北京中关村科技园区管委会借鉴以色列经验,设立"中关村创业投资引导基金",成为我国第一家真正意义上的政府引导基金,开启了我国政府引导基金发展的历程。随后,北京、上海与江苏等经济发达地区开启了创业投资引导基金的发展步伐,上海浦东新区创业风险投资引导基金、苏州工业园区创业投资引导基金、无锡新区创业投资引导基金先后成立,开始积累创业投资引导基金的运作经验。

截至2006年,全国共设立创业投资引导基金5只,总金额35亿元,如表5-3所示。

---

① 参见石琳:《创业投资引导基金绩效评价研究》,东华大学2013年技术经济及管理专业硕士学位论文,第27页。

表5－3　2002～2006年我国创业投资引导基金发展情况

| 成立时间 | 引导基金名称 | 出资人 | 运作模式 | 规模(亿元) |
| --- | --- | --- | --- | --- |
| 2002年1月 | 中关村创业投资引导基金 | 中关村管委会 | 种子基金、跟进投资、参股基金 | 5 |
| 2006年3月 | 苏州工业园区创业投资引导基金 | 中新创投、国家开发银行 | 参股基金 | 10 |
| 2006年9月 | 海淀区创业投资引导基金 | 海淀区政府 | 参股基金、成立基金、融资担保 | 5 |
| 2006年10月 | 浦东新区创业投资引导基金 | 浦东新区政府 | 合作投资、参股基金 | 10 |
| 2006年12月 | 无锡新区创业投资引导基金 | 无锡新区管委会 | 阶段参股 | 5 |

数据来源:赛迪投资顾问《中国政府引导基金战略研究(2011)年》。

(三)快速发展阶段(2007～2008年)

2007年,财政部与科技部正式发布《科技型中小企业创业投资引导基金管理暂行办法》(财企〔2007〕128号),同年,首家国家级创业投资引导基金正式启动,专项用于引导基金,政府引导基金得到了迅速的发展。截至2008年,全国各地新成立创业投资引导基金25余只,规模超过145亿元,如表5－4所示。

表5－4　2007～2008年我国创业投资引导基金发展情况

| 成立时间 | 引导基金名称 | 出资人 | 运作模式 | 规模(亿元) |
| --- | --- | --- | --- | --- |
| 2007年6月 | 山西创业投资引导基金 | 山西省政府、国家开发银行 | 参股基金 | 8 |
| 2007年7月 | 科技型中小企业创业投资引导基金 | 财政部、科技部 | 阶段参股、跟进投资、风险补助、投资保障 | 1 |
| 2007年9月 | 扬州市创业投资引导基金 | 扬州市政府 | 参股基金 | 1 |
| 2007年9月 | 西湖区中小企业产业引导基金 | 西湖区政府 | 参股基金 | 2.5 |
| 2007年12月 | 滨海新区创业投资风险引导基金 | 滨海区管委会、国家开发银行 | 参股基金、合作投资 | 20 |
| 2007年12月 | 吉林省创业投资引导基金 | 吉林省政府、国家开发银行 | 参股基金 | 10 |

续表

| 成立时间 | 引导基金名称 | 出资人 | 运作模式 | 规模(亿元) |
|---|---|---|---|---|
| 2008年4月 | 杭州市创业投资引导基金 | 杭州市政府 | 阶段参股、跟进投资 | 10 |
| 2008年5月 | 西安高新区创业投资引导基金 | 西安市高新区管委会 | 参股基金 | 6 |
| 2008年6月 | 绍兴市创业投资引导基金 | 绍兴市政府 | 阶段参股、跟进投资、风险补助 | 2 |
| 2008年7月 | 北京市中小企业创业投资引导基金 | 北京市政府 | 参股基金 | 8 |
| 2008年7月 | 诸暨市创业投资引导基金 | 诸暨市政府 | 阶段参股、跟进投资、风险补助 | 0.5~1 |
| 2008年7月 | 苏州吴中国发创业投资基金 | 苏州吴中区政府 | 参股基金 | 3 |
| 2008年7月 | 昆明市科技中小企业投资引导基金 | 昆明市政府 | 阶段参股、跟进投资、风险补助、投资保障 | 每年2000万元预算 |
| 2008年8月 | 重庆市科技创业风险投资引导基金 | 重庆市政府、中国进出口银行 | 参股基金 | 10 |
| 2008年8月 | 山西省创业风险投资引导基金 | 山西省政府、国家开发银行 | 参股基金 | 8 |
| 2008年9月 | 杭州市萧山区创业投资引导基金 | 萧山区政府 | 阶段参股、跟进投资 | 1 |
| 2008年9月 | 桐庐县创业投资引导基金 | 桐庐市政府 | 跟进投资 | 0.03 |
| 2008年9月 | 南京市创业投资引导基金 | 南京市政府 | 参股基金、跟进投资 | 首期2 |
| 2008年12月 | 陕西省创业投资引导基金 | 陕西省政府 | 参股基金 | 10 |
| 2008年12月 | 湖北省创业投资引导基金 | 湖北省政府 | 阶段参股、跟进投资、风险补助、投资保障 | 6 |

数据来源:赛迪投资顾问《中国政府引导基金战略研究(2011)年》。

(四)规范发展阶段(2009年以后)

如表5-5所示,根据赛迪投资顾问《中国政府引导基金战略研究(2011)年》的统计,截至2011年8月,中国政府引导基金共设立56只(包括拟设),金额超过500亿元,其中江苏和浙江两省设立引导基金最多,共设立22只,基金总额214亿元,占总数的39.2%,占总规模的42.6%。除长三角区域外,北京、天津、山东、辽宁等环渤海地区引导基金设立较多。此外,广东以及中西部地区的成渝、陕西、内蒙古也是政府引导基金设立比较活跃的地区。伴随国家对战略性新兴产业支持力度的加大,政府引导基金已成为培育战略性新兴产业领域企业自主创新能力的重要途径。环渤海、长三角等政府引导基金活跃地区不断涌现战略性新兴产业专项型引导基金。环渤海区域中,北京于2010年7月在电子信息、新能源和环保、生物医药、高技术服务业等领域一次性发起设立4只总规模达到10亿元的战略性新兴产业专项型引导基金。这些基金占该地区引导基金的半壁江山,成为北京政府引导基金发展的一大亮点。在长三角区域,上海率先于2010年3月就上海市创业投资引导基金、上海联升新材料创投基金、上海千骥生物医药创投基金举行揭牌仪式,就上海诚毅新能源创投基金和上海华登集成电路创投基金签订出资协议,5只战略性新兴产业专项型引导基金基本成立。此外,2011年上海还向海内外招标设立新能源、新能源汽车、新材料、节能环保、高端装备制造等战略性新兴产业领域的创投基金,迎来一波大的战略性新兴产业专项型引导基金发展浪潮。①

**表5-5 2009年以来年我国政府引导基金发展情况**

| 成立时间 | 引导基金名称 | 出资人 | 运作模式 | 规模(亿元) |
|---|---|---|---|---|
| 2009年3月 | 浙江省创业风险投资引导基金 | 浙江省财务开发公司 | 阶段参股、跟进投资 | 5 |
| 2009年3月 | 珠海高新技术创业投资引导基金 | 珠海市高新区管委会 | 阶段参股、跟进投资、风险补助、投资保障 | 1 |
| 2009年4月 | 嘉兴市南湖区创业投资引导基金 | 嘉兴南湖区政府 | 直接投资、间接投资、跟进投资 | 首期0.15 |
| 2009年6月 | 河北省科技型中小企业投资引导基金 | 河北省政府 | 阶段参股、跟进投资 | 1 |
| 2009年6月 | 江苏省宿迁市创业投资引导基金 | 江苏省宿迁市政府 | 参股基金、跟进投资 | 1 |

① 参见中国工业报:《政府引导基金成支持新兴产业发展新平台》,载中国产业经济信息网,http://www.cinic.org.cn/site951/schj/2012-01-31/531764.shtml,2020年4月3日最后访问。

续表

| 成立时间 | 引导基金名称 | 出资人 | 运作模式 | 规模(亿元) |
| --- | --- | --- | --- | --- |
| 2009年7月 | 山东省省级创业投资引导基金 | 山东省政府 | 参股基金、跟进投资 | 10 |
| 2009年7月 | 内蒙古自治区创业投资引导基金 | 内蒙古自治区政府 | 参股基金、跟进投资 | 首期1 |
| 2009年7月 | 杭州经济技术开发区创业投资引导基金 | 杭州经济技术开发区管委会 | 参股基金 | 2 |
| 2009年8月 | 安徽省创业投资引导基金 | 安徽省政府 | 参股基金、跟进投资 | 10 |
| 2009年8月 | 江苏省泗阳县创业投资引导基金 | 江苏省泗阳县政府 | 参股基金 | 0.5 |
| 2009年9月 | 北京股权投资发展基金 | 北京市国资委 | — | 50 |
| 2010年3月 | 上海创业投资引导基金 | 上海市政府 | 参股基金、跟进投资 | 30 |
| 2010年9月 | 温州创业投资引导基金 | 温州市政府 | 阶段参股、跟进投资 | 5 |
| 2010年11月 | 大连市股权投资引导基金 | 大连市政府 | 参股基金 | 30 |

我国各类政府设立的引导基金一直以较快的速度发展,这里面固然有巨大的需求推动,但也存在一定的跟风因素,对于创业投资引导基金的设立、管理及运作等,缺乏相关的规定,使许多引导基金甚至在成立后长时间内得不到有效的运行,有悖初衷。

随着引导基金的不断发展,相关法规政策也不断得到完善。例如,2008年10月,国务院办公厅转发《关于创业投资引导基金规范设立与运作的指导意见》(国办发〔2008〕116号),从引导基金性质与宗旨、引导基金设立与资金来源、引导基金运作原则与方式、引导基金管理、对引导基金的监管与指导、引导基金的风险控制等方面,对政府引导基金的规范化提出了要求,使我国的政府引导基金进入规范化与管理化的轨道,为引导基金的进一步发展提供了有序指导。如表5-6所示,系列法规政策的发布,使得我国引导基金的发展逐渐进入规范化、科学化,对我国引导基金的发展产生了重要的积极影响。

**表5－6　现行政府引导基金主要法律法规**

| 文件名称 | 发布时间 | 发布部门 | 主要内容 |
| --- | --- | --- | --- |
| 《创业投资企业管理暂行办法》 | 2005年9月 | 发改委 | 国家与地方可以通过参股及提供融资担保方式设立创业投资引导基金，扶持创业投资企业的设立与发展 |
| 《国家中长期科学和技术发展规划纲要(2006—2010)》 | 2006年2月 | 国务院 | 探索以政府财政资金为引导，政策性金融、商业性金融投资为主的方式，采取积极措施，促进更多资本进入创业风险投资市场 |
| 《财政部、国家税务总局关于促进创业投资企业发展有关税收政策的通知》 | 2007年2月 | 财政部、国家税务总局 | 创业投资企业采取股权投资方式投资于未上市的中小高新技术企业2年以上，满足一定条件的，按照其对中小高新技术企业投资的70%抵扣该创业投资企业的应纳税所得额 |
| 《科技型中小企业创业投资引导基金管理暂行办法》 | 2007年7月 | 科技部、财政部 | 规定科技型中小企业创业投资引导基金专项用于引导创业投资机构向初创期科技型中小企业投资 |
| 《关于创业投资引导基金规范设立与运作的指导意见》 | 2008年10月 | 发改委、财政部、商业部 | 细化了引导基金的性质与宗旨、原则和方式、资金来源、资金管理、监督与指导、风险控制与组织实施7方面内容 |
| 《国家科技成果转化引导基金管理暂行办法》 | 2011年7月 | 科技部、财政部 | 对中央财政设立国家科技成果转化引导基金的运作管理作出具体规定 |

(五)主要模式及问题

经过10余年的发展，我国创业投资引导基金呈现出一定的规模。在快速发展的过程中，呈现出我国引导基金发展的特定模式，但也能够从中看到一些问题。

**1.主要模式**

从现有引导基金的具体运作来看，各地区引导基金各有不同，主要融资模式包括：参股模式、跟进投资、风险补助、投资保障、融资担保。对于这些不同的运作模式，各引导基金往往是综合采用不同模式，较少地使用单一投资管理模式。

(1)参股模式

从上文统计的引导基金模式来看，这是我国现有引导基金最常见的模式。参股模式的引导基金按照承诺的出资方式与社会资本共同发起组建新的创业投资企业，并委托专业的投资管理机构进行管理。其基本原则是参股不控股，即参股方不介入引导基金的具体投资管理中。

(2)跟进投资

跟进投资是仅次于参股模式的引导基金投资运作模式。跟进投资也称共同投资,指经认定并签订合作协议的创业投资企业,在引导基金规定的政策范围区域内选定投资项目后,引导基金按照创业投资企业实际投资额提供一定比例的配套股权投资,联合对项目进行投资,引导创业投资企业的投资方向。对于跟进投资,引导基金一般会规定跟进投资比例或单个项目的最高投资额度。① 一般来说,跟进投资更适合对政府重点扶持和鼓励的高新技术产业企业进行投资。

(3)风险补助

风险补助,是指创业投资引导基金对投资于初创期的高科技中小企业的创业风险投资机构提供一定补助,降低投资机构的投资风险,弥补其损失。这种运作模式效率较高,引导作用明显。但其风险较大,引导基金可能出现较大亏损,一般适用于规模较小的区域性引导基金。

(4)投资保障

投资保障也是一种运用较多的引导基金运作模式,指创业投资机构挑选出具有潜在投资价值的初创型高科技中小企业,对其加以资助;同时,创业投资机构对其提供创业辅导,然后创业投资机构对其进行股权投资,引导基金给予中小企业二次资助。投资保障一般分为两个阶段:首先,创业投资机构与创业企业签订投资意向书,引导基金对创业企业给予前期资助;其次,创业投资机构完成投资后,引导基金对创业企业给予后期资助。这种模式可以有效降低创业投资机构的投资风险,尤其适用于高科技中小企业的孵化。

(5)融资担保

融资担保主要包括两种方式:第一,根据信贷征信机构提供的信用报告,对于符合信用条件的企业,通过基金直接提供融资担保,支持其通过债券融资获得金融融资;第二,引入担保机构,对担保机构进行补贴等扶持。由于我国目前的债券市场不够发达,现有的引导基金很少采用这种运作方式。从具体情形来看,只有北京海淀区创业投资引导基金采用了这一模式。

以上五种创业投资引导基金的主要特征、适用对象与运营能力如表5-7所示。

---

① 例如,《杭州市创业投资引导基金管理办法》规定,"(六)引导基金按创业投资企业实际投资额30%以下的比例跟进投资,出资方式为现金出资,投资价格与被跟进创业投资企业的投资价格相同。每个项目原则上不超过600万元人民币""(七)积极鼓励区、县(市)引导基金与市级引导基金1:1的比例同步跟进投资。"

表 5-7　引导基金主要运作模式小结

| 模式 | 主要特征 | 适用对象 | 运营能力 |
| --- | --- | --- | --- |
| 参股基金 | 以参股形式与社会资本共同发起设立,参股不控股,委托专业机构进行管理 | 适用范围广,国家级、地方级引导基金都可适用 | 能够保本持续经营 |
| 跟进投资 | 对中小企业进行直接投资,导向性很强 | 适用范围较广 | 能够保本,可以持续 |
| 风险补助 | 对创业风险投资机构予以补助,能够降低投资风险、增强创业投资机构的抵御风险能力 | 适用于较小规模的区域性引导基金 | 无偿支付,一次性支持 |
| 投资保障 | 对具有潜在投资价值的中小企业进行分期资助,尤其适用于初创期的高科技型中小企业 | 多适用区域性的引导基金 | 无偿支付,多次支持 |
| 融资担保 | 可以利用贷款担保提供融资能力,起到融资杠杆作用,能撬动较大规模的投资 | 适用范围广 | 能够保本持续经营 |

**2. 主要问题**

从宏观上看,我国创业投资引导基金发展迅速,规模增长较快,取得了较好的成绩,为促进经济结构的转型、提高经济发展做出了很大的贡献。但同时我们也看到,由于引导基金本身的体制机制仍然不够成熟,再加上市场条件仍不够理想,引导基金在我国的发展也存在一些问题。

(1)引导基金资金来源比例不合理

引导基金最大的作用,在于发挥基金本身的杠杆效应,即以较小的资金带动更大量的社会闲散资金以及投资基金,在基金的引导下,流向需要资金的行业和地区。从国际经验来看,参股基金一般能够发挥 4~6 倍的资金放大效应,甚至更大。在我国,由于政府对引导基金的干预较为明显,政府财政投入在引导基金中往往占有很大的比例,资金杠杆效应不够显著。①

由于创业投资引导基金的非营利性特征,政府财政投入过大,加重了政府财政负担;另外,由于政府财政投入的重要地位,政府对引导基金的运作有着较为明显的行政干预特点,影响了资金使用效率,使得创业投资灵活性不足,社会资金望而

① 例如,《中国创业投资引导基金发展报告 2009》关于引导基金资金来源的数据表明,64.84% 的基金资金来自政府的财政出资,所占比重过大。

却步,进一步压缩了引导基金的杠杆作用。

(2)引导基金地域发展不合理

从上文统计数据可以看出,我国创业投资引导基金主要集中在沿海经济发达地区,尤其是环渤海湾地区、长三角地区、珠三角地区。北京清科研究中心调查报告显示,2008 年股权投资基金募资地区分布比例分别为:北京(35.08%)、上海(24.21%)、深圳(4.73%)、华北地区(21.26%)。这种现象,毫无疑问是受到各地经济发展水平的限制。然而,创业投资引导基金以引导资金流向为宗旨,过分集中在经济发达地区,将会进一步扩大东西部、沿海与内陆之间的发展差距,有违引导基金的设立宗旨,不利于区域平衡的协调发展。

(3)引导基金管理模式不够合理

由于政府财政投入在引导基金中所占比例过大,我国引导基金在实际管理中,行政干预色彩较浓厚,偏离了市场化运作的初衷。在引导基金实际投资活动中,政府往往会对投资进行限制(如行业限制、地域限制等),资金使用往往带有很强的地方政策色彩,出现"择地不择优"现象,不利于吸引优秀的投资管理机构。[①] 长此以往,政府引导基金的作用将受到严重制约,不利于提高资金的使用效率。

此外,政府引导基金通常采用委托管理方式,即设立基金管理公司专门受托管理政府创业投资引导基金。实践中,这种管理模式容易滋生寻租腐败,甚至有的基金以政府引导基金为幌子,进行非法集资。而且,如果基金管理过程中监管不够透明,容易造成财政资金的投资损失,为引导基金的运作发展带来较大的风险。

(4)缺乏必要的退出机制

退出机制是引导基金持续发展的必要前提,是引导基金的"变现器"。引导基金投资对象多为高科技型中小企业,尤其是针对初创型、处在成长期的中小企业。一旦投资成功,中小企业发展走上正常轨道,引导基金即应及时退出,将资金再次运用到其他企业、行业、地域。目前来看,我国大部分引导基金没有建立起完善的退

---

① 参见投资界:《2010 政府引导基金专题研究报告简版》,载投资界,http://research.pedaily.cn/report/free/120.shtml,2020 年 4 月 13 日最后访问。例如,清科研究中心在《2010 政府引导基金专题研究报告》中明确指出:"政府引导基金在实际操作中也出现过背离现象,从旨在引导社会资金投资于创新性、早期性项目,变相成为地方招商引资工具,使得政府引导基金失去了本来面目。"

出机制。当然,这和我国资本市场本身的退出机制不完善有着密切关系。[①] 更重要的是,政府引导基金往往难以把握退出时机,甚至为了经济利益,不愿意从成熟项目中退出,从而背离了创业投资引导基金的"引导"性质,影响了资本的使用效率。

## 三、我国政府引导基金发展趋势探析

结合我国政府引导基金发展现状,笔者认为,可以从以下几方面完善我国创业投资基金。

### (一)明确政府定位

我国创业投资引导基金的发展实践表明,政府对投资基金的过多行政干预,极不利于投资基金的发展。政府必须将自己定位为引导者而非管理者、干预者。明确政府在引导基金发展中的地位,首先需要完善创业投资基金的制度建设,从法律规范的制定与完善出发,明确界定政府、私人投资者、基金管理者以及投资对象之间的关系,政府既要有所为,更要有所不为。

### (二)拓宽资金来源

就我国现有的政府引导基金而言,资金主要来自各级政府的财政投入,对社会资金的吸引力有限。事实上,我国社会闲散资金存量庞大,不过出于政府管制的需要,对私人资本的运用限制较多。资金来源过于单一,不利于投资基金的持续性发展。

对此,政府应该逐步放开对资本的管制,为社会个人资本以及国际资本参与我国创业投资基金的发展提供渠道,从国内国两个渠道拓宽资金来源。

### (三)提高基金管理水平

创业投资引导基金应树立市场化运作导向,这对基金的管理能力提出了较高的要求。从国外的成功经验来看,政府引导基金的机构管理人应该挑选专业管理人担任。市场化程度越深,对基金管理的专业能力要求越高。如果基金管理人的管理水平不够,不仅难以实现引导基金的目标,而且会造成基金资金的不合理损失,影响投资者信心,最终不利于投资基金的持续发展。

提高基金管理水平,关键在于培养优秀的投资基金管理人才。因此,在完善创业投资基金各项制度的过程中,应着重管理人才的培养,尤其是重视与外国金融机

① 参见张勇:《创业投资引导基金运行机制研究》,南开大学政治经济学系2012年博士学位论文,第64页。我国创业投资退出渠道包括上市退出、由创业投资企业回购、在产权交易市场出售所持股份等;但由于中小企业板市场容量有限,远不能满足创业投资行业的发展需要。

构的合作,通过加强与外国机构的合作,一方面,可以较快地提高投资基金的管理运作水平;另一方面,在合作的过程中,可以更直观地了解外国投资基金的运作、管理,有助于培养我们自己的基金管理人才。

(四)完善基金退出机制

国外经验告诉我们,创业投资基金获得收益需要7~10年,过早或过晚退出,都会影响引导基金的绩效。因此,要制定健全的投资基金退出机制,一旦实现投资基金引导效应,目标企业运作正常,即应及时退出,让利于民,不能因为眼前的收益而不愿退出,对社会资本产生挤出效应。同时,对于重大项目,可以根据实际需要,适当延长投资期限。①

## 第三节 政策性补助

政府对企业(尤其是地方政府对上市企业)进行政策性补助,是一种较为常见的现象。作为政府干预经济的重要工具之一,政策性补助对企业融资资本市场能够产生较大的影响。与政府创业投资引导基金等政策性融资不同的是,如果说引导基金是政府给企业融资“造血”,那么政策性补助则更接近于是直接“输血”。政府补助是政府对资源进行再分配的行为。由于我国经济组成的特殊性,大型国有企业掌控了国民经济命脉,无论在行业准入、资本市场还是政策性融资方面,国有企业都有着先天的优势。反之,民营企业则处于相对较弱的地位,其发展过程中面临着诸多不平等待遇。

本节主要探讨我国政策性补助的现状,着重讨论中小企业在政策性补助中的地位,并从完善中小企业融资渠道的角度,对我国的政策性补助措施提出一定的思考及建议。

### 一、政策性补助的含义

(一)基本理解

政策性补助,也称政府补助,是“政府对生产者的现期转移”,既包括“公司从政

① 参见杨大楷、李丹丹:《中国引导基金政策对私募股权投资的影响研究》,载《现代管理科学》2012年第4期。

府取得的一切补助金,也包括政府给予公司的一切补助,例如补偿营业亏损等”。①

根据我国《企业会计准则第16号——政府补助》的理解,政府补助,是指“企业从政府无偿取得货币性资产或非货币性资产,但不包括政府作为企业所有者投入的资本”(第2条),包括“与资产相关的政府补助”和“与收益相关的政府补助”(第3条)。所谓与资产相关的政府补助,是指企业取得的、用于购建或以其他方式形成长期资产的政府补助。与收益相关的政府补助,是指除与资产相关的政府补助之外的政府补助(第3条)。

(二)现实必要性

**1. 背景及理论必要性**

政府补助作为企业政策性融资的重要组成部分之一,具有现实必要性。政府在实行政策性补助时,往往存在固定的目标取向。在计划经济体制下,也存在政府补助,但在当时的经济环境下,政府补助并无特殊含义,只是执行国家经济计划的手段之一。在市场经济体制下,政府尊重市场对资源进行配置的基础性作用,尽量不干预市场的发展;但在某些领域,政府干预有其必要性,政府补助即为其例。

从宏观上看,我国经济发展保持了较快的速度,经济总量越来越大;另外,我国经济发展的水平与技术含量,并不与之相应,与发达国家存在较大差距。现有的粗放型经济发展方式难以为继,增加科技投入是转变经济增长方式、提高经济发展质量、促进经济结构优化升级的必经之路。我国的政府补助,正是在此背景下开始发展起来的。

**2. 实践必要性**

在肯定市场对资源配置起基础性作用的同时,也应该看到,放任市场规律,会发生市场失灵现象,最终不利于整个市场的有序、健康运行。因此,政府必须使用“有形的手”对市场本身加以干预,保障特定行业的均衡发展。②

此外,通过政策性补助对行业、地域经济发展加以干预,可以有效引导行业与地域的均衡发展。同时,政府补助的支出可以创造就业机会,增加就业岗位,为社会、经济的平稳运行发挥“减压器”的作用。

---

① Blanehard Olivier and Andrei Shleifer, *Federalism with and without Politieal Centralization: China versus Russia*, NBER Working 76, 2000, p. 16.

② 例如,水、电、气等基本生活设施的供给行业,由于其本身属性,往往会形成垄断行业;为保障绝大多数居民的基本生活需求,这些基本生活需求的供给应维持在较低的价格,如此,需要政府提供补助,弥补此类行业运行的亏损。

### (三)基本形式

常见的政府补助,包括财政补贴、税收返还、研发补贴、税收优惠等类型。不同的补贴形式,其侧重点有所不同。

**1. 政府研发补助**

政府研发补助,是指政府划拨给企业,专门用于科研研发及科技创新获得的专项补助资金。政府研发补助具有很强的针对性,即专门用于促进企业生产技术水平,用于提高企业核心竞争力,从而服务于国民经济结构的优化升级。

我国政府对企业的科研补贴主要包括两方面:第一,政府对企业的专项补助;① 第二,一般性财政补助。② 其中,专项补助属于政府作为投资人的投资,不属于政府补助内容。由于一般性补助对公司企业当期收益有直接影响,因此对接受补助公司影响较大。③

**2. 财政补助**

政府财政补助主要包括两种类型:财政拨款与财政贴息。财政拨款,是政府无偿拨付给企业使用的资金,除了上述关于科研、技术改造的专项拨款资金外,还包括鼓励企业安置员工的就业专项拨款、购建固定资产资金等项目。财政贴息,是政府为支持特定行业或地域内的企业发展,对企业在银行等金融机构中获得的贷款提供利息补贴。④

**3. 税收优惠**

税收优惠是一种较为典型的政策性补助措施,也是使用范围很广的一种政策性补助方式。税收优惠,是国家在税收方面对目标企业给予各种优待,包括降低税率、税收返还(先征后返、即征即返)等。⑤

税收返还大多与科研技术创新有关,典型地体现了国家对科技企业的扶持。税收返还较多出现在高新技术企业当中,其中信息技术行业(尤其是软件行业)接

---

① 该项补助计入"专项应付款"项下,不影响企业当期利润。

② 该项补助计入"营业外收入"项下,属于企业当期利润组成部分。

③ 参见吕久琴:《政府补助、自主研发与企业价值》,中国社会科学出版社 2013 年版,第 10 页。

④ 参见本指南导读组:《企业会计准则——应用指南 2006》,中国财政经济出版社 2006 年版。财政贴息主要有两种形式:其一,财政直接将贴息资金拨付给受益企业;其二,财政将贴息资金拨付给贷款银行,由贷款银行以优惠后的利率向企业发放贷款,受益企业按照实际发生的利率计算和确认利息费用。

⑤ 需注意的是,增值税出口退税不属于政府补助范围。

受的税收优惠金额较高。[①]

**4. 非货币性资产**

政府对企业的政策性补助，不限于直接或间接进行资金补助，通常还包括非货币性资产的划拨，典型如土地使用权、资源勘探开发使用权等。[②]

（四）主要特征

**1. 典型的无偿性**

政策性补助具有无偿性的特征。虽然政府对于政策性补助通常会设定各种各样的准则、要求，甚至可能会附加一定的条件，但一旦达到补助标准获得补助后，企业通常无须为此付出对价。

**2. 明显的政策导向性**

与其他的政策性融资手段一样，政府补贴作为一种直接的政策性融资支持，一般都在于实现国家的特定政策目标。政策性补助不仅是一种经济手段，更是稳定社会秩序与政治局面的重要协调工具。因此，政府补助具有较为明显的政策导向性，与经济发展政策、社会政策以及政治环境氛围都有着密切关联。

**3. 较强的时效性**

一国社会、政治、经济政策总是随着整体政治经济形势的变化而变化。政策的变动性较强，容易受到国际、国内环境的影响。以特定政策为依据的政策性补助，在政策发生变化时，容易失去依据，从而需要进行相应的调整与变动。从这些方面来看，政府补助兼具政策性以及灵活性的特征。

## 二、我国政策性补助现状

改革开放以来，我国广泛运用了政府补助这一干预经济的手段，无论是补助对象的范围，还是补助金额的总量，都增加迅速。这些政府补助措施，对于优化资源配置、提高经济发展水平、促进经济结构升级起到了重要的推动作用。但同时也应该看到的是，由于经济发展体制以及政府补助机制的不完善，政策性补助在实施的过程中也出现了一些问题。

---

① 《国家税务总局关于软件产品增值税政策的通知》（财税〔2011〕100号）第1条第1项即规定："增值税一般纳税人销售其自行开发生产的软件产品，按17%税率征收增值税后，对其增值税实际税负超过3%的部分实行即征即退政策。"

② 当然，从实际情况来看，这种政府补助方式没有明确的政策规定，透明度不高，随意性空间很大，一方面，容易诱发发生权力寻租的腐败现象；另一方面，由于国有企业天然地具有行政资源优势，容易造成对民营企业的不公平现象，加剧民营企业在市场竞争中的劣势地位。

(一)我国政策性补助的主要措施

我国的政府补助措施,开始于20世纪80年代,主要针对的是与科技创新相关的激励政策。经过30多年的发展,逐步形成了与科研研发相关的政策性补助体系。

**1. 直接研发补助措施**

我国的直接政策性研发补助措施,主要是政府对特定高新技术的研发投入,典型包括:"863计划"、[①]"星火计划"、[②]"火炬计划"、[③]科技型中小企业技术创新基金[④]等。

直接政府补助措施,针对性明显,主要是围绕科技型企业技术的推动与发展。这些补助计划对于推动我国新技术产业的发展,起到了至关重要的作用。

**2. 税收优惠措施**

直接性的政府补贴,一般须专款专用,在一定程度上可能限制企业积极性;而间接式的政府补助,允许企业根据市场变化及自身实际需求,调整投入,灵活性更强。

税收优惠政策是典型的间接性政府补助措施。我国现有的政策性税收优惠措

---

① "863计划",即国家高技术研究发展计划,是1986年3月,面对世界高技术蓬勃发展、国际竞争日趋激烈的严峻挑战,邓小平同志在王大珩、王淦昌、杨嘉墀和陈芳允4位科学家提出的"关于跟踪研究外国战略性高技术发展的建议"上,作出"此事宜速作决断,不可拖延"的重要批示。在充分论证的基础上,党中央、国务院果断决策,于1986年11月启动实施了高新技术研究发展计划,简称"863计划"。

② "星火计划",是经中国政府批准实施的第一个依靠科学技术促进农村经济发展的计划,是中国国民经济和科技发展计划的重要组成部分。其宗旨是:把先进适用的技术引向农村,引导亿万农民依靠科技发展农村经济,引导乡镇企业的科技进步,促进农村劳动者整体素质的提高,推动农业和农村经济持续、快速、健康发展。1985年5月,国家科委向国务院提出了"关于抓一批短、平、快科技项目促进地方经济振兴"的请示,引用了中国的一句谚语"星星之火,可以燎原",因而誉名为"星火计划",意为科技的星星之火,必将燃遍中国农村大地。1986年年初,中国政府批准实施这项计划。

③ "火炬计划"是1988年党中央、国务院正式批准实施旨在发展中国高新技术产业的指导性计划,通过国家高新技术产业开发区、科技型中小企业技术创新基金、科技企业孵化器等一系列政策工具的制定和实施,建设创新创业环境,聚集科技资源,促进技术创新与转化,加强科技和经济结合,调整产业结构,增强区域创新能力。

④ 科技型中小企业技术创新基金,由国务院于1999年批准设立,按照加快发展方式转变和经济结构调整的总体部署,紧紧围绕加快培育战略性新兴产业,强化企业技术创新主体地位,以全面提升科技型中小企业技术创新能力为目标,不断优化技术创新创业环境,充分发挥财政资金的引导作用,引导社会资金和其他创新资源支持科技型中小企业发展。创新基金由科技部主管、财政部监管,通过无偿资助、贷款贴息和资本金投入三种方式,支持科技型中小企业创新创业,已形成了资助种子期、初创期企业的技术创新项目、资助中小企业公共技术服务机构的补助资金项目和引导社会资本投向早期科技型中小企业的创业投资引导基金项目。

施包括：①税率优惠，对于经认定的高新技术企业，自获利年度起 2 年内免征所得税，2 年后按 15% 比例征收企业所得税（一般企业为 25%）；对于重点软件生产企业，按 10% 比例征收企业所得税。②研发费用税前加计扣除，企业的研发费用，按资本化和费用化分别处理。资本化的研发费用，按照所形成的无形资产成本的 150% 进行摊销；费用化的部分计入当期损益，在 100% 加计扣除的基础上，再按当年金额的 50% 加计扣除；实际发生的技术开发费用当年抵扣不足部分，可按税法规定在 5 年内结转抵扣。企业提取的职工教育经费在计税工资总额 2.5% 以内的，可在企业所得税前扣除。③设备加速折旧，根据《国家中长期科学和技术发展规划纲要（2006—2020）》的规定，用于研发活动的仪器设备，单位价值在 30 万元以下的可以一次或者分次计入成本费用，30 万元以上的则可以采取加速折旧的方法计提折旧。④增值税优惠，对符合国家规定的企业技术（研究）中心、国家工程中心，进口特定科学研究与技术开发设备或材料，免征进口关税及进口增值税；对承担国家重大科技专项、国家科技计划重点项目、国家重大技术装备研究开发项目和重大引进技术消化吸收再创新项目的企业进口国内不能生产的关键设备、原材料及零部件，免征进口关税和进口环节增值税。①

### （二）我国政策性补助措施的行业与地区分布

由于既定的经济发展政策与经济发展格局的差异，不同行业、不同地区之间，政府补助呈现出不同的流向。

#### 1. 行业分布差异

政府可以通过多种途径，对某个行业的发展施加影响，例如财政补贴、税收优惠、关税壁垒等。总体而言，政府补助是政府调动市场力量服务于政府对经济的调控、实现政府政策目标的重要手段。②

现实中总体而言，政府补助在不同行业之间存在着分配不均匀的现象。个别行业（如信息技术行业）受补助公司比例非常高。从受补助的绝对值上看，社会服

---

① 参见国务院：《实施〈国家中长期科学和技术发展规划纲要（2006—2020 年）〉的若干配套政策》（国发〔2006〕6 号），载中华人民共和国中央人民政府官网，http://www.gov.cn/gongbao/content/2006/content_240246.htm，2015 年 5 月 19 日最后访问。《实施〈国家中长期科学和技术发展规划纲要（2006—2020 年）〉的若干配套政策》第 7、8、9、10 条等规定。

② 参见沈晓明、谭再刚、伍朝晖：《补贴政策对农业上市公司的影响与调整》，载《中国农村经济》2002 年第 6 期，第 20 页。当然，有学者研究表明，在某些领域中，政府补助可能带来消极的影响，例如，政府对农业上市公司的补贴，在短期内掩盖了受补贴公司的经营困境，使之不能及时进行内部治理，而且对投资者产生误导；长期而言，使上市公司形成不找市场找政府的惯性，这种惯性对市场化的运作与发展形成重要障碍。就此而言，政府补助非但没有促进行业公平，反而影响行业间的公平竞争。

务业,电、煤、气行业及制造业获得补助数额很大,这可能是和此类行业的性质有关,即这些行业主要提供公共产品。与之相反,农林牧渔业受到的补助额远低于其他行业。

**2. 产权性质差异**

政府补助的差异性不仅体现在不同行业之间,在不同产权性质的企业之间,表现也非常明显。从补助总额来看,国有企业获得的政府补助显著地高于民营企业获得的政府补助。我国目前政府补助体系的受益对象主要是国有企业,国有企业获得了大部分的政府补助。

从国有企业内部来看,在政府直接控股的国有企业中,从政府补助均值来看,中央政府控股的国有企业获得的政府补助又远大于地方政府控股的国有企业。

**3. 地区差异**

区域经济发展不平衡是我国经济发展格局的重要现实。为促进区域经济的平衡发展,我国相继实施了西部大开发战略、振兴东北老工业基地、促进中部地区崛起等区域经济发展规划。但从政府补助的地区性分配差异来看,区域经济发展不平衡的局面并没有显著改善。

从相关统计来看,东部地区上市公司获得了绝大部分的政府补助。无论是补贴范围、平均值还是总额,西部地区获得的政府补助远低于东部地区。不过在比较中西部地区时可以看出,西部地区接受政府补助的增长率高于中部地区,我国的政府补助政策向西部地区倾斜,区域平衡发展战略在一定程度上取得了实际的效果。

此外,由于北京市具有独特的政治地位,北京市上市公司获得的政府补助无论是总额还是均值,抑或百分比,都占有很大份额。

**4. 小结**

通过对政府补助在不同行业、不同产权性质、不同区域的分配情况,可以初步得出如下结论。

(1)行业性差异

从行业分布的角度来看,信息技术行业获得政策性补助的比例最大,远远超过了其他行业;而从获得政府补助的总额上看,制造业以及社会公共产品服务业获得的政策性补助数额最大。

(2)产权性差异

从获得政策性补助企业的产权性质来看,国有企业无论是所占比例还是获得的补助的总额,都远远超过了民营企业。这种局面在短期内看不到改善的趋势。

(3)地区性差异

从不同地区获得政策性补助的情况来看,东部地区企业获得政府补助的可能性以及获得的补助数额均远大于中部地区以及西部地区,西部地区企业获得政策性补助的比例很低,且相应的数额也很少。如果以北京为参照,北京市地区的企业获得政府补助的可能性远超出全国其他地域,这点在2008年中表现得尤为明显。

(三)政府补助在我国企业利润总额中的比例

政府补助占公司利润总额比例过高,容易混淆投资者判断,使投资者不能真正评估上市公司的盈利能力,可能对投资者造成误导,不利于作出合理的投资决策。

## 三、政策性补助的主要影响因子

政策性补助作为一种直接"输血"的政府扶持企业发展的方式,是政府对行业发展以及社会资金进行引导的直接调控模式,影响因子很多,本书主要从以下几方面予以分析:受补助企业的行业类别、受补助企业的产权性质、受补助企业所在经济区域以及其他隐形因素。

(一)受补助企业的行业类别

企业所处的行业,对获得政策性补助的机会以及数额都有着重要的影响。之所以会出现这种现象,在于政府补助的动机。从动机上看,政府补助主要的可能诱发因素在于:①促进行业协调发展,引导特定行业发展;②维持特定行业的发展现状;③实现其他政治目标。

**1.促进特定行业发展的诱导性因素**

由于政府实施政策性补助的资源是有限的,在实施政策性补助时,一般都会将其投入产出效益最大的领域中。对于政府当局而言,促进经济发展与转变经济增长模式是始终存在的巨大压力,这对本地区的经济发展有着至关重要的作用,直接影响官员的升迁与否。在此诱因推动下,将资金投入新型行业,对于本地区的经济发展有着深远的影响。一方面,新行业往往具有很强的经济增长潜力,附加值高;另一方面,新行业的发展容易引起社会各界的关注,一旦初具规模,很容易成为政府官员的政绩成果。因此,从这点来看,信息行业获得政策性补助的比例极高,是其行业属性与政府动机相结合的必然。

**2.维持特定行业的发展**

利益相关者理论认为,利益相关者是能够影响一个组织目标的实现,或者受到一个组织目标实现过程影响的人。企业是利益相关者的集合体——投资者、债权人、管理者、企业的员工、供应商、客户和政府等。企业发展取决于各利益相关者的长期合作,企业目标是为利益相关者服务。

由于企业相关的利益攸关者数量众多,对整个社会经济的发展发挥着重要作用,因此,政府在实施政策性补助时,必然将这些因素考虑在内。体现在上述数据中,可以看到,企业规模对政府补助的获得有着重要的影响。一般而言,企业规模越大,获得政府补助的可能性就越高。制造业、采掘业是资金密集型行业,一般都具有较大的规模,这也就解释了为何农林牧渔业获得的政府补助相对较少。

同时,提供社会公共产品的行业(水、电、煤等),对人民日常生活有着巨大的影响;为了维持人民的正常生产生活秩序,必须降低社会公共产品的价格,这就导致这类行业不能以市场盈利为导向,政府必须提供大量补助,以维持其运转。

**3. 其他政治性目标**

此外,我国由计划经济向市场经济的渐进式改革,使得政府成为企业非常重要的利益相关者,政府需要企业承担大量的冗员、"办社会"、体制性欠账、过渡负债、社会保障、医疗支出等历史沿袭的政策性负担。这使企业难以获得不低于社会可接受的预期利润水平。为了维持社会稳定、提供就业岗位,政府不得不对这些企业进行保护和补贴,但由于信息不对称,政府无法准确取得政策性负担给企业带来的亏损额,也难以分清企业的亏损是政策性负担导致的还是企业自身管理不当或企业经理人员的道德风险导致的。但政府又不能推脱政策性负担造成的亏损,只好将两者都承担起来,对亏损企业给予政府补助。①

(二)受补助企业的产权性质

企业的产权性质也会影响企业获得补助的可能性及数额。一方面,这是因为国有企业规模都很大,对社会政治经济的影响力很大,获得政府补助的概率随之增加;另一方面,国有企业控制了主要的国民经济命脉,在国民经济的运行中占据着重要地位。

此外,还有一个重要的因素:信息对称。市场获得的参与者对市场特定交易拥有的信息始终是不对称的,拥有信息优势的一方,往往在获得政府补助时具有有利地位。

我国的上市公司大多脱胎于国有企业,还有一部分上市公司由国有企业集团公司剥离部分资产组成。国有控股公司不仅在上市公司中占有很大比重,而且国家股、法人股等非流通股本占公司股本的比例非常大。由于向公众发行的可流通

① 参见单荣兰:《上市公司政府补助影响因素及经济后果实证研究》,新疆财经大学会计学系 2010 年硕士学位论文,第 20 页。

股份额很少,造成我国上市公司“一股独大”的现象。原集团公司成为上市公司的控股股东,对上市公司人事任免、经营决策及财务政策等都拥有实际的控制权,与上市公司管理者一样,都成为内部人,拥有信息优势。而我国国企的高层管理者还保留着干部身份,其去留、升迁由国有资产管理机构决定。国有股占控股地位的上市公司的命运实际上掌握在政府手中。从本质上来说,政府对这类企业进行着控制,相对于其他外部信息者,拥有更多的信息。由于信息不对称的存在,政府更有条件参与上市公司的盈余管理,尽其所能改善企业业绩。①

(三)受补助企业所在经济区域

为追求政治上的升迁或政治地位的巩固,下级政府就必须完成上级政府制定的 GDP 增长速度、就业率、出口创汇额、城市建设等政绩考核目标,各级政府会将这种官员的政绩目标内化到当地企业的生产经营活动中。为此,各级政府会通过政府补助等扶持手段支持本地企业发展,由于我国从证券市场获取资源的使用成本很低,各级政府更有动机为本地的上市公司提供政府补助,利用上市公司的“圈钱”实现自身的政绩目标。

政府补助的范围与力度,受到政府财政能力的直接约束。政府财政实力越雄厚,实施政策性补助的动机和能力越强大,企业获得政府补助的概率就越高。由于地方政府经济发展水平不一,可支配的财力对其补贴上市公司的行为形成硬性约束。一般来说,上市公司所在地经济发展水平越好,经济增长速度越快,越有能力也越愿意给予当地上市公司补贴。东部地区是我国经济发达地区,地方政府有着相对充实的财政实力实施政策性补助,且通过政策性补助的手段促进企业发展、引导行业转型的意识更强烈。因此,东部地区企业获得政府补助的可能性大于中西部地区,有其内在的必然性。

(四)其他隐形因素

国内外的现有研究成果均表明,企业高管的政治关联对于其经营绩效有显著影响,一般而言,这种影响是积极的。② 企业高管的政治关联,对企业的影响主要体

① 参见陈抗、顾清扬:《财政集权与地方政府行为变化——援助之手到攫取之手》,载《经济学》2002 年第 1 期。

② See Chammilind C. , Kali R. and Wiwattanakantang Y. , Connected Lending, *Thailand Before the Financial Crisis*, Journal of Business 79, 2006, p. 181 – 218. Leuz C. and Oberholzer – Gee F. : *Political Relationships, Global Financing, and Corporate Transparency: Evidence from Indonesia*, Journal of Financial Economics 81, 2006, p. 411 – 439. 转引自张璐:《企业高管政治关联与政府补助关系研究——基于创业板上市公司数据》,西南财经大学企业管理专业 2012 年硕士学位论文,第 23 页。

现在三方面:企业融资、企业业绩与企业价值。从企业融资的角度来看,一方面,高管政治关联可以使企业获得更多的贷款,从而降低融资成本。企业通过高管政治关联获得更多的贷款和优惠的利率,而在政府干预银行信贷决策较强的地区,企业可以通过建立高管政治关联降低融资成本。另一方面,高管政治关联可以通过对企业融资约束的减少使企业可以采用高杠杆的资本结构类型。①

具体到我国,由于体制变迁的历史原因,我国国有企业的高管有着密切的政治关联度,不仅国有企业的高管人员有着相应的行政级别;从人员的任命来看,企业高管与地方官员之间的互动也不少见。② 国有企业能够获得巨量的政策性补助,绝非偶然。

与之相对,民营企业在各个方面都受到了不公平的待遇,企业产权得不到应有的保护,巨大的交易成本促使民营企业转向了依靠非正式契约机制来降低交易成本。所以,民营企业在与政府的博弈过程中,往往倾向于利用这种非正式的契约机制来充当"政治保护",以此减少产权受到侵害和不正常的、影响企业正常运营的干扰。比如,通过非正式契约机制所带来的政府乱收费的减少以及乱摊派的减少,就是"政治保护"所起的作用。③

## 四、政策性补助的完善

通过上文分析,关于我国的政府补助,可得出如下结论。

第一,从总体上看,我国政府补助的实施力度较大,涉及面广,无论是政府补助金额还是受补助企业数量,均呈现上涨趋势。④

第二,具体数据表明,我国政府补助在不同行业、不同地区之间,存在着巨大的差异。虽然我国政府补助总体覆盖率较高,大部分行业接受了政府补助,但各行业接受政府补助的力度差异显著。⑤ 从地区上看,东部地区与中西部地区、北京市与

① 参见张璐:《企业高管政治关联与政府补助关系研究——基于创业板上市公司数据》,西南财经大学企业管理专业 2012 年硕士学位论文,第 23 页。

② 参见张焕平、黄晨:《他们,由国企高管出任党政高官》,载财新网,http://datanews.caixin.com/2014-09-01/100723809.html,2020 年 4 月 14 日最后访问。

③ 由于国有企业的高管往往是由政府直接认命的,所以具有较为明显的"被动型"的特点,相对国有企业,民营企业更多的是主动去寻找这种高管政治关联,所以"被动性"的特征较为明显。

④ 我国政府补助金额从 2007 年的 149 亿元增长到 2012 年的 731 亿元,仅增长了 4 倍;2007 年有 66% 的上市公司接受了政府补助,到了 2012 年,这一数据为 92%。

⑤ 尤其是在信息科技等新兴行业,虽然接受政府补助的覆盖率最高,但从绝对值上看,远低于制造业等传统行业。

非北京市之间的差异非常明显,不利于协调区域间的平衡发展。此外,国有企业与非国有企业之间也存在着明显的差异,不利于调动民营企业的积极性。

第三,政府补助在短期内通过非营利性手段增加了企业的利润,抬高了企业资产账面的利润率,不能如实反映企业的盈利能力,容易给利益相关者(尤其是投资者)造成盈利能力的假象,同时可能助长企业经营方的消极行为,不利于提高企业的运营能力。长远来看,企业管理层会逐渐依赖政府补助输血而不是改善经营管理、提高企业绩效。

有鉴于此,笔者认为,可以从如下方面完善我国现有的政策性补助措施。

### (一)规范政府干预

如果政府补助能够切实帮助企业摆脱当前困境,促进企业的健康发展,则应该增加政府补助力度;但实际上,政府补助在一定程度上是政府对企业的干预,会给企业带来一些政策性负担,如果干预过度,有可能导致受补助企业强化对政府补助的依赖,不利于企业的长远发展。因此,应注重发挥市场在资源配置中的基础性作用,着重通过政府补助来提高企业的经营与盈利能力,为企业创造公平、公开、公正的市场竞争环境,使之成为自主经营、自负盈亏的市场主体。

### (二)维护行业公平

行业公平,有形式上的公平与实质上的公平。从形式上看,行业公平要求各个行业接受补助的机会应该均等;从实质上看,由于不同行业各有其特点与需求,要结合行业的实际情况,制定不同的政策性补助措施,真正把政府补助落实到迫切需要的产业中,从而实现政府补助的价值。

具体来说,首先,要建立起点公平的政策性补助制度,对于政府补助的申请、立项条件,应予公开,使之制度化、规范化,通过建立透明、规范的政府补助制度,减少政府补助的随意性;其次,应强化对特殊行业的补助力度,尤其是新兴产业,如信息科技、生物制药等高技术产业,这些产业具有高投入、高风险、高收益的特点,且对于经济结构的调整升级有着重要的战略意义,应着重强化对此类行业的补助,为企业研发提供切实的资金保障;再次,要区分行业性质,对于一些市场竞争充分的行业,应该主要依靠市场自身的调节,政府部门应减少对其干预,而对于公益性的行业,如水、电、煤等公共产品提供行业,政府应强化支持;最后,政府补助不能过于偏向国有企业,由于既定历史因素,国有企业本身在市场竞争中就处于优势地位,如果在政府补助中还对其加以倾斜,将加剧不公平竞争的局势,对民营企业的发展带来更大的负面影响,容易挫伤民营企业的积极性,不利于经济结构的优化调整。

(三)完善补助方式

政府补助的形式多样,不同的政府补助方式会产生不同的后果。政府补助对企业并不都是有效的,因此也有必要选择合理的补助方式。

政府在选择具体的政府补助方式(财政补贴、税收返还、研发补贴)时,要考虑企业的实际情况和补助预期效应。例如,对企业的技术研发活动而言,政府的事后补贴比事前补贴更有效,事前补贴不能激励企业提高研发的努力程度。此外,政府对于不同行业扶持的方式要具有针对性,根据行业生命周期的各阶段采取不同策略。一般而言,在行业发展的初期(新兴的行业企业),企业实力往往不强,企业发展面临的市场风险很大,此时政府资助弥足珍贵。在产业的成熟阶段,政府的重点应该是更多地通过政策提供公平竞争和发展的平台,直接的政府补助已没有太大意义。对于成熟的行业,政府无须对其进行过多的干预,政府应着重培养市场而不是代替市场。

(四)强化补助监督

实践中,很多上市公司利用政府补助对公司盈余情况进行操作,从而掩盖公司的不良业绩。[①] 因此,必须将政府补助在公司财务报表中有明确反映。首先,上市公司应按照政府补助性质,对政府补助数额、使用情况等进行分类披露;其次,上市公司应重点披露政府补助与当年企业净利润间的比例及扣除政府补助后的利润情况;最后,企业还应该披露政府补助的其他信息,如是否需要返回、是否满足预定条件等。通过规范政府补助的会计核算,可以缩小人为操纵空间,更有利于实现政府补助的引导目标。

## 第四节 纾困基金

股权不稳、融资不畅,民营企业陷入经营困境。自2018年年初以来,A股市场大幅下跌,上市公司市值缩水,股价承压。股票质押融资方承受较大压力,可融资金额下滑。随着股票质押项目的陆续到期,项目风险陆续暴露。此外,受股票质押新规、资管新规等相关政策的影响,金融机构主动降杠杆,市场资金来源减少,进一步增加了股东的融资难度。上市公司大股东质押风险的爆发,导致企

① 新会计准则虽然明确规定划分资产性补助与收益性补助,但没有要求强行披露补助属性。

业股权不稳定，以及融资难度加大，企业经营决策难以进行长期规划，企业陷入经营困境。

2018 年 10 月下旬以来，监管政策利好频出，中央政府高度重视。国务院副总理刘鹤提出鼓励地方政府基金、私募股权基金帮助纾解股权质押困难；国务院常务会议指出，由央行提供资金，为暂时遇到困难的民企提供支持；2018 年 11 月 1 日，习近平在民营企业座谈会上提道，对有股权质押平仓风险的民营企业，有关方面和地方要抓紧研究采取特殊措施，帮助企业渡过难关，避免发生企业所有权转移等问题。监管推出“政策组合拳”，鼓励国资、券商、险资、私募基金帮助纾困。此外，公募基金也即将加入纾困队伍。

本节主要探讨纾困基金含义、运作模式，我国纾困基金现状，分析纾困基金的发展趋势，并从完善纾困基金帮扶方式等角度，对我国的政策性补助措施提出一些思考和建议。

## 一、纾困基金的含义

纾困基金指帮助民营上市公司及其大股东化解流动性风险和股票质押风险而设立的专项投资载体，具体而言，主要包括以资产管理产品形式设立的纾困基金、以私募基金形式设立的纾困基金。其中，前者包括证券公司资产管理计划、保险资产管理公司专项产品。目前，券商纾困基金备案已达 293 亿元，保险纾困专项资金规模已达 780 亿元。后者包括证券公司通过私募投资子公司设立的专项纾困基金、地方政府牵头设立的私募投资基金。目前，地方政府牵头设立的私募投资基金规模已超过 2000 亿元，是此次纾困的另一“主力”。

### （一）纾困基金的设立①

#### 1. 以资产管理产品形式设立的纾困基金

以资产管理产品形式设立的纾困基金主要包括：证券公司资产管理计划和保险资产管理公司专项产品。

（1）证券公司资产管理计划

2018 年 10 月 22 日，中国证券业协会组织部分证券公司共商市场化方式化解股权质押风险，推动设立证券行业支持民营企业发展集合资产管理计划；由 11 家证券公司首次达成意向：出资 210 亿元设立母资管计划，作为引导资金支持各家证券

① 参见王剑、李锦儿：《国信：纾困基金的设立与模式详解》，载凤凰网财经，https://finance.ifeng.com/c/7iWR6L8Eb9C，2019 年 10 月 9 日最后访问。

公司分别设立若干子资管计划,吸引银行、保险、国有企业和政府平台等资金投资,形成总规模1000亿元的资管计划,专项用于帮助有发展前景的上市公司纾解股权质押困难。券商纾困资管计划模式见图5-1。

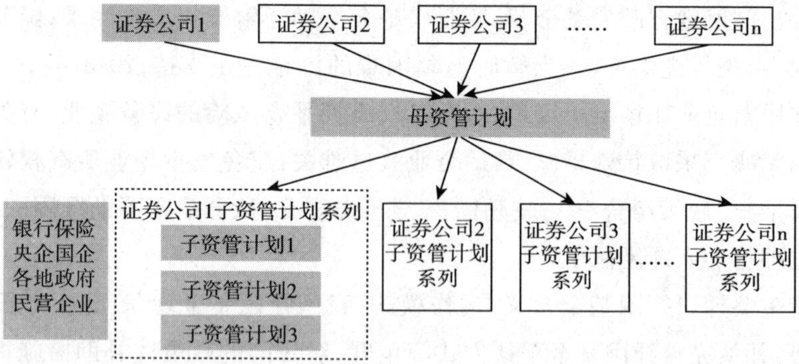


**图5-1　券商纾困资管计划模式**

资料来源:国信证券经济研究所整理。

截至2018年11月末,已有14家证券公司设立的14只证券行业支持民企发展系列资产管理计划完成备案,成立规模总计2889.102亿元,见表5-8。

**表5-8　证券公司纾困基金设立情况**

| 管理机构 | 产品名称 | 设立日期 | 产品类型 | 成立规模(万元) |
| --- | --- | --- | --- | --- |
| 天风证券 | 证券行业支持民企发展系列之天风证券1号集合资产管理计划 | 2018.11.2 | 集合 | 105,002 |
| 国泰君安 | 证券行业支持民企发展系列之国君资管1号资产管理计划 | 2018.11.5 | 单一 | 205,000 |
| 国信证券 | 证券行为支持民企发展系列之国信证券1号集合资产管理计划 | 2018.11.5 | 集合 | 200,100 |
| 广发证券 | 证券行业支持民企发展系列之广发资管FOF单一资产管理计划 | 2018.11.5 | 单一 | 100,000 |
| 海通证券 | 证券行业支持民企发展系列之海通证券资管1号FOF单一资产管理计划 | 2018.11.7 | 单一 | 500,000 |
| 申万宏源 | 证券行业支持民企发展系列之申万宏源FOF单一资产管理计划 | 2018.11.7 | 单一 | 200,000 |
| 中信证券 | 证券行业支持民企发展系列之中信证券2号单一资产管理计划 | 2018.11.8 | 单一 | 250,000 |

续表

| 管理机构 | 产品名称 | 设立日期 | 产品类型 | 成立规模(万元) |
|---|---|---|---|---|
| 招商证券 | 证券行业支持民企发展系列之招商证券资管1号FOF集合资产管理计划 | 2018.11.8 | 集合 | 201,000 |
| 银河金汇 | 证券行业支持民企发展系列之银河1号FOF集合资产管理计划 | 2018.11.9 | 集合 | 201,000 |
| 中信建设 | 证券行业支持民企发展系列之中信建投1号单一资产管理计划 | 2018.11.9 | 单一 | 200,000 |
| 东兴证券 | 证券行业支持民企发展系列之东兴证券1号单一资产管理计划 | 2018.11.2 | 单一 | 75,000 |
| 兴业证券 | 证券行业支持民企发展系列之兴业证券1号FOF集合资产管理计划 | 2018.11.16 | 集合 | 201,000 |
| 安信证券 | 证券行业支持民企发展系列之安信证券1号集合资产管理计划 | 2018.11.20 | 集合 | 201,000 |
| 光大证券 | 证券行业支持民营企业发展之光证资管FOF单一资产管理计划 | 2018.11.20 | 单一 | 250,000 |
| 合　　计 | | | | 2,889,102 |

资料来源:证券业协会、国信证券经济研究所整理。

(2)保险资产管理公司专项产品

2018年10月29日,险资首只纾困专项产品“国寿资产——凤凰系列专项产品”设立;11月5日至11月9日,太平资产、阳光资产、人保资产、新华资产相继成立专项产品。目前,累计成立规模达780亿元,见表5－9。

**表5－9　保险资管纾困专项产品**

| 管理机构 | 产品名称 | 设立日期 | 成立规模(亿元) |
|---|---|---|---|
| 国筹资产 | “凤凰”系列专项产品 | 2018.10.29 | 200 |
| 太平资产 | “共赢”系列专项产品 | 2018.11.5 | 80 |
| 阳光资产 | “阳光稳健”专项产品 | 2018.11.5 | 100 |
| 人保资产 | “安稳投资系列1－6期”纾困专项产品 | 2018.11.6 | 300 |
| 新华资产 | “景星”系列专项产品 | 2018.11.9 | 100 |
| 合　　计 | | | 780 |

资料来源:银保监会、国信证券经济研究所整理。

以“国寿资产——凤凰系列专项产品”为例,总规模为200亿元,潜在认购方包括保险资金、社保基金及金融机构资产管理产品。首支专项产品的存续期拟定为3年封闭期后开放的结构,整体期限在5年左右。这一设计综合考虑了投资标的面临的股票质押风险及流动性压力、公司中长期经营前景以及投资价值的实现。具体而言,希望通过专项产品为企业提供充足的纾困时间,同时结合国寿资产一直以来所秉承的价值投资理念,为投资人带来长期稳健的回报,起到资本市场“稳定器”和“压舱石”的作用。“国寿资产——凤凰系列专项产品”运营管理模式见图5-2。

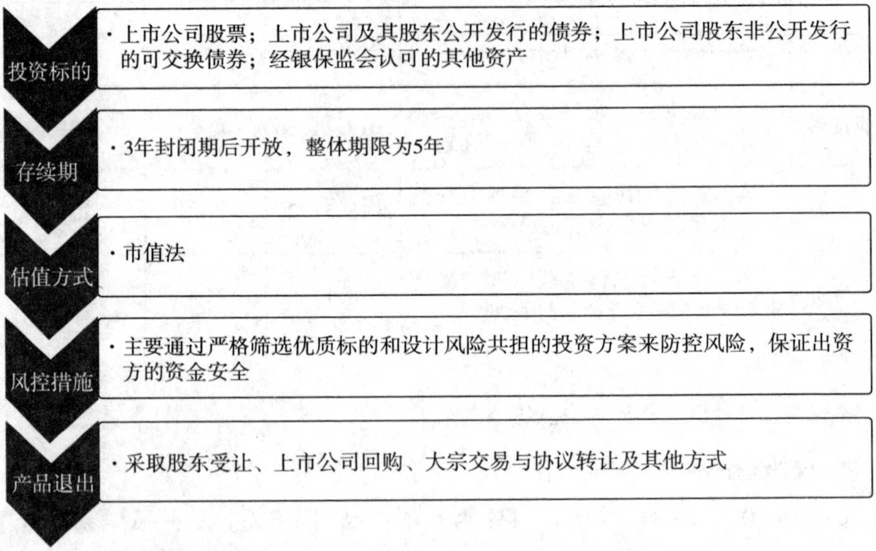


**图5-2 “国寿资产—凤凰系列专项产品”运营管理模式**

资料来源:国寿资产、国信证券经济研究所整理。

(3)其他

2018年监管部门下发《关于支持辖区证券基金经营机构积极参与化解上市公司股票质押风险、支持民营企业发展的通知》。后续,或有公募基金及其子公司设立专项资管计划化解上市公司股票质押风险。

**2. 以私募基金形式设立的纾困基金**

以私募基金形式设立的纾困基金主要包括两大类型:证券公司通过私募投资子公司设立的专项纾困基金和地方政府牵头设立的私募投资基金。

(1)证券公司通过私募投资子公司设立的专项纾困基金

目前已有部分券商发起。银河证券牵头,联合央企、地方国企、金融投资机构、大型民营企业集团等共同发起设立银河发展基金(母基金)。银河发展基金总规模计划达600亿元,分若干期募集,首期规模计划200亿元。母基金通过设立子基金对具体项目进行投资。基金设立初期,子基金的管理人拟由银河创新资本或其设立的私募基金管理平台担任。

其投向主要为:一是符合证券行业母计划要求的民营上市公司。二是符合银河证券自身发展战略的投资标的,包括银河证券现有及潜在的战略客户的投融资、并购重组等资本运作。三是具备参与上市公司并购重组等资本运作条件的特定行业,包括:科技创新能力突出并掌握核心技术、市场认可度高的战略性新兴产业;具备转型升级前景的传统支柱产业;关系国计民生的水力、电力、能源等基础性产业。四是与银河证券形成战略合作关系的区域投资,包括国家级、省级经济技术开发区的上市公司和拟上市公司。五是具备后续资本运作条件的区域股权市场挂牌企业。

(2)地方政府牵头设立的私募投资基金

据不完全统计,宁夏、江西、江苏、海南、深圳、北京、上海、广东、浙江、福建、安徽、山东、河南、四川等17个省、市、自治区的地方政府和国资委均已出台相关驰援政策,成立或拟成立纾困专项基金规模合计约2560亿元。①

(二)纾困基金的运作模式

纾困基金运作模式主要包括两大类:债权型投资和股权型投资。

**1. 债权型投资**

债权型投资以"转质押"方式提供股票质押融资支持。纾困基金通过借款方式帮助上市公司大股东赎回股票,将原来的股票解除质押。同时,上市公司大股东将这部分股票再进行质押,其中,借款额与融资额差价部分需要补充资金或补充股票。

在股市调整的情况下,股票质押容易触及预警线、平仓线,大股东整体面临流动性压力。例如,假设股票价格为10元,假设质押率为40%,预定利率为8%,质押1亿股。大股东质押给证券公司获得4亿元,到期连本带息还给证券公司4.32亿元。假设预警线为150%、平仓线为130%。如果股价下跌到6.48元[4×(1+8%)×150%]将触及预警线,如果股价下跌到5.6元[4×(1+8%)×130%]将触及平仓线。

① 参见资本门:《两大类模式:一文读懂纾困基金的设立与运作!》,载搜狐财经,https://www.sohu.com/a/288840209_334665,2020年10月29日最后访问。

在“转质押”模式下,预警线与平仓线将降低。假设股价下跌至6.48元,股票质押达到150%的预警线。纾困基金借给大股东4.32亿元解除质押,同时大股东赎回价值6.48亿元的股票。大股东再将1亿股以40%的质押率质押给其他证券公司,拿回2.59亿元(6.48×40%),与借的4.32亿元仍差1.73亿元。因此这1.73亿元的差价部分由大股东补充,或者可增加价值为4.33亿元(1.73÷40%)的股票。

在“转质押”模式下,大股东经过再次质押,股价基准已降低,预警线与平仓线降低。在此案例中,如果依然假设利率为8%、预警线为150%、平仓线为130%,那么上市公司股价跌至4.20元[2.59×(1+8%)×150%]才达到预警线,下降到3.64元[2.59×(1+8%)×130%]才达到平仓线。以“转质押”方式提供股票质押融资支持方式见图5-3。

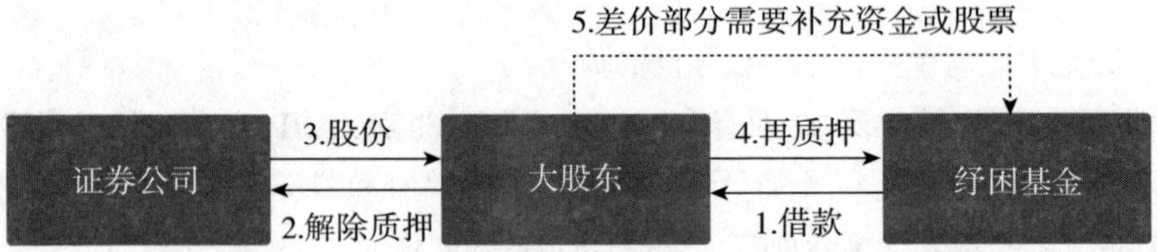


**图5-3　以“转质押”方式提供股票质押融资支持方式**

资料来源:国信证券经济研究所整理。

因此,在这一过程中,上市公司大股东流动性问题短期内得到缓解。但此过程中,上市公司需要自行补充差价。但融资到期后,如果上市公司流动性问题仍未得到缓解,那么投资人的利益难以得到保证。因此,这一模式对上市公司要求较高,主要适合由于股东质押比例较高,股价下跌等导致的融资金额受限,股东短期出现资金缺口的情形。

**2.股权型投资**

(1)协议受让上市公司股份。此方式主要指上市公司控股股东将部分上市公司的股份以协议转让方式转让给纾困基金,同时或伴随表决权、提案权的转移,一般体现为“股份协议转让+股份表决权委托”的形式。上市公司控股股东再以转让股权的资金解除质押。因股份转让,或伴随控制权的变动。协议受让上市公司股份方式见图5-4。

**图 5-4 协议受让上市公司股份方式**

资料来源：国信证券经济研究所整理。

以怡亚通为例，2018 年 5 月 15 日，公司控股股东怡亚通控股与深圳投控（实际控制人为深圳市国资委）签署了《股份转让协议》，怡亚通控股将其持有的 2.82 亿无限售条件流通股股份（占公司总股本的 13.30%）转让给深圳投控，转让价格为 6.45 元/股。2018 年 9 月 9 日，怡亚通控股与深圳投控签署了《股份转让协议》，以协议转让方式将其持有的公司 1.06 亿无限售条件流通股股份（占公司总股本的 5%）转让给深圳投控，转让价格为 5.5 元/股。转让完成后，深圳投控持有公司3.88 亿股（占公司总股本的 18.3%），成为公司第一大股东，公司控制权发生变更。

（2）认购上市公司非公开发行股份。此方式主要指纾困基金通过认购上市公司非公开发行的股份，同时，或以协议受让控股股东所协议受让的股份，从而使控制权或发生变更。认购上市公司非公开发行股份方式见图 5-5。

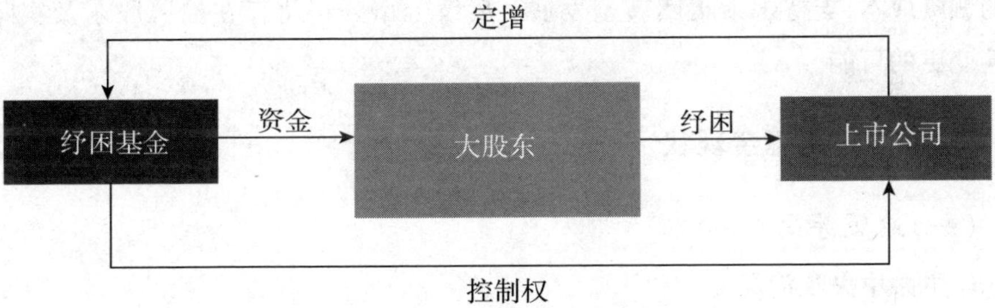


**图 5-5 认购上市公司非公开发行股份方式**

资料来源：国信证券经济研究所整理。

以英唐智控为例，10 月 19 日，上市公司大股东与赛格集团（实际控制人为深圳市国资委）签署了《附条件生效的股份转让框架协议》，拟向赛格集团转让 5400 万上市公司股票。此外，赛格集团拟以现金全额认购上市公司非公开发行股份 2.1 亿股（最终认购数量以证监会核准文件为准）。权益变动事项完成后，赛格集团合计持有上市公司发行后总股本的 20.63%，将成为上市公司控股股东。上市公司控制权发生变更。

(3)重组控股股东。此方式主要指纾困基金对上市公司控股股东进行股权转让、资产重组、资产注入等多种方式,通过控制控股股东来控制上市公司,实现绝对控股。同时,使股票质押融资方的流动性得到改善。此方式主要适用于质押融资方为企业而非自然人的情况。

重组控股股东方式见图5-6。

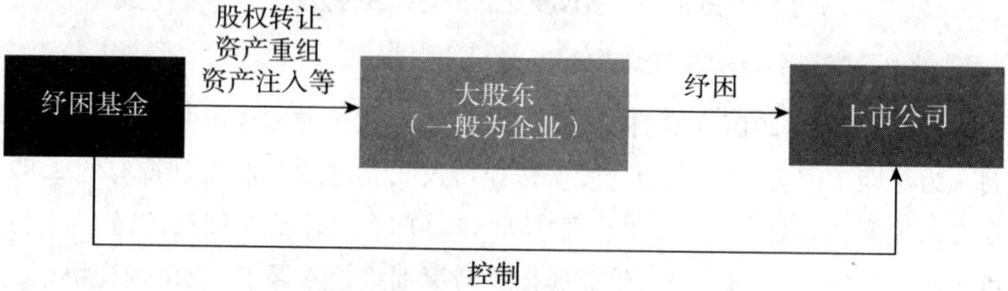


**图5-6 重组控股股东方式**

资料来源:国信证券经济研究所整理。

以永泰能源为例,8月23日公司公告,公司控股股东永泰集团与京能集团(实际控制人为北京市国资委)签署了《战略重组合作意向协议》,京能集团将通过股权转让、资产重组、资产注入等多种形式,实现对永泰集团的绝对控股,并降低永泰集团的融资成本,支持永泰集团转型发展。后续上市公司将存在控股股东及实际控制人变更的可能。

## 二、我国纾困基金现状

### (一)政策导向

**1. 中共中央政治局**

2018年10月31日,中共中央政治局召开会议,分析研究当前经济形势,部署当前经济工作。中共中央总书记习近平主持会议,强调"两个毫不动摇",促进多种所有制经济共同发展,研究解决民营企业、中小企业发展中遇到的困难。围绕资本市场改革,加强制度建设,激发市场活力,促进资本市场的长期健康发展。

**2. 国务院金融稳定发展委员会**

2018年10月20日,国务院金融稳定发展委员会召开防范化解金融风险第十次专题会议,重点分析三季度经济金融形势,研究做好进一步改善企业金融环境和防范化解金融风险有关工作。在增强微观主体活力方面,特别要聚焦解决中小微企业和民营企业融资难题,实施好民企债券融资支持计划,研究支持民企股权融资;对暂时遇到经营困难,但产品有市场、项目有发展前景、技术有市场竞争力的企业,不盲目停贷、压贷、抽贷、断贷;有效治理附加不合理贷款条件、人为拉长融资链条等问题。要认真总结国有企业混改试点经验,加大下一步改革力度。

**3. 中国人民银行**

2018 年 10 月 22 日,中国人民银行发布《设立民营企业债券融资支持工具,毫不动摇支持民营经济发展》的公告,公告指出,民营企业债券融资支持工具由中国人民银行运用再贷款提供部分初始资金,由专业机构进行市场化运作,通过出售信用风险缓释工具、担保增信等多种方式,重点支持暂时遇到困难,但有市场、有前景、技术有竞争力的民营企业债券融资。

**4. 中国银行保险监督管理委员会**

2018 年 10 月 24 日,银保监会出台《关于保险资产管理公司设立专项产品有关事项的通知》,允许保险资产管理公司设立专项产品,参与化解上市公司股票质押流动性风险,为优质上市公司和民营企业提供长期融资支持,维护金融市场长期健康发展。

2018 年 10 月 26 日,银保监会对《保险资金投资股权暂行办法》进行了修订并向社会公开征求意见,本次修订调整的主要内容是取消保险资金开展股权投资的行业范围限制,通过"负面清单 + 正面引导"机制提升保险资金服务实体经济的能力。

**5. 中国证券监督管理委员会**

2018 年 10 月 26 日,证监会新闻发言人常德鹏在例行新闻发布会上表示,为落实党中央、国务院关于打好防范化解风险攻坚战的决策部署,解决民营企业融资难问题,证监会支持各类符合条件的机构通过发行专项公司债券募集资金专门用于纾解民营企业融资困境及化解上市公司股票质押风险。

2018 年 11 月 2 日,证监会新闻发言人高莉在例行新闻发布会上表示,监管部门密切关注证券行业发挥自身专长落实中央关于金融服务实体经济的要求,在自有资金出资比例、投资范围、风控指标计算等方面按规定给予政策支持。

(二)各地举措

在中央积极部署支持民企发展、监管层集体发声纾困优质上市公司的背景下,各地方政府陆续出台相关具体措施,缓解 A 股股权质押风险,拓宽民营企业融资渠道。2018 年 10 月中旬,深圳率先发起首批百亿国资驰援上市公司。随后,北京海淀区发起设立百亿规模的纾困基金,同时北京市政府表示有意再配1~2倍的资金支持。

北京其他辖区复刻海淀模式,2018年10月30日,北京西城区拟发起设立北京新动力优质企业发展基金,目标规模100亿元,首期规模40亿元,由市区两级政府引导基金共同参与,积极引入合作金融机构及其他社会资本。

2018年10月下旬,粤港澳湾区版"驰援母基金"出炉。珠海市政府联合多家金融机构拟共同发起设立"粤港澳国家战略新兴产业驰援母基金",首期规模100亿元。

广东汕头、东莞等地均陆续计划设立发展基金,专项用于帮助有发展前景的本地上市企业纾解股权质押困难,规模合计数百亿元。

2018年11月4日,上海表示建立规模为100亿元的上市公司纾困基金,为优质中小民营企业提供信用贷款和担保贷款100亿元,逐步扩大中小微企业政策性融资担保基金规模至100亿元。

浙江、湖南等省随后均发起上百亿基金驰援上市公司。福建厦门设立多个百亿级专项基金,四川成都设立100亿元上市公司帮扶基金,吉林通化拟设50亿元发展基金,均采取股权、债权等方式向上市公司及实际控制人提供资金支持,化解股权质押流动性风险。

(三)相关案例

实践中,已有多家民营企业获得当地政府设立的纾困基金的救助,救助方式一般为对上市公司母公司增资、认购上市公司股份或重大资产等。2018年和2019年影响较大的案例见表5-10。

**表5-10　纾困基金相关案例**

| 公告时间 | 公司名称 | 区域 | 性质 | 实施主体 | 被实施主体 | 实施方式 |
|---|---|---|---|---|---|---|
| 2018/07/13 | 杉杉股份 | 浙江 | 民营企业 | 杭州奋华投资合伙企业(有限合伙)(浙江省政府"凤凰行动"计划设立的专项基金) | 上市公司控股股东杉杉集团有限公司 | 对上市公司母公司增资 |
| 2018/09/19 | 顾家家居 | 浙江 | 民营企业 | 杭州奋华投资合伙企业(有限合伙)(浙江省政府"凤凰行动"计划设立的专项基金) | 上市公司控股股东顾家集团有限公司 | 对上市公司母公司增资 |

续表

| 公告时间 | 公司名称 | 区域 | 性质 | 实施主体 | 被实施主体 | 实施方式 |
|---|---|---|---|---|---|---|
| 2018/12/10 | 兴源环境 | 浙江 | 民营企业 | 浙江余杭转型升级产业投资有限公司 | 上市公司控股股东兴源控股集团有限公司 | 对上市公司母公司增资 |
| 2019/01/16 | 东杰智能 | 山西 | 民营企业 | 合盛汇峰智能1号结构化股权投资私募基金、深圳菁英时代投资有限公司 | 上市公司 | 认购上市公司重大资产重组配套的非公开发行股份 |
| 2019/04/29 | 京山轻机 | 湖北 | 民营企业 | 新动能发展投资基金、京山市政府平台公司 | 上市公司的控股股东京山京源科技投资有限公司 | 认购上市公司控股股东发行的可交换公司债 |
| 2019/7/30 | 康尼机电 | 江苏 | 民营企业 | 南京紫金观萃民营企业纾困发展基金合伙企业 | 广东龙昕科技有限公司 | 上市公司子公司股权转让实现纾困 |
| 2019/6/25 | 三鑫医疗 | 江西 | 民营企业 | 中航信托股份有限公司 | 上市公司 | 上市公司股权转让实现纾困 |
| 2019/5/14 | 华映科技 | 福建 | 民营企业 | 福建省海丝纾困股权投资合伙企业(有限合伙) | 福建华佳彩有限公司 | 对上市公司子公司的增资实现债转股 |
| 2018/12/12 | 远兴能源 | 内蒙古 | 民营企业 | 光大永明资产管理股份有限公司 | 河南中源化学股份有限公司 | 上市公司子公司股权转让实现纾困 |
| 2018/8/23 | 东方园林 | 北京 | 民营企业 | 农银投资 | 东方园林集团环保有限公司 | 对上市公司子公司的增资实现债转股 |

上述纾困基金绝大多数是由国有企业设立并出资,被实施主体为民营上市公司或上市公司的控股股东,实施方式主要包括对上市公司的母公司、上市公司或上市公司的子公司增资、债转股、认购可交债等。

## 三、纾困基金的完善

首先,此类基金应当遵循一般权益投资基金的设立流程,在基金业协会备案,依法设立、阳光运作。一旦备案,监管部门对于该基金从设立到运作各环节都有明确的相关监管规定和程序要求。对于市场参与者来说,无论是接受投资的上市企业还是参与基金设立的投资方,均遵循法定程序,以公开、透明的程序设立基金,更好地明晰各方合法权益,通过基金合同中的各种约定条款可以使这些权益依法得到保护。

其次,在基金投资标的选择上也要坚持市场化原则。在投资标的,也就是纾困对象的选择方面,应由有牌照和资格的基金管理人或投资顾问自主决策。政府一方面可以通过其投资平台注入资金,以财务投资人(通常是有限合伙人的身份)的角色参与基金的运作和管理;另一方面可以为基金本身进行增信以吸引其他各方的资金支持,不进行过多干预,不缺位也不越位。

再次,必须尽快强化金融市场的法制基础。市场运作无一处细节不是有着充分、详尽、统一的法律规制基础,其法制精神的统一贯彻令市场所有参与者、监管者都能实现真正的责权利统一,既没有责任缺位,也没有过度承担义务的责任越位。

最后,监管当局应该针对一些利用纾困基金在金融市场上肆意违法违规行为的市场主体,加大防范和打击力度。市场上有些上市企业的大股东此前利用股票质押的方式套取大量资金,变相抽空上市公司资产,放大其他债权人和中小股东的投资风险。有的甚至通过内部人控制或内幕交易等违法违规手段操纵价格和市场交易,之后因为市场风险而出现资金链断裂危机。

总的来说,在运作纾困基金并完善配套体制机制的过程中,需要对公司法、证券法以及基金管理相关法规加以完善,以有利于对纾困基金依法进行有效监管,以此实现对包括政府、国企、银行等基金发起人、合伙人与接受投资的上市企业等交易参与者合法权益的明晰与保护。同时,需要特别注意依法防止纾困基金演化为游走在监管灰色地带的金融平台。一个以法治与信用为基础的金融市场可以促进有效的资源配置,改善实体企业经营绩效,进而为我国经济行稳致远发挥不可替代的关键作用。

# 第六章

# 财务危机法律处置

随着现代商品社会的发展和公司经营环境的变化,公司无法避免随时都可能发生的危机。公司面临的危机表现形势不同,但许多危机最终的表现形式均为公司的财务危机。在公司遇到财务危机时,公司无法按期清偿全部到期债务,公司可能会出现全部或部分债务违约。这种违约一旦出现,立即会引发两个直接后果:一是公司的再次融资将发生困难,对于一个失去商业信誉的公司,大多数的融资方会持较为谨慎的态度。二是这个违约可能会导致连锁反应,产生更多的债权追讨,导致更大面积的违约事件发生。这有点类似于银行的挤兑,一旦债权人发生信任危机,那么债权人就会采用各种手段保全自己的债权。一般公司的资产构成中不可能都是所有者权益,公司的资产构成中总是包括相当比例的负债,这些负债一旦被大部分甚至全部追讨,公司会很快失去流动性。此时,公司和实际控制人如何作出正确的选择以化解财务危机,尤为重要。

## 第一节 实际控制人的抉择

公司的资产组成是多样化的,在财务报表中,左边是资产,右边是负债和所有者权益。单从左边看,公司资产至少包括流动资产、固定资产、长期投资、无形资产等科目。这些项目又包含一些子科目,以流动资产为例,流动资产中又包括货币资产、应收账款、预付账款、存货等科目。这些二级科目也是高度归纳后的结果,实际生活中,公司的资产要更加多样化、具体化,可能表现为一些房屋、土地使用权,也可能表现为一些专利、商标。这些具体、多样化的资产组合到一起就会发生综合作用,构成一个公司经营的有机组成部分。如果分割开来,这些资产的实际效用就有可能发生较大程度的贬损。同样是这些物理形式存在的资产,在公司正常经营期间,我们可以称之为"经营资产",而在公司财务危机发生后,这些资产有可能转化为"清算资产"。虽然物理形式可能仍然相同,但经营资产与清算资产的内在价值是明显不同的。一般情况下,经营资产的内在价值要远高于清算资产。这也是为什么大多数情况下公司出现危机时,应尽可能挽救这些公司,维持公司资产的整体效用的原因。

当公司出现危机时,甚至看起来这些危机不可挽救时,实际控制人应该怎么做?实际控制人可能面临的第一个问题是坚守还是放弃?这对许多遇到严重危机的公司实际控制人而言是个难以抉择的问题。在回答这个问题前,我们还是看一则相关案例。

涉及两家上市公司的"贤成系"实际控制人黄某优,留下了160亿元左右的债务却逃之夭夭,而能够确认的债权只有8亿多元,不能确认的债权达104亿多元。据了解,"贤成系"包括贤成集团、西宁国新公司、上市公司*ST贤成、香港上市公司中国金石以及众多的子公司,其实际控制人均为黄某优。

2013年6月,18名广东兴宁人到广州市公安局报案,称上市公司贤成矿业的黄某优以"上市公司增发"为名,几年来向他们借下3.8亿多元,约定月息8%或更高,目前黄某优已经联系不上。报案人黄某华说,黄某优通过老乡关系找到一些投资人,利用高利率吸引他们借款,自己也被黄"借"走了9800万元,黄某优在支付数月利息后,就失踪了。

经调查发现,在管理制度相对完善的A股上市公司,民营老板、实际控制人仍是绝对的灵魂。这种人操纵犯罪,具有很强的隐蔽性和欺骗性。

"黄某优出来,总是带着上市公司董事长和总经理,这些人都是为他打工的,黄说的话自然顶天了。"被"贤成系"骗去近亿元的四川债权人李某和如是说。

黄某优是实际控制人,但在台面上,皆由上市公司董事长和高管出面、签字,这样一来给债权人很大的迷惑。黄某优的"难兄难弟"——原西宁国新、贤成集团法人代表钟某波,一直承担"贤成系"民间借贷的主要任务,他在每年的工作总结会上,总是公开表示当年融资规模为20亿元等。黄某优还利用下属爱面子的个性,例如*ST贤成董事长臧某涛一股也没有,但是他比较爱面子,于是黄某优就让他当董事长。一位“贤成系”人士表示,“黄给了臧一个名头,而臧对于黄,不管什么借款、担保都敢签字”。

眼下,钟某波因涉嫌非法经营和私刻公章罪名,被广州市公安局正式逮捕。臧某涛因涉嫌挪用资金、背信罪被西宁市公安局收押,而实际控制人黄某优至今仍逍遥法外。①

民营企业的实际控制人是民营企业成败的关键因素。民营企业实际控制人的管理和决策决定着企业的成长方式和成长质量。成功的民营企业的实际控制人一般应具备较高的风险偏好、敏锐的洞察力和超前预见能力、强烈进取心、较高的个人诚信度、较强的人脉关系和资源。民营企业的经营风险很大程度上是实际控制人的风险。“贤成系”案例中,黄某优等人利用上市公司担保借款、逃避公告,具有较强的隐蔽性。上市公司的内控制度形同虚设,知情的高管装聋作哑,是＊ST贤成债务风险不断积累的一个重要原因。实际控制人黄某优留下160多亿元债务,给中小投资人造成巨大损失。

实际上,即使公司面临着严重的危机,实际控制人也不能一走了之,否则不仅会增加被认定为犯罪的概率,而且由于远走他乡,可能所有的问题都会推到实际控制人头上,导致实际控制人无端承担更多责任。随着国内法律法规的完善,即使是财务危机严重的企业也有各种法律处置的途径。实际控制人应该选择留下来,勇敢面对事务,积极自救或者是配合政府救助,通过多种渠道妥善解决问题。

## 第二节　企业自救与政府救助

公司陷入财务困境通常是个渐进的过程。遇到财务困境时,实际控制人需要勇敢面对,但实际控制人更应在财务困境发展之初就采取一定的有效措施。根据周春生教授在《企业风险与危机管理》一书中的归纳,财务危机有10个征兆,②具体内容如下。

征兆一:现金极度匮乏,资产流动性过低;

征兆二:存货,尤其是产成品积压明显增加;

① 参见新华网:《贤成系两公司曝160亿债务黑洞　实际控制人跑路》,载网易财经,http://money.163.com/13/0905/20/981MI36G00254ITV.html,2020年4月14日最后访问。

② 参见周春生:《企业风险与危机管理》(第2版),北京大学出版社2015年版,第206～209页。

征兆三:企业销售总额大幅下跌;

征兆四:应收账款余额快速上升且平均收账期延长;

征兆五:交易和回款记录恶化;

征兆六:投资规模过度,扩张过度;

征兆七:内部管理和内部控制体系混乱;

征兆八:企业资产大幅缩水,负债率明显提高;

征兆九:企业信用等级被调降,继续融资面临瓶颈;

征兆十:企业经营业绩的可预测性大幅降低。

公司财务危机的诸多方面也会在企业的法律工作中体现出来。比如,公司近期的应收款诉讼很多,公司原本正常可以收款的项目只能依赖于诉讼方式追讨,这说明公司的经营遇到困难,市场销售出现问题。再如,多次出现大面积员工诉讼,或者多发员工侵占公司财产的情况,这说明公司的内部管理不善。此外,公司投资项目决策流程过于简单,缺乏前期必要的论证,甚至缺乏前期必要的尽职调查程序,仅仅依赖于交易对方的陈述,这说明公司的投资过于草率。公司对外投资时,往往和当地政府签有协议,约定投资进度、投资强度、税收强度等,如果这些指标,特别是建设进度明显迟滞,这也可能是公司财务危机的前兆。除了周春生教授给出的10个征兆外,事实上,公司的法律费用开支也是一个判断公司是否进入财务困境的重要参考因素。公司法律费用突然增加或长期过低都可能意味着公司经营的缺陷。公司法律费用的突然增加,特别是与诉讼相关的法律费用突然增加可能是因为公司的诉讼量大幅增加,公司存在问题较多也可能是因为公司遇到重大的法律问题,导致公司因单一事件发生风险的概率增加;而长期的法律费用不足,表明公司不注重法律,公司的经营可能蕴含的重大法律风险没有被揭示出来。特别是如果公司处于扩张期,可能涉及一些投资方面的事务,这些专业的法律问题并不是原来的管理层仅凭过往的经验就可以应付的,如果忽略必要的法律程序,可能会导致严重的后果。在处理一些可能给公司带来重大财务风险的事件中,常可以听到公司实际控制人懊恼地表述——“早知道就让对方提供有效担保了”“这个条款我忽略了”等。有时一个错误的合同表述或一个不完善的合同安排远超“一字千金”,可惜这个“一字千金”是送给对方的。

公司财务危机当然是在危机刚有征兆时处理为宜。如果公司进入财务危机状态,公司应该怎么做?实践中有公司自救和政府救助两种途径,公司可以通过降低用工成本、融资增加现金流导方式自救,中央及各地政府也出台了大量帮扶政策和便利措施为企业提供救助。此处有必要弄清一个认识,即公司实际控制人应该自救还是期待政府的救助。其实,结论是明确的,这种情况下一定是公司自救为主,同时积极寻求、配合政府的救助。

## 一、公司自救

公司自救方法很多,每个企业面临的情况不一样,可能采取的自救措施也有所不同,一般包括继续融资、出售资产、裁员、业务转型等方式。继续融资方案在很多情况下成为实际控制人的首选,原因是多方面的:一方面,基于实际控制人对公司的感情。公司做久了就像自己的孩子一样,许多时候实际控制人不舍得舍弃公司,总会想尽一切办法挽救公司;另一方面,由于经营公司多年的惯性,其他的自救措施都可能导致损失,实际控制人并不愿意轻易地接受这些损失,想在危机中从"危"搏到"机"。由于人事、经营方面的困难,采用其他方式也有一定的困难。所以,继续融资似乎成为实际控制人的一个首选方案。但此时,继续融资本身也具有很大的难度。由于公司陷入财务困境,公司的商业信誉也会受到影响,敏感的出资方一般不愿意对这类公司提供融资。即使提供,这些机构的融资成本也极高。比如,陷入财务困境的公司无法从银行渠道获得融资,只好转向信托等融资渠道,这样公司的融资成本会大大提升。

更多时候,公司甚至无法从机构取得融资,只好寻求非正规金融渠道,最常见的就是民间融资。但民间融资的成本极高,并不是一般的实业所能承受的。我们看到的案例中,有相当一部分公司就是被民间融资的高利息拖垮的。许多时候,饮鸩止渴这个词极为形象地解释了公司实际控制人在进行民间融资时的状态。一方面,公司实际控制人对于民间融资中的高利贷融资十分依赖,要靠它归还银行贷款;另一方面,他们对高利贷十分痛恨,自知这是不归之路。表面上他们风光无限,越是公司不景气,公司的实际控制人在一些社交场合可能就越阔绰,出入高档场所,开着名车。实际控制人担心公司倒闭破产,从不敢对政府、银行、客户、员工说起,同时又深知凭一己之力已无法挣脱,迫切希望政府获悉、救助。而过多的民间融资会妨碍公司债务危机的进一步解决方案的实施,这一点会在后面的章节中进一步分析。一般情况下,进入财务危机的公司是很难获得权益融资的,因为权益融资方出资后仅享有对公司的剩余资产索取权,对困境企业的投资意味着更大的风险。

如果公司仍然具有较强的竞争力,即使是陷入财务困境,仍有可能获得外部权益融资。比如说,公司领先的技术、独特的资产(如码头岸线等)、长期忠实的客户、稳定的销售网络等,这些资源的存在都有可能吸引外部的权益融资。当公司陷入财务困境时,如果可以选择,原则上应优先考虑权益融资。权益融资可以充实公司资本,改善公司的资产结构,为进一步融资提供可能。权益融资后,新的投资方引入也可能带来新的合作伙伴,改善原有的经营,并且新的投资方可能会提振公司利益相关方的信心,使公司恢复正常的贸易秩序,包括可以按正常的商业运作获得相应的账期。但权益融资后公司的治理结构会发生较大的改变,因此,对于权益融资的对象一定要慎重选择。实际控制人首先要判断权益融资方的目的,还需要有自我评估权益融资的决心。对于困境公司,许多权益融资方都抱有控股的目的,权益融资方有时要求控股,甚至要求原实际控制人完全出局。此外,也要防止权益融资方,通过融资获取困境公司的优质资源。继续融资方案主要针对公司暂时遇到的财务困境,此外改善资金流也会改善公司资金问题。

除继续融资外,出售资产也是一个通常考虑的方法。公司通过资产处置,回笼现金以改善当前的财务困境。但出售资产究竟是出售优质资产还是闲置资产?从实际控制人角度,当然是优先考虑出售闲置资产,但闲置资产处置可能存在困难,短时间难以处置或者处置时价值贬损过大。在公司陷入财务危机处置资产时,应该综合考虑资产的重置价值和盈利能力。如果该项资产没有盈利能力,那么相比较其重置价值,处置价格就应大幅度贬损。这也提醒实际控制人在投资时要非常慎重,无效率的投资本身就意味着投资标的价值的大幅度贬损。但有时为了让整个公司或整个集团存活,实际控制人不得已只能选择出售一部分优质资产。对于过度扩张的公司,出售子公司股权或者在子公司层面上引进投资者是更为值得考虑的方案。2008 年以后,因为存在资产价格快速上涨的预期,许多公司在异地大量投资,买地、建造厂房。但实际控制人没有预料到整个宏观经济形式变化得太快,许多项目仍在建造过程中,转眼间经济增速放缓,原有的融资与公司经营产生的现金流动已经无法支撑项目的进一步建设。此时则可以考虑将项目打包出售。即使不能打包出售,在子公司层面失去控股权,或者在子公司层面引进投资者也是值得考虑的选择。至少公司无须为子公司继续追加投入,可以为公司节省继续投资的现金。

根据中国的投资实践,在投资初期,即使是子公司的事务,许多时候公司也会牵涉其中,包括子公司与地方政府签署的一系列协议,都有可能是由公司出面签署的。对于一些子公司重要的合同,如融资合同、建设合同,公司还可能作为担保一方一并参与其中。引进权益融资方,子公司不至于会烂尾,公司的整个商业信誉不会受到冲击，子公司因为继续建设，许多潜在的纠纷则不会发作或在建设过程中被消弭。一般来说，子公司层面引进权益融资更容易操作，相对于融资方来说，子公司业务相对简单、清晰。相对于实际控制人来说，无论子公司治理结构如何变化，公司的控制权不会发生较大改变，实际控制人仍可以在公司层面上实践自己的构想。

此外，裁员也是公司应对财务危机的常用方法。许多公司常会陷入中等规模陷阱，公司的业绩增长不快，但公司的管理层级却越来越复杂，以至于一家中等规模的公司也可能有一个庞大的总部。当公司遇到财务困境时，这些中部的中层管理人员就是最有可能被裁减的对象。裁减多年跟随自己的旧部对于公司实际控制人来说，有时的确是个痛苦的选择。短时间内裁减人员还会产生较高的费用，而且必须要履行适当的义务。如果因为裁员而发生群体性事件，那就会难以处理，有可能实际控制人需要超出法律的规定，另行补偿后才有可能达到裁员的目的。公司裁员后，保持一个较小的生产规模，这些较少的资金就可以支撑该类营业。

公司的业务转型在财务危机发生前期、后期都是可以考虑的策略。前期选择业务转型，实际上是对公司业务本身的变革，这需要一个渐进的过程。一旦到后期，大规模的业务转型可能会有难度，因为缺乏大规模业务转型所必要的资金。但生产不能完全停滞，否则可能造成机器更严重的损坏与贬值。此时可以考虑将原来的生产销售模式调整为一些来料加工等方式，这样可以维持工厂的基本运转，等待重组的机会。

## 二、政府救助

一些信奉自由市场的经济学家认为，政府应该减少对于市场的干预，对于那些陷入财务危机的企业，政府应该让它们自生自灭，实现资源的优化配置。但这有时仅是一种理想状态的描绘，许多时候，对于陷入资金链危机的公司，政府需要在某些时候进行干预，也只有政府才有能力干预。这是因为，一方面，很多公司是地方经济的重要支柱；另一方面，在长期畸形发展的金融体系下，危机公司往往有着大批的银行欠款、民间借贷以及复杂的担保链。一旦因为资金链危机破产，就可能带来多米诺骨牌效应，引发金融不稳定与社会危机。不仅如此，也只有政府最有能力干预公司的财务危机。我们国家目前仍是一个强政府的国家，短期内也不会有太大改变。主要的行政资源仍然掌握在政府手里，主要的社会信誉也承载在政府身上，当公司出现危机的时候，如果政府出手救助，所有利益相关方都会稳定下来。对于很多利益相关方来说，政府的救助就是指路明灯。

政府应该介入、挽救什么样的公司呢?经济学上有个重要的命题,叫“太大而不能倒”,如果只是因为太大,只是因为这个公司是影响当地经济稳定发展的支柱型企业,那么这还不构成政府介入的充分条件。政府只有在这个公司的危机可能会酝酿成社会性事件的时候才应该介入。本质上说,一个公司是不是值得救助,这应该由市场决定;由市场决定是不是继续提供融资、是不是削减债务、是不是资产重组,但许多时候,市场需要“扶一把”。这时政府就应起到“扶一把”的作用。但“扶一把”并不意味着政府代替市场决策,如果公司没有一定竞争力的业务或者拥有一些特定资产或资质,这些公司就成了“扶不起的刘阿斗”。为了救助债务困境公司,有些地方甚至成立了专门的办公机构。比如,义乌市成立风险企业处置工作领导小组办公室,《义乌设立“风险办”亿元转贷资金帮企业渡难关》①中描述:“做企业,谁还没有困难的时候?如果有人帮一下,也就渡过了。这回幸亏政府帮我们一把,让我们‘喘’过了这口气。”得到政府1000万元还贷资金的帮助后,义乌一家企业负责人激动地说。有时政府的救助并不是直接由政府出资,而是政府出面,协调银行暂不抽贷,或者化解担保链可能带来的风险。比如,在公司互保和民间借贷已成为常态的浙江地区,这些公司的生死关系到地方金融的安全和社会的安定,地方政府对于一些资金链断裂的企业,不得已只好进行干预。

公司陷入财务危机,并由此产生的纠纷本质上都是民事问题。当地政府救助困境公司时,通常面临两难的选择。一方面要保证金融秩序,打击非法集资及公司经营中的恶意行为;另一方面还要保证社会效果,挽救公司和保护债权人利益。打击违法,固然无可非议,但如果处理不当,会影响公司挽救,加大社会成本。政府救助时,应该优先考虑保全公司和债权人利益。如果真的发现实际控制人有违法甚至犯罪行为,也应将实际控制人违法行为与公司挽救相分离。如浙江纵横集团的董事长因为非法吸收公众存款被抓,但是纵横集团仍然按破产重整程序处理。反观吴英案,法院采用“先刑后民”的顺序,将吴英本色集团的资产视为其“集资诈骗”的赃款,予以拍卖,使企业倒闭,带来更大的社会损失。这种不恰当的处理方式也最终使东阳市政府以及相关机构陷入舆论的旋涡中,引发广泛的关注与质疑。

但政府不是万能的,有时政府试图通过直接的资金输血和政策支持,以及对公

① 参见徐晓恩、徐贤飞、虞伟义:《义乌设立“风险办”亿元转贷资金帮企业渡难关》,载浙江在线网,http://zjnews.zjol.com.cn/05zjnews/system/2008/12/26/015121666.shtml,2020年4月14日最后访问。

司债务人的协调，来推动企业重组，挽救企业，但这些措施有时效果不太理想。特别是如果公司涉及民间借贷，并且有当地政府官员牵涉其中，政府单独介入，不仅不能控制住债权人的偿债诉求，反而可能会引发债权人对于偿债公正性的质疑。事实上，在市场经济中越来越强化的个体利益面前，政府能“罩住”所有事情的时代早已经过去了。现阶段政府可以对危机进行干预，但不宜过多干预，更多的工作还是要留给市场，由市场通过法治化的程序处置。政府对危机公司的过多介入只能让自己陷入各种利益纠纷和债权人的怀疑中。此时，应该由市场通过法治化的程序处置，特别可以考虑司法介入的方式。通过司法介入，引入破产重整程序挽救企业是一个可以“平衡各方利益”“实现最大公约数”的方法。近年来，通过司法程序挽救困境公司的例子多了起来。

## 三、结语

如果公司能够被挽救，公司的实际控制人也应该从中得到经验与教训。对于陷入财务危机的企业，有人将其归咎于企业领导人的决策能力问题，包括盲目多元化、过度投机、缺少战略等。但从深层次来讲，公司治理结构的缺失是酿成危机的根本原因之一。公司治理结构是指由股东、董事会、监事会以及管理层组成的一种组织结构，在所有者和经营者之间应该形成一种相互制衡的机制。而公司的实际控制人有时不仅是公司的所有者，还是公司的精神领袖，拥有至高无上的权威。如果公司里没有不同意见生存的土壤，无论是投资，还是经营决策，都是实际控制人“一言堂”。实际控制人因为自己过去的成功使得自己对自己的决策和判断异常自信，甚至是自负。很多时候，导致公司走向资金链断裂的盲目扩张和多元化中，都是因为公司实际控制人过于相信自己的判断。由于公司和实际控制人两者之间缺乏明显的界限，以至于实际控制人只能和公司共命运，个人资产已完全牵涉在公司的经营中，公司实际控制人也将失去有限责任的保护。

公司陷入财务危机时，首先要考虑自救的措施。有时适当的政府救助是必要的，且这种救助非常高效。政府救助在短时间内仍会大量存在，但政府不宜过分介入困境公司救助，未来仍应考虑由市场各方主体在法治化的程序框架下解决公司的财务危机，通过这个程序挽救和淘汰的公司都可以看成一种资源的优化配置。

# 第三节 保壳型处置

前面两节我们分析了财务危机公司法律处置的两个基本问题:一是实际控制人是不是应该勇敢地面对这些危机,二是公司自救与政府救助的关系。公司的实际控制人应该勇敢面对这些危机,并且危机的解决是以公司自救为主,政府救助为辅。那么对于实际控制人来说,应该保持这个公司还是"另起炉灶"?如果套用业内俗称,把公司比作"壳"的话,实际控制人此处面临的选择是保壳还是弃壳?

## 一、保壳处置概述

保壳还是弃壳取决于公司危机的严重程度,也取决于公司解决危机的方案。一般来说,在有保壳可能性的前提下,总是优先选择保壳的方案。从法律的角度来看,拯救财务危机的公司实质是对异常状态下公司内外权利义务的调整与变更。债权人建立在契约基础上的期待利益可能无法得到保障,因此,不得不作出某种让步,而公司的产权人对基于所有权产生的对公司的控制和剩余价值索取权也应相应地让步,即将控制权或剩余价值索取权部分或全部让渡。双方的让步与调整,最终体现为在现有财产基础上维持财产的营运状态,避免财产进入清算环节,从而使这些财产组合能够发挥较大的作用和较大价值,使债权人、所有人以及其他利益相关方如员工,都能获得某种折让的利益。

## 二、保壳处置原因辨析

保壳的原因有很多,包括但不限于证照、资格、资产处置费用、营业、员工等。有些因为特许而产生的证照具有极高的价值,此时通过某种重组能够让公司继续运营的可能性就比较大。比如,目前我国的金融牌照是稀缺的,金融牌照本身就蕴含了巨大的价值。此时,无论是公司的产权人还是债权人或是利益相关方,本身都有可能妥协,以便公司恢复运营。

上市公司的壳资源是另外一种价值,虽然官方并不认可以"壳费"形式体现的上市公司的壳资源价值,但实际上上市公司控制权在协商一致的变更中,重组方大多数情况下会给予原实际控制人以壳费,只是这些费用通过不同的形式体现而已,例如将原上市公司资质置换出来赠送给原实际控制人,以及代原实际控制人承担债务或者以其他方式体现。据笔者的工作经验,一个干净的壳资源其控制权变更而带来的壳费高达3亿~5亿元人民币。上市公司本身可能通过增发或者发行公司债获得融资,也可能通过发行股票购买资产等重大资产重组方式将一些原来流动性比较差的资产置入上市公司。这些未来可以采取的操作本身就蕴含着巨大的商机,也自然就有巨大的价值,有保壳的可能性。有时某些营业也让实际控制人有保壳的巨大动力。比如,一些特许经营的资格,有时候一款热销的产品可能让经销商赚得盆满钵满,比如2011年前后的苹果专卖资格。有时一个长期的租赁合同或是合作合同也是公司保壳的巨大动力。比如,2000年前中外合作企业较为活跃,一些地方政府为了招商引资把岸线、码头作为合作条件纳入公司体系中,按当时的这些条件,公司获得这些岸线、码头的成本极低。后来通过环境整治、规范,新的码头难以申请,原先的码头虽然仅是根据合作条件的一种许可,但这种使用权本身就有较大的价值,如果这个公司因其他经营陷入财务危机,只要危机本身不过于严重,通过这些特别的经营就可以进行重组。还有一些经营牵涉到大的供应商资格,有些大型国际公司会对供应商有多种要求,一旦成为这些国际性公司的供应商,公司的销售就有了一定的保证,利润也有了一定的保证。而要求成为其合格供应商,代价不菲。国际性公司的供应商一般都相对较稳定,即使愿意支付这些不菲的入门成本,也并不代表就有机会成为供应商。因此,某些客户资源也是陷入财务危机公司保壳重组的动力。

资产本身的特性也可能决定了公司必须采取保壳的危机处置方案。比如一个拥有在建工程的工厂,此时如果不采用保壳的方案,相关的成本将极高。成本主要来源于两个方面:一是这个在建工程的转让本身就会产生很高的税费,二是由于工程建设本身需要一些证照审批,资产过户以及证照重新审批需要的时间成本也会给相关各方带来重大损失。此外,由于固定资产本身目标大,早已成为各个债权人紧盯的目标,一旦公司陷入财务困境,债权人首先就可能对这些资产采取司法查封等措施,此时实际控制人已经没有办法将资产置换出去。根据笔者的调查,凡陷入财务危机的公司,其固定资产,特别是房地产一般都会有查封与多轮的轮候查封。对于一些劳动密集型的公司来说,如果原来的壳不能保留,仅用于解散员工的补偿与赔偿,就是一笔不菲的开支。

### 三、保壳处置的主要途径

深度财务危机公司的保壳型处置一般包括两种途径:破产重整和庭外重组。

(一)破产重整

在公司进入破产重整程序后,按照法律规定,所有债务暂缓偿还,冻结的财产解除冻结,这就为公司的持续经营提供了一个缓冲地带。而且在破产重整中,由于司法介入,债权人可以得到公开受偿。这样债权人的心态不会太急躁,否则总会担心先采取法律措施的债权人会优先获得清偿或者是担心和公司实际控制人关系好的债权人会获得优先清偿。因为有某种担心,债权人就倾向于采用最激烈、最严格的债权追讨措施,后续的债权人的追讨措施也会层层加码,最终影响公司的正常经营,从而形成一种恶性循环。公司破产重整制度中,由于在管理人主导下所有利益都公开化,债权人、所有人以及其他利益相关方可以知悉公司的所有实情,以及不同选择和风险,由债权人、债务人自己选择,实现阳光下的博弈和制约。“大家看着出牌”,有时反而能达到最理性的优化效果。

(二)庭外重组

庭外重组有多种模式,当然,针对我国市场经济的特点,政府机构主导的重整机制是需要重点推荐的模式之一。虽然通过破产重整方式能够较好地帮助公司有效利用现有资产,实现现有资产的价值,但破产重整程序复杂,并且基于我国的司法现状,法院对于破产重整的受理并不积极。以合同为基本手段,通过公司与债权人的直接协商达成重组不失为当前另一个理性选择。选择自行债务重组需要具备一定的前提条件,除了前述的公司业务需要有一定的竞争力或者公司有一些特殊的证照、资格、营业等以外,还要分析公司的负债结构。如果债权结构相当分散,小额债权众多,由于小额债权人可能存在的“搭便车”“少数人要挟”等心理,此时的债务重组就会比较困难。小额债权人基于能力、成本等方面的考虑,不愿意将时间或成本投入公司债务重组方案的制订与谈判中,他们可能会等待结果。虽然这些小额债权人的金额小,但他们可能并不愿意让步,这时可能会发生少数人要挟的情况。自行的债务重组可能会有一定难度,必要时邀请政府参加是一个不错的选择。第三方中立机构的参加与居中协商,可能会使某些谈判僵局被打破。

## 第四节　弃壳型处置

并不是每个陷入财务危机的公司最终都可以获救。过于严重的财务危机或者对于财务危机处置方法不当都会导致公司最终清算或者停止经营而成为“僵尸企业”。有时候对于一个集团来说，将某个或某几个子公司清算，停止继续投入，从而断臂求生，也不失为危机处理的一个方法。当实际控制人作出弃壳决定时，可能会出现两个结果：一个是清算，另一个是“僵尸企业”。

## 一、清算

陷入财务危机的公司如果已经不能清偿到期债务，并且资产不足以清偿全部债务或者明显缺乏清偿能力，那么公司就应该进入破产清算程序。

清算分成多种方式，常见的包括破产清算和正常清算。正常清算中公司资产除了清偿各位债权人以外，还有一定的剩余。陷入财务危机并不意味着破产，也可能是流动性不足，但许多陷入财务危机的公司往往已经是资产不足以清偿全部债务或者明显缺乏清偿能力。在破产清算中，由于实际控制人已经基本出局，失去了对清算过程的掌握，此时实际控制人要非常注意与管理人的沟通。民营公司中可能存在实际控制人报销费用不规范的情况，将这些不属于公司报销的费用在公司中报销，导致公司资产流失、陷入财务危机。因此，在申请破产前，公司财务应该按严谨、保守的基本理念清理公司的财务报销体系。

除了与管理人沟通和费用报销外，破产清算中还有两点特别值得公司实际控制人关注，一个是实际控制人或关联公司的债权申报，另一个是实际控制人或关联公司参与资产处置。关于债权申请，由于许多公司运行过程中往往会与实际控制人及其关联公司之间产生复杂的债权债务关系，不排除实际控制人或其关联企业对公司也拥有债权。实践中，破产管理人对于实际控制人及其关联公司申报的债权比较敏感，可能会进行比较严格的审查。如果对实际控制人及其关联公司申报的债权认可金额较大，可能会引发其他债权人的质疑。实际控制人在申报时要更加注意资料的完整，最好能按诉讼胜诉的基本要求准备资料，注重客观资料的整理，比如原始汇款凭证、发票等材料，而不过于依赖公司对账、公司账务记录等主观资料。至于实际控制人或关联公司参与资产处置，则更为复杂，其中也有相应的法律风险需要防范。法律只能对资产处置的一般流程和要求作出规定，不可能细化到每项资产的处置。除了前述的资产评估、拍卖等程序外，其中有一项是由破产管理人灵活控制的，那就是对于所有资产是整体拍卖还是分拆拍卖。

各项资产组成一个有机整体，但这个有机整体并不对所有人适用，对于一些行业外的人士，可能只有部分资产对他们是有意义的。现有法律并不禁止公司实际控制人或其关联公司参与破产资产的竞购，如果实际控制人或其关联公司有意向竞购,那么可以试图和管理人协调,一般情况下,整体拍卖时实际控制人或其关联公司成功竞购的可能性更大。管理人有时也并不排斥整体拍卖的方案,整体拍卖估值并不低于分项评估,而且一次性拍卖可以减轻管理人的工作量。但此时需要注意的是,实际控制人竞购拍卖资产还是应在公开、公平、公正的前提下进行,可以进行一定的技术性处理,但不可以违反清算过程中的法律法规。比如,有时实际控制人为了抵制拍卖,恶意压低拍卖价格,故意干扰管理人的履职行为。有时对于一些拍卖的土地或厂房,实际控制人甚至安排工人或者其他人员占领厂房。对于类似行为,公司的实际控制人要十分慎重。

## 二、"僵尸企业"

但如上一节所讨论的,目前在中国受理破产申请还有较大难度。大量符合破产条件的公司还无法进入破产清算程序中。对于无法进入破产清算程序的公司,其所有资产被处置,但公司却无法注销,成为"僵尸企业"。对于这一类公司,实际控制人也不能置之不理,虽然这类公司对于实际控制人已经没有意义,但可能会有潜在的责任。

不恰当的权益融资导致融资方与实际控制人矛盾激烈,或者实际控制人与原有股东的意见分歧巨大,这些情况都有可能导致公司被强制清算。在强制清算中,由于实际控制人仍对公司有剩余财产索取权,因此,实际控制人还是应该积极配合并参与清算。实际控制人可以要求加入清算组成为清算组成员。有时权益融资后,投资人与实际控制人之间的矛盾尖锐,甚至清算中也互不配合。此时,就可能需要从法律上进行分析。

弃壳方案中还有一个巨大的价差,那就是资产的清算价值与营业价值之间的价差。通常来说,资产的清算价值远低于营业价值。公司中有些有价值的因素在清算过程中无法考虑,比如,一些有经验的员工,这些员工经过多年训练可以高质量地完成工作。破产清算时这些员工也会被遣散,此时如果能通过某种机制重新汇集这些员工,可以拓展一些新业务。再如,客户关系也是一项重要资源。在清算中,除非营业打包转让,否则一般情况下客户关系并不能被评估出价值。如果实际控制人可以和这些客户建立长期良好的互动互信关系,那么以后还有再次发展的空间。实际控制人在业务方面建立一种负责的形象对东山再起也大有好处。一个典型的例子就是史某柱。史某柱在当年因为巨人大厦而导致公司陷入困境,但其一系列后续负责任的处置行为为其赢得了市场声誉,这对他后期东山再起也有一定的帮助与支撑。

## 第五节　群体性事件背景下的债务处置

### 一、背景考察

党的十六大报告第一次把“维护社会稳定”作为单独的一部分内容予以集中论述。党的十六届六中全会决议进一步明确“积极预防和妥善处置人民内部矛盾引发的群体性事件,维护群众利益和社会稳定”。过去发生的群体性事件中有相当大的比例是由于经济原因导致的,包括集资、劳动纠纷、社会保障、动拆迁等。

当公司遇到财务危机时,如果涉及的债权人数量非常巨大,此时公司的实际控制人就会处于非常危险的境地。公司的实际控制人应该主动想办法防止其发酵成群体性事件。地方政府也会鼓励实际控制人通过正常的业务经营减少债权人的数量。如果实际控制人不能自行解决这些小额债权人,让公司债权人的数量下降,那么为了维持稳定,地方政府有时也会安排资金以平息纠纷。当然,也有因为涉及金额巨大、人数众多,而地方政府也无力解决的。在地方政府出资或者地方政府无力解决的情况下,为了平息债权人的怒火,抚慰债权人的情绪,此时地方政府极有可能会对公司的实际控制人采取强制措施,通过让实际控制人承担一定刑事责任的方式来安抚债权人。

### 二、破产法的基本处置

我国的破产法把债权分成几个种类。理论上讲,同一顺位的债权应该处于同一清偿顺序,资产不足清偿的,债权人应该平均受偿。但有时公司未能进入破产程序,在这种情况下,区分大额债权与小额债权还是有意义的。清偿或打折清偿小额债权人,所需资金不多,但可以迅速减少债权人的数量,避免群体性事件的发生,避免置公司的实际控制人于险境。另外,如果公司进行重组,但公司债权人众多,除非采用破产重整的司法程序,否则各方达成和解的概率是很低的,一定会有一些债权人不愿意让步,而且没有一个外部的主持人,这些谈判甚至都无法启动。从谈判成本上来说,面对众多的债权人往往就是面对众多的利益诉求,一个方案有时很难涉足这么多的诉求。而且每个诉求都意味着反复的谈判,这样实际控制人本无力应付这么多的谈判。实践中许多小额债权人并非机构,缺乏理性的商业思维,无法在合适的时候作出适当的妥协,这些债权人更容易采取极端措施,如打人、跟踪实际控制人、静坐或以其他方式干扰公司的运营等。从各方面来说,这些债权人清理完毕后,公司实际控制人可以面对少数大额债权人,这些债权人往往有更理性的商业思维,可以评估当前的情况,在坏与更坏之间作出选择。实际上相关部门有时也会优先选择处置一些小额债权。

在公司财务危机处置中,常常会发生拖欠员工工资的现象。在劳动关系中,员工处于公司的管理之下,与公司之间缺乏谈判的筹码,因此,员工是最容易被拖欠的人群。拖欠员工工资而造成对外负债是公司实际控制人最容易采用,但却是最不理性的一种选择。员工是公司或实际控制人东山再起的基本保障,一旦失去商业信誉,公司实际控制人很难挽救公司或自我挽救。另外,员工工资对于员工来说是一种生存利益,员工靠工资维持自己的基本生活。公司业务过程中对外形成的债权债务是一种商业利益,一般情况下不会直接导致基本生活困难。一旦员工因为欠薪而发生纠纷,虽然这种纠纷总计金额不大,但是极易酝酿成群体性纠纷。因此,我国近年来对员工的保护越来越有力。

公司陷入财务困境的原因可能多种多样,既有经营方面的原因,也有融资结构的原因。在处置公司财务危机的时候,融资结构也极大影响了危机处置的路径与难度。因此,公司的实际控制人应当打破知识壁垒,多了解融资的专业知识,并借助专业人士的帮助,为公司的融资设定优化、合适的结构。